Rauh

Entwicklungspsychologische Analyse kognitiver Prozesse

Theorie und Praxis der Schulpsychologie
Band XV

Herausgegeben von Karlheinz Ingenkamp

Hellgard Rauh

Entwicklungspsychologische Analyse kognitiver Prozesse

Der Zahlbegriff bei 4- bis 7jährigen Kindern

Beltz Verlag · Weinheim und Basel 1972

Diese Arbeit wurde als Dissertation von der Philosophischen Fakultät der Rheinischen Friedrich-Wilhelms-Universität, Bonn, unter dem Titel „Der Zahlbegriff bei vier- bis siebenjährigen Kindern – ein Beitrag zu einer entwicklungspsychologischen Analyse des Denkens“ angenommen.

Teil der Dissertation ist ein Anhang (Untersuchungsleitfäden und Originaldaten), der in der Buchhandelsausgabe nicht enthalten ist.

Fotomechanischer Druck nach Typoskript

Druck: Beltz, Offsetdruck, 6944 Hemsbach über Weinheim
Printed in Germany

ISBN 3 407 20120 6

Vorwort

Für die Anregung zu dieser Arbeit und die vielfältige Unterstützung im Laufe ihres Entstehens möchte ich Prof. Dr. Dr. hc. Hans Thomae sehr herzlich danken. Mein Dank gilt darüber hinaus Frau Prof. Dr. Ursula Lehr für ihre rege Anteilnahme und ihr großes Interesse. Den Kollegen am Bonner Psychologischen Institut bin ich für manche kritische Hinweise besonders auf dem Gebiet der statistischen Verarbeitung der Daten dankbar.

Nicht zuletzt möchte ich den Kindern danken, die mit oft großer Begeisterung an der Untersuchung teilnahmen, den Kindergärtnerinnen, die die Untersuchungen ermöglichten, den Praktikanten und Vordiplomanden, die durch ihre vielen Fragen zu dieser Arbeit beigetragen haben.

Die Auswertung der Daten erfolgte über den Computer IBM 7090/1410 des Rechenzentrums an der Universität Bonn mit Programmen des Rechenzentrums und des Psychologischen Instituts und am Tischcomputer Olivetti 102 des Psychologischen Instituts. Für die Verlochung der Daten und manche Hilfe am Computer möchte ich auch cand.nat. Moritz danken.

Anmerkung

Der besseren Lesbarkeit wegen wurden alle Zitate aus dem Englischen oder Französischen von mir übersetzt, sofern nicht bereits eine deutsche Übersetzung des betreffenden Werkes vorlag.

Einige Hauptwerke PIAGETs wurden im Text zur besseren Identifizierung abgekürzt, und zwar

Z = Entwicklung des Zahlbegriffs beim Kinde

Disc. = Discussions on Child Development (Hg.: TANNER und INHELDER)

Intelligence = Psychologie der Intelligenz (amerikanische Ausgabe)

Etudes ... = Etudes d'épstémologie génétique (Hg. J.PIAGET).

Alle zitierten Vordiplomarbeiten wurden von mir selbst angeregt und betreut; sie sind im Literaturverzeichnis gesondert aufgeführt.

Entsprechend der allgemeinen Konvention bedeutet

s = auf dem 5 %-Niveau signifikant

ss = " " 1 %-" "

sss = " " 0,1 %-" "

Inhaltsverzeichnis

1. Einleitung

1.1 Abgrenzung von pädagogischer und entwicklungspsychologischer Fragestellung

Das Vorschulalter und erste Schulalter ist in der jüngsten öffentlichen Diskussion deutlich in den Blickpunkt des Interesses gerückt. Erneut wird das Einschulungsalter in Frage gestellt; eine Vielzahl pädagogischer Maßnahmen für das Vorschulalter wird vorgeschlagen. Diese heute sehr lernorientierte Einstellung zum frühen Kindesalter steht im krassen Gegensatz zur Haltung in den 50er Jahren, wo man im Anschluß an die Veröffentlichungen von KROH (1944) und KERN (1951) eher zur Zurückstellung "schulunreifer" Kinder und zum Zuwarten neigte, andererseits Unterrichtsmethoden entwickelte (Ganzheitsunterricht), die dem "Reifestand" Sechsjähriger Rechnung tragen sollten. Heute dagegen stellt man die Bedeutung der Umwelteinflüsse, insbesondere solcher in den ersten 7 Lebensjahren, in den Vordergrund und beruft sich dabei auf amerikanische und englische Untersuchungen zur Intelligenzentwicklung (BAYLEY, 1949, 1955; BLOOM, 1964; SKEELS, 1966) und Sprachentwicklung (BERNSTEIN, 1959) sowie die Vielzahl von Head-Start-Programmen für sozial benachteiligte Kinder in den USA und Versuche zum Frühlesenlernen auch in Deutschland (vgl. SAUER, 1970).

Pädagogische Maßnahmen sind jedoch mindestens von zwei Faktoren abhängig: von den gerade vorherrschenden Werten in der betreffenden Gesellschaft und von den impliziten oder expliziten Vorstellungen über die Entwicklung der Kinder.

Daß Intelligenz und geistige Fähigkeiten in unserer Gesellschaft hohe Werte darstellen, dürfte unbestritten sein. Verbreitet sich in einer solchen Gesellschaft die Meinung, daß die Umwelt nicht nur eine Art Katalysator für die geistige Entwicklung des Kindes spielt (vgl. KROH), sondern Intelligenz weitgehend lernbar sei, dann folgt daraus eine erhöhte Verantwortlichkeit der Umwelt und der Erzieher und eine bewußte aktive Einflußnahme auf die geistige Entwicklung der Kinder (vgl. WEINERT, 1970).

Aus diesen Ausführungen mag deutlich werden, welchen Einfluß entwicklungspsychologische Theorien haben können und wie wichtig es ist, die Entwicklung von Kindern - hier speziell die geistige Entwicklung - zu erforschen, bevor man zu weitreichenden pädagogischen Maßnahmen greift. Einen Beitrag hierzu soll diese Arbeit liefern.

Das rechnerische Denken und der Umgang mit Zahlen gelten weithin als geistige Fähigkeiten, die mit der Intelligenz in enger Verbindung stehen, weit mehr als das Lesen oder die Rechtschreibung (vgl. FOWLER, 1962; SAUER, 1970; FLITNER, 1968; INGENKAMP, 1968). Nahezu alle Intelligenztestbatterien (WECHSLER-Serien, IST, BINET-Serien etc.) enthalten Aufgaben zum rechnerischen oder zahlenlogischen Denken. Besondere Bedeutung erlangte aber die Erforschung dieses Aspektes der geistigen Entwicklung nach dem Erscheinen des Buches von Jean PIAGET: "La genèse du nombre chez l'enfant" (1941) und dessen Übertragung ins Englische (1952) und ins Deutsche (1965), zumal hier die Entwicklung des Zahlbegriffes in ganz engem Zusammenhang mit der Entwicklung des logischen Denkens überhaupt gesehen und darüber hinaus differenzierten und aufschlußreichen Untersuchungsmethoden zugänglich gemacht wird.

Auch dieser Ansatz hat bereits pädagogische Wirksamkeit erlangt (BRUNER, 1961; LOVELL, 1961; RESAG, 1954, 1955, 1965, 1965^2; AEBLI, 1963; FUCHS, 1970; indirekt auch bei WITTMANN, 1958 und bei DIENES, 1959). Jedoch ist das pädagogische Interesse am Zahlbegriff und am rechnerischen Denken ein anderes als das entwicklungspsychologische. Der Pädagoge fragt im wesentlichen, wann und mit welchen Mitteln und Methoden er am besten und effektivsten einem Kind die Kulturtechnik des Rechnens und mathematischen Denkens beibringen kann bzw. welche Voraussetzungen für eine optimale Vermittlung er beachten oder schaffen muß.

Der Entwicklungspsychologe hingegen fragt nach der Art der Veränderungen im Zahlbegriff und zahlenlogischen Denken, bezogen auf ein zeitliches Kontinuum; ob diese Veränderungen kontinuierlich oder sprunghaft verlaufen; ob sich diese Veränderungen in gleicher Weise entsprechend einer allgemeinen Gesetzlichkeit bei allen Individuen vollziehen oder vielmehr typische oder individuelle Varianten überwiegen; und ob Veränderungen im Zahlbegriff und zahlenlogischen Denken systematisch mit solchen in anderen kognitiven oder nichtkognitiven Bereichen zusammenhängen oder vielmehr relativ "autonom" (BIRREN, zit. nach THOMAE, 1969, S. 117) auftreten (s. hierzu THOMAE, 1961). - Außer einer Beschreibung von Veränderungsreihen versucht die entwicklungspsychologische Forschung, die voraufgehenden Bedingungen und die Entwicklungs"mechanismen" zu finden, die für diese Veränderungen verantwortlich zu machen sind. Die Aufgabe, Erklärungen für die Entwicklungsveränderungen zu geben, hat sich besonders die in den letzten 20 Jahren immer stärker hervortretende experimentelle Entwicklungspsychologie (vgl. STEVENSON, 1963, S. 2) gestellt.

Die vorliegende Arbeit soll einen in diesem Sinne umschriebenen entwicklungspsychologischen Beitrag zum Zahlbegriff leisten, und zwar sowohl unter deskriptiver wie explanatorischer Fragestellung.

1.2 Der theoretische Rahmen

Diese Arbeit will sich im wesentlichen auf den PIAGETschen Ansatz und die davon ausgegangenen Weiterentwicklungen beschränken. Über ältere Literatur sowie mathematische Definitionen der Zahl und Zahltheorien informiert LAUX (1969). Ältere angelsächsische Untersuchungen bringen RIESS, A. (1947) und DOUGLASS (1925); einen frühen französischen Beitrag lieferte GILTAY (1936).

Zur Rechtfertigung dieser Einschränkung mögen zwei Gründe dienen:

1. Seit PIAGET wird die Genese des Zahlbegriffs als ein wesentlicher Bestandteil in einem zusammenhängenden entwicklungspsychologischen Theoriengebäude gesehen;
2. neuere Untersuchungen zur Entwicklung des Zahlbegriffs, soweit sie überhaupt einen sinnvollen Beitrag bringen wollen, kommen nicht umhin, sich mit Piagets Ansatz theoretisch und methodisch auseinanderzusetzen, finden dort also in irgendeiner Form einen gemeinsamen Bezugspunkt.

FLAVELL (1963, S. 412) formulierte dies allgemeiner so:

> "Piaget ist bei weitem der reichste Quell für eine Theorie und für empirische Daten zur geistigen Entwicklung, der jemals auf dem Gebiet der Kindesentwicklung verfügbar war. Sein Werk umfaßt die erste und bisher einzige wirklich detaillierte stufenanalytische Theorie der geistigen Entwicklung. Piaget hat mehr an konkreter Kenntnis über das Verhalten auf den verschiedenen geistigen Entwicklungsniveaus beigesteuert als sonst ein einzelner Forscher (auf einigen Gebieten sogar mehr, als alle anderen zusammen) ... Noch lange wird Piagets System ein nicht zu übergehender Bezugs- und Berührungspunkt für jedes theoretische oder empirische Vorhaben sein, das die gleichen allgemeinen Gebiete behandelt ... Wie immer bei Erkundungsreisen in neue Gebiete ist die Kartographie zunächst nicht immer ganz genau. Zumindest aber stehen bereits Orientierungspfähle, und wir können und sollten sie nicht übersehen."

PIAGETs Anliegen bei der Erforschung der Entwicklung des Zahlbegriffs ist doppelter Natur. Der Erkenntnistheoretiker und Logiker PIAGET bemüht sich um die Aufdeckung des logischen Denkens bzw. der <u>logischen Strukturen</u> im Denken mit Zahlen. Er bedient sich dabei der <u>genetischen Methode</u>, d.h. er versucht über das Studium der Entwicklung dieser Strukturen die Strukturen selbst besser erfassen zu können. Es geht ihm dabei also weniger um die "Zahlerfassung" oder "Zahlwahrnehmung" bzw. "die Anwendung der bereits ausgearbeiteten numerischen Schemata auf die in ein und demselben Feld wahrgenommenen diskontinuierlichen Objekte" (PIAGET, Zahlbegriff, S. 90-91) (ein Ziel,das seiner Meinung nach LAY, DESCOEUDRES und DECROLY verfolgten), sondern vielmehr um die "zahlenbildenden, quantifizierenden Operationen" (PIAGET, Zahlbegriff*, S. 91), d.h. um die logische Struktur der quantifizierenden Urteilsprozesse. Zur Analyse und Darstellung dieser logischen Strukturen bedient sich PIAGET mathematischer Modelle aus der Gruppentheorie (z.B. "Vierergruppen" von KLEIN, formal-logische Strukturen nach BOURBAKI).

Mit dieser genetischen formal-logischen Analyse des Zahlbegriffs versucht er diejenigen Fähigkeiten zu erforschen, die rechnerisches und mathematisches Denken ermöglichen. Es geht ihm dabei, nach FLAVELL (1963, S. 310), weniger um die "Rechenfertigkeit" als um eine "Rechenbereitschaft" ("number readiness", analog zum Wort

---

* Das Buch: "Entwicklung des Zahlbegriffs beim Kinde" von PIAGET wird fortan mit "Z." abgekürzt.

"school readiness" auch als "Rechenreife" zu übersetzen, jedoch ohne die Implikationen eines Reifungsmodells der Entwicklung) und ihre Entwicklung.

> "Die Fähigkeiten, die er untersuchen wollte, haben eher etwas mit den wesentlichen und fundamentalen Eigenschaften des Zahlsystems zu tun, mit den zugrundeliegenden Annahmen über Natur und Verhalten der Zahlen, die der Erwachsene stillschweigend macht, weil sie für ihn so selbstverständlich sind" (FLAVELL, 1963, S. 310).

Diese genetische Analyse der Fähigkeiten (i.S.v. "capabilities") verbindet die Interessen des Logikers und Erkenntnistheoretikers PIAGET mit denen des Entwicklungspsychologen PIAGET. Der Entwicklungspsychologe und ehemalige Biologe PIAGET fügt die Analysen über die Entwicklung des Zahlbegriffs in die gesamte psychologische Entwicklung der geistigen Operationen des Kindes, wie sie in der ständigen Auseinandersetzung des Individuums mit seiner physikalischen und sozialen Umwelt stattfindet.

Die vorliegende Arbeit wird von PIAGETs Ansatz ausgehen und daher zunächst seine Theorie von der kognitiven Entwicklung des Kindes und speziell seine Analysen der Entwicklung des Zahlbegriffs beim Kinde darstellen. Auf diesem Hintergrunde folgt dann, anhand von Nachuntersuchungen anderer und eigenen empirischen Ergebnissen, eine entwicklungspsychologische Analyse in Anlehnung an den Vorschlag von WOHLWILL (1970), aufgegliedert in die Schritte:

- operationale Definition der Variable "Invarianzbegriff der Anzahl",
- Universalität und Generalität der Variable,
- Entwicklungsverlauf,
- Strukturanalyse (Zusammenhang mit anderen kognitiven und Persönlichkeitsvariablen),
- Funktionsanalyse (Versuch einer Analyse der Faktoren, die die Entwicklung erklären könnten).

Teil I

Entwicklung des Zahlbegriffs nach J. PIAGET

2. Die Theorie der kognitiven Entwicklung von J. PIAGET

2.1 Invariante Grundprozesse

Nach PIAGET ist jeder lebende Organismus zu verstehen als ein offenes, selbstregulatives System (INHELDER in KUHLMANN und KESSEN, 1962, S. 28), das nach Gleichgewicht strebt. PIAGET befaßt sich jedoch nicht wie FREUD überwiegend mit den Trieben und Bedürfnissen und deren Befriedigung beim Menschen, sondern mit dem Erfahrungen sammelnden und sich handelnd und denkend mit der Umwelt auseinandersetzenden Individuum. Diese sich zwischen dem Individuum und der Umwelt vollziehenden Prozesse bezeichnet er mit "Adaptation". "Intelligenz" ist dabei eine, nämlich die geistige oder kognitive Form der Anpassung (Adaptation); sie entwickelt sich aus der sonsumotorischen, handelnden Form.

Komplementär zu dem Organismus-Umwelt-Prozeß, der Adaptation, finden im Organismus selbst strukturbildende Prozesse statt, die PIAGET als "Organisation" bezeichnet. Die Grundeinheit dieser Gesamtstruktur (structure d'ensemble) sind die "Schemata" (FLAVELL, 1963, S. 263), d.h. "Strukturen, die all jenen Handlungen gemeinsam sind, die vom Blickpunkt des betreffenden Individuums äquivalent sind. Sie entstehen aus den Handlungen (bzw. aus den Wiederholungen der Handlungen*), sind zunächst eine Art geistiger Repräsentation dieser Handlungen (sensumotorische Schemata) und werden im Laufe der Entwicklung häufig abstrakter und damit übertragbarer und generalisierbarer" (INHELDER in KUHLMANN und KESSEN, 1962, S. 25). Die Handlungsschemata sind somit die Vorläufer der Denkkategorien. Da PIAGET zu seinen Schemata und Strukturen neurale Korrelate vermutet, dürften sie in seinem System den Rang von hypothetischen Konstrukten haben (vgl. FLAVELL, 1963, S. 85; MONTADA, 1969, S. 11; GRAUMANN, Hdb 4, S. 102; vgl. auch INHELDER in TANNER und INHELDER, 1953, S. 86).

---

* von mir Hinzugefügtes.

Diese beiden Funktionen des Organismus, die Adaptation und die Organisation, bezeichnet PIAGET als invariant, d.h. sie wirken unverändert das ganze Leben hindurch und dienen dem Individuum zur aktiven Herstellung des Gleichgewichts zwischen Umweltanforderung und Umweltbemeisterung, zwischen Erwartung des Individuums und der "Realität" sowie zwischen den Schemata und der kognitiven Struktur.* Beide Funktionen bedingen sich gegenseitig.

Die Adaptationsfunktion wird bei PIAGET unterteilt in zwei Prozesse, die sich im Laufe der Entwicklung klar differenzieren und im optimalen Falle ebenfalls komplementär wirken. Die Bezeichnungen für diese beiden Prozesse entlehnte PIAGET aus der Biologie. Der eine ist die "Akkomodation" oder differenzierende Anpassung des Verhaltens bzw. der vorhandenen Handlungs- und Denkschemata an die angetroffenen Umweltgegebenheiten (z.B. das Anpassen der Greifbewegung der Hand an den zu greifenden Gegenstand). Der komplementäre Prozeß ist die "Assimilation" oder die Angleichung neuer oder variierter Umweltgegebenheiten an die vorhandenen Handlungs- und Denkschemata (z.B. Bezeichnen eines Pferdes als "Wauwau" oder das Einordnen von neuem Wissen in ein bereits vorhandenes Klassifikationsschema). Assimilation und Akkomodation entsprechen somit grob den geläufigen Begriffen "Generalisierung" und "Differenzierung".

Einmal gebildete Schemata drängen von sich aus zu ständiger Anwendung und schaffen somit in der Interaktion mit der Umwelt Gelegenheiten zu ihrer eigenen Differenzierung, denn jede Erfahrung, die nicht vollständig assimiliert werden kann, fordert einen zumindest teilweisen Akkomodationsprozeß heraus, bildet also "Nahrung" zur Differenzierung der Strukturen. Solche Erfahrungen werden vom Individuum als "interessant" erlebt. Motivation und Kognition sind also in PIAGETs Theorie nicht voneinander getrennt.

---

* Struktur=Beziehungsgeflecht unter den Schemata, im Idealfall (= Äquilibrium) sich nach den oben genannten Gruppen bzw. weniger stabilen "Gruppierungen" ordnend.

2.2 Entwicklungsrichtung

Diese Vorstellung von der geistigen Adaptation des Individuums impliziert zwangsläufig eine genetische Betrachtungsweise, ausgerichtet auf das Studium der sich unter der Akkomodations- und der Organisationswirkung verändernden Strukturen. Kognitive Entwicklung ist dann "ein zusammenhängender Prozeß sukzessiver Gleichgewichtsherstellungen, wobei jede Struktur und der sie begleitende Gleichgewichtszustand sich logisch und notwendig aus dem vorangegangenen Gleichgewichtszustand herleitet" (FLAVELL, 1963, S. 36-37). Diese Aufeinanderfolge von kognitiven Strukturen ist dann gleichbedeutend mit einer Aufeinanderfolge von "Momenten" von Äquilibrium in einem kontinuierlichen Prozeß zunehmender Gleichgewichtsherstellung ("Äquilibration") (FLAVELL, 1963, S. 263).

Was sich also im Laufe der Entwicklung verändert, sind die Schemata bzw. die kognitiven Strukturen. Die Entwicklungsrichtung ist dadurch definiert, daß jede neu entstehende Struktur eine höhere Form des Gleichgewichts ermöglicht. D.h., die Schemata bzw. Strukturen differenzieren sich im Laufe der Entwicklung; die immer umfassendere Integration der vorher differenzierten kognitiven Elemente erlaubt den Aufbau eines immer widerspruchsfreieren kognitiven Beziehungsgeflechtes, das in seiner zunehmenden Komplexität das Individuum immer besser in die Lage versetzt, "Störungen" (z. B. neue Informationen) aufzufangen. Das kognitive System wird aber nicht nur zunehmend stabiler, sondern auch beweglicher; es erlaubt z.B. immer besser die Kombination auch räumlich oder zeitlich voneinander entfernter Informationen; das Individuum wird in seiner Auseinandersetzung mit der Umwelt zunehmend unabhängiger von räumlicher, zeitlicher und sachlicher Gebundenheit. Sein Handlungsfeld erhält damit eine immer größere Ausdehnung (vgl. FLAVELL, 1963, S. 242-243, 263; MONTADA, 1969, S. 15-17).

2.3 Stufenfolge

Während diese Entwicklung insgesamt kontinuierlich verläuft, lassen sich, nach PIAGET, im Entwicklungsgang des Individuums Phasen geringerer und stärkerer Ausgewogenheit der kognitiven Systeme unterscheiden, da sich die Äquilibria nacheinander auf drei verschiedenen Niveaus herausbilden: dem sensumotorischen in den ersten beiden Lebensjahren, dem anschaulich-konkreten vom dritten bis etwa zwölften Lebensjahr und anschließend auf dem formalen (s.Übersicht, Tab. 1). Jede Periode ist durch eine Zeit des Aufbaus (Disäquilibrium) und eine Zeit der Organisation (Äquilibrium) der Struktur der geistigen Operationen gekennzeichnet.* Dabei ist jede Entwicklungsstufe zugleich das Ergebnis der voraufgegangenen Stufe als auch der Ausgangspunkt für die nächstfolgende (INHELDER in KESSEN und KUHLMANN, 1962, S. 23). Diese Veränderungen vollziehen sich ohne scharfe Einschnitte. Nach INHELDER können sich die Perioden sogar überlappen, insofern als das Alter zwischen etwa sieben und elf Jahren zugleich die Zeit der Äquilibration der konkreten Operationen und die Vorbereitungsphase (d.h. Disäquilibrium) für die formalen Operationen ist (vgl. INHELDER in TANNER und INHELDER, 1953, S. 78). Die Erarbeitung oder Äquilibration derselben geistigen Inhalte (z.B. Raumbegriff: praktischer Handlungsraum, konkret-anschaulicher und euklidischer Raum, formale Räume) auf verschiedenen Strukturniveaus bezeichnet PIAGET als "vertikale Verschiebungen" (décalages verticaux).

Während der Aufbauzeiten einer bestimmten Entwicklungsperiode ist es möglich, daß Teilbereiche der kognitiven Struktur unterschiedliche Entwicklungsniveaus aufweisen. So kann z.B. ein Kind, das sich im Aufbau seiner konkreten Operationen befindet, bereits über den Begriff der Invarianz der Anzahl verfügen ohne zugleich auch die Invarianz der Menge, der Länge, des Gewichts oder des Volumens bei irrelevanten, jedoch anschaulichen Transformationen anzunehmen, obgleich, formal gesehen, hierzu dieselben logischen Operationen nötig sind. Solche Niveauunterschiede zwischen verschiedenen Inhalten innerhalb einer Entwicklungsperiode bezeichnet PIAGET als "décalages horizontaux"oder horizontale Verschiebungen, und zwar im Unterschied zur Bemeisterung derselben Inhalte der vorigen Periode auf dem neu erworbenen Niveau (Décalages verticaux).

---

* Operationen entstehen bei PIAGET aus internalisierten Handlungen; ihre Funktion ist die Adaptation und ihr Organisationssystem ist durch die jew. "kognitive Struktur" gekennzeichnet ist (vgl. FLAVELL, 1963, S.165-166).

Tabelle 1: Charakteristika der 3 Entwicklungsperioden (nach den jeweils erreichten Gleichgewichtsformen)

	1. Periode	2. Periode	3. Periode
Gleichgewicht	der tatsächlich ausgeführten sensorischen und motorischen Aktionen	der internen, vorgestellten konkreten Operationen	der internen formalen Operationen
Realität	Permanenz der Objekte selbst (in Zeit und Raum)	Invarianz der Eigenschaften der Objekte	Loslösung von Raum- und Zeitgebundenheit, Manipulation von Möglichkeiten und Dimensionen ohne konkrete Objektgebundenheit
Operationen	zielgerichtetes und an der im Moment vorhandenen konkreten Umwelt orientiertes Handeln in einem einheitlichen (d.h. von den sensorischen Kanälen unabhängigen) Raum, in dem das Kind selbst ein Objekt ist.	durch vorstellende Repräsentation der konkreten Welt Loslösung von der Zeit- und Raumgebundenheit des Denkhandelns, daher Klassifizierung zeitl. oder räuml. entfernter Dinge oder Gegebenheiten möglich, desgl. Abstrahierung d.Eigenschaften v.Objekten; internalisierte kognitive Welt	Loslösung des Denkens von der Gebundenheit an konkrete Vorstellungen; Realität als eine Kategorie der Möglichkeiten, hypothetisch-deduktives Denken, kombinatorisches Denken
	Differenzierung von Ich und räuml. Umwelt;	Differenzierung v. eigenem Denken u.dem der anderen	Differenzierung v. Möglichkeit und Wirklichkeit
	Dezentrierung der egozentr.Handlung	Dezentrierung der egozentr.Vorstellg.	
	Koordination über verschied. sensor. Kanäle hinweg	Koordination über Raum.u.Zeitdimension hinweg	Koordination über die konkrete Wirklichkeit hinweg
	Orientierung an der eigenen Handlung	Orientierung am konkret Wahrgenommenen	eigene Kontrolle über die Information, die man aufnimmt

In PIAGETs Theorie der Denkentwicklung nimmt sein Stufenmodell der Entwicklung eine zentrale Stellung ein. Wegen seiner Kompliziertheit und der vielen Mißverständnisse, die es hervorgerufen hat, als auch wegen seiner Bedeutung für die Interpretation der experimentellen Ergebnisse, ist es notwendig, seine wesentlichen Merkmale hier darzustellen.

2.31 Stufen als Struktur

Stufen sind bei PIAGET also gleichbedeutend mit bestimmten Gleichgewichtsniveaus im oben erwähnten Sinne. Diese Gleichgewichtsniveaus sind charakterisiert durch eine momentane Stabilität und eine Gesamtstruktur, die in der Sprache der allgemeinen Algebra oder der formalen Logik ausgedrückt werden kann. KESSEN (1962) bezeichnet diese Gesamtstrukturen als jeweils "Miniaturtheorie einer Stufe" und vergleicht sie mit einem jeweils neuen Computerprogramm, das das Verhalten auf der betreffenden Stufe simulieren könnte.

2.32 Diskontinuität der kognitiven Entwicklung

Stufen sind also bei PIAGET weder nur eine andere Umschreibung für "Lebensalter" oder Entwicklungsnorm, noch nur subjektive Einschnitte in einer insgesamt kontinuierlichen Entwicklung, sondern sie "existieren wirklich" (PIAGET, Disc. IV, 1969, S. 12/13, 123). heben sich durch Übergangs- oder Krisenphasen voneinander ab* und sind charakterisiert durch ihre jeweilige Struktur. Entsprechend FLAVELLs Charakterisierungsschema für Stufentheorien erhebt PIAGETs Theorie den Anspruch, erklärend zu sein (Verwendung von Konstrukten, die verschiedene Verhaltensweisen unter bestimmten Aspekten vereinigen und erklären, (FLAVELL in ELKIND und FLAVELL, 1969, S. 91) und favorisiert eher Diskontinuität als Kontinuität in der geistigen Entwicklung (vgl. THOMAE, 1961). Er weist dabei jedoch darauf hin, daß die Auffassung der Entwicklung als kontinuierlich

---

* Dies ist kein Widerspruch zu S. 23/24, da zugleich Aquilibrium bzgl. z.B. konkreter Operationen und Disäquilibrium formaler Operationen sein kann.

oder diskontinuierlich sowohl von der Skala abhängt,mit der man sie erfaßt, als auch vom allgemeinen theoretischen Rahmen für die Interpretation (Disc. IV, 1969, S. 123).

2.33 Spezifität der Stufen

Ein weiteres Merkmal, nach dem sich Stufentheorien voneinander unterscheiden können, ist die Breite der Verhaltensweisen, die mit der betreffenden Stufenkonzeption erfaßt werden soll (Generalität - vs. Spezifität, nach FLAVELL und WOHLWILL, 1969, S.91; bzw. Globalität - vs. Spezifität, nach THOMAE, 1961). Nach PIAGETs Auffassung gibt es keine generellen Stufen, die die Gesamtheit der biologischen, geistigen und sozialen Entwicklung umfassen (Disc. IV, 1969, S. 14),denn "die 'Persönlichkeit' ist eine funktionale Einheit, d.i. eine Einheit ..., die sich Schritt für Schritt aufbaut, die aber nie in einer adäquaten und verifizierbaren Strukturformel ausgedrückt werden könnte"(Disc. IV, 1969, S. 15). Er möchte seine Stufenkonzeption auf die Intelligenz- bzw. Denkentwicklung beschränkt wissen, da nur hier 'Gesamtstrukturen' auffindbar seien (Disc. IV, 1969, S. 12). Schon bei der Wahrnehmungsentwicklung hätten seine Mitarbeiter und er keine Stufen im definierten Sinne auffinden können. Jedoch schließt er Konvergenzen verschiedener Entwicklungsbereiche nicht aus, vermutet sie jedoch eher bzgl. der eigentlichen Entwicklungsmechanismen als bzgl. der Stufen, d.h. Strukturen, selbst (Disc. IV, 1969, S. 15). Selbst innerhalb des eingegrenzten kognitiven Bereichs jedoch gilt die Generalität der Struktur nur für die Endphasen der drei Stadien (sensumotorisches, konkret-operationales und formal-operationales Äquilibrium) und ist während der Aufbauzeiten dieser Äquilibria eingegrenzter, worauf die oben erwähnten décalages horizontaux hinweisen. Der Übergang von Stufe zu Stufe ist also, nach FLAVELLs und WOHLWILLs Terminologie (1969) nicht "vollsynchron". -

2.34 Grad der Konsistenz des Verhaltens auf einem bestimmten Entwicklungsniveau

Weiterhin bezeichnen die Strukturniveaus nach PIAGET u.INHELDER nur die <u>optimal</u> möglichen operatorischen Fähigkeiten, jedoch nicht, ob diese in jeder Situation auch eingesetzt werden (Disc.

IV, 1969, S.125/126), sie räumen also, nach FLAVELLs und WOHLWILLs Terminologie (1969), eine teilweise Inkonsistenz zwischen den Fähigkeiten und der tatsächlichen Leistung ein bzw. die teilweise selbständige Weiterexistenz der einfacheren Strukturen auch nach ihrem Einbau in höhere und komplexere Strukturen (vgl. PIAGETs Disk-Beitrag in: P.OSTERRIETH et al., 1956, S. 58).

2.35 Invarianz der Stufenfolge; funktionale Abhängigkeit

Weiterhin impliziert eine Stufenkonzeption eine bestimmte invariante Entwicklungssequenz, und eine Stufe gibt jeweils einen bestimmten Standort innerhalb einer solchen Sequenz an (KESSEN, 1962). Dies trifft auch für PIAGETs Stufenkonzeption zu. Die Entwicklungssequenz wird bei ihm darüber hinaus als funktional notwendig angesehen, d.h. Stufe A geht Stufe B nicht nur empirisch vorauf (wie das Laufenlernen dem Lesenlernen), sondern ist zudem die notwendige Voraussetzung für B. Nach KESSEN sind solche Stufenfolgen als Variationen ein und desselben Parameters anzusehen (KESSEN, 1962, S. 71). Sie können, wohl in Übereinstimmung mit PIAGET, als Strategien der Äquilibration oder Gleichgewichtsherstellung bezeichnet werden, zunächst bezogen auf bestimmte Erfahrungsbereiche (Anzahl, Gewicht, Volumen etc.), später integriert in die übergreifende Gesamtstruktur.

Am Beispiel der Stufenfolge bei der Entwicklung des Invarianzbegriffes der Anzahl seien diese Strategien erläutert:

zwei parallele, korrespondierende Reihen von Eiern und Eierbechern stehen einander genau gegenüber; dann werden die Eier ein wenig weiter auseinandergelegt, so daß ihre Reihe nach beiden Seiten länger ist als die Reihe der Eierbecher; beide haben jedoch die gleiche Anzahl.

Strategie (Stufe) 1: das Kind beachtet nur die Länge der Eierreihe und beurteilt sie als "mehr".

Strategie (Stufe) 2: Kind beachtet diesmal nur die Dichte zwischen den Eiern, scheint dabei die Länge der Reihe zu vergessen und beurteilt u.U. die Reihe als "weniger".

Strategie (Stufe) 3: Das Kind oszilliert in seiner Beachtung zwischen Länge der Reihe und Dichte der Eier und beginnt beide

Aspekte u.U. zu verbinden. Dies gelingt ihm aber nur bei relativ kleinen Veränderungen der Länge bzw. der Dichte.

Strategie (Stufe) 4: Das Kind begreift, daß die Länge der Reihe und die Dichte zwischen den Gliedern in einer inversen Beziehung stehen, ohne dabei die Anzahl der Glieder zu verändern.

2.36 Hierarchisierung und Integration

An diesem Beispiel wird deutlich, daß die neue Stufe nicht einfach nur additiv etwas zur vorangegangenen hinzufügt oder aber durch Substitution die vorige völlig ersetzt, sondern daß ein Transformationsprozeß vonstatten geht. LAURENDAU beschreibt ihn als einen Prozeß der Differenzierung und Restrukturierung und anschließender Koordination. Die neue Stufe ist, entsprechend dem Prinzip der Hierarchisierung, jeweils komplexer als die voraufgegangene und impliziert bzw. integriert diese (PINARD und LAURENDEAU, 1969, S. 129).

2.37 Entwicklungsmechanismus; statistische Kausalität

PIAGET erklärt das Fortschreiten von Stufe zu Stufe mit statistischer Kausalität, also keinesfalls mit vorprogrammierten Reifungsmechanismen und auch nicht allein durch außengesteuertes, sog. soziales Lernen. Diese Faktoren können zwar beschleunigend oder verlangsamend wirken, sind aber selbst nicht der eigentliche Entwicklungsmechanismus. Dieser ist nach PIAGET vielmehr im Prinzip der Gleichgewichtsherstellung (Äquilibration) zu suchen, d.h. dem ständigen Bemühen, Widersprüche in der Erfassung der 'Realität' durch Kompensationen (i.S. von Negation oder inverser Operation) d.h. durch zunehmende Reversibilität der geistigen Operationen aufzufangen.

Die sequentielle Wahrscheinlichkeit, etwa in Beziehung zu unserem obigen Beispiel, erklärt PIAGET folgendermaßen:

Die Strategie 1 wählt das Kind, da für es zunächst die beiden Merkmale (Länge und Dichte) unabhängig erscheinen und es somit mit 50 zu 50 % Wahrscheinlichkeit eines der beiden beachtet; das gemeinsame Beachten beider Aspekte gleichzeitig habe dagegen nur eine Wahrscheinlichkeit von 25 %. Der Wechsel zur zweiten Strategie kann externe Gründe haben (z.B. Wirkung des Wahrnehmungskontrastes) oder innere (Unzufriedenheit, ständig denselben Lösungsweg zu nehmen, zumal er nicht von Sicherheit begleitet ist). Die Oszillation bei der dritten Strategie sieht PIAGET als den nächst wahrscheinlichsten Schritt nach der zweiten Strategie; nach der abwechselnden Beachtung beider Aspekte unter "Vergessen" des jeweils anderen tritt hochwahrscheinlich bald die Erinnerung an den jeweils vernachlässigten Aspekt; diese "Retroaktion" wird dann bald auch antizipatorisch. Während bisher nur die statischen Konfigurationen beachtet wurden, beginnt mit der dritten Strategie auch die Beachtung der Transformation und die Möglichkeit der Vorhersage der Veränderung. Strategie 4 ist dann wiederum die wahrscheinlichste, gegeben Strategie 3; hier gelingt das gleichzeitige "Bedenken" und Koordinieren verschiedener Zustände bzw. der Transformationen (PIAGET, Disc. IV, 1969, S. 98-105).

Dies zuletzt erreichte Äquilibrium ist nicht von vornherein das wahrscheinlichste, sondern wird es erst im Laufe der Sequenz. Es ist zwar von allen das "kostspieligste" Operationssystem, was seinen Aufbau betrifft, aber in der Anwendung dann das einfachste und dasjenige, das ein Maximum an Information ("gains") gibt bei einem Minimum an Informationsverlust. "Äquilibrium ist dann erreicht, wenn die Realität aufgefaßt werden kann mit einem Beziehungssystem, das bei einem Minimum von Veränderungen ein Maximum an Informationen gibt" (PIAGET, Disc. IV, 1969, S. 17).

2.38 Weiterentwicklung auslösende Bedingungen

Die Bedingungen der Auslösung des nächsten Schrittes hat PIAGET, wie MONTADA bemerkt, jedoch nicht systematisch untersucht, sondern nur einige verstreute Hinweise gegeben, z.B. den Konflikt zwischen zwei Assimilationsschemata; Widerlegung eines Urteils durch empirischen Beweis; Fehlen eines geeigneten Lösungswegs bei verstandener Problemstellung (MONTADA, 1969, S. 31-33). Solche Erfahrung liefert nach MONTADA den Aufweis der Unzulänglichkeit der bislang gebildeten Schemata und wirkt motivierend für weitere Differenzierungen und Umstrukturierungen (MONTADA, 1969, S. 23; FLAVELL, 1963, S. 77) (vgl. auch PINARD und LAURENDEAU, 1969, S. 152-154).

2.4 Zusammenfassung

PIAGETs Theorie der kognitiven Entwicklung ist erkenntnistheoretisch verankert. Bezüglich des Entwicklungsvorganges nimmt PIAGET einen organismisch-aktiven Standpunkt ein (vgl. FLAVELL, 1963, S. 406-422). Vorgegeben bzw. angeboren sind nach seiner Theorie die beiden, im Idealfall komplementär wirkenden Grundprozesse der Adaptation (Assimilation und Akkomodation) und der Organisation sowie einige globale Handlungsschemata. Die Entwicklung ist ein aktiver Prozeß der Auseinandersetzung mit der physikalischen, sozialen und geistigen Umwelt mit einem kontinuierlichen Streben nach Gleichgewichtsherstellung, zunächst auf der Ebene der Handlungen, dann der der konkreten und der formalen Operationen. Diese "vertikalen Verschiebungen" mit ihren jeweils erneuten Phasen geringerer und stärkerer Ausgewogenheit der kognitiven Strukturen geben der Entwicklung einen zyklischen Charakter und innere Verbundenheit (FLAVELL, a.a.O.); die "horizontalen Verschiebungen" werden der Spezifität einzelner Bereiche gerecht und ermöglichen eine Differenzierung innerhalb der Stadien. Die Aufeinanderfolge der Stadien wie auch der Stufen innerhalb der Stadien (i.a. spezifiziert für bestimmte Bereiche innerhalb der Entwicklung des Denkens) wird als invariant angesehen, wobei die nächst folgende Stufe von der vorangegangenen funktional abhängig ist, aus ihr nach den Gesetzen der statistischen Kausalität folgt und sie im Sinne der Hierarchisierung in sich integriert.
PIAGETs Theorie ermöglicht es, was die Inhalte, die sie umgreift, betrifft, die Sicht- und Denkweisen des sich entwickelnden Kindes zu erfassen und sein Verhalten von daher zu verstehen und eventuell vorherzusagen.

3. Analyse des Zahlbegriffs nach J. PIAGET

Die Entwicklung des Zahlbegriffes beim Kinde ist für PIAGET und seine Schule ein prägnantes Beispiel für die Entwicklung des logischen Denkens und - was für ihn als Erkenntnistheoretiker und Logiker wichtig ist - besonders gut einer Formalisierung zugänglich. Aus diesem seinem Interesse heraus definiert er die Entwicklungsschritte aus der Kenntnis der Endstufe, die in seinem System struktural dem formal-logischen, propositionellen Denken entspricht:

> "Il nous paraît imprudent, avant de connaître les stades terminaux ..., de chercher à systématiser les stades initiaux, car l'expérience des recherches génétiques montre que bien souvent la connaissance des paliers finaux d'équilibre d'une succession d'étapes conduit à réinterpréter l'ensemble de cette évolution" (Études, XI, 1960, S. 67).

Aus diesem Grunde soll auch hier zunächst der Zahlbegriff der ganzen natürlichen Zahlen, wie PIAGET ihn versteht, dargestellt werden, bevor die Genese des Zahlbegriffs und die Art ihrer Erforschung in der Genfer Schule aufgezeigt wird.

3.1 Der operatorische Zahlbegriff

Nach PIAGET beinhaltet jeder, auch der elementarste Wahrnehmungskontakt des Individuums mit einem Objekt ein - wenn auch noch so primitives und globales - Ordnen und In-Beziehung-Setzen der wahrgenommenen Eigenschaften und damit das Prinzip der Differenzierung zwischen Quantität und Qualität (PIAGET,Z.,1965, S. 24); d.h., es gibt für ihn keine "Qualitäten an sich", sondern nur verglichene und differenzierte Qualitäten (PIAGET, Z.,1965, S. 24). Das In-Beziehung-Setzen der wahrgenommenen Eigenschaften betont entweder die Ähnlichkeiten ("symmetrische Relationen") oder die Unterschiede ("asymmetrische Relationen"). Erstere führen zur Klassifizierung, letztere bilden den Beginn der Quantifizierung, da sie ein Mehr und Weniger einschließen.

3.11 Die kardinale Funktion der Zahl

Die Zahl konstituiert sich nun aus beiden Operationen: Zum einen ist sie eine Klassenbezeichnung. Wenn ich z.B. sage: "Dort liegen 5 Kugeln", dann gebe ich der dort befindlichen Menge von Kugeln die Klassenbezeichnung "fünf", indem ich jede einzelne Kugel als ein gleichwertiges und gleichberechtigtes Mitglied dieser Klasse "fünf" ansehe. Alle Unterschiede, z.B. der Farbe, der Anordnung usw. bleiben unberücksichtigt; das Gleiche wird betont. Wenn ich die Zahl in ihrer Funktion als Klassenbezeichnung verwende, betone ich ihre kardinale Funktion (Kardinalzahl).

3.12 Die ordinale Funktion der Zahl

Beim Vorgang des Zählens bringe ich die zu zählenden Gegenstände in eine Reihe, wobei ich verschiedene Reihen bilden kann, sofern innerhalb einer Reihe ein Gegenstand nur eine Position einnimmt. Diese in eine Reihe geordneten Gegenstände stehen untereinander in asymmetrischer Relation, d.h., die Reihe hat eine Richtung; der 5. Rangplatz in der Reihe setzt einen 1., 2., 3. und 4. voraus und schließt sie alle ein (hierarchische Anordnung). Die Zahl als Kennzeichnung eines (räumlichen u./o. zeitlichen) Platzes in einer Reihe tritt dann in ihrer ordinalen Funktion hervor und betont die (serialen) Unterschiede zwischen den zu zählenden Elementen.

3.13 Arithmetische Operationen als Kombination aus der Logik der Klassen und der Logik der Reihen

Die Zahl ist also nach PIAGET eine Fusion aus ihrer kardinalen und ihrer ordinalen Funktion. Während beim Zählvorgang die Unterschiede (hier die Reihenordnung) hervorgehoben werden, werden nach dem Zählvorgang die Unterschiede egalisiert (d.h. die Reihenordnung aufgehoben und die ehemaligen Reihenglieder zu Gruppenmitgliedern), und die kardinale Funktion der Zahl tritt in den Vordergrund. In unserem Beispiel sieht es so aus, als seien diese beiden Funktionen der Zahl relativ getrennt voneinander; vielmehr entspricht sie jedoch beiden Funktionen zugleich, ist von der einen in die andere überführbar und gehorcht zugleich den logischen Gesetzen der Klassen und der asymmetrischen Relationen, wodurch sie ihre Besonderheit, nämlich das Entstehen iterationsfähiger numerischer Einheiten, erhält (d.h., während das Hinzufügen eines Apfels zur Klasse der Äpfel diese Klasse nicht verändert - es bleiben Äpfel -, ergibt das Hinzufügen der Einheit 1 zur "Klasse" 1 die um eine Einheit größere "Klasse" 2).

3.14 Gruppierungen und Gruppen

Zur Formalisierung dieser Zusammenhänge entnahm PIAGET aus der Mathematik den Begriff der "Gruppe" und prägte den Begriff der "Gruppierungen" für solche logischen Strukturen, die dem Modell der Gruppe weitgehend ähneln, jedoch nicht so "stabil" sind wie diese. Da den Gruppierungen die in ihrer absoluten Größe bekannte Einheit fehlt, erlauben sie nur eine "intensive Quantifikation" (entsprechend einerm Rang- oder Intervallskalenniveau). Die logische Struktur der Klassen und der Relationen entspricht nach PIAGET dem Stabilitätsgrad von Gruppierungen. PIAGET unterscheidet acht solcher Gruppierungen, die sich je zur Hälfte auf Klassen und auf Relationen sowie auf additive und multiplikative Operationen beziehen; eine 9. Gruppierung stellen die Gleichheitsrelationen dar. Die folgende Übersicht (Tab. 2) veranschaulicht die Aufteilung der Gruppierungen unter Beibehaltung der numerischen Kennzeichnungen, die sie von PIAGET erhielten.

<u>Tabelle 2</u>: Übersicht über 8 der 9 von PIAGET aufgestellten Gruppierungen

			Operationen additiv	Operationen multiplikativ
Gruppierungen	Klassen	a) ein-eindeutige Zuordnung	I	III
		b) mehreindeutige Zuordnung	II	IV
	Relationen	a) asymmetrische	V	VII
		b) symmetrische	VI	VIII
Gruppen	Klasse X Relation		1	2

(vgl. FLAVELL, 1963, S. 198)

Die Gruppen und Gruppierungen haben vier Eigenschaften gemeinsam*:
1. die Komposition: Das Ergebnis der durch eine bestimmte Operation (z.B. Addition) definierten Kombination eines Elements mit jedem anderen Element ist wiederum ein Element des Systems (FLAVELL, 1963, S. 135 u. 174).
Beispiel aus der Gruppe der ganzen positiven Zahlen: 2+3= 5, 7·5=35
für Klassen: die Spaniels und die Hunde, die nicht Spaniels sind, sowie die restlichen Haustiere etc. gehören zum System der Tiere.
Für Relationen: Bei nach der Länge geordneten Stäbchen bezeichnen alle geordneten Unterschiede sowie deren Summe wiederum Längenunterschiede.

2. Assoziativität: Die Summe einer Reihe von Elementen ist unabhängig von der Anordnung ihrer Elemente (FLAVELL, 1963, S. 174).
Beispiel: 2+(3+7) = (2+3)+7

3. allgemeine Identität: Es gibt ein und nur ein Element, das, wenn es zu irgendeinem der anderen Elemente hinzugefügt wird, dieses Element unverändert läßt (FLAVELL, 1963, S. 135, 174)
z.B. 1 + 0 = 1, 3 . 1 = 3
Bei den verschiedenen Gruppierungen gibt es unterschiedliche Identitätselemente. Bei den vier hier im wesentlichen in Frage kommenden Gruppierungen sind es:

Gruppierung I: die Nullklasse
Gruppierung III: die größte, allgemeinste, nicht durch spezifizierende Eigenschaften eingegrenzte Klasse der Klassenreihe (Hunde, die Säugetiere sind, bleiben Hunde)
Gruppierung V: die Äquivalenzrelation
Gruppierung VII: die Null-Differenz zwischen den beiden Relationen (z.B. Volumen und Gewicht).

Unter bestimmten Umständen können auch andere Elemente einer Grup-

* Eine sehr einfache und allgemeinverständliche Darstellung der Eigenschaften von Gruppierungen findet sich bei GINSBURG und OPPER, 1969, S. 129 - 133.
Eine ausführliche logische Analyse und Rechtfertigung der Gruppierungen gibt Jean-Blaise GRECO: Du Groupement au Nombre: Essai de formalisation, in: Etudes ..., XI, 1960, S.67 - 96.

pierung die Rolle eines Identitätselementes spielen ("Spezielle Identität", FLAVELL, S. 175). Jede Klasse ist ihr eigenes Identitätselement (Tautologie, A+A=A); jede Klasse spielt bzgl. der ihr übergeordneten Klasse Identitätselement (A+B=B = Resorption) bei Additionsoperationen; dagegen spielt bei multiplikativen Operationen die übergeordnete Klasse diese Rolle (= Absorption; z.B.: $D_1 x A_1 = A_1$, d.h. z.B.: alle weißen Menschen, A_1, die Menschen sind, D_1, sind weiße Menschen, A_1) (FLAVELL, S. 177/78).

4. Reversibilität: Für jedes einzelne Element gibt es ein und nur ein Element, das Invers, das in Kombination mit dem ersteren das Identitätselement hervorbringt (FLAVELL, S. 136).
z.B.: +2 -2 = 0 (Negation)
2 :2 = 1 (Reziprok)
Bei der Gruppierung I ist es ebenfalls die Negation, bei III, V und VII das Reziprok bzw. bei V und VII als Operation die logische Division.

5. Während nur die Gruppenelemente iterativen Charakter haben, also 1+1 = 2 ergibt, gilt dies nicht für die Gruppierungen: die Hinzufügung von Hunden zur Klasse der Hunde ergibt wiederum Hunde.

3.15 Gruppierungen und kognitive Struktur

Die Gruppierungen und Gruppen stellen nach PIAGET ideale logisch-mathematische Strukturmodelle dar; ihre Gesetzmäßigkeiten sollen diejenigen veranschaulichen, denen die konkreten und formalen logischen Operationen nach Erreichen des operativen Niveaus (d.h. des Äquilibriums des betr. Stadiums) weitgehend gehorchen (vgl. FLAVELL, 1963, S. 169, und INHELDER, in KESSEN und KUHLMANN, 1962, S. 22) (für die hier nicht zu behandelnden formalen Operationen geht das Formalisierungsniveau noch weiter). Sie charakterisieren insbesondere die kognitive Struktur der konkreten Operationen, gelten aber auch auf der Handlungsebene für den Raumbegriff des Kleinkindes (Niveau der sensumotorischen Intelligenz; vgl. FLAVELL, 1963, S. 135 - 136). D.h., sie haben relativ allgemeinen Charakter und bilden die ideale, nie vollständig erreichbare Endstufe (vgl. INHELDER in KESSEN und KUHLMANN, 1962, S. 22) für jedes der (S. 22 dargestellten) Operationsniveaus.

3.16 Arithmetische vs. infralogische Operationen

Die arithmetischen oder numerischen Operationen bilden sich auf dem Niveau der konkreten Operationen aus (ihre weiteren Entwicklungsschritte bis zum formalen Niveau sind noch nicht genügend untersucht). Sie unterscheiden sich von den übrigen logischen Operationen nur darin, daß sie mit dem Begriff der numerischen Einheit operieren. Von den infralogischen Operationen, sofern sie sich ebenfalls auf Mengen diskreter, diskontinuierlicher Objekte beziehen, unterscheiden sie sich durch ihre Unabhängigkeit von konfigurativen und raumzeitlichen Gegebenheiten. D.h., um logische oder numerische Operationen durchzuführen, brauchen die Gegenstände in ihrer konkreten räumlichen und zeitlichen Anordnung nicht verändert zu werden, was jedoch auf dem infralogischen Niveau, das der konkreten Handlung näher ist, notwendig ist (vgl. FLAVELL, 1963, S. 196 u. 171) Die Unabhängigkeit der logischen und numerischen Operationen von raum-zeitlichen Gegebenheiten zeigt sich am deutlichsten in den Invarianzbegriffen. Der Invarianzbegriff besagt, daß eine Eigenschaft (z.B. die Anzahl einer Menge) erhalten (= "konserviert") bleibt, selbst wenn andere Eigenschaften (z.B. räumliche Anordnung) verändert werden. Nach GRÉCO (Études ..., XI, 1960, S. 199) ist das "Konservieren" das allgemeine Kriterium für das Vorhandensein operatorischer Gruppierungen.

3.17 Zusammenfassung

Die arithmetischen Operationen sind - nach PIAGET - ihrer logischen Struktur nach eine Kombination aus der Logik der Klassen und der Logik der Relationen. Diese logische Struktur stellt den Idealfall dar für die Gesetzmäßigkeiten, denen die kognitive Struktur sich annähert, wenn sie "operatorisch" wird, was für den Begriff ganzer natürlicher Zahlen auf dem Niveau der konkreten Operationen zutrifft.

3.2 Die genetische Analyse des Zahlbegriffs

PIAGETs Anliegen ist es, analog zur logischen Struktur der Zahl, wie sie bei der Beschreibung des operatorischen Zahlbegriffs dargestellt wurde, Denkstrukturen aufzufinden und in ihrer Genese zu beschreiben. Solche Denkstrukturen wären gekennzeichnet durch vollständige funktionale Interdependenz und organische Verknüpfungen zwischen den Operationen, die auf verwandte Begriffe angewandt werden können (PINARD und LAURENDEAU, 1969, S. 136). Sie werden im Unterschied zu den logischen Strukturen als schwächer und begrenzter, als partiell aufgefaßt (GRIZE et MATALON, 1962, S. 31).

3.21 Invarianten

Hierzu gehören in erster Linie die funktionalen Invarianten ("conservations"), soweit sie auf Mengen oder Anzahlen bezogen sind. Die Invarianten dienen, wie ELKIND ausführlich darlegt (in ELKIND und FLAVELL, 1969, S. 172 f), wie auch alle anderen Begriffe zur Reduktion der Variablität in der Natur, damit das Individuum ökonomischer mit seiner Umwelt zurechtkommen kann. Während die meisten Begriffe durch die Anzahl der diskreten Objekte, auf die sie zutreffen, definiert sind ("extensive content", ELKIND, S. 179) und dem Wiedererkennen oder der Klassifizierung eines Exemplars dienen (also die Variation zwischen den Objekten vermindern), geben die "conservations" Auskunft über die Variation innerhalb eines Gegenstandes oder einer Relation; sie sind definiert durch diejenigen Transformationen, die die Zugehörigkeit eines Gegenstandes zu einer bestimmten Klasse, die Relation etc. noch unverändert, invariant lassen, selbst über verschiedene Zustände, Formen, Erscheinungsweisen und Zeitspannen hinweg (S. 181). Zu diesen "conservations" zählen zum Beispiel die Invarianz der Anzahl zweier korrespondierender Mengen, selbst wenn die Teile der einen Menge räumlich etwas anders angeordnet werden; oder die Invarianz der Plastillinmenge, egal ob das Plastillin Kugel- oder Wurstform annimmt.

Die Invarianz stellt nach PIAGET eine notwendige Bedingung jeder verstandesmäßigen Tätigkeit dar (Z., S. 15) und bildet insbesondere die Grundlage für alles quantifizierende und mathematische Denken. Nach PIAGET entwickelt sich offenbar im Laufe der Zeit sogar ein gewisses "Invarianzbedürfnis" (Z., S. 16). Das Entdecken der Invarianz (bei den meisten Begriffen im allgemeinen zwischen 4 und 8 Jahren, bei Gewicht und Volumen z.T. später) bedeutet, daß das Kind Denkprinzipien aufgebaut hat, die es ihm erlauben, die verschiedenen Erscheinungsformen, die ein Objekt oder Eigenschaft annehmen kann, zu kompensieren; es kann dann anscheinende von realen Veränderungen unterscheiden (ELKIND, in ELKIND und FLAVELL, S. 179). Reversibilität ist also ein notwendiges Kriterium für Invarianzen, ebenso wie für das Vorhandensein von Gruppierungen von Klassen und Relationen (PIAGET, Etudes ..., XI, 1960, S. 22) (vgl. auch GRÊCO, Etudes ..., XI, 1960, S. 199).

3.22 Operationen

Wenn auch bei den meisten Untersuchungen anderer Autoren das "Konservieren", das Verständnis der Invarianz der Anzahl, als oft einziges Kriterium für das Vorhandensein eines operatorischen Zahlbegriffes genommen wurde, ging PIAGET in seiner Analyse weiter. Er untersuchte die Entwicklung des kindlichen Verständnisses für die Beziehung von Teilmengen zum Ganzen, den Überzeugungswert von Stück-für-Stück-Korrespondenz für die Bestimmung der Mächtigkeit einer zweiten Menge oder die Bestimmung des Rangplatzes eines Elementes in einer Reihe; dabei interessierte ihn insbesondere, ob Kinder spontan zur Korrespondenzbildung greifen, um sich von der Umfangsgleichheit zweier Mengen zu überzeugen. In seinen Experimenten versuchte er, das Verständnis der Kinder für die kardinale wie für die ordinale Funktion der Zahl (im oben beschriebenen Sinne) und ihre gegenseitige Überführbarkeit zu untersuchen. Die arithmetischen Operationen der Addition und Multiplikation (und Division) verglich er in ihren Eigentümlichkeiten mit den entsprechenden logischen Operationen bei der Klassen- und der Reihenbildung.

3.23 Beziehung zu Klassen und Relationen

Diese Vielzahl von Untersuchungsansätzen wird bei ihm im wesentlichen von vier Fragen bestimmt (PIAGET, Etudes XI, 1960, S. 63). Die erste betrifft die Entwicklungsstufen in jedem der genannten Teilbereiche, wobei ihn insbesondere die kritischen Übergangsmomente interessieren. Die zweite Frage ist die, ob der Zahlbegriff auch psychologisch auf Klasse und Relation reduzierbar ist, oder ob es einen voroperatorischen Zahlbegriff gibt. Wenn es einen solchen gibt, wie verhält es sich dann mit den chronologischen Beziehungen zwischen der Genese der Logik der Klassen, der Relationen und dem Zahlbegriff (Frage nach der Synchronizität), und welcher Art sind, viertens, ihre kausalen Interdependenzen. M.a.W. ist es die Frage, ob es eine eigenständige Entwicklung arithmetischer Strukturen gibt und wie generell die Gesamtstrukturen auf den verschiedenen Niveaus sind.

3.24 Erfassen des rekursiven Charakters der Zahlenreihe

Spätere Untersuchungen widmeten PIAGET und seine Mitarbeiter der Struktur der Zahlenreihe, dem Verständnis des Prinzips der Iteration, ihres Aufbaus in gerade und ungerade Zahlen und ihres rekursiven Charakters (Etudes XI, 1960).

3.3 Untersuchungsmethoden

3.31 Die "kritische Methode"

Um diese Fragen zu untersuchen, konkretisierte PIAGET die logischen und arithmetischen Operationen in einfache, oft recht anschauliche Aufgaben, die den Charakter von "Denkproben" haben und von der Versuchsperson logische oder arithmetische Entscheidungen verlangen. So ließ er z.B. die Kinder Perlen, und zwar je eine gleichzeitig, in zwei verschieden breite Gläser füllen und fragte anschließend, ob in beiden Gläsern gleich viele Perlen seien oder in einem mehr (weitere Beispiele folgen im nächsten Abschnitt). Dabei variierte er die Aufgaben, z.B. hinsichtlich der Anzahl der Elemente, je nach Zählfähigkeit der Kinder (z.B. PIAGET, Z., S. 80-81), oder auch die Einkleidung der Aufgabe, ja nach Motivation der Kinder (z.B. in "Zahlbegriff" S. 63/64 soll sich Vp Hoc in die Rolle eines Kellners versetzen). Der Versuchsleiter hat weiterhin die Freiheit, seine Fragen an das Kind zu variieren, um dessen Antworten zu sichern oder ad hoc Hypothesen nachzugehen, jedoch nur solange, wie der eigentliche Kern der Aufgabe, seine logische oder arithmetische Anforderung an das Kind, nicht verändert werden (vgl. Beschreibung dieser Methode, bezeichnet als "revidierte klinische Methode" bei GINSBURG und OPPER, 1969, S. 117-119).

PIAGET nennt diese Untersuchungsmethode die "kritische Methode" (PETTER, 1966, S. 20). Dabei wird einfaches Material verwendet (Stäbchen, Perlen, Gläser etc.), das die Versuchspersonen beobachten oder sogar selbst handhaben können; es dient dazu, das Interesse der Kinder zu wecken und die Kommunikation mit ihnen zu erleichtern. "Kritisch" wird diese Methode genannt, weil man an der Art der Entscheidungen der Kinder und der Art ihrer Lösungswege auf die Entwicklungsstufe und die Merkmale bestimmter geistiger Strukturen schließen könne (PETTER, 1966, S. 20).

Mit dieser Methode versucht PIAGET einen Mittelweg zu gehen zwischen der Beobachtung spontanen Verhaltens in natürlichen Situationen und strengen Experimenten. Ähnlich wie die ebenfalls von ihm verwandte "klinische Methode", die sich nur der Befragung bedient, ist die "kritische Methode"

> "... in dem Sinne experimentell, als der Versuchsleiter selbst die Fragen stellt, die Hypothesen aufstellt, die Bedingungen an diese adaptiert und schließlich jede Hypothese kontrolliert, indem er sie gegen die Reaktionen, die er im Gespräch hervorruft, testet; sie ist auch abhängig von direkter Beobachtung, insofern als der gute Versuchsleiter sich lenken läßt, wenn auch jeweils kontrolliert, und das Gesamt des geistigen Kontextes beachtet, anstatt dem systematischen Fehler anheimzufallen, was so oft dem reinen Experimentator geschieht" (PIAGET, 1963, S. 8).

Dabei bleibt die Beobachtung spontanen Verhaltens in natürlichen Situationen das Ideal, der Ausgangspunkt und die letzte Kontrolle für die "Experimente" (PIAGET, 1963, S. 4). Ihr gegenüber haben die "kritische" und die "klinische" Methode jedoch den Vorzug, daß sie eine Vielzahl von Reaktionen bei jedem Kind hervorrufen und so zur Sicherung der Denkweise des betreffenden Kindes beitragen, andererseits aber auch den interindividuellen Vergleich erlauben (PIAGET, 1963, S. 6-7; GRIZE et MATALON, Etudes XVI, 1962, S. 32). Beide Methoden bedürfen jedoch eines intensiven Versuchsleitertrainings und großer Sorgfalt und Übung bei der Interpretation der gewonnenen Ergebnisse.

3.32 Validität der Reaktionen

Wie bei der "klinischen Methode" müssen auch bei ihrer revidierten Form, der kritischen Methode, trotz der objektiven Beobachtung auch nichtverbaler Reaktionen im Umgang mit dem vorgelegten Material die verbalen Antworten der Kinder auf ihre Gültigkeit überprüft werden. Es kann wohl als ein Verdienst PIAGETs betrachtet werden, daß wir heute einen so breiten Katalog von Antwortarten bei Kindern kennen, die auf die besonderen Schwierigkeiten von Kinderuntersuchungen hinweisen. So muß zunächst geklärt werden, ob die Antwort des Kindes ein reines Zufallsprodukt ist, wo das Kind einfach das sagt, was ihm gerade einfällt ("n'importequisme", nach BINET und SIMON, PIAGET, 1963, S. 10), oder immer die gleiche Antwort anbietet, ohne sich auf die neue Frage umzustellen (Perseveration); ob es eine ihm interessante Antwort eben "erfindet" (romancing); ob es auf eine möglicherweise suggestiv gestellte Frage suggestibel antwortet, nur um den Versuchsleiter zufriedenzustellen. Das Ziel geschickten Experimentierens und Befragens ist es, entweder die "spontanen Überzeugungen" des Kindes oder auch die in der Aufgabensituation aus dem Nachdenken des Kindes entstandenen, "ausgelösten Überzeugungen" (liberated convictions) zu erfassen, da sie die besten Indizes sind, von denen aus auf die geistige Struktur geschlossen werden kann. (PIAGET, 1963, S. 10-18). Allein schon, um diesen Schwierigkeiten zu begegnen, bedarf es nach PIAGET eines geschulten und flexiblen Versuchsleiters.

3.33 Bewertung der Antworten

Bei der "kritischen Methode", die PIAGET und Mitarbeiter auch bei ihren Untersuchungen zum Zahlbegriff anwandten, werden bei der Analyse der Antworten sowohl die Entscheidungen der Kinder (z.B. ob in den beiden Gläsern noch gleich viele Perlen sind oder nicht) nach richtig oder falsch bewertet als auch die Begründungen der Kinder berücksichtigt. Dabei interessiert sich PIAGET insbesondere für die Fehler, die die Kinder machen.

> "Auf den präoperatorischen Niveaus, wenn die Zahl erst halbstrukturiert ist, liefert die Analyse der Fehler, was die Untersuchung der Natur der Zahl betrifft, die gleichen Dienste

> wie dies analog die psychopathologische Methode für die Strukturen normaler Erwachsener tut" (PIAGET, Etudes XI, 1960, S.62).

Anschließend werden die Antworten des Kindes, anscheinend im wesentlichen seine richtig / falsch-Entscheidungen, einer Art Rating unterworfen und das Kind bzgl. der betreffenden Aufgabe (mit ihren Zusatzfragen) einer von drei oder mehr Stufen zugeordnet (vgl. PIAGET, Z., 1965; GRÉCO, Etudes XI, 1960, S. 149-213).

3.34 Versuchsplan und statistische Analyse

In PIAGETs und SZEMINKAs Hauptwerk zum Zahlbegriff läßt sich nur schwerlich ein Versuchsplan erahnen. Offenbar handelte es sich hier, ähnlich wie bei der "Entwicklung des physikalischen Mengenbegriffs" (PIAGET und INHELDER, 1970) um die Untersuchung einer Vielzahl von Kindern (beim Mengenbegriff sind es ca. 2000) einer breiten Altersspanne (4 bis 7 Jahre). Die Auswertung bleibt weitgehend deskriptiv und aufgabenspezifisch. Weder vom Design her noch von einer etwaigen statistischen Auswertung her scheinen beeinflussende Variablen kontrolliert worden zu sein. Auch die Frage der Synchronizität der Entwicklungen wird nicht empirisch-statistisch abgesichert, etwa im Sinne einer 2 x 2-Kontingenzanalyse, wie sie WOHLWILL vorschlägt (1963, in SIGEL und HOOPER, 1968). Ansätze einer solchen Analyse finden sich jedoch in den Arbeiten seiner Mitarbeiter (z.B. GRIZE, Etudes XI, 1960) und in späteren Werken PIAGETs (z.B. im Mengenbegriff).

Derartige und andere, berechtigt und unberechtigt kritisierte "Mängel" sind PIAGET häufig, insbesondere von amerikanischen und englischen Forschern vorgeworfen worden (vgl. FLAVELL, 1963, S. 425-446). PIAGET selbst entgegnet auf diese Kritiker (Z., S.197-198):

> "Es versteht sich jedoch von selbst, daß man, bevor man die Dinge statistisch auszudrücken versucht und bevor man auf diese Versuche die verschiedenen Korrelationsformeln der Wahrscheinlichkeitsrechnung anzuwenden versucht, zunächst Probleme lösen müßte, für die wir uns, freimütig gesagt, nicht interessieren (meine Hervorhebungen): z.B. für die Frage, ob ein bestimmtes Ordinationsproblem, das wir herangezogen haben, genau denselben Schwierigkeitsgrad besitzt wie ein bestimmtes anderes Problem oder wie ein Kardinationsproblem, unabhängig von Ordination und Kardination als solcher. Es versteht sich in der Tat

von selbst, daß bei jedem Versuch eine Menge heterogener Faktoren mitwirken, wie z.B. die verwendeten Wörter, die Länge des Auftrags, sein mehr oder weniger konkreter Charakter, seine Beziehungen zu den individuellen Erfahrungen der Versuchsperson, die Zahl der zu betrachtenden Gegenstände, der Einfluß der gelernten Zählung usw., usf. So konnten wir bei den Versuchen kardinaler Korrespondenz ein ganz klares zeitliches Auseinanderklaffen zwischen den Ergebnissen der verschiedenen Versuche beobachten, derart, daß wir nie ein Verständnis dieser kardinalen Korrespondenz im Reinzustand erlangen, sondern stets nur ein Maß für das Verständnis, das einem gegebenen Problem und dem gegebenen Material entspricht. Daher kann die Berechnung der Korrelation zwischen den Ebenen der Kardination und den Ebenen der Ordination nur enttäuschende Ergebnisse hervorbringen, wenn sie nicht ergänzt wird durch eine sehr weitgehende qualitative Analyse, es sei denn,man wolle die Versuche in "Tests" umwandeln, bei denen statistische Genauigkeit zweifellos ohne allzu große Schwierigkeiten erzielt werden kann, allerdings mit dem Nachteil, daß man nicht mehr genau weiß, was man mißt."

3.35 Strukturanalyse vs. Funktionsanalyse

PIAGET vergleicht die Reaktionen und Antworten der Kinder etwa gleichen Lebensalters auf ihre Ähnlichkeit oder sogar Uniformität hin und referiert in seinen Werken dann charakteristische Antworten, insbesondere solche, bei denen er einen mehr oder minder konfliktreichen Übergang von früheren zu einer späteren Überzeugung demonstrieren kann. Solche Beispiele sowie grobe Zuordnungen der Antwortarten zu bestimmten Lebensaltern geben ihm Hinweise auf die logische und funktionale Stufenfolge, ohne jedoch die Bedeutung longitudinaler Untersuchungen zur Abklärung der Stufen und Stadien geringzuschätzen (PIAGET in OSTERRIETH, 1956, S. 61). Das Auftreten ähnlicher Antworten und Überzeugungen bei benachbarten Begriffen sowie die Suggestionsresistenz seiner kleinen Versuchspersonen geben ihm Hinweise auf die Generalität und Festigkeit der von ihm untersuchten Strukturen (vgl. PIAGET, 1963, S. 32).

FLAVELL bezeichnet diese Art der Analyse und Interpretation von Untersuchungsdaten als "genetisch-deskriptiv" ("developmental-descriptive", 1963, S. 423) im Unterschied zu den in den USA verbreiteten Methoden, die auf die Aufdeckung möglicher Vorbedingungen individueller Unterschiede ausgerichtet sind ("antecedent-consequent), wie etwa bei SEARS (FLAVELL, 1963, S. 423).

MONTADA (1968, S. 24-26) unterscheidet die beiden Methoden als "Strukturanalyse" und "Funktionsanalyse". Erstere beschreibe die Entwicklung hinsichtlich der Gleichheit und Verschiedenheit aufeinanderfolgender Strukturen, suche Elemente der akkomodierten Struktur in der Ausgangsstruktur und versuche so zu rekonstruieren, was zu Beginn gewesen sei. Die Funktionsanalyse hingegen sei eine Bedingungsanalyse des Übergangs und untersuche diejenigen Faktoren, die z.B. eine Struktur die nächste Stufe in einer bestimmten Richtung und mit der Geschwindigkeit p erlangen läßt (1968, S. 26), bzw. untersuche die abhängige Variable unter Kontrolle von unabhängigen oder intervenierenden Variablen zur Feststellung eines Zusammenhangs zwischen den Variablen und der Richtung ihrer Beeinflussung (genetische Sequenzen) (S. 25). Er plädiert als optimalen Weg für die Analyse von Entwicklungsvorgängen für eine Kombination von Struktur- und Funktionsanalyse. Hiermit befindet er sich in guter Gesellschaft mit PIAGETs eigenen Schülern in Genf (z.B. GRIZE und MATALON, Etudes XVI, 1962, S. 31; sowie INHELDER und VINH BANG, zit. in FLAVELL, 1963, S. 361 und INHELDER, in MUSSEN, LANGER und COVINGTON (Eds.), 1969), die PIAGETs Zurückhaltung bzgl. einer Funktionsanalyse oder bzgl. Standardisierung von PIAGET-Aufgaben zur besseren experimentellen und statistischen Verwertung nicht ganz teilen.

4. Darstellung der Entwicklungsstufen des Zahlbegriffs nach J. PIAGET

Diese Kenntnisse hinsichtlich PIAGETs methodischer Eigentümlichkeiten sind notwendig, um sich bei der folgenden Beschreibung der Entwicklungsstufen des Zahlbegriffs das empirische Fundament vergegenwärtigen zu können. Diese stellt einen Versuch dar, die vielen, in PIAGET und SZEMINSKAs "Entwicklung des Zahlbegriffs beim Kinde" dargestellten Ergebnisse zusammenzufassen, und zwar unter Auslassung seiner sehr anschaulichen Einzelbeispiele und Protokolle. Außer der Entwicklung des Zahlbegriffs wird auch die der Logik der Klassen und der Reihenbildung dargestellt werden. Dies soll jedoch nicht, wie bei PIAGET selbst und bei FLAVELL und PETTER separat geschehen, sondern jeweils parallel zu denjenigen Stufen des numerischen Mengenbegriffes, deren formale Charakteristika sie teilen. Obgleich PIAGET Synchronizität und enge Verwobenheit der drei Bereiche vermutet (FLAVELL, 1963, S. 311-312; PIAGET, Z., versch. Stellen), soll diese Zusammenstellung nicht besagen, daß die Kinder völlig einheitlich über alle drei Bereiche hin reagieren. Immer wieder hat PIAGET selbst auf die horizontalen Verschiebungen zwischen den verschiedenen Bereichen als auch auf solche innerhalb der Bereiche (in Abhängigkeit vom Material, vom Schwierigkeitsgrad der Aufgabe und möglicherweise auch anderer Faktoren, vgl. PIAGET, Z., S. 219) hingewiesen. Wenn hier der Versuch einer gleichzeitigen Darstellung der drei genannten Bereiche des Denkens unternommen wird, dann deshalb, um die Ähnlichkeiten in der logischen Struktur und die Ähnlichkeiten in ihrer psychologischen Erklärung hervorzuheben.

Im allgemeinen ordnet PIAGET seine Ergebnisse drei Stufen zu: dem voroperatorischen Denken, einer Übergangsstufe und dem operatorischen Denken. Hin und wieder spaltet er die zweite und/oder dritte Stufe noch auf, so daß bis zu fünf Stufen unterschieden werden können.

In der folgenden Darstellung sollen im wesentlichen drei Stufen unterschieden werden, und zwar parallel für die Klassifikation, die Reihenbildung (Seriation) und den eigentlichen Zahlbegriff. Im Anschluß an jede Stufe werden zusammenfassend die logischen Charakteristika der Antworten der Kinder beschrieben sowie die psychologischen Merkmale, die PIAGET für diese Strukturen verantwortlich macht.

4.1 Das voroperatorische Denken

Dem voroperatorischen Denken fehlen alle wesentlichen Merkmale des in Kap. 3.1 beschriebenen operatorischen Denkens. Es ist dagegen stärker verwandt mit den Handlungen und beruht nach INHELDER (in KESSEN und KUHLMANN, 1962, S. 22) auf verinnerlichten Handlungen.

4.11 Klassifikation

4.111 Spontane Klassifikation

Als PIAGET und Mitarbeiter (vgl. bes. INHELDER und PIAGET, 1964) Kinder im Alter von etwa 2;6 bis 5 Jahren aufforderten, eine Reihe von Gegenständen oder geometrischen Formen danach zu ordnen, was "zusammengehöre" bzw. "ähnlich sei", zeigte sich bei den meisten kleinen Versuchspersonen ein bestenfalls nur in den Ansätzen planvolles Vorgehen. Wurde zu Beginn nach der Ähnlichkeit (etwa "Vierecke") sortiert, so wurde dieses Ordnungskriterium im weiteren Verlaufe mehrfach gewechselt, sobald ein neuer Gegenstand mit einem weiteren hervorstechenden Merkmal (etwa "Rot") zur bereits erstellten Anordnung hinzukam. Das Endresultat war schließlich keine logische Klasse, sondern entweder eine Konfiguration, die u.U. nachträglich vom Kind als "Haus" gedeutet wurde, oder eine ebenfalls komplexe, aber "nicht-graphische" (INHELDER und PIAGET, 1964) Kollektion.

4.112 Inklusionsbildung

Kindern auf dem voroperatorischen Denkniveau bzgl. der Inklusionsbildung war es nicht möglich, die Beziehung von Teilen zum Ganzen bzw. die Einschachtelung von Unter- in Oberklassen in der dem Erwachsenen gewohnten Weise zu vollziehen (PIAGET, Z., S.211-228). Etwa bei der Frage, ob es in einer gemischten Kindergruppe mehr Mädchen oder mehr Kinder gebe, oder, welche Kette am längsten würde, die aus braunen Perlen oder die aus Holzperlen (wobei die Holzperlen aus den braunen und einigen weißen bestanden), versagte die Hälfte oder sogar mehr der sechsjährigen Versuchspersonen (PIAGET, Z., S. 219). Im Vergleich der Teilklasse A (Mädchen bzw. braune Perlen) mit der Gesamtklasse B (Kinder bzw. Holzperlen) beurteilten sie statt dessen das Verhältnis von A mit der um A reduzierten Gesamtklasse, nämlich A' ("Es sind mehr Mädchen da, weil weniger Knaben da sind"). Die Gesamtklasse löste sich also in ihrer Vorstellung auf und wurde nur noch durch die Restklasse vertreten.

Die fehlende Differenzierung zwischen extensiver und intensiver Eigenschaft der Klasse wurde noch deutlicher, wenn die Kinder "alle" Blätter (= Gesamtklasse B_1) mit "einigen" Steinen (Teilklasse A_2 aus der Gesamtklasse B_2) vergleichen sollten (PIAGET, Z., S. 225), wobei B_1 und A_2 gleich viele Elemente hatten und dies durch Zuordnung den Kindern auch gezeigt wurde. Entweder war dann für diese Kinder B_1 "mehr" als A_2, weil für sie ein Ganzes eben größer ist als ein Teil; oder aber A_2 wurde als "mehr" beurteilt, da B_2 als eine Art unerschöpflichen Reservoirs angesehen wurde und seine Qualität "viel" auch an sein Teil (A_2) abgab. Desgleichen tendierten die Kinder dieses Denkniveaus dazu, bei gleichgroßen Untersets aus zwei ungleich großen Klassen den Unterset aus der zahlenmäßig größeren Klasse als "mehr" zu bezeichnen, und zwar auch dann, wenn sie durch eins-zu-eins-Zuordnung oder Zählen die Gleichheit hätten erkennen müssen.

4.12 Seriation

4.121 Spontane Reihenbildung

Kinder, die bzgl. der Seriation dem voroperatorischen Denkniveau zuzuordnen sind, zeigen bei der Reihenbildung charakteristische Schwierigkeiten. So waren die kleinen Versuchspersonen bei PIAGET nicht in der Lage, Puppen nach ihrer Größe in eine Rangreihe zu bringen. Sie zeigten bestenfalls nur globale Ansätze einer Reihenbildung (PIAGET, Z., S. 134-165), etwa indem sie die "großen" Puppen auf die eine, die "kleinen" auf die andere Seite legten und dann zu Paaren oder kurzen Reihen zusammenstellten. Sie urteilten also eher nach der Klasseneinteilung "groß - klein" als nach der Relation "größer - kleiner". Mitunter beachteten sie bei der Reihung nach Größe nur den oben herausragenden Teil, aber nicht die Basis, und eine einheitliche Richtung der Reihe war kaum erkennbar.

4.122 Rekonstruktion einer Reihe

Ebenso waren diese Kinder nicht in der Lage, in eine bereits bestehende Reihe neue Glieder einzuordnen; eine solche Reihe ist für sie offenbar eine fertige Figur, die sie noch nicht systematisch zerlegen können (ebd. S. 149).

4.123 Korrespondenz

Wie bei der Konstruktion einer Reihe aus Püppchen gelang es diesen Kindern nicht, zu einer fertigen Reihe eine zweite zuzuordnen, etwa aus ebenfalls in ihrer Größe unterschiedlichen Spazierstöcken oder Rucksäcken. Sie fanden aber auch den zugehörigen Stock oder Sack nicht mehr wieder, wenn die Püppchen den Stöcken oder Säcken nicht mehr genau gegenüberlagen. Somit sind für sie auch Korrespondenzen von den räumlichen und figuralen Eigenschaften der Reihen abhängig.

4.13 Quantifikation

4.131 Mengenerfassung

Diskontinuierliche und kontinuierliche Mengen werden von Kindern des voroperativen Niveaus, nach PIAGETs Untersuchungen, im wesentlichen nach den gleichen, nämlich globalen anschaulichen Kriterien beurteilt (Z., S.59, 115 f). Goß man z.B. eine Flüssigkeit (Z., S.15-41) oder Perlen u.ä. (Z., S. 42-57) von einem Glas in ein anders geformtes um, dann veränderte sich für Kinder des voroperativen Mengenbegriffs die Menge dieser Flüssigkeit (oder Perlen), und zwar beurteilten sie sie als "mehr" oder "weniger" als zuvor oder zum Vergleichsglas, je nachdem ob sie die Höhe des Flüssigkeitsspiegels oder die Breite des Glases beachteten; sie setzten jedoch die beiden Dimensionen nicht ins Verhältnis und erkannten somit nicht die Invarianz der Mengen. Selbst das eins-zu-eins-Zuordnen etwa der Perlen in den zwei Gläsern oder das Zählen verhalfen ihnen nicht zur Erkenntnis, daß beide Mengen gleich groß waren, wenn ihre Gleichheit nicht mehr direkt wahrnehmungsmäßig festgestellt werden konnte.

Auch bei der Aufteilung der Gesamtmenge in Teilmengen (z.B. beim Umgießen eines Glases Saft in mehrere kleinere)war für sie die Summe der Teilmengen nicht mehr gleich der Gesamtmenge; letztere existierte für sie nicht mehr als invariante Größe, sobald sie aufgeteilt worden war. Die Teilung einer Gesamtmenge von Spielmarken in zwei gleiche Teile (Z., S. 256-266) gelang ihnen nur zufällig und approximativ unter Zuhilfenahme figurativer Merkmale (z.B. Anordnung in Vierecken).

4.132 Kardinale Wertung diskontinuierlicher Mengen

Charakteristischerweise beurteilen Kinder mit voroperatorischem Zahlbegriff ihnen vorgelegte Mengen nach globalen, anschaulich-räumlichen und figurativen Kriterien, also etwa nach dem belegten Raum (Z., S. 66), nach der Länge der gelegten Reihe oder ihrer Dichte (Z., S. 64), oder nach ihrer Ähnlichkeit mit der Ausgangsfigur (Z., S. 90-99). Von sich aus wendeten PIAGETs jüngste Versuchspersonen nicht die Stück-für-Stück-Zuordnung von Elementen zweier zu vergleichender Mengen an (Z., S. 104); wenn sie dazu aufgefordert wurden, schlossen sie aus der eineindeutigen Korrespondenz nicht auf die Gleichmächtigkeit solcherweise zugeordneter Mengen, es sei denn, daß auch anschauliche Gleichheit der beiden Mengen bestand. Wurde diese anschauliche Gleichheit, etwa durch Auseinanderziehen einer der beiden Reihen, zerstört, verneinten diese Kinder nicht nur die Gleichmächtigkeit der beiden Mengen, sondern zweifelten mitunter auch an ihrer Wiederherstellung durch Rückführung in die Ausgangslage (Z., S. 73, 109-110).

Auch beim Stück-für-Stück-Austausch von Ware und Groschen (Z., S. 79-87) waren sie unfähig, von diesem Vorgang auf die zahlenmäßige Gleichwertigkeit der ausgetauschten Mengen zu schließen oder vorherzusagen, wie viele Groschen der Versuchsleiter jetzt nach dem Austausch habe. Dies Verhalten zeigten die Kinder auch dann, wenn man unterhalb ihrer Zählgrenze blieb. Entsprechend waren sie auch zum Transitivitäts- bzw. Äquivalenzschluß nicht in der Lage (d.h., daß wenn A=B und B=C, A=C sein muß, wobei A,B und C Mengen sind; vgl. Z., S. 274-279).

4.133 Ordinale Wertung

Die Schwierigkeiten der Kinder auf voroperativem Denkniveau beim Aufstellen von Rangreihen wurden bereits oben (4.12) erwähnt. PIAGET und Mitarbeiter ließen die Kinder Kartons in eine Reihe legen, wobei jeder Karton um ein Quadrat größer war als der vorangegangene (Z., S. 180-185); sie hatten also bei der Reihenbildung eine zusätzlich Hilfe, da ihnen die Anzahl der Quadrate Auskunft über den Rangplatz hätte geben können. Obgleich die Kinder erkannten, daß die Kartons von Glied zu Glied um ein Quadrat größer wurden, waren sie jedoch nicht in der Lage, von der Anzahl der Quadrate auf den Rangplatz des Kartons oder umgekehrt zu schließen. Bei Kartons mit mehr als drei Einheiten verließen sie sich entweder auf den Augenschein oder zählten die Elemente, obgleich sie den Rangplatz bereits festgestellt hatten (Z., S. 181).

Noch auffälliger zeigte sich die Schwierigkeit solcher Kinder bei der Koordination von Rangplatz und Kardinalwert, wenn sie angeben sollten, wie viele Hürden ein Männlein übersprungen habe, das jetzt z.B. auf der 7. Sprungmatte stehe (wobei n+1 Matten n Hürden entsprechen). Entweder schlossen sie stets auf die gleiche Zahl Matten wie Hürden, oder aber sie begannen jeweils von neuem zu zählen.

4.134 Zusammenfassung

"Daß zwischen Ordination und Kardination während des ersten Stadiums noch keine Beziehung möglich ist, ergibt sich ganz einfach aus der Tatsache, daß es auf diesem Niveau noch keine eigentliche Ordination oder Kardination gibt. Die kardinale Wertung besteht in der Tat während dieses Stadiums nur in einer globalen Abschätzung, ohne Invarianz und selbst ohne Glied-für-Glied-Korrespondenz, gegründet lediglich auf die Gesamtfigur der Gruppe, den benötigten Raum und die mehr oder weniger große Dichte ihrer Glieder. Die Reihenbildung ihrerseits besteht nur darin, daß ein Glied an ein anderes gefügt wird in einer Folge, die noch kein für alle Glieder gültiges Gesetz der Reihenfolge zeigt, sondern nur 'kleine' Elemente den 'großen' gegenüberzustellen vermag, und zwar paarweise oder in einander noch nicht angepaßten elementaren Reihen. Zwischen diesen beiden Verfahren kann also noch keine Verbindung bestehen" (PIAGET, Z., S. 202).

4.14 Gemeinsame Merkmale des Denkens auf dem präoperationalen Niveau

Die oben dargestellten Schwierigkeiten bei der Klassifikation, der Seriation und der Quantifikation lassen eine Vielzahl gemeinsamer Merkmale erkennen (vgl. FLAVELL, 1963, S. 156-163, 303-316). Dabei weist PIAGET immer wieder darauf hin, daß diese Schwierigkeiten die Denkstrukturen betreffen und weder einfach auf Wahrnehmungstäuschungen (Z., S. 22, 61, 217; Psychol. of Intelligence, 1963, S. 130) noch auf verbale Schwierigkeiten wie etwa mangelndes Instruktionsverständnis zurückzuführen sind (Z., S. 70, 217, 219, 234, 303). Auch kulturelle Fertigkeiten, wie etwa das Zählenkönnen, habe auf diesem Niveau eine relativ sehr geringe Bedeutung und sei keineswegs ein sicherer Hinweis für das Vorhandensein eines operatorischen Zahlbegriffs (Z., S. 45, 82, 84-87, 151, 181, 184, 187).

Ein wesentliches Merkmal präoperatorischen Denkens ist die mangelnde Differenzierung zwischen Intension (Komprehension, d.h. Klasseneigenschaften, die all ihren Mitgliedern gemeinsam sind) und Extension (Umfangsbestimmtheit einer bestimmten Klasse (FLAVELL, 1963, S. 305; J.SCHMIDT, Mengenlehre, S. 50-51)) (Z., S. 206, INHELDER und PIAGET, 1964, S. 282-283; PIAGET, Etudes XI, S. 62). INHELDER erklärt dies Phänomen mit einer noch nicht ausreichenden Differenzierung zwischen sensumotorischen Assimilationsschemata (Intension) und präziser Symbolisierung, die erst das Erfassen der Extension und damit der Quantifikation ermöglicht (INHELDER und PIAGET, 1964, S. 283). Psychologisch entspricht diese Schwierigkeit dem kindlichen "Realismus", d.h. daß die Gedanken für diese Kinder noch den gleichen Wirklichkeitscharakter haben wie tatsächlich vollzogene Handlungen (Z., S. 232-233; FLAVELL, 1963,

S. 18, 281). Diese Vermengung von Komprehension und Extension zeigt sich in der Varianz der Klassenmerkmale bei der spontanen Klassifizierung, der Varianz von Gesamtheiten und Mengen bei anschaulich-räumlichen oder auch nur gedachten Transformationen und Unterteilungen (Z., S. 118, 227) und der "qualitativen Partizipation" der Teilklassen oder Klassenmitglieder an den quantitativen"Eigenschaften" der Gesamtklasse (wie z.B. "alle", "einige", "mehr", "weniger", Z., S. 223, 224, 227; INHELDER und PIAGET, 1964, S. 97-99).

Weiterhin ist für das präoperatorische Denken die <u>mangelnde Differenzierung zwischen kontinuierlichen und diskontinuierlichen Mengen</u> charakteristisch, d.h. zwischen räumlicher Kontinuität und Elementen. INHELDER bezeichnet dies auch als mangelnde Unterscheidung von sublogischen und prälogischen Operationen (INHELDER und PIAGET, 1964, S. 282). Daher beurteilen die Kinder dieses Stadiums eine Menge von Elementen z.B. nach dem belegten Raum. Ihre Quantitätsbezeichnungen haben bestenfalls "intensiven" Charakter (Z., S. 36; PIAGET, Etudes, XI, 1960, S. 62), d.h. berücksichtigen keine Einheiten, zumal sie nur eindimensional ausgerichtet sind(z.B. Länge ohne Dichte). PIAGET bezeichnet diese Art von Quantitäten als "rohe Quantitäten" (Z., S. 35, 44, 93, 145).

Ein weiteres Merkmal präoperatorischen Denkens ist die Unfähigkeit zur doppelten Klassenbildung und zur gleichzeitigen Beachtung mehrerer Dimensionen, d.h. die Unfähigkeit, zwei Dinge zugleich zu denken. Im psychologischen Bereich bezeichnet PIAGET diese Schwierigkeit als "<u>Zentrierung</u>" auf nur jeweils einen Aspekt der Situation (Z., S. 23, 44, 93, 162, 196, 201, 232; Psychol.of Intelligence, 1963, S. 133; FLAVELL, 1963, S. 157). Ein Element kann daher nicht zugleich als Element einer Teilklasse und der Gesamtklasse (oder Summe) aufgefaßt werden (Z., S. 214, 222-223, 246) oder bei der Reihenbildung zugleich als "größer" und als "kleiner" (Z., S. 175; INHELDER und PIAGET, 1964, S. 250), die ausgezogene Reihe von Spielmarken nicht zugleich als länger und als weniger dicht, die Flüssigkeitsmenge in einem Glas nicht zugleich als höher, aber weniger breit (S. 54), eine Zahl nicht zugleich als Rangplatz wie als Mengenbezeichnung (Z., S. 163). Von dieser Eigenart sind auch die Addition und die Multiplikation (Komposition) betroffen (Z., S. 23). Wegen dieser Zentrierung kann sich das Kind in aufeinanderfolgenden Behauptungen völlig in logische Widersprüche verwickeln, ohne dies selbst zu merken (Z., S. 23, 44, 93).

Das Hauptmerkmal prälogischen Denkens jedoch scheint - der Bedeutung nach zu urteilen, die PIAGET ihm immer wieder zumißt (FLAVELL, 1963, S. 243, 159; PIAGET, Psychol. of Intelligence, 1963, S. 167-173; Etudes, XI, 1960, S. 22) - die Irreversibilität zu sein, wobei er hiermit sowohl die mangelnde logische Reversibilität, d.h. die Unfähigkeit zu inversen oder reziproken Operationen, meint als auch das psychologische Äquivalent, das besagt, daß es diesen Kindern nicht möglich ist, durch Umkehrung ihres Gedankenganges zum unveränderten Ausgangspunkt zurückzukehren (FLAVELL, 1963, S. 159). Da Reversibilität mit den oben genannten Charakteristika eng verbunden ist, kann man mit FLAVELL eine Denkform, die als reversibel bezeichnet wird, umschreiben als

> "eine solche, die flexibel und beweglich (mobile) ist, in einem stabilen Gleichgewicht und in der Lage, oberflächliche Verzerrungen durch sukzessive und rasche Dezentrierungen aufzufangen" (1963, S. 159).

Präoperatorisch denkende Kinder sind hierzu nicht in der Lage (Z., S. 78, 94, 105, 121, 143, 151, 233-235). Sie fassen z.B. Gesamtheiten als einfache Einheiten auf (Z., S. 104, 224), und selbst wenn diese aus Teilen zusammengesetzt wurden, sind die Kinder anschließend nicht zur Dekomposition, zur Analyse oder Subtraktion fähig (Z., S. 117, 149, 175).

Entsprechend diesem Negativkatalog logischer und psychologischer Merkmale präoperativen Denkens beurteilen diese Kinder kontinuierliche und diskontinuierliche Mengen (einschließlich der Extension von Klassen) nach globalen Merkmalen qualitativer, wahrnehmungsmäßiger Ähnlichkeit; d.h. sie holen sich die Hinweise für ihre quantitativen Beurteilungen aus nicht rein quantitativen Merkmalen, sondern orientieren sich an figurativen und anschaulich-räumlichen Kriterien (Z., S. 94, 106, 116, 142, 184, 195, 226) ohne Berücksichtigung der Transformationsvorgänge (Z., S. 120-121; "statisches Denken" oder "Immobilität", vgl. FLAVELL, 1963, S. 157-

158). Besonders auffällig zeigt sich diese Art des Denkens im Fehlen der Invarianzbegriffe, wie dies oben bzgl. der Anzahl und der Menge sowie der Extension der Klassen gezeigt werden konnte.

4.2 Zweite Stufe: Die anschauliche Synthese

Das anschauliche Denken bildet die Übergangsstufe vom präoperatorischen zum operatorischen Denken und ist für die hier beschriebenen Bereiche nach PIAGET bei den meisten Kindern (nicht notwendigerweise bei allen, vgl. PIAGET, Z., S. 28) zwischen etwa 5;6 und 7 Jahren (FLAVELL, 1963, S. 306), mitunter auch etwas früher (INHELDER und PIAGET: zwischen 4;6 und 5;6 bei Klassifikation, 1964, S. 52) anzutreffen. Im Unterschied zur vorigen Stufe gelangen nun die Kinder zu Teilerfolgen, die jedoch im strengen Sinne noch nicht als "logisch" bezeichnet werden können (Z., S. 146, 229, 263).

4.21 Klassifikation

4.211 Spontane Klassifikation

Die Kinder dieser Stufe sind nach den Untersuchungen von INHELDER und PIAGET (1964) (vgl. auch FLAVELL, 1963, S. 306-309; GINSBURG und OPPER, 1969, S. 123-126) zu einer Art von Quasi-Klassenbildung fähig, die INHELDER (und PIAGET, 1964, S. 47) als "nichtfigurale Kollektionen" bezeichnet. Es werden nun die Gegenstände ausschließlich nach der Ähnlichkeit in bestimmten Merkmalen und nicht mehr zusätzlich nach figuralen Aspekten der Anordnung sortiert und jeder Gegenstand nur <u>einer</u> Gruppe zugeordnet; dennoch bilden diese Gruppen noch keine "logischen Klassen", da sie nur solange Bestand haben, wie sie auch anschaulich-räumlich abgegrenzt vorhanden sind (FLAVELL, 1963, S. 306-309). Als weiterhin bemerkenswert und wesentlich für den Übergang zur nächsten Stufe zeigte sich bei diesen Kindern eine zunehmende Fähigkeit, einmal bereits schon geordnete Gegenstände zu reklassifizieren (FLAVELL, 1963, S. 307-309).

4.212 Inklusionsbildung

So wie sich bei den anschaulichen Lösungsversuchen bei der spontanen Klassifikation ein zunehmend klareres Verständnis für die Intension (oder Komprehension) von Klassen andeutet, zeigt sich Ähnliches auch bzgl.der Extension von Klassen und damit bei der Quantifizierung von Inklusionsbeziehungen (vgl. INHELDER und PIAGET, 1964, S. 47; FLAVELL, 1963, S. 307-309). Doch gelingt die Differenzierung und damit die operatorische Verfügbarkeit dieser beiden Aspekte noch nicht vollständig und bleibt an das in der Anschauung Gegebene gebunden. So antworteten INHELDERs kleine Versuchspersonen richtig auf die Frage, ob alle Holzperlen braune Perlen seien (ob alle B auch A seien), versagten jedoch, wenn gefragt wurde, ob alle braunen Perlen Holzperlen (alle A B) seien, da sie hier statt der Intension die Extension beachteten. Sie erkannten zwar, daß die zwei komplementären Teilklassen A und A' zusammen B ergeben, versagten jedoch, wenn sie die Extension von A mit B vergleichen sollten. Richteten sie ihre Aufmerksamkeit auf eine Teilklasse, verloren sie die Gesamtklasse aus dem Blick und umgekehrt. Sie vollzogen also keine eigentliche logische Addition oder Subtraktion, sondern eine Art anschauungsgebundener Union, die davon abhängt, daß sowohl die Teilklassen wie auch die Gesamtklasse zugleich anschaulich gegeben sind (FLAVELL, 1963, S. 308). Im Verlaufe des 2. Stadiums zeigt sich zwar ein tastender Beginn für das Verständnis von Inklusionsbeziehungen, jedoch haben diese Beziehungen für diese Kinder noch keinen logisch-zwingenden Charakter (vgl. Z., S. 214, 229-236).

4.22 Seriation

4.221 Spontane Reihenbildung

In PIAGETs Versuchen waren die Kinder auf der Stufe des anschaulichen Denkens im Unterschied zu denen auf der voroperatorischen Stufe fähig - wenn auch mit Versuch und Irrtum -, eine nach der Größe aufsteigende Reihe zu bilden (Z., S. 141; vgl. auch GINSBURG und OPPER, 1969, S. 137-141). Im Unterschied zu den Kindern der nächsthöheren Stufe gingen sie dabei jedoch nicht von einem Vorentwurf der Gesamtreihe aus, sondern suchten Stück für Stück das nächstgrößere oder nächstkleinere Glied aus dem ungeordneten Haufen, indem sie jedes mit jedem verglichen (Z., S. 142-144, 174). Über ihre empirischen Versuche erkannten sie also, daß ein Reihenglied zugleich größer und kleiner sein kann (Z., S. 145).

4.222 Rekonstruktion einer Reihe

Schwierigkeiten bereitete es diesen Kindern jedoch, in eine bereits fertige Reihe ein oder mehrere Glieder einzusetzen (Z., S. 144). Wurde ihre Reihe zerstört, waren sie nicht mehr in der Lage, sie sich im Geiste vorzustellen und das gefragte Reihenglied zu finden (S. 144, 182). In diesem Falle rekonstruierten sie häufig die vollständige Reihe, bevor sie antworten konnten (S. 183).

4.223 Korrespondenz

Gleichzeitig mit der einfachen Reihenbildung waren diese Kinder auch zur doppelten Reihenbildung fähig; und zwar konstruierten sie meist zunächst zwei getrennte Reihen, die sie dann einander Stück für Stück zuordneten (Z., S. 151; vgl. auch GINSBURG und OPPER, 1969, S. 139-140). Wurde diese genaue Zuordnung aber durch Zusammenschieben einer Reihe o.ä. gestört, fanden sie die korrespondierenden Glieder nicht wieder, d.h. sie erkannten nicht die Invarianz des äquivalenten Rangplatzes zweier Reihen. Entweder ordneten sie jetzt die räumlich am nächsten liegenden Glieder einander zu, also etwa den größten Stock der viertgrößten Puppe, oder sie halfen sich durch erneute anschauliche Korrespondenzbildung (Z., S. 151-152). In einigen Fällen versuchten sie abzuzählen, machten dabei aber charakteristische Fehler (vgl. Abschnitt über Kardination/Ordination).

4.23 Quantifikation

4.231 Mengenerfassung

Bei der Beurteilung kontinuierlicher Mengen (Saft) zeigen nach PIAGET (Z., S. 28-30) Kinder der zweiten Stufe Teilerfolge bei der Koordination der Höhen- und der Breitenrelationen; d.h. es gelingt ihnen mitunter bei geringen anschaulichen Veränderungen (geringem Formunterschied des ersten vom zweiten Glas oder beim Umgießen in nur zwei Gläser), die Invarianz der Flüssigkeitsmenge zu erkennen, bei größeren Unterschieden fallen sie jedoch auf die Antworten der ersten Stufe zurück.

Bei diskontinuierlichen Mengen schlossen PIAGETs Versuchspersonen der zweiten Stufe von der Korrespondenzbildung auf die Gleichmächtigkeit der Mengen, aber nur solange, wie die korrespondierenden Glieder noch anschaulich einander gegenüberlagen bzw. der Zuordnungsvorgang erlebnismäßig noch überwog (Z., S. 65, 75-77, 87, 105, 106, 152). Auch Mengengebilde konnten diese Kinder in der richtigen Anzahl wiedergeben, indem sie jeden Teil genau beachteten und einzeln ihre Kopieteile zuordneten (Z., S. 96, 98). Der Glaube an die Gleichmächtigkeit der zugeordneten Mengen verschwand bei den Kindern jedoch sofort, sobald die anschauliche Korrespondenz zerstört wurde (Z., S. 68, 69, 80, 82, 96, 98). Im Unterschied zu den Kindern der ersten Stufe hielten sie jedoch eine Rückkehr zur Äquivalenz für möglich (S. 74, 82, 108), wobei sie mitunter die erneute räumliche Zuordnung und Addition oder Subtraktion eines Elements für durchaus gleichwertige Methoden hielten (Z., S. 70).

Zwei weitere Merkmale fielen PIAGET und seinen Mitarbeitern bei diesen Kindern auf: sie konnten häufig einen Konflikt, ein Schwanken zwischen der Beachtung verschiedener Aspekte (Höhe vs. Breite, Länge vs. Dichte) beobachten (Z., S. 29, 49, 83, 105, 119). In diesem Verhalten sieht PIAGET sukzessive Regulationen und einen ersten Ansatz zur Synthese oder Koordination derjenigen Aspekte, die z.B. zum Erkennen der Invarianz notwendig sind (Z., S. 263). Das zweite, besonders von GRÉCO beschriebene Phänomen ist, daß die Kinder der zweiten Stufe zwar richtig zählen und sogar auf die Invarianz des Zahlnamens, selbst nach optischer Veränderung der Mengen, schließen, gleichzeitig aber behaupten, eine Menge sei jetzt "mehr" geworden als die andere. Den Schluß auf die numerische Gleichheit nannte GRÉCO "quotité" und unterschied sie von der im allgemeinen erst später auftretenden Invarianz der Anzahl ("quantité") (vgl. Z., S. 82; PIAGET, Etudes XI, 1960, S. 29). PIAGET (ebd.) erklärt die Diskrepanz zwischen "quantité" und "quotité" damit, daß die Zahlnamen für das Kind zunächst nur ein Mittel seien, um die Elemente einer Menge zu individualisieren, ohne daß es jedoch die Quantität mit der Summe dieser Elemente gleichsetzte. Es könnten also zwei gleich große, aber optisch nicht korrespondierende Mengen durchaus den gleichen Zahlnamen haben, ohne daß das Kind daraus ihre gleiche Mächtigkeit entnähme. Mit dem Zählen berücksichtige das Kind zwar den serialen Aspekt der Reihe, beachte aber nicht, daß die Zahlenreihe zugleich ein System der Inklusion von Klassen sei (Etudes, XI, 1960, S. 28).

4.232 Kardination/Ordination

Die zwar beginnende, aber noch sehr unvollkommene Koordination zwischen Kardination und Ordination zeigten in PIAGETs Versuchen die Kinder der zweiten Stufe bei der oben bereits erwähnten Aufgabe mit den Treppentufen aus quadratischen Einheiten. In ihrem empirischen Vorgehen gelangten die kleinen Versuchspersonen allmählich dazu, eine Beziehung zwischen dem serialen und dem kardinalen Aspekt dieser Reihe aufzustellen; um z.B. festzustellen, wie viele Treppen das Püppchen, das sich auf der 6. Stufe befand, noch steigen müsse, bauten sie zunächst den noch ungeordneten Rest der Reihe fertig und zählten danach erst ab, um die Antwort zu finden. Forderte man sie auf, anhand eines Kartons mit mehr als 3 oder 4 Einheiten festzustellen, wie viele Treppen das Püppchen bis dorthin steigen müsse, neigten sie entweder zu Schätzungen oder bauten die Reihe auf, anstatt einfach die Einheiten auf dem Karton abzuzählen (Z., S. 182-183). Beim Versuch mit den Hürden und Matten schlossen die Kinder entweder stets auf die gleiche Zahl (obgleich n Hürden n+1 Matten entsprachen) oder aber sie zählten bei jeder neuen Frage die Matten und Hürden erneut durch, ohne irgendeine Schlußfolgerung auf eine Gesetzmäßigkeit zu ziehen (Z., S. 191). Wurden die Kinder im oben dargestellten Versuch mit den Puppen und korrespondierenden Stöcken nach Zusammenschieben der Stöcke aufgefordert, durch Zählen herauszufinden, welcher Stock zu welcher Puppe gehöre, wählten sie charakteristischerweise für die nte Puppe den n-1sten Stock, zählten also in der ersten Reihe bis zu dem Element, auf das gezeigt wurde (dieses dabei ausschließend) und in der korrespondierenden Reihe bis zur gleichen Zahl (Z., S. 151-155).

Diese Beispiele zeigen, daß die Kinder dieser Stufe zwar begriffen oder zumindest zu begreifen anfingen, daß jedem Rangplatz eine

Kardinalzahl zugeordnet werden kann; die Beziehungen zwischen beiden mußten sie jedoch immer wieder anschaulich und empirisch herstellen, ohne die Gesetzmäßigkeit zu verallgemeinern.

4.24 Gemeinsame Merkmale des Denkens auf dem anschaulichen Niveau

Trotz großer Ähnlichkeiten mit dem präoperatorischen Denken der 1. Stufe zeigt das anschauliche Denken erhebliche Fortschritte in Richtung auf das operatorische Denken. Diese Fortschritte manifestieren sich in anschaulichen Lösungsversuchen, bei denen die Kinder über Versuch und Irrtum zur Klassenbildung und Klasseninklusion, zur Seriation, zu Korrespondenzbildung, zur Verbindung von Ordination und Kardination und sogar nahe an die Invarianzbegriffe gelangen, wenn die optisch-anschaulichen Bedingungen den logischen Beziehungen entsprechen.

Im einzelnen kann das anschauliche Denken gekennzeichnet werden:
1. durch beginnende Analyse der Ganzheiten, ihre Zerlegung in Elemente bzw. - in PIAGETs Terminologie - durch beginnende Dekomposition. Ganzheiten werden nicht mehr, wie auf der 1. Stufe, global aufgefaßt, sondern gegliedert und strukturiert (Z., S. 48, 95, 105, 119, 196, 254, 264).

2. Im gleichen Maße ist die Unterscheidung von Komprehension und Extension von Klassen fortgeschrittener; einfache Klassenbildung gelingt nun ohne größere Schwierigkeiten, während bei der Extensionseinschachtelung (ob alle A auch B seien) Verwechslungen zwischen Komprehension und Extension auftreten können. Mehrfache Klassenzuordnung (Multiplikation) und Addition von Klassen ist diesen Kindern zwar schon möglich, aber nur sukzessive bzw. im Sinne einer anschaulich-optisch gestützten Union von Klassen (S. 259, 263; 227, 214; 105, 110, 111).

3. Auch bei der Beurteilung von kontinuierlichen und diskontinuierlichen Mengen zeigen sie Anfänge einer Koordination der Merkmale (Länge/Breite; Länge/Dichte) und schließen sogar auf die Äquivalen zweier Mengen, sofern diese in den genannten Dimensionen nicht zu sehr auseinanderklaffen (Z., S. 31, 47, 69, 75-77, 82, 105, 106, 110, 119, 203, 266, 275, 291, 303). Werden die Unterschiede zwi-

schen den Dimensionen zu groß, liegen die korrespondierenden Elemente nicht mehr anschaulich eindeutig nah beieinander oder ist der Zuordnungsvorgang zeitlich schon etwas abgerückt (S. 87), dann schwindet die Überzeugung von der Invarianz der Mengen. Auch die Koordination von Dimensionen ist also an die optisch-anschaulichen Bedingungen gebunden.

4. Die verglichenen Merkmale zeigen dabei stärker als auf der 1. Stufe Ansätze zu einer Quantifizierung, indem Gradunterschiede stärker beachtet werden (was sich besonders deutlich bei der Reihenbildung zeigt). Doch bleibt es, außer unter optisch ganz besonders günstigen Bedingungen (anschaulicher Korrespondenz) bei einer "intensiven Quantifizierung" ohne Berücksichtigung von Gradeinheiten (Z., S. 31, 50, 105, 110, 123, 303, 306). Entsprechend werden trotz Zählens und Korrespondenzbildens Anzahl und beanspruchter Raum noch nicht unterschieden (S. 50, 70); kontinuierliche und diskontinuierliche Mengen werden im Prinzip in der gleichen Weise beurteilt.

5. Die für die 1. Stufe typische Zentrierung auf nur ein Merkmal wird abgelöst durch ein abwechselndes Beachten verschiedener Merkmale und den anschaulich-empirischen Versuch, diese Aspekte miteinander zu koordinieren (Z., S. 145, 174, 195, 197), was jedoch nur unvollständig gelingt. Im Unterschied zur 1. Stufe wird sich das Kind nun häufig seiner Widersprüche bewußt und gerät in Konflikte (S. 83, 105, 119). In dieser sukzessiven Beachtung statischer Zustände sieht PIAGET eine beginnende geistige Mobilität (S. 121); die Verwendung von Teilinformationen aus den abwechselnden Zentrierungen nennt er "Regulationen" (vgl. GINSBURG und OPPER, 1969, S. 148; PIAGET, Psychol. of Intelligence, 1963, S. 132, 139) und betrachtet sie als Vorläufer der logischen Koordinationen im reversiblen System der konkreten Operationen.

6. All diese Merkmale des anschaulichen Denkens reichen jedoch nicht aus, das Denken der Kinder reversibel im oben beschriebenen Sinne zu machen (vgl. Kap. 4.14). Im Unterschied zur 1. Stufe glauben die Kinder jedoch häufig, daß die Ausgangssituation wiederhergestellt werden kann, indem man die Transformationen empirisch rückgängig macht; nichtsdestoweniger leugnen sie jedoch die Inva-

rianz der Mengen oder des Rangplatzes für die Zwischenzeit (Z., S. 74, 82, 96, 108, 110, 111, 160, 121). Weder die eins-zu-eins-Korrespondenz (S. 80-82) noch das Zählen (bes. Z., S. 82) noch die Möglichkeit der Reversibilität hat für sie einen logisch zwingenden Charakter.

Insgesamt kann das Denken auf der 2. Stufe charakterisiert werden als an den anschaulich-optischen Bedingungen orientiert, dabei genau in der Beobachtung und soweit zur Koordination verschiedener Aspekte und Dimensionen fähig, wie diese wahrnehmungsmäßig gestützt ist. Die Beurteilung von Quantitäten geschieht weiterhin im wesentlichen nach räumlichen Kriterien. Trotz Regulationen und empirischer Reversibilität sind die Kinder von der Invarianz der Menge oder der Anzahl bei Veränderung der räumlichen Anordnung nicht mehr überzeugt.

4.3 Dritte Stufe: Das konkret-operatorische Denken

Die dritte Stufe der logischen Denkentwicklung ist durch Abwesenheit der für die ersten beiden Stufen charakteristischen Schwierigkeiten gekennzeichnet, solange das Kind sich an konkreten Gegebenheiten orientieren kann. Nach Stabilisierung dieses Niveaus ist dem Kind das "Konservieren" von Eigenschaften und Gesamtheiten über irrelevante Transformationen hinweg (Invarianz) so selbstevident und logisch notwendig, daß es eine jeweils erneute empirische Überprüfung der Invarianz für unsinnig hält (vgl. GINSBURG und OPPER, 1969, S. 152; PIAGET, Psychol. of Intell., 1963, S.140-141, Z., S. 32, 33, 51, 77, 114, 146, 180).

4.31 Logische und psychologische Merkmale der Denkstruktur

Dieses Denkniveau wird durch eine mehr oder minder plötzliche Restrukturierung des Denkens erreicht, wodurch die Denkoperationen und Handlungen ein geschlossenes Netz oder System bilden, wie es in den "Gruppierungen" formal dargestellt werden kann (PIAGET, Psychol. of Intell., 1963, S. 139-147). Diese Systeme gruppieren und konstituieren sich jedoch nicht automatisch für alle Inhalte zugleich, sondern werden zunächst für jeden Inhalt getrennt aufgebaut und danach erst untereinander koordiniert, wodurch die mehr oder minder deutlichen Zeitverschiebungen im Erwerb des operativen Denkniveaus bei den verschiedenen Inhalten beim selben Individuum (décalages horizontaux) erklärt werden.

Die logische Struktur der Gruppierungen entspricht psychologisch einem vollständig beweglichen (mobilen), dynamischen Äquilibrium (Psychol. of Intelligence, 1963, S. 141, 142; Z., S. 122), gekennzeichnet dadurch, daß

1. zwei (Denk-)Handlungen zu einer einzigen kombiniert werden können (Komposition),
2. ein bereits auf dem anschaulichen Niveau verwendetes Denk- und Handlungsschema reversibel wird (Reversibilität) (durch Negation oder Reziprozität),
3. derselbe Punkt auf zwei verschiedenen Wegen erreicht werden kann, ohne sich dadurch zu verändern (Assoziativität),
4. bei Rückkehr zum Ausgangspunkt dieser unverändert wiedergefunden wird (Identität) und
5. bei Wiederholung derselben Handlung entweder nichts zu dieser hinzugefügt wird (Tautologie) oder diese neue Handlung einen kumulativen Effekt hat (Iteration) (vgl. Kap. 3.1).

Erreicht wird dieses Denkniveau durch die fortschreitende Loslösung der Denkoperationen von den aktuellen anschaulichen Gegebenheiten, wodurch geistige Antizipation zukünftiger oder Rekonstruktion vergangener Zustände über zunehmend größere zeitliche Distanzen hinweg möglich werden (Psychol. of Intell., 1963, S. 142; Z., S. 77, 113), und durch die Dezentrierung der Aufmerksamkeit, wodurch das Individuum verschiedene Blickwinkel einnehmen und diese untereinander koordinieren kann (Intell., S. 143; Z., S. 230). Eng mit beiden zusammen hängt die Reversibilität, die sich auf dem anschaulichen Denkniveau schon als "empirische Reversibilität" ankündigte, aber erst durch die Freisetzung von den aktuellen Wahrnehmungen und die gewonnene Mobilität operatorisch und damit logisch zwingend und generalisiert wird (Z., S. 44, 77, 113; Intell., S. 141, 143) (INHELDER und PIAGET, 1964, S. 285, 289).

4.32 Klassifikation

Für die Klassifikation von Gegenständen bedeutet dies, daß Komprehension und Extension klar voneinander unterschieden und ihre gegenseitige Abhängigkeit erkannt wird. Das Kind begreift also von vornherein, daß die umgreifende Klasse stets zahlenmäßig größer als die inbegriffene Klasse ist (Z., S. 214). Es kann die Klassen in eine hierarchische Reihe ordnen (logische Addition) und versteht nun die Beziehung von Teilen zum Ganzen und Ganzer zu ihren Teilen und somit die Invarianz des Ganzen auch bei Aufgliederung seiner Teile (Z., S. 247). Gleichzeitig mit dem Verständnis für die logischen Beziehungen bei der Addition von Klassen (Gruppierung I) begreift es auch die entsprechenden Transitivitätsbeziehungen (A=B, B=C, also A=C (Äquivalenzschluß, Z., S. 278), die doppelte Klassenzuordnung sowie die Korrespondenzbildung (logische Multiplikation, Gruppierung III) (vgl. Intell., 1963, S. 143; GINSBURG und OPPER, 1969, S. 132-133; FLAVELL, 1963, S. 309; PIAGET, z., S. 231).

4.33 Seriation

Für die Seriation gilt entsprechend das gleiche. Kindern auf dem operatorischen Denkniveau bedeutet es keinerlei Schwierigkeit, eine oder mehrere korrespondierende Reihen zu bilden, wobei sie offenbar sofort die Gesamtsituation überblicken und nicht auf Versuch und Irrtum angewiesen sind (Z., S. 146; Intelligence, S. 143). Ebenso gelingt ihnen ohne weiteres das Wiederherstellen einer Reihe oder das Neueinfügen neuer Glieder (Z., S. 178); zur Auffindung korrespondierender Rangplätze brauchen sie nicht mehr die gesamte Reihe aufzubauen (Z., S. 179, 185); korrespondierende Rangplätze brauchen nicht mehr einander gegenüberzuliegen, um zugeordnet werden zu können, vielmehr zeigt sich ein Verständnis dafür, daß einem Rangplatz innerhalb einer Gruppe A stets ein Rangplatz in der Gruppe B entspricht, auch ohne räumliche Korrespondenz ("ordinale Invarianz", Z., S. 135). Auch bei der Seriation gruppieren sich die additiven und die multiplikativen Beziehungen nahezu gleichzeitig (Gruppierungen V und VII) und der Transitivitätsschluß (A > B, B > C, also A > C) wird entdeckt (Intelligence, S. 143).

4.34 Zahlbegriff

4.341 Zahl als Synthese von Klasse und Relation

Wie PIAGET mehrfach aufweist (vgl. Kap. 3.1), zeigt die Zahl logische Verwandtschaft mit der Klasse und den asymmetrischen Relationen (analog gilt dies ebenso für das Messen kontinuierlicher Mengen). Im Unterschied zu den qualitativ bestimmten Klassen bestehen die Elemente einer Zahl-"klasse" aus zwar unterscheidbaren, aber äquivalenten Einheiten unter Absehung aller qualitativen Unterschiede (Z., S. 239). Das Inklusionssystem der Zahlen unterscheidet nicht in qualitativ-klassifikatorischer Art, sondern im Sinne von z.B. "eine andere Perle", "danach","daneben" und verbindet somit Inklusion mit Aufreihung (Z., S. 239). Im Unterschied zu den qualitativen Reihen sind aber, durch die Verwendung von Einheiten, die Differenzen zwischen je zwei aufeinanderfolgenden Zahlen völlig gleich und somit eine "extensive" Quantifikation möglich. Diese beiden Bedingungen: Äquivalenz der Elemente und beliebige, stellvertretende (vicarious) Aufzählordnung und die sich für diesen Sonderfall ergebende Kombination der Logik der Klassen mit der der Reihen hält PIAGET für sowohl notwendig als auch ausreichend, um die Zahl entstehen zu lassen (Z., S. 240, 114, 115, 122, 123, 194, 33-34, 37).

4.342 Invarianz der Anzahl

Hauptkennzeichen für das Erreichen des operatorischen Zahlbegriffs ist die Invarianz der Anzahl (oder Menge) über verschiedene Transformationen hinweg (andere räumliche Anordnung, Aufteilung etc.) sowie die Invarianz der Äquivalenz zweier oder mehrerer Mengen. Erst auf dem konkret-operatorischen Niveau, wenn die Mengen in ein kohärentes System von Transformationen einbezogen sind, erhalten die Tatsache, daß nichts hinzugefügt oder fortgenommen worden sei, daß die Zunahme an Höhe einer Abnahme an Breite entspreche (bzw. Zunahme an Länge einer Abnahme an Dichte), die Möglichkeit der Aufhebung der Transformation, die eins-zu-eins-Korrespondenz und das Zählen einen logisch zwingenden Charakter, um die Invarianz zu "beweisen" (Intelligence, S. 140-141; Z., S.68, 69, 84).

4.343 Bedeutung des Zählens

Das richtige und dabei zuordnende Aufsagen der Zahlnamen ist nach PIAGET noch kein sicheres Anzeichen für den operatorischen Zahlbegriff (Zahlbegriff, S. 67), ebensowenig wie auf präoperatorischem Niveau die eins-zu-eins-Zuordnung die Invarianz der Anzahl nicht sichert. Auf der ersten Stufe verlassen sich die Kinder eher auf den globalen wahrnehmungsmäßigen Eindruck, und selbst auf der zweiten Stufe wenden sie mitunter das Zählen zur Überprüfung der Anzahl gar nicht an, selbst wenn sie zählen können (Z., S. 86, 97, 181, 182). Wie oben gezeigt werden konnte, schließen die Kinder auf der zweiten Stufe nicht notwendigerweise von der Zahlidentität zweier Mengen (quotité) auf ihre Gleichmächtigkeit (S. 82); der Zusammenhang zwischen Zählvorgang und der Zuweisung eines kardinalen Wertes zu einer Menge ist hier noch vage. "Das laute Zählen scheint also unterhalb einer bestimmten Verständnisschwelle, die den Beginn des dritten Stadiums kennzeichnet, den Mechanismus des zahlenbildenden Denkens in keiner Weise umzuformen", folgert PIAGET (Z., S. 86) und schreibt weiterhin: "Zweifellos kann das Zählen im Augenblick, da die Korrespondenz quantifizierend wird und so zur Entstehung von Anfängen der Äquivalenz führt, den Entwicklungsprozeß beschleunigen" (S. 87). Numerische Bedeutung erlange das Zählen erst, wenn die Äquivalenz zweier Mengen durch praktische Korrespondenzbildung gesichert werden könne (S. 100). Manche seiner Versuchspersonen, die er der operatorischen Stufe zuordnen konnte, verließen sich im Zweifelsfalle eher auf die eins-zu-eins-Korrespondenz zwischen den Elementen zweier Mengen als auf das Zählen (S. 100, 112). "Der Ersatz der praktischen Korrespondenz durch das Zählen würde ein viertes Stadium charakterisieren" (Z., S. 100).

4.344 Zahl und Zahlenreihe

Weitere Kennzeichen des operatorischen Niveaus sind, daß die hier zuzuordnenden Kinder erkennen, daß jeder kardinalen notwendig eine bestimmte ordinale Wertung entspricht und umgekehrt (Z., S. 155, 156, 165, 180, 185, 202), daß jede ganze Zahl (außer 0) einen Vorläufer und einen Nachfolger hat, die sich jeweils um eine Einheit von ihr unterscheiden (GRÉCO, ref. von PIAGET, Etudes,

XI, 1960, S. 21), daß die Zahlenfolge stets konstant ist (man also, um von B nach L zu gelangen, stets über H kommen wird; vgl. GRÉCO, ebd., S. 15) und daß gerade und ungerade Zahlen einander abwechseln (GRÉCO, ebd., S. 19-20), egal ob man die Zahlenreihe aufsteigt oder absteigt (ebd.). Diese Merkmale operatorischen Denkens verallgemeinern sich nach PIAGET und Mitarbeitern jedoch nicht schlagartig auf die ganze Zahlenreihe, sondern auch diese wird erst stufenweise konstruiert. Mit 5 bis 6 Jahren ist hiernach die Zahlenreihe von 1 bis 7 oder 8 "quasistrukturiert". Äquivalente zu Operationen sind möglich,wenn auch noch an die überschaubaren anschaulichen Gegebenheiten gebunden (PIAGET, Etudes XI, 1960, S. 23-24). Als nächstes werden der Zahlraum bis 15 oder 16, dann bis 30 oder 40 und meist erst nach dem 9. Lebensjahr der entferntere Zahlraum in das operatorische System einbezogen. Eine Verallgemeinerung des rekursiven Charakters der Zahlenreihe auf alle Zahlen verlange dagegen das Verständnis des Begriffs "unendlich" bzw. den Begriff der "Zahl an sich" im Unterschied zum Verständnis der Zahlen (PIAGET, Etudes, XI, 1960, S. 68).

4.4 Beziehung zwischen Klassen, Relationen und Zahlen (vgl. 2.3)

4.41 Reduktion oder Autonomie der Zahl

Die Frage, ob die Zahl auf Klasse und Relationen reduzierbar sei oder eine autonome Entwicklung nehme, entscheidet PIAGET weder in der einen noch in der anderen Richtung (Etudes, XI, 1960, S. 62-64). Man könne zwar in mancher Hinsicht von Vorzahlen (schon auf sensumotorischem Niveau), Vorklassen und Vorrelationen sprechen; jedoch sei auf präoperatorischem Niveau eher ein Nicht-Differenzieren zwischen diesen drei Strukturen vorherrschend, derart, daß die Reihe ganzer Zahlen wie eine qualitative Reihe ohne gleiche Abstände behandelt werde und die Inklusionsschwierigkeiten bei der Zahl denen bei der Klasse entsprechen. Bereits auf präoperatorischem Niveau bilde sich die Zahl aus einer, wenn auch noch unvollständigen, Synthese zwischen der Prästruktur der Klassen und der der Relationen. Die Entwicklung gehe danach in Richtung einer vollständigeren Differenzierung dieser drei Strukturen und damit verbunden zu einer vollständigeren Synthese.

4.42 Wirkrichtung

Auch eine einsinnige Wirkrichtung, etwa von der Struktur der Klassen auf die Zahl, läßt sich nach PIAGET nicht verallgemeinern, da auch die Zahl als Synthese aus Klasse und Relation auf diese rückwirken kann (Etudes, XI, 1960, S. 64).

4.43 Chronologische Beziehungen

Entsprechend der zumindest anfänglich geringen Differenzierung der drei Strukturen und ihrer zunehmenden Synthese betont PIAGET wiederholt neben ihrem strukturell gleichen auch ihren weitgehend synchronen Entwicklungsverlauf (Etudes, XI, 1960, S. 63; Z., S. 67, 137, 195, 208, 241, 312) mit kleinen Schwankungen, durch die mal der eine, mal der andere Bereich einen kleinen Vorsprung erhalten kann (Etudes, XI, 1960, S. 63; GINSBURG und OPPER, 1969, S. 162).

5. Zusammenfassung des I. Teils

In diesem ersten Teil wurde versucht, PIAGETs Darstellung der Entwicklung des Zahlbegriffes auf dem Hintergrunde seiner Theorie der kognitiven Entwicklung und unter Berücksichtigung seines methodischen Ansatzes möglichst getreu wiederzugeben. Dies war nötig, um das von ihm so ausführlich beobachtete Phänomen der Anzahlvarianz in seinen vielen möglichen Erscheinungsformen zu veranschaulichen, von denen spätere Untersucher häufig nur den einen oder anderen Aspekt berücksichtigten. Außerdem sind alle theoretischen und methodischen Kritiken und Verteidigungen nur auf der Basis dieser Kenntnisse möglich. Es sind zwar einige von PIAGETs Hauptwerken inzwischen ins Deutsche übertragen worden. Sie sind aber wegen ihres Stils und Aufbaus so schwierig zu lesen, daß ein Einstieg in die Diskussion um den Zahlbegriff nur nach einem langen und intensiven Studium der Originalwerke möglich wäre. Daher hielt es die Autorin dieser Arbeit für notwendig, im ersten Teil PIAGET selbst so ausführlich zu Worte kommen zu lassen.

Einige wesentliche Momente seien hier noch einmal zusammengefaßt: Die Entwicklung des Zahlbegriffs ist für PIAGET ein Bereich, wenn auch ein wesentlicher und charakteristischer, innerhalb der gesamten kognitiven Entwicklung, und sie tritt am augenfälligsten beim Übergang vom anschaulichen zum voroperativen Denken in Erscheinung. Logisch gesehen ist bei PIAGET die Zahl eine Kombination aus der Logik der Klassen und der Logik der Relationen. Das Gefüge der logischen Operationen im Bereich der ganzen natürlichen Zahlen läßt sich nach ihm mathematisch-logisch als "Gruppe" darstellen, das weniger stabile Gefüge von Operationen im Bereich der Klassifikation und Seriation als "Gruppierungen".

Die logischen Operationsgefüge sind zwar nicht identisch mit den tatsächlichen, psychologischen Denkoperationen, sie stellen jedoch so etwas wie ihre Idealform dar und sind daher für die psychologische Analyse von Nutzen.

Entsprechend PIAGETs Theorie und Befunden entwickelt das Individuum solche Operationsgefüge im Laufe eines Entwicklungsprozesses, der als schrittweise aktive Auseinandersetzung mit den Umweltgegebenheiten und Reorganisationen der Denkstrukturen beschrieben wird. Mit seiner flexiblen und individuellen Untersuchungsmethode und differenzierten Analyse des sprachlichen und nichtsprachlichen Verhaltens vieler Kinder zeigte er auf, daß die verschiedenen Bereiche oder Inhalte des Denkens in ihrer Entwicklung sehr große formale Ähnlichkeiten aufweisen, betont sogar häufig eine gewisse Synchronizität der Entwicklung über verschiedene Bereiche, vermeidet es aber, sie generellen, alles umgreifenden Entwicklungsstufen zuzuordnen. Auch bei den eng miteinander verwobenen Bereichen der Klassifikation, Seriation und Zahlbildung vermeidet er eine psychologische Rückführung des einen auf das andere und spricht lieber von gegenseitiger Beeinflussung und Ausdifferenzierung.

Die nach dem Prinzip der größtmöglichen Wahrscheinlichkeit aufeinanderfolgenden Entwicklungsschritte bei der Entstehung des operatorischen Zahlbegriffs zeigen als charakteristische Merkmale: (1) globale Mengenerfassung, Ausrichtung an statischen Konfigurationen, Nichtbeachten bzw. Nichteinbeziehen von Transformationen; Gebundenheit an die visuellen Gegebenheiten und Zentrierung auf nur einen Aspekt; Verwechslung bzw. mangelnde Differenzierung von quantitativen und qualitativen Merkmalen, von Anzahl und kontinuierlicher Menge bzw. Raum, von Zahl und Klasse etc.; (2) ein Zwischenstadium mit beginnender Dezentrierung, oft verbunden mit Konflikterleben; beginnender Differenzierung und Koordination, wenn visuelle Unterstützung für diese Operationen gegeben ist; intensive Quantifizierung unter Berücksichtigung des Mehr und Weniger, jedoch ohne Überzeugung vom iterativen Charakter der Zahlenreihe; (3) Erfassen der invarianten quantitativen Merkmale auch bei Transformationen, d.h. ohne optische Unterstützung, und zwar als evident und logisch notwendig; Bildung des Begriffs der Einheit aus der Kombination der Logik der Klassen und der der Relationen und damit auch Erfassen der Iteration; das Denken ist charakterisiert durch Mobilität, Dezentrierung und Reversibilität.

In den meisten Nachuntersuchungen zu PIAGETs Zahlbegriff wurden weder PIAGETs Theorie noch seine Untersuchungs- und Auswertungsmethoden streng beibehalten. Man versuchte, ihn auf den verschiedensten Niveaus zu widerlegen oder zu bestätigen. Die Ergebnisse der vielen inzwischen durchgeführten Nachuntersuchungen geben zunächst ein recht verwirrendes Bild. Daher wird im zweiten Teil dieser Arbeit versucht, ihnen in einer übergreifenden entwicklungspsychologischen Analyse ihren Ort zuzuweisen und sie durch eine Reihe eigener Untersuchungen zu ergänzen.

Teil II

Entwicklungspsychologische Analyse des Begriffs der Invarianz der Anzahl anhand von Nachuntersuchungen

6. Einleitung

6.1 Historische Auswirkungen von PIAGET auf Amerika und Deutschland

Während PIAGETs frühe Arbeiten aus den 20er und 30erJahren sowohl in Deutschland wie in den USA nur einen sehr geringen Nachhall fanden (FLAVELL, 1962, 1963; S.ISAACS, 1930), nahm sein Einfluß seit den 50er Jahren lawinenartig zu (vgl. FLAVELL, 1963; ELKIND und FLAVELL, 1969; GINSBURG und OPPER, 1969; RESAG, 1954, 1955, 1965; AEBLI, 1963; L'ABATE, 1969; FRICKE, A., 1959). Sein Buch zum Zahlbegriff dürfte zu dieser Entwicklung nicht wenig beigetragen haben. In Deutschland wurde PIAGET, vielleicht mit Ausnahme von AEBLI, unter die vielen "Stufentheoretiker" der Entwicklung eingereiht und ihm zugleich automatisch eine reine Reifungskonzeption unterschoben (vgl. BERGIUS, 1959). Nur unter den Mathematikdidaktikern der pädagogischen Hochschulen fand er einiges Ansehen (RESAG, 1954, 1955). Die deutsche Entwicklungspsychologie orientierte sich, sofern sie überhaupt noch existierte, an BÜHLER, KROH und SPRANGER einerseits, den USA andererseits. In den USA dagegen war die Entwicklungspsychologie im wesentlichen eine Teildisziplin der Biologie geworden (vgl. MUSSEN, 1960) oder in der Lerntheorie aufgegangen. Das wachsende Interesse ursprünglich behavioristisch orientierter Psychologen an kognitivem Verhalten des Menschen (TOLMAN, SKINNER, KENDLER etc.) und an pädagogischen Fragen überhaupt (SEARS et al., Head-Start-Projekte) bereitete günstige Voraussetzungen für eine Beschäftigung mit PIAGET.

Zunächst waren es PIAGETs erstaunliche Befunde, verbunden mit scharfer Kritik an seiner Methode, die zu Nachuntersuchungen anregten (ESTES, 1956; ELKIND, 1961a,b,c,d, 1964, 1962; DODWELL, 1960, 1961, 1962, 1963; BRAINE, 1959, 1962; MEHLER und BEVER, 1967; GREEN und LAXON, 1970; LUNZER, 1960, 1961; LOVELL und OGILVIE, 1960, 1961a, b). Sie versuchten entweder, seine Ergebnisse unter strengeren experimentellen Bedingungen zu bestätigen oder zu widerlegen oder sie mit einfachen lerntheoretischen Konzepten zu erklären (ELKIND, 1961a,b,c,d, 1964, 1962; BRAINE, 1959, 1962; BERLYNE, 1962; WATSON, J.S., 1968; KOHNSTAMM, 1963). Genährt wurde diese oft recht polemische Haltung durch PIAGETs oft schwer verständlichen Stil, seine ungewohnten Vorstellungen, seine Theorie, die neben psychologischen auch gute logische, mathematische und erkenntnistheoretische Kenntnisse voraussetzt (vgl. FLAVELL, 1963, S. 11), die Vagheit seiner Definitionen, die - für einenfremden Leser - oft zu großen Sprünge zwischen der Theorie und den empirischen Befunden, seine Unvollständigkeit in der Darstellung sowohl der Methoden wie der Ergebnisse, die Variabilität seines methodischen Vorgehens, seine Tendenz, sich bei der Interpretation der Ergebnisse nicht unbedingt an das Ökonomieprinzip zu halten (vgl. FLAVELL, 1963, S. 427 ff).

Seit Beginn der 60er Jahre hat ein fruchtbarer Lernprozeß auf beiden Seiten zu beiderseitigem Gewinn stattgefunden. PIAGET, insbesondere aber seine Mitarbeiter INHELDER, GRÉCO, MORF etc. (Etudes d'épistémologie génétique, Bd. IX-XXV; INHELDER und SINCLAIR in MUSSEN et al., 1969) bemühen sich um klare und vollständige Darstellung der Methoden und Ergebnisse und eine verständlichere Interpretation; interessierte amerikanische Psychologen verbringen häufig ein Studienjahr in Genf und beleben mit ihren neugewonnenen Erkenntnissen und Ideen die amerikanische Entwicklungspsychologie (z.B. WOHLWILL, BERLYNE, FURTH, OPPER, ELKIND und in England LUNZER). Mit ihnen erlangte die Auseinandersetzung mit PIAGET ein neues Niveau. Diese geht jetzt nicht nur mehr um eine klare Darstellung der Entwicklungsschritte (WOHLWILL, 1963), sondern um die Interpretation der Fakten: die Operationalisierung Piagetianischer Konzepte, die Überprüfung abgeleiteter Hypothesen* (z.B. PINARD und LAURENDEAU, 1969; MONTADA, 1968; SEILER, 1968; AEBLI u.a., 1968; LANGER, in MUSSEN et al., 1969, u.a.m.) und die Aufdeckung von Entwicklungsmechanismen mit Erklärungswert (vgl. INHELDER in MUSSEN, 1969; L.WALLACH, 1969). Diese Art von Auseinan-

* WOHLWILL (1970, S. 55) weist darauf hin, daß PIAGET seine Beobachtungen verwendete, um die Adäquatheit seines Modells aufzuweisen; seine Versuche seien jedoch nicht dazu angelegt gewesen, hypothetisch deduktiv spezifische Hypothesen zu überprüfen.

dersetzung wirkte sowohl anregend in Richtung methodologischer Fragen (vgl. KESSEN, 1962; WOHLWILL, 1960, 1963, 1970; KOHLBERG, 1965) wie auch auf ein erneutes Überdenken theoretischer und methodischer Aspekte auf anderen Gebieten der Entwicklungspsychologie (EMMERICH, AINSWORTH, SEARS, vgl. auch SRCD-Meeting 1969, berichtet von RAUH, 1969).

6.2 Gliederungsübersicht

Inzwischen ist die Literatur über, für und gegen PIAGET nahezu unübersehbar geworden. Die folgenden Kapitel werden daher im allgemeinen nur solche Untersuchungen berücksichtigen, die direkt mit dem Zahlbegriff zu tun haben und sich auf PIAGET beziehen. Dabei will die Darstellung mehr als ein Sammelreferat sein: es wird anhand von Untersuchungen aus der Literatur und einer Reihe von eigenen Untersuchungen versucht, die vielen Mosaiksteine für eine von PIAGET selbst etwas abweichende entwicklungspsychologische Analyse fruchtbar zu machen, wie sie am klarsten kürzlich von WOHLWILL (1970) vorgeschlagen wurde. Sie läßt sich in etwas erweiterter und differenzierterer Form in etwa sieben Schritte gliedern:

(1) Definition des Merkmals
Dies betrifft die Frage nach dem "was", das man untersuchen will und das alle weiteren Schritte beeinflußt. Seien es bestimmte Beobachtungen, Auffälligkeiten, die einen zu einer entwicklungspsychologisch relevanten Hypothese führen oder Konkretisierungen aus bereits expliziteren Theorien, der erste Schritt sollte darin bestehen, daß man sich über das "was" klar zu werden versucht. Bei diesem Vorgange entscheidet sich sogleich die Ebene, auf der man das Entwicklungsphänomen ansiedeln will: im Reaktionsrepertoire oder als Konstrukt im kognitiven oder motivationalen Bereich. M.a.W. ist es die Frage, ob bestimmte Handlungsweisen im Verlauf der Entwicklung ab- oder zunehmen bzw. sich ausdifferenzieren oder ob das Verhalten eher Ausdruck von Entwicklungsprozessen ist, die in quantitativen und/oder qualitativen Veränderungen auf der Ebene der Konstrukte zu suchen sind. So schreibt BERLYNE (1966, S. 77), daß

die behavioristischen Begriffsbildungsexperimente nur das Diskriminationslernen, aber nicht das Denken untersucht hätten. Im Bereich des PIAGETschen Zahlbegriffes ist eindeutig das letztere der Fall. Bei der weiteren Konkretisierung des Merkmals ist es dann notwendig, Situationen oder Aufgaben zu definieren, die möglichst eindeutig die vermuteten Unterschiede im Entwicklungsniveau widerspiegeln. Wenn die vermutete Entwicklung sich vor allem in formalen Merkmalen (z.B. unterschiedlichen Strukturen) erweisen soll, dann müssen diese auch in den Beispielsituationen scharf zum Ausdruck kommen.

Dieser Vorgang sollte jedoch nicht nur am Schreibtisch des Forschers vorgenommen werden, sondern bedarf einer ständigen Überprüfung in der Empirie, so wie letztere Anregungen zu weiteren Differenzierungen geben kann. Eine solche formale logische Unterscheidung oder Variation des Paradigmas und ihre psychologische Kontrolle geben u.U. schon erste Hinweise auf eine mögliche Entwicklungssequenz, insbesondere wenn sich diese über Altersunterschiede, Skalogrammanalysen und Längsschnittanalysen sichern lassen.

(2) Operationalisierung des Merkmals

Der nächste Schritt beinhaltet die Konkretisierung der Untersuchungssituation, d.h. die Frage danach, "wie" ich das Merkmal erfasse. Dabei wachsen die Schwierigkeiten, je jünger die Versuchspersonen sind (MUSSEN, 1960). Die verschiedenen Methoden der freien Beobachtung, der Befragung Dritter u.ä. mit ihren spezifischen Problemen sollen hier nicht weiter diskutiert werden, weil der Zahlbegriff meist experimentell untersucht wurde. Jedoch ergeben sich auch bei dieser Methode eine Reihe von Schwierigkeiten.

Da ist zunächst die Frage, wie der VL der Versuchsperson klarmacht, was er von ihr will. Im entwicklungspsychologischen Experiment verlangt dies eine genaue Kenntnis über die Denk- und Verhaltensweisen, die im Repertoire des betreffenden Kindes sind. Der Ausweg, der mitunter eingeschlagen wurde, nämlich die Voraussetzungen erst experimentell zu erzeugen (z.B. die Begriffe "mehr - weniger", "länger - kürzer"), hat neben wenigen Vorteilen einige Nachteile: auch diese Art von Lernen ist gewöhnlich entwicklungsabhängig und möglicherweise vom zu untersuchenden Phänomen nicht ganz unabhängig; es müßte außerdem kontrolliert werden, ob dieser Lerninhalt für alle Kinder gleichermaßen neu ist, da die Anwendung und Generalisierung von Neugelerntem und Übergelerntem bekanntermaßen verschieden ist; weiterhin ist nicht sicher, ob die Kinder im Hauptexperiment den experimentell erzeugten oder einen vorexperimentellen Begriff anwenden, abgesehen davon, daß sich der Untersucher klar sein muß, was ihn mehr interessiert.

Streng genommen müßten alle experimentellen Nebeneinflüsse, die die Hauptfragestellung beeinträchtigen können, kontrolliert sein. Dazu gehören z.B. Instruktionsverständnis, Art der Frageform, Motivation der Kinder, ihre Aufmerksamkeit, Art und Verhalten der VL, Vertrautheit und Aufforderungscharakter des Materials etc. Dies könnte in manchen Fällen durch geeignete Versuchspläne geschehen, die diese Faktoren berücksichtigen; jedoch wurden die meisten Designs dann sehr komplex. Oft kann schon eine sorgfältige Verhaltensbeobachtung und Beurteilung mögliche "Fehlerquellen" festhalten und notfalls als Kovariate berücksichtigen. Ein Vertrauen darauf, daß solche Einflüsse "zufällig" seien und sich normal verteilten, ist ungeprüft nicht angebracht.

Eine Reihe von Fehlerquellen kann sich als entwicklungspsychologisch bedeutsam herausstellen, z.B. materialbedingte systematische Schwierigkeitsunterschiede; andere sind eher differenitalpsychologischer Natur (d.h. relativ unabhängig von Alter und Entwicklungsstand) oder eine Verquickung von beidem. Eine Unterscheidung ist dabei oft nicht einfach.

Insgesamt sollten die kleinen experimentellen Variationen und Einflüsse geringer sein als die Unterschiede, die über das formale Paradigma untersucht werden; denn entwicklungspsychologische Phänomene sollten relativ unabhängig von irrelevanten situativen Einflüssen und relativ stabil über kurze Zeitspannen hinweg sein, abgesehen von den Problemen ihrer objektiven und reliablen Erfassung. M.a.W., die verschiedenen experimentellen Konkretisierungen des Paradigmas (d.h. die einzelnen Aufgaben) sollten nicht nur signifikant, sondern auch hoch miteinander korrelieren, sofern sie nicht unterschiedliche Schwierigkeitsgrade auf einer kumulativen Skala repräsentieren, die dann über eine Skalogrammanalyse geprüft werden kann. Stellt man die Lösung mehrerer gleichschwerer Aufgaben dar, die Ausdruck desselben entwicklungspsychologischen Phänomens sein sollen, dann ergeben sich häufig typische U-Verteilungen oder Teile davon; sie sind ebenfalls ein Ausdruck für die hohe Homogenität und Interkorrelation der einzelnen Items. Die statistisch beliebteren Normalverteilungen sind hier meistens nicht das angestrebte Ziel.

(3) Universalität
Erhebt man den Anspruch, ein allgemein-entwicklungspsychologisches Phänomen zu erfassen, das nicht in seinen wesentlichen Bestandteilen das Sozialisationsprodukt einer bestimmten Umwelt ist (eine völlige Trennung ist meist weder möglich noch nötig), dann muß es bei allen Menschen auffindbar sein. Die auftretenden Unterschiede dürften dann weniger prinzipielle sein, sondern solche im Entwicklungsniveau oder -tempo und kleineren, vom Gesamtkonzept her nicht als notwendig und festgelegt betrachtete Variationen. Solches festzustellen, verlangt eine gewisse Übertragbarkeit des Untersuchungsinstrumentariums, was umso eher gewährleistet ist, wenn das, was man untersuchen will, möglichst klar definiert ist und das Phänomen selbst einen charakteristischen Bestandteil der menschlichen Entwicklung ausmacht.

(4) Generalität
Hierunter versteht man die Vielzahl der Situationen, die durch das Phänomen erklärt werden können; sie ist ein Ausdruck der Bedeutsamkeit des Phänomens für den einzelnen. In unserem Falle ist es die Frage, ob das Paradigma für die Entwicklung des Zahlbegriffs auch für die Entwicklung anderer quantitativer Begriffe und des logischen Denkens insgesamt zutrifft. Dabei ist zu unterscheiden, ob dies als gleichzeitig angesehen wird oder als analoge Entwicklung mit gewissen Phasenverschiebungen oder als konvergierende Entwicklungen. Die Anwendung desselben Paradigmas auf verschiedene Inhalte wäre ein positives Kriterium, Korrelationen dagegen, außer wenn sie positiv und hoch ausfallen, ein mehrdeutiges. Sie geben jedoch darüber Auskunft, ob die Entwicklungsveränderung relativ schlagartig und umwälzend ist oder sich zumindest zunächst auf einen eng umschriebenen Bereich beschränkt. Wenn anzunehmen ist,

daß der Grad der Generalität selbst einem Entwicklungsprozeß unterliegt, geben längsschnittliche Korrelationsverläufe (entsprechend der P-Technik von CATTELL) hierüber Auskunft (vgl. WOHLWILL, 1970).

Das Problem der Generalität ist für Wirkung von Lernübertragung von großer Bedeutung. Nur bei eng miteinander zusammenhängenden Bereichen kann eine generalisierte Lern- und Erfahrungswirkung vermutet werden. Diese Voraussetzungen für Trainingsexperimente in der erklärenden Entwicklungspsychologie werden allzu selten überprüft; man begnügt sich häufig mit einer Art face-validity.

(5) Deskription des Entwicklungsverlaufs
Die Krönung der deskriptiven Entwicklungspsychologie ist eine möglichst genaue Beschreibung des Entwicklungsverlaufs des untersuchten Phänomens. Von der Definition der Entwicklung her sollte es substantielle Altersveränderungen aufweisen, und zwar entweder im Sinne von quantitativen Wachstumsraten oder im Sinne einer invarianten Sequenz qualitativ unterscheidbarer Schritte.

Die beliebteste Methode ist dabei der Mittelwertsvergleich verschiedener Altersgruppen; sie wurde auch bei der Erstellung der meisten Intelligenz- und Entwicklungsskalen angewandt. Auf die hiermit verbundenen methodischen Probleme verweisen sowohl WOHLWILL (1970) als auch TANNER (1965), wie später in dem entsprechenden Kapitel ausgeführt werden wird. Auch bei Korrelationen mit dem Lebensalter wirken mögliche individuelle Unterschiede im Entwicklungstempo vermindernd auf den Koeffizienten, abgesehen von der unterschiedlichen Größe der Varianzen bei den miteinander korrelierten Merkmalen.

Eine neuere Version ist, das Lebensalter statt als unabhängige als abhängige Variable zu verwenden, d.h. statt festzustellen, in welchem Alter welches Entwicklungsniveau durchschnittlich erreicht ist, herauszufinden, welches das durchschnittliche Alter beim Erreichen eines bestimmten Entwicklungsniveaus ist. Dies geht aber nur, wenn die Altersspanne möglichst wenig eingeschränkt ist. Die entwicklungsdiagnostischen Implikationen dieses Ansatzes sind bisher noch nicht ausgeschöpft worden.

Die Frage ist, ob das Lebensalter ein so idealer Ersatz für ein psychologisches Zeitkontinuum ist. Es setzt ja voraus, daß zwischen der physikalischen Zeit, der biologischen Entwicklung und psychologischen Entwicklung eine sehr hohe Übereinstimmung besteht, ganz gleich, ob man die psychologische Entwicklung im wesentlichen als ein Reifungsphänomen oder als Akkumulation von Erfahrung sieht. Will man zunächst von individuellen Unterschieden im Entwicklungstempo abstrahieren und nur den Entwicklungsablauf erfassen, dann bieten sich psychologische Entwicklungskontinua wie z.B. das Intelligenzalter, das motorische Alter, das soziale Alter an, die im Versuchsplan wie das physikalische Zeitmaß verwendet werden können.

Längsschnittuntersuchungen mit Registrierung der individuellen Entwicklungsabläufe sind das Ideal, aber zeitaufwendig und kostspielig. Sie nützen jedoch nur wenig, wenn mit ihnen wiederum nur Altersgruppenvergleiche durchgeführt werden.

Einen Zwischenschritt bietet die an u.U. querschnittlich gewonnenen Daten durchgeführte Analyse von Schwierigkeitsunterschieden und der Eindimensionalität einer Skala, die sich auf solche nach der Schwierigkeit geordneten Items stützt, wie es in einem späteren Kapitel an einer Skalogrammanalyse verdeutlicht werden wird. Eine solche Skala gibt dann eine gute Grundlage für eine längsschnittliche Validierung des Entwicklungsverlaufs.

(6) Strukturanalyse

Hierunter versteht man die Frage nach dem Zusammenhang des Merkmals mit anderen Merkmalen auf jeweils denselben Entwicklungsniveaus bzw. zur gleichen Untersuchungszeit. Im Unterschied zur Generalität wird hier der Bereich möglicher Zusammenhänge sehr breit gezogen. Der dahinter stehende Gedanke ist die Einbettung des in seiner Entwicklung untersuchten Phänomens in die Persönlichkeit auf dem jeweiligen Entwicklungsniveau. Auch dies ist im wesentlichen ein deskriptiver Ansatz, da meist nicht entschieden werden kann, ob die Zahlbegriffsentwicklung auf die übrige Persönlichkeit oder Persönlichkeitsänderungen auf den Zahlbegriff wirken. Immerhin ergibt sich so nicht nur ein Ansatz zur Beschreibung der Persönlichkeitsentwicklung und zum Verständnis kindlichen Verhaltens, sondern auch ein breiterer Fundus für Hypothesen über die möglichen Faktoren, die für die Weiterentwicklung verantwortlich zu machen sind.

(7) Funktionsanalyse

Hierunter wird verstanden, die Bedingungen für die Weiterentwicklung aufzudecken und den Entwicklungsprozeß zu erklären. Dies ist zum einen über bestimmte "Naturexperimente" möglich, wie sie verschiedene Lernumwelten (Kultur, soziale Herkunft, bestimmter Schultyp) einerseits, organisch oder umweltbedingte Deprivationen (Blindheit, Taubheit, Intelligenzschwäche, Hospitalisierung u.a.) darstellen. Neben diese eher globalen Faktoren treten solche, die in speziellen Experimenten überprüft werden, in denen Einzelbestandteile einer möglichen Lernumwelt auf ihre Wirkung auf die Weiterentwicklung hin geprüft werden. Vom experimentellen Aufwand her wäre es natürlich am einfachsten, wenn nur ein einziger Faktor als entscheidend anzusehen wäre. In diesem Falle würde aber eine signifikante Veränderung auf das Lernziel (= Entwicklungsziel) hin nicht als "Beweis" ausreichen, wenn nicht zugleich erklärt werden kann, warum nicht alle Versuchspersonen dieses Ziel erreicht haben. Weiterhin müßte geprüft werden, ob der Erfolg stabil ist (d.h. auch, auf welchem Niveau der experimentelle Einfluß wirkte: strukturverändernd oder nur auf der "performance"-Seite), wie stark der gesamte weitere Entwicklungsverlauf durch das Training beeinflußt wurde. Im Unterschied zu einer deskriptiven Längsschnittanalyse müßte hier eine Kontrollgruppe mit einer experimentell beeinflußten über eine längere Zeit hin verglichen werden. Auch die mögliche Existenz eines "sleeper effects" müßte berücksichtigt werden, der besagt, daß bestimmte Einwirkungen sich erst nach einer längeren Zeitspanne bemerkbar machen.

Das Problem wird noch komplizierter, wenn viele Faktoren, sei es summativ, sei es alternativ, als entwicklungsauslösend in Betracht kommen, abgesehen von der Frage, inwieweit die im Experiment überprüften mit denen in der tatsächlichen Umwelt der Kinder übereinstimmen.

Da im Rahmen der experimentellen Funktionsanalyse mit Absicht und aktiv in den Entwicklungsgang der Kinder eingegriffen wird, ergeben sich hieraus auch eine Vielzahl ethischer Probleme, auf die hiermit nur kurz hingewiesen sein soll.

Die hier aufgezählten 7 Schritte stellen eine Art Maximalforderung an den Entwicklungspsychologen dar, die unmöglich von einem Forscher allein bewältigt werden kann. Prüft man aber immer wieder den Stand der Wissenschaft an ihnen, dann dürften sie zu einer sichereren Kenntnis über die Entwicklung sowohl in einzelnen Bereichen als auch im Gesamtgefüge der Persönlichkeit führen.

Im weiteren Verlauf dieser Arbeit wird versucht, dies für die Entwicklung des Zahlbegriffs im Sinne des PIAGETschen Invarianzbegriffes der Anzahl zu demonstrieren. Dabei wird es unvermeidlich sein, daß verschiedene Schritte ineinandergreifen (z.B. Generalität und Strukturanalyse u.a.). Auch können nicht alle potentiell möglichen methodischen Anforderungen erfüllt werden, da dazu z.T. noch mehr und noch aufwendigere Untersuchungen nötig wären.

7. Konservieren: Logische und psychologische Definition des Konservierens der Anzahl

7.1. Konservieren als Index und seine theoretische Verankerung

Bleibt man im Rahmen von PIAGETs Theorie, dann wird die Entwicklung des Zahlbegriffs, das Denkniveau, auf dem er sich bei einem bestimmten Kinde befindet, am besten durch das Nicht-Vorhandensein bzw. Vorhandensein (und evtl. einige Übergangsstufen) des Invarianzbegriffes der Anzahl repräsentiert. Denn zeigt das Kind Invarianz der Anzahl über verschiedene Transformationen der Menge hinweg, dann ist dies, nach PIAGET, der beste Hinweis für ein operatorisches Denkniveau (zunächst bzgl. des Zahlbereichs) (PIAGET und INHELDER, in OLERON und PIAGET, 1969b, S. 156) (vgl. auch: PIAGET, Intelligence, 1965, S. 140-141, Z., 1963, S. 15; GINSBURG und OPPER, 1969, S. 152).

Dieses "Konservieren" der Anzahl stand und steht auch im Mittelpunkt der vielen Nachuntersuchungen, häufig jedoch nur das Phänomen selbst, ohne daß die Autoren auch PIAGETs Theorie übernahmen (z.B. BRUNER, 1964, 1966; MEHLER und BEVER, 1967; BRAINE und SHANKS, 1965). Der Grad der "Enthaltsamkeit" bzgl. eines theoretischen Rahmens spiegelt sich bereits in den Definitionen vieler Autoren wider, sofern sie nicht, wie in einigen neueren Untersuchungen, einfach voraussetzen, daß der Leser weiß, was "Konservieren" ist. Einige Autoren geben dem Konservieren den Status einer Fähigkeit (ability) (z.B. SIEGEL und GOLDSTEIN, 1969; SIGEL und HOOPER, 1968; BAKER und SULLIVAN, 1970) oder umschreiben es als eine "bestimmte Art, über die Wirklichkeit zu denken ... eine logische Denkrichtung" (ZIMILES, 1966); ähnlich formulieren es auch FLAVELL (1963, S. 245) und SMEDSLUND (1961a). - Während die eben genannten Autoren stärker das denkende Subjekt betonen, umschreiben andere das Konservieren eher als ein Erkennen, Wissen oder Begreifen von real vorhandenen Tatbeständen (z.B. FEIGENBAUM, 1963;

GRUEN, 1965; HALFORD, 1968; ROTHENBERG, 1969a; WALLACH, M.A., 1963; WOHLWILL und LOWE, 1962) oder sogar relativ eng als einen bestimmten erkennenden Wahrnehmungsakt (z.B. BRISON, 1966; ELKIND, 1961a; MEHLER und BEVER, 1967). Vielleicht auf Grund der Tatsache, daß die Bezeichnung "Konservieren" als Tätigkeit eines Subjekts erst langsam Eingang in die deutsche Fachsprache gewinnt, gelang es SEILER (1968, S. 66), diese ganz aus seiner Definition herauszulassen, wenn er schreibt, daß "Invarianz ... zum Ausdruck (bringt), daß im Verlaufe eines Transformationsprozesses ein unveränderliches 'Etwas' erhalten bleibt und von dieser Transformation nicht betroffen wird." Unabhängig davon, ob die Definitionen das Konservieren als situatives Wahrnehmen und Erkennen oder als Fähigkeit umschreiben, lassen sie sich z.T. danach einteilen, <u>was</u> für Vorgänge Konservieren im einzelnen beinhaltet. Danach wäre, etwas vereinfacht ausgedrückt, Konservieren entweder

(a) die Kunst des In-Beziehung-Setzens verschiedener Wahrnehmungsinformationen, einschließlich der Wahrnehmung der Transformationen (PIAGET, Etudes XXI, 1968, S. 72; WATSON, J.S., 1968)
(b) die Kunst des differenzierenden Wegguckens (MEHLER und BEVER, 1967; BAKER und SULLIVAN, 1970) bzw. die Kunst des differenzierenden Hinguckens (L. WALLACH, 1969)
(c) die Kunst, bestimmte Informationsarten (hier die visuelle Wahrnehmung) zugunsten anderer Informationsarten (bes. symbolische) zu unterdrücken (BRUNER et al., 1966).

Diese verschiedenen Ansätze sollen später im Zusammenhang mit den verschiedenen Trainingsversuchen diskutiert werden.

7.2. Konservierungsparadigma

Diese Unterschiede in der theoretischen Verankerung des Phänomens "Konservieren" wären für einen Vergleich der verschiedenen Untersuchungsergebnisse vielleicht nicht so tragisch, wenn man sich über das Paradigma einer typischen Konservierungsaufgabe einig wäre und die dadurch stets gleich definierte Verhaltensweise als Index für Konservieren nähme. Dies ist aber keinesfalls so.

Eine typische Anzahlinvarianzaufgabe bei PIAGET, die auch in verschiedenen Nachuntersuchungen auftaucht, ist die zweier korrespondierender Mengen, von denen eine in ihrer Anordnung vor den Augen des Kindes verändert wird. So werden vor dem Kind etwa 6 Eierbecher in eine Reihe gestellt und in jedes ein Ei gesteckt (vgl. Z., S. 74), damit sich das Kind von ihrer numerischen Korrespondenz überzeugen kann. Dann nimmt der Versuchsleiter die Eier aus den Bechern und legt sie in eine Reihe parallel zu den Bechern, aber entweder mit größeren oder mit geringeren Abständen. Dann fragt er das Kind, ob es noch gleich viele Eier und Eierbecher seien und ob die Eierbecher noch für die Eier reichen, wenn man sie zurücktut. - In einer zweiten typischen Aufgabe wird das Kind aufgefordert, in zwei identische Gläser jeweils gleichzeitig eine Perle zu füllen, damit es sich von der gleichen Anzahl der Perlen in beiden Gläsern überzeugen kann. Dann schüttet der Versuchsleiter eines der beiden Gläser entweder in ein schmaleres oder in ein breiteres Glas um und fragt das Kind, ob in den beiden Gläsern, dem breiten (bzw. schmalen) und dem Vergleichsglas, gleich viele Perlen seien, ob Ketten, die man daraus machen könne, gleich lang würden etc. (Z., S. 43 ff).

ELKIND (1966, 1967a) weist in einer sorgfältigen Analyse dieses Aufgabenschemas darauf hin, daß sie das Verständnis der Invarianz des Äquivalenzverhältnisses prüfe, PIAGETs Theorie sich jedoch auf die Invarianz innerhalb derselben Menge beziehe. Wenn K das Kind, L der Versuchsleiter, S der Standardstimulus, d.h. die unverändert bleibende Vergleichsmenge, ist und V die variierte Menge vor der Transformation und V' dieselbe Menge nach der Transformation, dann gilt für das <u>Konservieren der Identität</u> einer Menge nach ELKIND:

K beurteilt S = V
K beurteilt S = V'
L schließt, daß V = V' für K.

Im Unterschied dazu gilt nach ELKIND für das <u>Konservieren der Äquivalenz zweier Mengen</u> beim selben Versuchsbeispiel:

K beurteilt S = V
K beurteilt S = V'
L schließt, daß (S = V) = (S = V') für K.

ELKIND (1966) folgert daraus, daß der Versuchsleiter das Konservieren der Identität stets nur aus den Antworten des Kindes schließen kann, die Konservierung der Äquivalenz sich jedoch direkt in den Antworten des Kindes widerspiegelt. Jedoch sei es logisch notwendig, daß das Kind für sich den Schluß V = V' ziehe, weil es sonst nicht zu einem zutreffenden Äquivalenzurteil kommen könne. Andernfalls handelte es sich nicht um ein Konservierungsexperiment, sondern um eine optische Täuschung.

Die Tatsache, daß PIAGET ein Experiment zur Äquivalenzinvarianz verwende, um Identitätsinvarianz zu überprüfen, erklärt ELKIND damit, daß PIAGET beide Errungenschaften beim Kinde zur gleichen Zeit erwarte und daß der Vergleichsstimulus als Gedächtnisstütze dienen solle. ELKIND dagegen ist der Ansicht, daß Konservieren der Identität nicht nur logisch, sondern auch in der Entwicklung des kindlichen Denkens dem Konservieren der Äquivalenz vorausgehe.

7.21 Beziehung zu PIAGETs Unterscheidung von figurativem und operativem Aspekt des Denkens

Eine Bestätigung für seine Unterscheidung zwischen Identitätskonservieren und Äquivalenzkonservieren findet ELKIND in PIAGET und INHELDERs Untersuchungen über Vorstellungen (images mentales) (1966, 1969c). Diese Vorstellungen gehören bei PIAGET zum figurativen Aspekt des Denkens, ebenso wie die Wahrnehmung und die Nachahmung, die ihnen genetisch voraufgehen. Alle drei stellen "Formen der Kognition" dar, "die vom Standpunkte des Subjekts aus als 'Kopien' der Wirklichkeit erscheinen, obgleich sie objektiv betrachtet nur eine annähernde Korrespondenz zu Gegenständen oder Ereignissen liefern. Aber diese Korrespondenz bezieht sich auf den figurativen Aspekt der Wirklichkeit, d.h. auf Konfigurationen" (1969, S. 87). Dabei kommen Vorstellungen im Unterschied zur Wahrnehmung stets in Abwesenheit des Objekts vor und sind, nach PIAGET, internalisierte Reproduktionen, zunächst statischer, später kinetischer Konfigurationen (bildliche Vorstellung eines Ablaufs). Etwa zur Zeit des Beginns der konkreten Operationen bzw. kurz davor kann sich ein Kind auch vorwegnehmend einen Vorgang vorstellen (antizipatorische Vorstellungen). Im Unterschied zum figurativen

Aspekt bezieht sich der - hier überwiegend behandelte - operative Aspekt auf internalisierte, in einer Struktur koordinierte, reversible Handlungen, die einen Gegenstand oder ein Ereignis tatsächlich oder auch nur im Geiste modifizieren, um seine tatsächlichen Transformationen und deren Ergebnisse zu begreifen (ebd. S. 87).

PIAGET und INHELDER (1969, S. 133-135) fanden, daß 30 % der von ihnen untersuchten Kinder im Alter von 4 bis 8 Jahren (N = 74) im Umschüttexperiment, in dem die Flüssigkeit von einem Glas in entweder ein breiteres oder ein schmaleres umgegossen wird, sich weder richtig vorstellen konnten, wo sich der Wasserspiegel im zweiten Glas befinden wird, noch nach dem Umschütten die Gleichheit beider Mengen behaupteten. 42 % der Kinder gaben auf beide Fragen richtige Antworten, jedoch 23 % gaben zwar die vermutliche Veränderung des Wasserspiegels richtig an, meinten zugleich aber, daß sich auch die Menge verändern würde. PIAGET und INHELDER schlossen daraus, daß die Entwicklung der Vorstellungen denen der Operationen zwar zeitlich ein wenig vorausgehe, sie sich jedoch gegenseitig beeinflussen. Die Tatsache, daß 23 % ihrer Vpn den Wasserspiegel zwar richtig vorhersagten, aber nicht konservierten, versuchten sie damit zu erklären, daß hier die Kinder ihre Vorstellungen auf erworbene Erfahrungen basieren, der Operationen jedoch noch nicht mächtig seien. ELKIND (1967) jedoch führt eine richtige Antizipation auf Identitätskonservieren auf Grund von Kompensation und Gleichsetzung von Unterschieden (Höhe und Breite) zurück, ohne daß jedoch die Vpn auch den Schluß ziehen können, daß die Menge in V' der Menge im Vergleichsglas entspricht. Auch HALFORD (1968) fand, daß "Konservierer" (bzgl. Flüssigkeitsmengen) wesentlich besser als Nicht-Konservierer Flüssigkeitsmengen in zwei verschieden geformten Gläsern (ohne Umschütten und ohne andere Vergleichsmöglichkeiten) auf ihre Gleichheit oder Ungleichheit einschätzen konnten dank ihrer Beachtung der sich kompensierenden Unterschiede in den beiden Dimensionen der Höhe und der Breite (wenngleich er - offensichtlich aus gewisser Unkenntnis - meint, dieses Ergebnis nicht mit PIAGETs Theorie vereinen zu können).

In diesem Zusammenhang lassen sich auch die Trainingsergebnisse von BRUNER (1966, S. 192-202) sehen, der 40 Kinder im Alter von

4 bis 7 Jahren zwischen einem dem oben angeführten Paradigma entsprechenden Vortest und Nachtest nach folgenden drei Trainingsarten übte:

Gruppe I: jeweils ein Gläserpaar, eins davon halb gefüllt mit gefärbtem Wasser, das andere leer, wurden hinter einen Papierschirm gestellt, so daß nur der obere Teil der Gläser zu sehen war. Nachdem der Versuchsleiter die Flüssigkeit umgegossen hatte, wurde das Kind gefragt, ob es immer noch gleich viel zu trinken gebe. Das Kind bekam dabei nie den Flüssigkeitsspiegel zu sehen.

Gruppe II: hier sahen die Kinder zwar die Gläser stets ohne Schirm, aber es wurde auch nicht umgegossen. Sie sollten den Wasserspiegel und die Menge vorhersagen, falls man umgösse.

Gruppe III: hier war der Vorgang wie bei Gruppe I, nur daß die Kinder aufgefordert wurden, den zu erwartenden Wasserspiegel auf dem Schirm einzuzeichnen und die Menge vorherzusagen. Anschließend wurde jeweils der Schirm weggenommen und die Konservierungsfrage erneut gestellt.

Insgesamt wurden diese Trainings mit 4 Gläserpaaren durchgeführt: 2 identischen; 2 gleich breiten, aber unterschiedlich hohen; 2 gleich hohen, aber unterschiedlich breiten; und zweien, die sich in beiden Dimensionen unterschieden.

Wichtig für unsere Diskussion ist, daß nur 10 % bzw. 40 % der 4- und 5jährigen den Wasserspiegel beim breiten Glas und 20 bis 30 % der 5- und 6jährigen beim schmalen Glas richtig vorhersagen konnten. PIAGET sähe darin eine bislang unvollkommene Entwicklung antizipatorischer Vorstellung, ELKIND vermutlich ein bislang unvollkommenes Identitätskonservieren.

7.22 Pseudokonservieren

In BRUNERs Experiment gaben alle Kinder der Gruppe III außer den Vierjährigen Konservierungsantworten, solange das Umschüttergebnis hinter dem Schirm verborgen war; die meisten von ihnen sagten fälschlicherweise identisches Wasserniveaus voraus und wurden sofort zu Nichtkonservierern, sobald man den Schirm entfernte. Sowohl PIAGET als auch ELKIND bezeichnen dieses Verhalten als Pseudo-Konservieren, eine gewisse Persistenz, ein Leugnen von Transformationen oder Veränderungen, das auf eine bereits bei kleinen Kindern vorhandene allgemeine Art von "Identität" rückführbar sei (PIAGET und VOYAT, Études XXIV, 1968), wobei diese Art von "Identität" von der bisher besprochenen zu unterscheiden ist, wie gleich ausgeführt werden wird. BRUNER dagegen führt dieses Ergebnis auf einen Konflikt zwischen der bei den Kindern bevorzugteren ikonischen und der schwächeren symbolischen Repräsentation der Realität zurück, einem Konflikt zwischen Anschein und Wirklichkeit, der durch möglichste Ausschaltung oder Unterdrückung der ikonischen Repräsentation (daher das Training mit den Schirmen) gelöst werden könne. PIAGET widerspricht dieser Auffassung schon allein aus dem Grunde, weil BRUNERs Symbolisationssysteme (enactive, ikonic, symbolic) nur den "images", dem figurativen Aspekt des Denkens entsprächen, diese jedoch nur unter dem Einfluß der Operationen einigermaßen zutreffend und antizipatorisch werden könnten (PIAGET & VOYAT, Études XXIV, 1968).

7.3 Identitäten

Die Diskussion um Identität und Äquivalenz, um Konservieren qualitativer oder quantitativer Aspekte hat inzwischen einen großen Umfang erreicht und eher zu einer Verwirrung als zu einer Klärung beigetragen. Um abzugrenzen, was im weiteren Verlauf dieser Arbeit unter *konservieren* verstanden werden soll, ist es nötig, in diese Begriffsverwirrung etwas Ordnung zu bringen, selbst wenn die angeführten Beispiele nicht unmittelbar mit dem Zahlbegriff zu tun haben.

7.31 Objektidentität

Als eine Vorform der <u>Objektidentität</u> kann das von PIAGET (Erwachen der Intelligenz, 1969a) beschriebene <u>motorische Wiedererkennen</u> angesehen werden, das PIAGET erstmalig bei Säuglingen, die älter als 4 Monate waren (3. Stufe der Entwicklung der sensumotorischen Intelligenz), beobachtete. Hier zeigt das Kind, daß es einen Gegenstand (z.B. eine Puppe) wiedererkennt, indem es die damit typisch verbundene Handlung (wiegen mit den Armen) andeutet (vgl. FLAVELL, 1963, S. 104-105). Beim motorischen Wiedererkennen, bzw. der wiedererkennenden Assimilation, läßt sich nicht unterscheiden, ob der Gegenstand für das Kind einen individuellen Charakter hat oder einer Art Klasse zugeordnet wird; vermutlich sind diese beiden Aspekte bei den Kindern dieses Alters noch gar nicht differenziert, ebensowenig wie figurative und operative Aspekte. Der Gegenstand wird durch die Handlung definiert, die mit ihm gewöhnlich verbunden ist.

Als eine erste wesentliche Form der Objektidentität kann die Objektpermanenz bezeichnet werden. Objektpermanenz besagt, daß ein Kind von der Weiterexistenz eines individuellen Gegenstandes überzeugt ist, selbst wenn es diesen Geegenstand nicht mehr sieht. Diese Überzeugung drückt sich in erster Linie in Suchverhalten aus und entwickelt sich bei normalen Kindern etwa zwischen dem 6. und 18. Lebensmonat, wie außer PIAGET selbst (1963a) eine Reihe von neueren Untersuchungen bestätigen (SCHAFFER, 1958; WOODWARD, 1959; UZGIRIS, SRCD 1967; 1969; APPEL, SRCD, 1969; MILLER und COHEN, SRCD 1969; AINSWORTH und BELL, 1970; BELL, 1970). SCHAFFER fand eine deutliche Beziehung zwischen der Überzeugung von der Objektpermanenz bei Kleinkindern und ihrer Trennungsreaktion bei Hospitalisierung; BELL fand individuelle Unterschiede bei den Kindern, ob sich diese Objektpermanenz zuerst auf Personen und dann auf Gegenstände bezieht oder umgekehrt, und zwar in Abhängigkeit von der Art des Mutter-Kind-Kontaktes; im allgemeinen zeige sich Personpermanenz vor Objektpermanenz, und erstere beeinflusse positiv die Entwicklung der zweiteren. Während PIAGET in der Objektpermanenz zunächst (1954) eine erste Form des Konservierens gesehen hatte, distanzierte er sich 1968 (Etudes XXIV) deutlich von dieser Ansicht, und sah darin vielmehr den Beginn der Erfassung individueller Identität im Zusammenhang mit einer beginnenden symbolischen Vorstellung (PIAGET und VOYAT, Etudes XXIV, 1968).

Von der Objektpermanenz kann man mit ELKIND (1969, S. 176) die psychologische, oder mit PIAGET und VOYAT (1968) die individuelle Identität unterscheiden, die die Überzeugung ausdrückt, daß es noch derselbe Gegenstand ist, selbst wenn er in verschiedenen Zuständen oder Formen erscheint. Sie stellt das Verbindende über die verschiedenen Erscheinungsformen des Gegenstandes dar. Deutlich wird die Unterscheidung von Objektpermanenz und individueller Identität in den Reaktionen der jüngsten Versuchspersonen von Rheta deVRIES (1969). DeVRIES setzte einer zahmen Katze einen Kaninchen- bzw. einen Hundekopf auf; dieser Vorgang spielte sich zwar hinter einem Schirm ab, jedoch wurden die Kinder aufgefordert, während der Umwandlung genau auf den Schwanz des Tieres zu achten, so daß die Kontinuität des Tieres erkannt werden konnte. Für die Mehrzahl der Dreijährigen verlor das Tier nicht nur seine Artzugehörigkeit, es war für die Kinder auch nicht mehr dasselbe. Dagegen meinten einige, die Katze sei weggelaufen oder befinde sich in der Kiste, sei also noch vorhanden (Objektpermanenz). - Einen weiteren interessanten Versuch zur individuellen Identität schildern PIAGET und VOYAT (1968). Sie ließen die Kinder Zeichnungen von sich anfertigen, wie sie noch ein Baby gewesen seien, dann ein wenig größer, wie sie jetzt seien, wie sie sein werden, wenn sie Erwachsene seien etc. Eine ähnliche Reihe von Zeichnungen ließen sie für den Versuchsleiter zeichnen und für eine "Alge" (Kalium-Eisencyanid in einer Kupfersulfatlösung), deren "Wachstum" die Kinder beobachten konnten. Von den vierjährigen Versuchspersonen akzeptierten einige zwar die individuelle Identität für sich selbst, zumindest für die Vergangenheit und Gegenwart, jedoch nicht für den Versuchsleiter und die Alge. Im allgemeinen gaben sie die individuelle Identität eher für angrenzende "Entwicklungsstufen" zu und generalisierten sie erst später auf die entfernteren. - Daß die individuelle Identität einmal vermengt sein kann mit der Objektpermanenz, zum anderen mit der Klassenzuordnung des Objektes, zeigt deutlich das Experiment von PIAGET und VOYAT (1968) mit dem Metalldraht, der vor den Augen der Kinder verbogen wird. Die jüngsten Versuchspersonen (3jährige) akzeptieren ohne weiteres, daß der verbogene Draht noch derselbe wie der nicht verbogene Draht ist; hier herrscht die Objektpermanenz vor und die Definition des Gegenstandes durch die Handlungen, die man damit machen kann. Von den Vierjährigen dagegen verneint die Mehrzahl die Identität des Gegenstandes, da er seine Form geändert habe. Hier verliert der Gegenstand also mit der Veränderung seiner Klassenzugehörigkeit seine individuelle Identität.

7.32 Artidentität

In Anlehnung an ELKIND (1969a) könnte man die Kontinuität der Klassenzugehörigkeit als "denotative Identität" oder mit deVRIES (1969) als "Artidentität" (generic identity) bezeichnen. Es geht dabei zum einen darum, welche Veränderungen noch toleriert werden, daß A noch A bleibt, und zum zweiten, ob A überhaupt seine Klassenzugehörigkeit wechseln kann. Zum ersteren Fall berichtet ELKIND (1969a), daß für viele jüngere Kinder ein Auto sein Auto-Sein verlor, sobald ihm die Räder oder andere wichtige Teile fehlten; daß das "Apfelsein" beim jüngeren Kindern mehr von visuell-perzeptiven Eigenschaften, bei älteren von bestimmten Geschmacksqualitäten abhing (ebd., S. 181). SINCLAIR, PIAGET und MAIER (Etudes XXIV, 1968) berichten, daß für 4- bis 5jährige ein auf die Spitze gestelltes Quadrat kein Quadrat mehr sei und auch nicht mehr dasselbe Stück Pappe; für 6- bis 8jährige blieb es zwar derselbe Gegenstand, war für sie aber kein Quadrat mehr; erst für die 8- bis 9jährigen war es sowohl dasselbe Quadrat und gehörte weiterhin zu den Quadraten. - Die weitere Frage ist, ob Gegenstände ihre denotativen Eigenschaften überhaupt ändern können, und erst hier dürfte man meiner Meinung nach von der Unterscheidung von Anschein und Wirklichkeit sprechen (im Unterschied zu ELKIND, 1969, S. 179). Es geht hier also um die Unterscheidung permanenter und variabler denotativer Eigenschaften eines Objekts (PIAGET und VOYAT, 1968), wie sie etwa deVRIES untersuchte, wenn sie die Kinder fragte, ob der Versuchsleiter, wenn er sich die entsprechenden Masken anziehe, tatsächlich ein Kücken oder ein Wolf werde, eine Katze tatsächlich ein Hund oder ein Kaninchen werden könne oder ein Mädchen zu einem Jungen und umgekehrt. Die Schwierigkeit der Kinder, die Unveränderlichkeit der Gattungszugehörigkeit zu erkennen, war dabei unabhängig vom Wortschatz, d.h. von ihrer Fähigkeit, z.B. Hunde und Katzen korrekt zu klassifizieren und zu definieren. In gewisser Weise hat diese Art der Identität Ähnlichkeit mit der oben dargestellten Permanenz, jedoch nicht wie die Objektpermanenz bezogen auf das räumliche Vorhandensein, sondern auf die qualitative Klassenzuordnung eines Gegenstandes unter Wahrung seiner individuellen Identität (im allgemeinen definiert durch den Fortbestand seiner Substanz, vgl. BRUNER, 1966, S. 185; HAMEL, 1970; PIAGET und VOYAT, 1968).

BRUNER sieht bereits in dieser Art von Identität den Schlüssel zum Konservieren (1966, S. 185), während PIAGET dieser Ansicht widerspricht (PIAGET und VOYAT, 1968, S. 70-77).

7.33 Identität qualitativer Eigenschaften

Bei der Identität qualitativer Eigenschaften (Farbe, Form etc.) handelt es sich um das Gleichbleiben bestimmter sichtbarer Merkmale unter erschwerten Beobachtungsbedingungen (z.B. optischen Täuschungen). Es handelt sich dabei nicht um Eigenschaften, die die individuelle oder denotative Identität des Gegenstandes betreffen, doch können diese Identitäten in Mitleidenschaft gezogen werden, wenn die Identität qualitativer Eigenschaften zerfällt (vgl. Beispiel mit dem Draht bei PIAGET und VOYAT, 1968, S. 7). PIAGET meint auch bei dieser Art der Identität, daß sie lediglich die Unterscheidung permanenter und variabler Eigenschaften, die überdies sichtbar seien, verlange und die Beachtung der permanenten unter Vernachlässigung der variablen (Etudes, XXIV, S. 72). Dies dürfte aber nur für wenige Fälle zutreffen, denn meist ist die zu beachtende Eigenschaft selbst in ihrem Erscheinen verändert. Vielmehr muß das Kind unterscheiden können, welche Transformationen bleibende (= wirkliche) Veränderungen herbeiführen und welche solche Veränderungen nur vortäuschen. Daher dürfte es für ein Kind leichter sein, das "Brechen" eines Stabes durch Eintauchen in Wasser (BRAINE und SHANKS, 1965; ELKIND, 1966) als "Anschein" zu erkennen als das Größerwerden des Löffels, da ihm das Zerbrechen eines Löffelstils als irreversible qualitative Veränderung in Verbindung mit bestimmten Handlungen eher bekannt sein dürfte. Das Verständnis der "empirischen" Rückkehr(renversabilité) dürfte hier ausreichen, um der Täuschung zu widerstehen.

7.4 Konservieren quantitativer Eigenschaften

Den Begriff des Konservierens dagegen will PIAGET allein auf quantitative Eigenschaften beschränkt wissen und, noch enger gefaßt, quantitative Eigenschaften, die einer realen Raum- oder Formveränderung unterworfen waren (vgl. auch BEILIN, in ELKIND und FLAVELL, 1969, S. 431). Nur dann nämlich werden vom Kinde operative Denkvorgänge verlangt, die das Gleichbleiben der quantitativen Eigenschaft erschließen, ohne es am Wahrgenommenen ablesen zu können (PIAGET und VOYAT, 1968, S. 72-73; McNEILL und PIAGET, 1967). Eine Reihe von Untersuchungen bedient sich optischer Täuschungsphänomene, um die Invarianz quantitativer Eigenschaften zu untersuchen (ELKIND, 1966; DAEHLER, 1970; BRAINE, 1959; DeLACY, 1967; SMEDSLUND, 1964). Sie sehen das Kernproblem des Konservierens in der Unterscheidung zwischen Wirklichkeit und Anschein. Die sehr merkwürdigen Ergebnisse bei der Längeninvarianzaufgabe mit der MÜLLER-LYERschen Täuschung lassen jedoch die Möglichkeit zu, daß die Kinder solche Aufgaben auf zweierlei Art auffassen und lösen können: jüngere Kinder, die quantitative Eigenschaften wie qualitative behandeln, gehen vor wie bei der Erhaltung der Identität qualitativer Eigenschaften oder sogar noch einfacher durch Absehen von den irritierenden Zusatzinformationen (z.B. den Pfeilen der Textur u.ä.), während ältere Kinder sie wie eine "echte" Konservierungsaufgabe auffassen (RAUH und BILLE, 1969, S. 216).

7.41 Identitätskonservieren vs. Äquivalenzkonservieren

Dieses Konservieren eines quantitativen Merkmals eines Gegenstandes (bzw. einer Gruppe von Gegenständen) unter realen Form-, Lage- und Gruppierungsveränderungen, die die wahrnehmbaren Indizien für den quantitativen Vergleich des Vorher mit dem Nachher verändern (L.WALLACH, 1969), ist mit dem S. 87 dargelegten <u>Identitätskonservieren</u> gemeint. Wird der Gegenstand nicht mit sich selbst verglichen, sondern mit einem, der ihm in quantitativer Hinsicht <u>vor</u> der Transformation äquivalent war, trifft das Paradigma des Äquivalenzkonservierens zu (entsprechende Äquivalenzvergleiche sind natürlich auch für die vorher aufgeführten Identitätsarten denkbar). ELKINDs "Beweisführung" für die psychologische Gültigkeit dieser Unterscheidung (1966, 1967a) unter Hinweis auf die von

PIAGET als figurativ bezeichneten Phänomene und auf "Konservieren" unter Täuschungsbedingungen treffen, wie die Darlegung der verschiedenen Identitätsarten zeigt, nicht den Kern der Sache, da keine "echten" Konservierungsaufgaben im oben definierten Sinne zur Klärung herangezogen wurden. Die Berechtigung einer solchen Unterscheidung wies jedoch HOOPER (1969) nach. Er schüttete vor den Augen der kleinen Versuchspersonen Körner aus einem Glas in ein schmaleres (ohne Vergleichsglas!) und fragte die Kinder nach der Menge der Körner jetzt im Vergleich zu vorher (= Identitätsparadigma). Einer vergleichbaren zweiten Gruppe von Kindern zeigte er zunächst zwei gleiche Gläser mit jeweils der gleichen Menge an Körnern. Dann stellte er das Vergleichsglas hinter einen Schirm und schüttete das andere Glas vor den Augen der Kinder in ein schmaleres um. Ohne das Vergleichsglas hinter dem Schirm hervorzuholen, forderte er die Kinder auf, die umgeschüttete Menge mit der Vergleichsmenge zu vergleichen (Äquivalenzparadigma I). Bezüglich der Anforderung an die Erinnerungsfähigkeit der Kinder und der Informationen aus der Wahrnehmung sind die Identitäts- und die Äquivalenzaufgabe streng vergleichbar, nicht jedoch bzgl. der geforderten logischen Operationen. Zum weiteren Vergleich führte HOOPER außerdem dieselbe Aufgabe nach dem üblichen Schema durch, nämlich wie die Äquivalenzaufgabe I, nur ohne Verbergen des Vergleichsglases hinter einem Schirm (= Äquivalenzparadigma II). Die Ergebnisse bei den beiden Äquivalenzaufgaben waren bei den 6-, 7- und 8jährigen Versuchspersonen völlig vergleichbar. Besonders jedoch im Kindergartenalter unterschied sich die Anzahl der Konservierer bei dem Identitätsparadigma signifikant (1 %-Niveau) von der bei dem Äquivalenzparadigma zugunsten der ersteren, wie Tabelle 3 verdeutlicht.

Tabelle 3: Identitäts- und Äquivalenzkonservierer in Prozent (nach HOOPER, 1969)

	Identität	Äquiv. I+II	Äquiv. I	Äquiv. II
6 Jahre	50 %	9.1 %	16.7 %	-
7 "	75 %	54.2 %	50 %	58 %
8 "	75 %	66.7 %	66.7 %	66.7 %
Gesamt	66.7 %	43.1 %	44.4 %	41.6 %

Bestätigt wird dieses Ergebnis von HOOPER und MARSHALL (1968), die 80 Landkindern in den Appalachen beide Aufgabenarten vorlegten: 75 % versagten bei beiden Aufgaben, 13,75 % lösten beide; 11.25 % konservierten nur bei der Identitätsaufgabe, aber niemand löste die Äquivalenzaufgabe und versagte gleichzeitig bei der Identitätsaufgabe (nach HOOPER, 1969).
Zu nahezu gleichen Ergebnissen kam McMANIS (1969c) bei 60 institutionalisierten geistig behinderten Kindern und Jugendlichen (Alter zwischen 8 und 18 Jahren), die er auf Grund ihrer Intelligenztestergebnisse (Stanford-Binet, M-L-Form) in vier Intelligenzaltergruppen (IA 5;0 bis 8;11) einteilte. Er gab ihnen drei Identitäts- und Äquivalenzkonservierungsaufgaben, die formal dem Identitätskonservieren und dem Äquivalenzkonservieren II bei HOOPER entsprachen; als Material verwendete er aber Knete, die zu einer "Wurst" umgeformt wird, 8 Kugeln, die in ein Glas (bzw. 2 x 8 Kugeln, die in 2 Gläser) gefüllt und dann in ein anderes umgeschüttet werden, und entsprechend Wasser, das umgegossen wird. Wie bei HOOPER waren die Mehrzahl der Versuchspersonen entweder eindeutige Nicht-Konservierer oder eindeutige Konservierer bzgl. Identitäts- und Äquivalenzkonservieren bei gleichem Material; 13 bis 18 % lösten nur die entsprechende Identitätsaufgabe; niemand löste nur die Äquivalenzaufgabe. Die Mehrzahl der Identitäts-, aber Nicht-Äquivalenz-Konservierer war in der Intelligenzaltergruppe der 6jährigen zu finden, ebenfalls ähnlich wie bei HOOPERs normal-intelligenten Versuchspersonen. Auch die sehr anspruchsvolle Untersuchung von SCHWARTZ und SCHOLNICK (1970) stimmt mit dem bisher Gesagten überein. Bei ihren 40 Versuchspersonen im Alter von 4;5 bis 6;4 Jahren (im Durchschnitt 5;6 Jahre) führten sie mit schmalen und breiten, identischen und verschiedenen Gläsern, gefüllt mit Schokoletten, Aufgaben zur Mengenunterscheidung, zum Identitätskonservieren und zum Äquivalenzkonservieren durch. Ihre Ergebnisse überprüften sie über eine Skalogrammanalyse auf die eindeutige Skalierbarkeit der Items. Auch hier zeigte sich beim Umschütten der Schokoletten in ein breiteres Glas, daß die Identitätsaufgabe leichter als die Äquivalenzaufgabe war und kein Kind die Äquivalenzaufgabe löste, das nicht auch bei der Identitätsaufgabe erfolgreich gewesen wäre. Möglicherweise ist das negative Ergebnis von

NORTHMAN und GRUEN (1970) darauf zurückzuführen, daß in ihrer Versuchspersonengruppe die 6jährigen fehlten.

Zusammenfassend kann also festgestellt werden, daß verschiedene Arten von Identität in der PIAGET-bezogenen Literatur und bei PIAGET selbst zu unterscheiden sind; und daß Konservieren, selbst wenn man es wie PIAGET nur auf die quantitativen Aspekte von Gegenständen bezieht, sich entsprechend ELKINDs Paradigma logisch und psychologisch in Konservieren der Identität und Konservieren der Äquivalenz unterscheiden läßt, wobei ersteres dem letzteren auch entwicklungsmäßig vorangeht. Löst ein Kind die Äquivalenzaufgabe, wird es auch die zugehörige Identitätsaufgabe lösen können - insofern ist PIAGET gerechtfertigt, wenn er vom Äquivalenzparadigma als Versuchsanordnung ausgeht und auf logische Prozesse zur Erhaltung der Identität beim Kinde schließt. Versagt jedoch ein Kind bei der üblichen Äquivalenzaufgabe, so ist noch nichts über sein Identitätskonservieren ausgesagt. Das seltene Auftreten einer Diskrepanz zwischen beiden Konservierungsarten läßt aber vermuten, daß die von PIAGET dargestellten logischen Operationen zur Erhaltung der Identität einer Quantität und der einfache Transitivitätsschluß in ihrer Entwicklung zeitlich nicht weit voneinander entfernt sind.

7.42 Konservieren der Differenz

ELKINDs Paradigma des Äquivalenzkonservierens läßt sich ohne weiteres auch auf das Konservieren von Unterschieden übertragen:

K urteilt: S größer (kleiner) V

$V \rightarrow V'$

K urteilt: S größer (kleiner) V'

da: $(S \gtrless V)$, $(V = V')$, also $(S \gtrless V')$

Auch hier impliziert der gesamte Denkvorgang ein Identitätskonservieren.

Seltsamerweise findet sich dieses Paradigma kaum in konkreten Untersuchungen. Nur ZIMILES (1966), ROLL (1970) und HALFORD und FULLERTON (1970) verwendeten es und verglichen es mit dem Äquivalenzkonservieren. Als Material verwendete ZIMILES Spielautos oder Holzklötze, und zwar für die Äquivalenzsituation 2 x 3 bzw. 2 x 7, für die Unterschiedsrelation 3 und 5 einerseits und 7 zu 9 Elemente andererseits. Die Transformation bestand im Auseinanderschieben der Autos oder Klötze einer der beiden Reihen, bei der Differenzrelation jeweils der Reihe mit der geringeren Anzahl. Seine Versuchspersonen waren 72 Kindergartenkinder und 74 + 98 Erstkläßler, alles Knaben. ZIMILES fand keinen Unterschied im Schwierigkeitsgrad zwischen Äquivalenz- und Differenzkonservieren. Eine Reihe der Kinder konnte jedoch nur bei einer der beiden Aufgabenarten konservieren, wobei es ZIMILES offenläßt, ob die Schwierigkeit im Wechsel von einer Aufgabenart zur anderen oder in einem grundsätzlichen Unterschied zwischen ihnen zu suchen ist. HALFORD und FULLERTON (1970) dagegen meinen auf Grund ihrer Ergebnisse (4 Puppen in 5 Betten und Transformationen), daß Konservieren der Ungleichheitsrelation leichter sei als Konservieren der Gleichheit. - In der Untersuchung von DAVOL, CHITTENDEN, PLANTE und TUZIK (1967) zum Konservieren von Flüssigkeitsmengen ist das Aufgabenschema noch komplexer, da sie nach der ursprünglichen Gleichheits- oder Ungleichheitsbestimmung (Abmessen der Flüssigkeiten in einem Meßgläschen, und zwar nacheinander) beide Stimuli transformieren (in zwei identische oder verschiedene Gläser gießen) und dann erst die Frage nach der Gleichheit oder Ungleichheit stellen. Besonders schwierig waren jedoch diejenigen Items, bei denen zusätzlich noch eine zweite Transformation (Hinzufügen gleicher oder unterschiedlicher Zylinder in die beiden Wassergläser) durchgeführt wurde, wie die Skalogrammanalyse der Autoren ergab.

Alle anderen Untersuchungen zu Unterschiedsrelationen führen den Unterschied erst durch die Transformation (gleiche oder ungleiche Addition oder Subtraktion) ein (vgl. LAUX, 1969; ROTHENBERG, 1969a; ROTHENBERG und COURTNEY, 1968; SMEDSLUND, 1964; ROTHENBERG und OROST, 1969) oder zeigen dem Kind nur die beiden unterschiedlichen Mengen in einer das Urteil erschwerenden Anordnung ohne jegliche Transformation (vgl. BAKER und SULLIVAN, 1970; ZIMILES, 1966). In letzterer statischen Anordnung kommt - sofern sie nicht nur eine Wahrnehmungsdiskriminationsaufgabe darstellt - operatives Denken durch das zum Ausdruck, was BEILIN (1969) als "Vorwärts-Transformation" (S. 435) bezeichnet, wobei die vorgegebene Anordnung in der Vorstellung vorwegnehmend oder hypothetisch umstrukturiert wird, um einen Äquivalenzschluß ziehen zu können. Ist das Material diskontinuierlich, wie bei den Anzahlbildern von ZIMILES, können auch Zähloperationen zu Hilfe genommen werden. Jedenfalls würde BEILIN diese statischen Aufgaben für schwieriger halten als diejenigen, in denen die Transformation tatsächlich durchgeführt wird. In PIAGETs Sprache wäre hier das Zählen erst dann von Nutzen, wenn es operativ geworden ist, bzw. eine Vorstellung eines Transformationsvorganges und seines Resultats, wenn figuratives und operatives Denken sich ergänzen. Tatsächlich erwiesen sich bei ZIMILES die Zahlbilder, insgesamt genommen, als schwieriger als die traditionellen Konservierungsaufgaben (vgl. ZIMILES, 1966, S. 29, Tab. 16), wenngleich die einzelnen Aufgaben in der statischen Anordnung einen recht unterschiedlichen Schwierigkeitsgrad hatten und von sehr verschiedenen Faktoren beeinflußt erschienen. Unterschiede zwischen den Mengen bei der statischen Anordnung zu finden, fiel insbesondere den jüngeren Kindern leichter, als Äquivalenz festzustellen, während sich in dieser Hinsicht bei den regulären Konservierungsaufgaben keine Unterschiede herausgestellt hatten. Diese Ergebnisse lassen zumindest vermuten, daß Aufgaben im Sinne der "fixed state invariance" mehrdeutiger sind, d.h. auf mehr und verschiedene Arten, die nicht immer operativ sein müssen, gelöst werden können als die üblichen Aufgaben im Sinne der "transformational invariance", in der Terminologie von BEILIN (1969, S. 436).

7.43 Die Diskussion um die Ergebnisse von MEHLER und BEVER

Eine lebhafte Diskussion entbrannte um die Ergebnisse von MEHLER und BEVER (1967), die sich auf Grund ihrer Untersuchung gerechtfertigt sahen, das Phänomen des Nicht-Konservierens (das sie als eine Art Wahrnehmungsverführung interpretieren in gewisser Anlehnung an BRUNER)eine vorübergehende Erscheinung bei den Vierjährigen zu betrachten, während sowohl die Kinder unter 2;8 Jahren als auch die über 4;6 Jahren Konservierer seien. Als Material verwendeten sie Bonbons bzw. Plastilinkugeln. Ihr Paradigma, von dem sie behaupten, es entspräche dem PIAGETs, besteht in einer Äquivalenzsituation mit je vier Elementen in zwei parallelen Reihen; dann fügen sie der dem Kind zugewandten Reihe zwei weitere

Elemente hinzu und verkürzen gleichzeitig die Reihe, so daß die mit den vier Elementen als länger erscheint.

Also: K urteilt: $S = V$

Transformation: $V + a = W$

Transformation: $W \longrightarrow W'$

K urteilt: $S < W'$

Um eine Konservierungsaufgabe darzustellen, müßte gesichert sein, daß für das Kind W aus V hervorgeht (individuelle Identität der betreffenden Reihe), um die Transformation von W nach W' im Sinne des Konservierens der Identität vollziehen zu können. Gehen jedoch die beiden Transformationen in quasi einer einzigen Handlung vor sich, dann dürfte es sich um einen einfachen Wahrnehmungsvergleich zwischen einem Stimulus (S) und zwei anderen Stimuli (V, W') handeln, ohne daß V und W' aufeinander bezogen werden. Ob das Kind in diesem Wahrnehmungsvergleich zum richtigen Ergebnis kommt, hängt dann davon ab, nach welchen Hinweisen es sich richtet (Dichte, Nähe, Länge etc.). Nur im Falle der Beurteilung nach der Länge der Reihen wird die Antwort falsch. Eine richtige Antwort ist daher kein sicheres Indiz für operatorisches Denken.

Aufgabe von MEHLER und BEVER

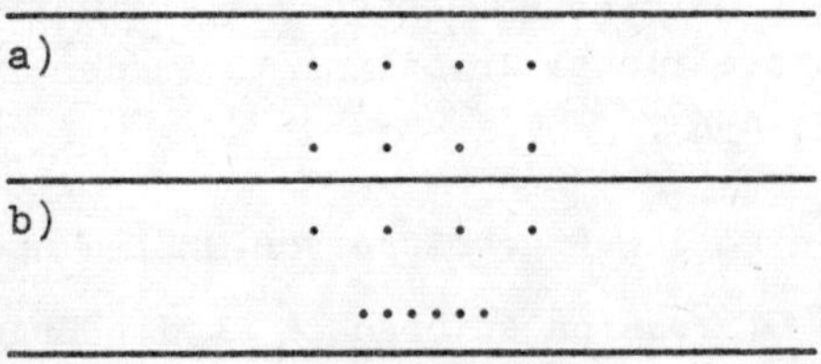

Abbildung 1

MEHLER und BEVER wählten diese Aufgabenart, wie sie später begründeten (BEVER, MEHLER und EPSTEIN, 1968a), gerade weil die ganz kleinen Kinder im klassischen PIAGET-Paradigma die Frage nach der Gleichheit als die nach der individuellen Identität einer Reihe verstünden. Sie erhielten sogar entsprechende Ergebnisse, wenn das Kind die Transformationen nicht sah, sondern nacheinander zwei Karten gezeigt bekam, auf denen Bonbons in den Anordnungen (a) und (b) aufgeklebt waren. Bei anderem Material waren die Ergebnisse weniger gut.

BEILIN (1968a) versuchte, bei 3;0 bis 4;7jährigen Kindern die einzelnen Anteile der MEHLER-BEVER-Aufgabe zu isolieren, nämlich Konservieren der Gleichheit und der Ungleichheit nach räumlicher Transformation, Darstellungen zweier Reihen gleicher bzw. ungleicher Länge und gleicher bzw. ungleicher Anzahl, Addition und Subtraktion. Er fand in allen Altersgruppen bessere Ergebnisse bei den statischen als bei den Transformationsaufgaben; jedoch entsprachen in beiden Versionen die Häufigkeiten in etwa dem Zufall. Bestätigung erfährt dieses Ergebnis auch dadurch, daß kein einziges Kind bei den Äquivalenzaufgaben durchgängig richtig antwortete. Addition von Elementen - optisch deutlich sichtbar - war das einzige, das einen positiven Alterstrend zeigte.

PIAGET (1968) spricht der Aufgabe von MEHLER und BEVER rundweg den Charakter einer Konservierungsaufgabe ab (S. 978) mit u.a. der Begründung, daß eine echte Konservierungsaufgabe von der Äquivalenz ausgehen müsse. Wie jedoch oben gezeigt wurde, ist dieser Aufgabentyp aber auch nicht als Konservieren der Differenz (conservation of inequality) zu bezeichnen, wie PIAGET (und auch BEILIN, 1968a) irrtümlich meinen, da vermutlich überhaupt gar nichts konserviert wird. Mit Recht weist jedoch PIAGET auf eine Schwäche der Aufgabe hin, die sie so mehrdeutig macht:

> "Vermutlich glauben sie, da das Hindernis beim Konservieren der Anzahl gewöhnlich die Beurteilung der Länge ist, daß es genüge zu zeigen, daß Kinder zwischen 2;6 und 3;0 Menge nicht nach der Länge beurteilen, um zu beweisen, daß sie konservieren können" (1968, S. 978).

PIAGET zeigt dabei auf, daß die Kinder unterschiedlichen Alters unterschiedliche Mittel zur Quantifikation verwenden. Der Nicht-Konservierer zeichnet sich durch den Versuch aus, solche Mittel durch Dissoziation von Variablen herauszufinden, wie inadäquat sie auch immer sein mögen. Jüngere und geistig behinderte Kinder zeigen oft noch nicht einmal hierzu einen Ansatz. Sehr junge Kinder würden die Anzahl eher nach topologischen Gesichtspunkten schätzen (Nähe, Geschlossenheit etc.), auch nach Massierung und Häufung und Dichte. So bezeichnen sie, wie auch ROTHENBERG und COURTNEY (1968) feststellen konnten, die ihnen näher liegende Reihe häufig als die mit mehr Elementen, oder die, die der VL manipuliert hat. Ihre Antworten zeichnen sich durch Inkonsistenz nicht nur bei der Wiederholung derselben Frage, sondern auch in der Beachtung der "cues" aus (PIAGET, 1968, S. 977), abgesehen von der Schwierigkeit, relationale Begriffe wie "mehr" und "weniger" zu verstehen. Konsistentes Beachten der Länge als "cue" für die Anzahl bedeutet nach PIAGET bereits einen Fortschritt in Richtung eines ordinalen Begriffes von der Quantität. SYRDAL (1969) bestätigt dies in seiner Untersuchung.

SYRDAL als auch ROTHENBERG und COURTNEY führten die MEHLER-BEVER-Aufgabe zugleich mit den üblichen PIAGET-Aufgaben bei 54 bzw. 117 Kindern durch. Beide fanden bei der MEHLER-BEVER-Aufgabe das hohe Ausgangsniveau (65 % richtige Antworten bei den 3jährigen) und das charakteristische Absinken bei den 4jährigen (35 - 50 % richtige Antworten) und das erneute Ansteigen bei den 5jährigen (80 % bei SYRDAL). Bei der üblichen PIAGET-Aufgabe versagten die jüngsten Versuchspersonen jedoch vollkommen (2;0 - 3;3 Jahre: 0 % bei ROTHENBERG; 2;11 - 3;6 Jahre: 5 % bei SYRDAL) mit einem leichten Anstieg bis zu den 5jährigen (10 - 20 % richtige Antworten).

MEHLER und BEVERs Aufgaben können zwar ein Konservierungsproblem enthalten, jedoch nur, wenn die Kinder die Komplexität der Aufgabe durchschauen können; für sie wird dann die Aufgabe schwierig. Bei sehr jungen Kindern ist sie geeignet, sehr viele richtige Antworten auf sich zu vereinigen, da sie eine große Auswahl von "cues" bietet, die kleine Kinder häufig zur Beurteilung von Mengen verwenden: Zufall, Nähe, Dichte und Massierung, Manipulation durch den VL etc.

7.5 Konservieren und Transitivität

Zur Abgrenzung von Konservierungsaufgaben muß kurz auf ihren Unterschied zu Transitivitätsaufgaben eingegangen werden. Für eine Transitivitätsaufgabe sind mindestens drei Elemente notwendig (bei Konservierungsaufgaben nur ein oder zwei), wobei auf das Verhältnis des 3. zum 1. Element durch das 2. als tertium comparationis geschlossen wird, etwa in der Art:

$A = B$, $B = C$, also $A = C$ oder

$A > B$, $B > C$, also $A > C$.

Eine Vielzahl von Variationen sind dabei möglich (vgl. BRAINE, 1959). Der Hauptunterschied zum Konservieren ist hierbei, daß Gleichheits- bzw. Unterschiedsverhältnisse zwischen je zwei Elementen aufgestellt werden, die dann klassifiziert oder in eine Rangfolge (oder beides) gebracht werden, und zwar über Identität insofern, als das mittlere Glied gleich bleibt trotz seiner unterschiedlichen relativen Position zu den Vergleichsobjekten.

Über die optimale Erfassung von Transitivitätsoperationen (Messen vs. Pseudomessen) gibt es eine lebhafte Diskussion insbesondere zwischen BRAINE und SMEDSLUND (Lit. dazu s. SMEDSLUND, 1966), und es soll hier darauf nicht eingegangen werden. Interessant für unsere Fragen ist, ob die logische Trennung von Transitivitätsparadigma und Konservierungsparadigma, ähnlich wie bei Identitätskonservieren und Äquivalenzkonservieren, auch psychologisch möglich ist. Da Äquivalenzkonservieren schwieriger als Identitätskonservieren ist, wird angenommen, daß Transitivität schwieriger als Äquivalenzkonservieren ist, da eine Beziehung zwischen mindestens drei Elementen hergestellt werden muß, die dem direkten Wahrnehmungsvergleich nicht zugänglich sind.

Diese Hypothese wird indirekt durch LAUX (1969) für diskontinuierliche Mengen, sowie von GLICK und WAPNER (1968), COON und ODOM (1968) und YOUNISS und MURRAY (1970) für Längen bestätigt: das Alter ihrer Versuchspersonen bei den Transitivitätsaufgaben liegt deutlich höher als bei Konservierungsaufgaben. Eine direkte Bestätigung der Hypothese ermöglichen die Ergebnisse von SMEDSLUND (1964). Die Transitivitätsaufgabe der Länge war für seine Vpn deutlich schwieriger als die entsprechende Konservierungsaufgabe; ähnliches galt für Konservieren und Transitivität diskontinuierlicher Quantitäten. McMANIS (1969b) kam zu ähnlichen Ergebnissen bzgl. Konservieren und Transitivität der Länge und des Gewichts bei normalen und bei schwachbegabten Kindern (LA bzw. IA von 5 bis 10 Jahren): 70 Kinder versagten sowohl beim Konservieren wie bei der Transitivität der Länge, 42 zeigten bei beiden Erfolg; 22 normalbegabte und 45 schwachbegabte Kinder lösten nur die Konservierungsaufgabe; und nur ein einziges Kind war bei der Transitivitätsaufgabe erfolgreich, ohne konservieren zu können (S. 378).

Konservieren geht also logisch und entwicklungspsychologisch dem Erfassen der Transitivität vorauf.

7.6 Zusammenfassung

Die Ausführungen in diesem Kapitel zeigten, wie wichtig eine eindeutige formale Umschreibung des Phänomens ist, das man untersuchen will. Abweichungen vom "eigentlichen" Konservierungsschema ließen sich auch in der psychologischen Wirklichkeit als solche nachweisen und entsprechend der Komplexität der jeweils geforderten Operationen einem entwicklungspsychologischen Ort im Verhältnis zum Äquivalenzkonservierungs-Paradigma zuordnen. Dabei ergab sich folgende hypothetische Entwicklungsfolge:

(1) motorisches Wiedererkennen (1. Lebensjahr)

(2) Objektpermanenz (1. und 2. Lebensjahr)

(3) individuelle Identität über verschiedene Formen und Zustände hinweg (3. und 4. Lebensjahr)
und über Entwicklung (Größen- und Formveränderung über ein Zeitkontinuum) hinweg.

Diese individuelle Identität wird zunächst dadurch gesichert, daß das Kind die Identität durch den Umgang mit dem Objekt, durch sein Handeln definiert; sie kann aber beim Übergang zum nächsten Schritt wieder gestört werden, wenn das Kind zur Definition des Objekts durch seine Klassenzugehörigkeit oder Form übergeht.

(4) Identität der Klassenzugehörigkeit oder Gattung (4. Lebensjahr)

(5) Permanenz der Klassenzugehörigkeit (Unterscheidung von permanenten und veränderlichen Klassenzuordnungen eines Objekts).

Die anfangs eher globale Identität der Klassenzugehörigkeit kann fördernd auf die Herausdifferenzierung charakteristischer Eigenschaften und Merkmale wirken; der Übergang zur Definition des Objekts durch seine qualitativen Eigenschaften kann jedoch auch störend auf die Identität der Klassenzugehörigkeit rückwirken, wenn noch nicht genügend zwischen definitorischen und akzidentiellen Eigenschaften unterschieden wird.

(6) Identität qualitativer Eigenschaften bei veränderter optischer Erscheinung dieser Eigenschaft (5. und 6. Lebensjahr)

(7) Identitätskonservieren quantitativer Eigenschaften (6. Lebensjahr)

(8) Differenz- und Äquivalenzkonservieren (6. und 7. Lebensjahr)

(9) Transitivität (7. Lebensjahr).

Während bei der Identität qualitativer Eigenschaften optische oder haptische Kontrolle mehr oder minder direkt möglich ist, ist dies beim Konservieren nur mit Hilfe geistiger Operationen möglich. In den 9 aufgezeigten Schritten zeigt sich die Herausdifferenzierung des operativen Aspekts des Denkens; die des figurativen erfolgt in etwa parallel. So gelingt die Vorstellung von statischen Konfigurationen eher als die von Transformationen; letztere bildet sich, folgt man PIAGETs Theorie, in enger Wechselwirkung mit dem Identitätskonservieren heraus.

Konservierungsparadigmen mit statischen Anordnungen werden u.U. von jüngeren Kindern, die sich Transformationen noch nicht vorstellen können, richtig gelöst, weil sie nur statische Konfigurationen beachten und die Aufgabe für sie eine einfache Diskriminationsleistung ist; sie wird falsch gelöst von Kindern, die sich zwar Transformationen vorstellen können, aber noch nicht konservieren; und sie wird schließlich wieder richtig gelöst von Kindern, die über den betreffenden Invarianzbegriff sicher verfügen.

Diese Aufeinanderfolge von Schritten muß vorerst als hypothetisch gelten, da sie in ihrer Gesamtheit noch nicht empirisch überprüft worden ist. Die in diesem Kapitel dargelegte Analyse der Paradigmen und Ergebnisse einer Reihe von Nachuntersuchungen zu PIAGET lassen sie jedoch zumindest für sehr plausibel erscheinen, zumal sie einige anscheinende Widersprüche aufzuklären vermag.

8. Operationale Definition des Invarianzbegriffs der Anzahl

Von der Festlegung eines gültigen allgemeinen Aufgabenschemas bis zur direkten Vergleichbarkeit und entwicklungspsychologischen Relevanz der Ergebnisse ist jedoch noch ein langer und methodologisch dorniger Weg, nämlich der über die Operationalisierung des Schemas. Zunächst sollen allgemeinere Probleme bei der Durchführung und Bewertung von Invarianzaufgaben besprochen werden, danach die Auswirkungen spezifischer Faktoren wie verwendete Materialart und -menge, Transformationsarten und situationsinterne Lerneffekte, und zwar getrennt für Aufgaben zur diskontinuierlichen Menge und "eigentliche" Anzahlaufgaben. Den Abschluß bildet eine eigene Untersuchung zu Material- und Reihenfolgeeffekten in Abhängigkeit vom Alter und Geschlecht der untersuchten Kinder. Mitunter können die vielfältigen Probleme nur aufgerissen, aber nicht gelöst werden. Wie im vorangegangenen Kapitel werden aber auch hier eine Reihe der Schwierigkeiten und "experimentellen Fehler" auf entwicklungspsychologisch wesentliche Phänomene verweisen.

8.1 Allgemeine Probleme bei der Durchführung von Invarianzaufgaben und der Bewertung der Antworten

Beschränken wir uns im folgenden auf die reinen Konservierungsaufgaben zur diskontinuierlichen Menge und zur Anzahl entsprechend den oben dargestellten Paradigmen. Die überwiegende Mehrzahl der Untersuchungen verwendete Aufgaben, die dem Typ des Äquivalenzkonservierens entsprechen. So ähnlich, wie die verschiedenen verwendeten Aufgaben auf den ersten Blick aussehen, so unterschiedlich sind sie bei näherer Untersuchung und so viele Probleme bzgl. der Objektivität der Situation und der Auswertung treten auf. Um die Unterschiede herausarbeiten zu können, soll im folgenden die Durchführung der Konservierungsaufgaben in verschiedene Phasen unterteilt und kritisch diskutiert werden:

Herstellung der Ausgangssituation
Versuchsleiterfragen
Art der erwarteten Antworten und Reaktionen
Art der Bewertung der Antworten.

8.11 Herstellung der Ausgangssituation

Insbesondere bei Aufgaben zur diskontinuierlichen Menge, wo u.U. mit Anzahlen, die das Zählvermögen der Kinder übersteigen, gearbeitet wird, wird die Ausgangssituation über die visuelle Äquivalenz beider Mengen hergestellt, d.h. die Mengen werden solange verändert, bis das Kind behauptet, sie seien jetzt gleich groß (vgl. LAUX, 1969; SCHWARTZ und SCHOLNICK, 1970; SMEDSLUND, 1964). Sofern identische Gläser in der Ausgangssituation verwendet werden, in die Perlen eingefüllt werden, gilt die Höhe der Perlensäule als "cue" zur Beurteilung der Gleichheit; sind es wie bei GOLDSCHMID (1967, 1968) und WOHLWILL und LOWE (1962) korrespondierende Reihen, dann ist es die Länge dieser Reihen.

Die eineindeutige Korrespondenz der Ausgangsmengen wird jedoch stärker betont, wenn das Kind aufgefordert wird, gleichzeitig je eine Perle in zwei identische Gläser einzufüllen, wie es bereits PIAGET durchführte und u.a. ESTES,(1956), FEIGENBAUM (1963), MERMELSTEIN und SHULMAN (1967) und SCHMALOHR und WINKELMANN (1969) aufgriffen. Während hier die logische Äquivalenz zunächst durch die entstehende visuelle Äquivalenz unterstützt wird, ließen andere Autoren die Kinder die Perlen gleich in verschieden geformte Gläser füllen, so daß die visuelle der logischen Korrespondenz widersprach. Sie verquickten also die Herstellung der Ausgangskorrespondenz sogleich mit der Transformation (vgl. DODWELL, 1960; ELKIND, 1961a; FEIGENBAUM, 1963; LÜCKERT, RESNICK, 1970). Diese Art der Korrespondenzherstellung dürfte entsprechend schwieriger sein als die visuell unterstützte Korrespondenz, andererseits aber leichter als eine Konservierungsaufgabe des üblichen Schemas, wo erst nach Herstellung der logischen und visuellen Korrespondenz die Transformation durchgeführt wird. Ein Kind, das nur erst einen Aspekt zu berücksichtigen weiß, wird sich nämlich bei der 1:1-Einfüllung in verschiedene Gläser entweder nach dem Augenschein oder aber nach der gerade durchgeführten Korrespondenzoperation richten; bei der Konservierungsaufgabe dagegen liegt die Korrespondenzoperation schon weiter zurück; die Transformation selbst und der visuelle Anschein treten stärker in den Vordergrund. Diese Vermutungen werden durch die Ergebnisse FEIGENBAUMs (1963) bestätigt, der alle drei Arten von Aufgaben bei seinen Versuchspersonen verwandte. Tabelle 4 zeigt die prozentuale Häufigkeit richtiger Antworten bei den drei Aufgabenarten, aufgeschlüsselt nach vier Altersgruppen (N = 90, 52 Jungen, 38 Mädchen, durchschnittlicher IQ = 119 ± 15).

Tabelle 4: Prozentualer Anteil von VPN mit richtigen Antworten, bezogen auf die entsprechenden Altersgruppen (nach FEIGENBAUM, 1963, S. 428)

Aufgabenarten	Alter in Jahren			
	3;9-4;6	4;7-5;4	5;5-6;1	6;3-7;5
Korrespondenz, gleiche Gläser	14	31	67	100
Korrespondenz, versch. Gläser	7	21	32	71
Konservieren*	0	47	56	91

* die Transformation bestand in Umschütten in ein schmaleres Glas.

Nur bei den älteren Kindern wird die Konservierungsaufgabe relativ leichter als die zweite Korrespondenzaufgabe. Offenbar besteht nur für die jüngsten Kinder die Chance, daß sie - vielleicht zufällig - den "cue" der aktiven Korrespondenzherstellung wählen, ohne den visuellen "cue" zu berücksichtigen, während für die älteren Kinder die visuelle Unterstützung der Korrespondenzbildung in der Ausgangsphase der Konservierungsaufgabe eine Hilfe zum Verständnis des Invarianzprinzips zu sein scheint. Einen direkten Vergleich zwischen Konservierungsantworten nach visueller Korrespondenzherstellung bzw. 1:1-Korrespondenz (Perlen und Gläser) bei 25 Kindern (5;1 - 6;2 Jahre) unternahmen FLEISCHMANN, GILMORE und GINSBURG (1966), fanden aber keinerlei Unterschiede, die auf die Arten der Äquivalenzherstellung rückgeführt werden könnten.

Bei den eigentlichen Invarianzaufgaben zur Anzahl ist als Ausgangssituation die Herstellung einer korrespondierenden Reihe durch die Vp selbst ein beliebtes Verfahren (ALMY, CHITTENDEN und MILLER, 1966; BARTMANN, 1970; ELKIND, 1961a; ESTES, 1956; HALFORD und FULLERTON, 1970; LONG und WELCH, 1941; McMANIS, 1969a,d; ROLL, 1970; ROTHENBERG und COURTNEY, 1969a; WOHLWILL und LOWE, 1962). Hier wird das Kind aufgefordert, zu einer vom Versuchsleiter gelegten Reihe eine zweite mit gleicher Anzahl von Stäbchen, Plättchen usw. zu legen. Die paarweise Korrespondenz wird noch stärker unterstrichen, wenn die beiden Reihen aus unterschiedlichem, aber aufeinander bezogenem Material bestehen, z.B. Eiern und Eierbechern, Puppen und Betten (z.B. WALLACH und SPROTT, 1964). Für die Mehrzahl der Untersucher hat diese Aufgabe den Charakter eines Vortests, der aufweisen soll, ob das Kind bereits über ein rudimentäres Verständnis numerischer Korrespondenz verfügt (ALMY, CHITTENDEN, MILLER, 1966; BARTMANN, 1970; DODWELL, 1960; ROTHENBERG und COURTNEY, 1969a; WOHLWILL, 1960a; WOHLWILL und LOWE, 1962; WALLACH und SPROTT, 1964). ESTES (1956) hielt diese Aufgabe fälschlicherweise für eine eigentliche Konservierungsaufgabe. ELKIND (1961a)und McMANIS (1969a,d) untersuchten sie im Vergleich zu anderen Anzahlaufgaben. Beide sahen im "Gleichmachen" zweier ungleich langer Reihen ebenso wie im Vergleich gleicher Gläser, die gleichhoch mit Perlen gefüllt waren, eine Aufgabe zur Überprüfung der groben Quantitätseinschätzung ("gross quantity"); in der Herstellung einer korrespondierenden Reihe zu einer vorgegebenen aus 6 Stäbchen ebenso wie im Vergleich zweier verschieden breiter Gläser, jedoch mit Perlen gleichhoch gefüllt, eine Aufgabe zur intensiven Quantitätseinschätzung;im Auseinanderziehen einer der beiden korrespondierenden Reihen von Stäbchen ebenso wie in der Aufteilung der Perlen eines von zwei gleichen Gläschen auf zwei kleinere Aufgaben zur extensiven Quantitätsbeurteilung. Letztere können auch als Konservierungsaufgaben bezeichnet werden. Beide Autoren fanden über alle Materialien hinweg (einschließlich Flüssigkeiten; diese Aufgaben fielen den Kindern jedoch schwerer) bei 4- bis 7jährigen bzw. 5- bis 11jährigen die erwartete Aufeinanderfolge: grobe - intensive - extensive Quantitäten. Diese Aufeinanderfolge galt auch für institutionalisierte geistig Behinderte entsprechenden Intelligenzalters (McMANIS, 1969a,d). Zwischen 5 und 6/7 Jahren wurde ein besonderer Fortschritt vermerkt, ebenso übrigens bei LONG und WELCH (1941), der die Kinder korrespondierende Reihen mit zunehmender Zahl von Gegenständen von 2 aufwärts bilden ließ. In der Untersuchung von WOHLWILL und LOWE (1962) bei durchschnittlich 5;10jährigen Kindern konnte nur eines von 72 nicht korrekt 6 Plättchen aus einer Menge herausgreifen, nur vier von 72 konnten nicht eine korrespondierende Reihe aus 7 "Flöhen" herstellen; andererseits konnten nur 20 % aus zwei gleichlangen Reihen aus 6 und 7 "Flöhen" die Reihe mit "mehr" herausfinden ("fixed state unequality" s.o.) und nur 9 von 72 beim Auseinanderziehen einer der beiden aus je 7 "Flöhen" bestehenden Reihen konservieren.

Die bisher genannten Aufgaben zur Herstellung der Ausgangssituation für Konservierungsaufgaben bilden selbst bereits Marksteine in der Entwicklung des Zahlbegriffs, werden jedoch eher gemeistert als die Konservierungsaufgaben selbst. Wenn sie nicht als eigenes Forschungsobjekt, sondern als Auslesekriterium genommen werden, dann bekundet der Forscher damit seine Absicht, nur den letzten Schritt zum Erwerb des konkret-operationalen Denkens mit Zahlen zu untersuchen. Dies dürfte für die Mehrzahl der Untersuchungen zutreffen.

Eine weitere Möglichkeit, die Äquivalenz oder Gleichmächtigkeit zweier Mengen in der Ausgangssituation zu sichern, ist das Zählen (GRUEN, 1965; WOHLWILL und LOWE, 1962). PIAGET hatte bereits festgestellt, daß das richtige Zählen noch keineswegs ein Indiz für das Vorhandensein eines operativen Zahlbegriffs sei (vgl. S. 61). WOHLWILL (1960b) führte bei 72 4- bis 7jährigen Genfer Kindern aus Montessori-Kindergärten eine Reihe von Anzahlaufgaben durch, von einfacher Zahlunterscheidung bis zu Konservierungsaufgaben und Aufgaben zur kardinalen und ordinalen Korrespondenz; außerdem wurden die Kinder aufgefordert, bis 10 vorwärts zu zählen und es auch rückwärts zu versuchen. Zählen (verbales Hersagen der Zahlen bis 10) war z.T. leichter als einige der einfachsten Unterscheidungsaufgaben; alle bis auf 9 Kinder zählten richtig. Rückwärts zählen war deutlich schwerer; nur 24 Kindern gelang es fehlerlos, weiteren neun mit ein bis zwei Fehlern. - Außer dem Hersagen der Zahlnamen in der richtigen Reihenfolge beinhaltet die Zähloperation ein Zuordnen: alle Bestandteile einer Gruppe müssen einzeln berücksichtigt werden und jeder Gegenstand nur ein einziges Mal. POTTER und LEVY (1968) untersuchten diese Seite des Zählvorganges bei 58 2 1/2- bis 4jährigen Kindern, indem sie die Kinder aufforderten, auf jeden Gegenstand auf einer Heftseite jeweils einmal zu zeigen, ohne einen auszulassen oder zu wiederholen. Die so räumlich zu "zählenden" (spatial enumeration) Mengen waren entweder in einer Reihe aufgereiht, zweidimensional angeordnet oder willkürlich über die Seite verstreut. Die richtigen Leistungen stiegen deutlich mit dem Alter an ($r = .63$, $p < 0.1$ %). Bei Kindern unter 3;5 Jahren (Median) zeigten sich keine Geschlechtsunterschiede; bei den älteren waren die Mädchen besser. Die Fehlerzahl stieg deutlich mit der Anzahl der Gegenstände in jeder Gruppe (3 bis 9). 60 % der Fehler bezogen sich auf Redundanz, 30 % auf Auslassungen, bei 10 % der fehlerhaften Lösungen traten beide Fehlerarten auf. Eine Systematik beim Vorgehen des Abzählens konnten die Autoren nicht feststellen, außer daß die Kinder in der Ecke begannen, die der Hand, mit der sie zählten, am nächsten war. Bei 6 und mehr Items pro Gruppe fiel das Abzählen am leichtesten, wenn es identische Gegenstände waren und wenn sie in einer einzigen Reihe aufgereiht waren. 26 der 58 Kinder konnten einigermaßen richtig zuordnend bis 6 zählen; sie lösten auch die voraufgegangenen Testaufgaben besser als die Nicht-Zähler. In der Untersuchung von ESTES (1956) zählten die Hälfte von 14 Vierjährigen, 17 von 20 Fünfjährigen und alle 18 Sechsjährigen Mengen aus je 10 Items richtig, wobei die Mengen als Reihe, als Muster und als Haufe angeordnet waren. Nur hielt ESTES diese Aufgabe fälschlicherweise für eine Konservierungsaufgabe. HYDE (1970, S. 132, 136) beobachtete, daß den Kindern das Zählen leichter fiel, wenn die als Material verwendeten Püppchen etwas auf Abstand in einer Reihe lagen, als wenn sie zu einem Haufen zusammengeschoben wurden; auf die Lösung der Invarianz-Aufgaben hatte dies aber offenbar keinen Einfluß.

Unterschiede und Zusammenhänge zwischen Größenunterscheidung, Reihenbildung und Sicherheit mit der Zahlenreihe untersuchte ELKIND (1964) an 90 Kindern, je 30 pro Altergruppe mit den Medianen 4;6

Jahre, 5;7 Jahre, 6;9 Jahre. Die Aufgaben bestanden darin, den größten bzw. kleinsten Stab (Block, Platte) aus mehreren anderen herauszufinden (Diskrimination), eine Reihe aus 9 Elementen desselben Materials zu bilden und dann 5 weitere Items in die fertige Reihe einzufügen (Seriation), die Elemente zu zählen und anzugeben, wie viele Treppen eine Puppe jeweils zu steigen habe, und zwar sowohl wenn die "Treppe" vor dem Kind lag als auch, wenn man ihm nach Mischen der Elemente eine Stufe zeigte (Numeration). Die letzte Aufgabenart war deutlich die schwierigste, und zwar bei jedem der Materialien. Die Unterschiede zwischen den drei Aufgabenarten waren am deutlichsten bei der jüngsten Gruppe und verringerten sich mit zunehmendem Alter. ELKIND interpretiert seine Ergebnisse ähnlich wie PIAGET und beschreibt 3 Stadien der Numeration: im ersten unterscheidet das Kind noch nicht Ähnlichkeit und quantitative Unterschiede, überspringt beim Zählen Elemente oder zählt sie doppelt; im zweiten sieht es die Mengen entweder als Ansammlung ähnlicher Elemente oder es beachtet die unterschiedliche Größe der Elemente. Das Beachten der Reihenbildung lösche aber automatisch das Beachten der Kardination und umgekehrt; erst im dritten Stadium wird das Zählen zu einer Koordination aus Seriation und Klassifikation und jedes Element zu einer Einheit.

Damit das Zählen zur Äquivalenzherstellung dienen kann, müssen also nicht nur die Zahlnamen in der richtigen Reihenfolge aufgesagt und den Gegenständen zugeordnet werden; die letzte aufgesagte Zahl muß außerdem in eine die ganze Menge bezeichnende Kardinalzahl verwandelt werden. Beobachtungen bei den eigenen Untersuchungen zeigten, daß viele Kinder sich die letzte Zahl beim Abzählen nicht gemerkt hatten und auf die Frage: "Nun, wie viele sind es?" entweder nicht zu antworten wußten oder spontan, mitunter auch erst auf Aufforderung hin, von neuem zu zählen begannen. Das besagt jedoch nicht, daß sie Zahlnamen für Mengenbezeichnungen nicht kennten. Dies zeigen eigene Untersuchungen zur Entnahme von bestimmten Mengen aus größeren Mengen, wie sie später berichtet werden sollen.

Eine weitere Frage ist die, ob Kinder überhaupt im Zählen ein Mittel sehen, um die Mächtigkeit einer Menge zu bestimmen und, darüber hinaus, um die Gleichmächtigkeit zweier Mengen festzustellen. WOHLWILL (1960b) fand, daß Kinder, obgleich sie über die Zahlbezeichnungen von Mengen verfügen, bis zum Alter von 11 Jahren Mengen fast ausschließlich nach ihrer relativen Größe unterscheiden, viel seltener dagegen auf die absolute Mächtigkeit von Mengen achten. In der Untersuchung von FEIGENBAUM (1963) begannen nur 11 % der Kinder spontan, die Perlen in den zwei Gläsern zu zählen, als sie nach der Gleichheit der Perlenmengen gefragt wurden. Ihr Durchschnittsalter war knapp 5;8 Jahre; sie waren signifikant ($p < 1$ %) älter als die Kinder, die sich nur auf die Wahrnehmung verließen. Ähnlich stellte CHURCHILL (1958) fest, daß bei einigen Kindern das Zählen eine rein verbale Reaktion sei. LUNZER (1960, S. 33) fand sogar in einer Untersuchung zusammen mit PHEMISTER, daß nur wenige Kinder vor dem 3. Schuljahr bereit und in der Lage seien, 8 locker in Kreisform auf eine Kordel aufgereihte Holzperlen und neun dichter als Armband aufgereihte Perlen zu zählen, um sich ihrer Anzahl zu vergewissern. MANNIX (1959) bestätigt diese Ergebnisse weitgehend, stellte jedoch fest, daß schwachbegabte ältere Kinder eher spontan zählten als jüngere normalbegabte; Kinder, die zählten, waren in ihrer Entwicklung weiter fortgeschritten als Kinder, die nicht zählten; wurde das Zählen erschwert, verließen sie sich eher auf die Korrespondenz. WOHLWILL und LOWE (1962) forderten die Kinder, die bei einer bestimmten Invarianzaufgabe zur Anzahl nicht konservieren konnten, nachdem sie geantwortet hatten, auf, die beiden Kollektionen zu zählen. Von den insgesamt 23 Kindern blieben 19 selbst nach dem Zählen Nichtkonservierer. Die Autoren konstatierten daraus eine beträchtliche Kluft zwischen der Fähigkeit zu zählen und wirklichem Zahlverständnis. ALMY, CHITTENDEN und MILLER (1966) dagegen meinen aufgrund ihrer Ergebnisse, daß das Zählen die Konservierungsleistung stark positiv beeinflusse. Sie gaben ihren 152 Vpn (Kindergarten bis 2. Schuljahr) zwei klassische Äquivalenz-Konservierungsaufgaben, bei denen zunächst eine von zwei korrespondierenden Reihen aus je 11 Klötzen zu einem Haufen zusammengeschoben, dann die andere weiter auseinandergezogen wurde. Eine dritte klassische Konservierungsaufgabe bezog sich auf das Umschütten der Flüssigkeit eines von zwei gleichen gleich voll gefüllten Gläsern in eine flache Schale. Die die

Wirkung des Zählens erfassende Aufgabe jedoch bestand nur aus einer Reihe von 11 Klötzen, die, nachdem sie das Kind gezählt hatte, weiter auseinandergezogen bzw. zu einem Haufen zusammengeschoben wurde. Die besseren Ergebnisse bei dieser letzten Aufgabe (129 von 152 Kindern konservierten gegenüber 77 bei der entsprechenden Äquivalenzaufgabe und 55 bei der Flüssigkeitsaufgabe) können zumindest zu einem großen Teil auf ihren Charakter als Aufgabe zum Identitätskonservieren (s.o. ELKIND und HOOPER) zurückgeführt werden.

Zählen und Verfügbarkeit über einen operatorischen Zahlbegriff sind also solange nicht identisch, wie nur einer oder einige der vielen Aspekte des Zählens beachtet werden. Hierzu gehören zumindest das "räumliche Zählen", Kenntnis der Zahlnamen, Sicherheit in der invarianten Aufeinanderfolge der Zahlnamen, Zuordnen der Zahlnamen zu den zu zählenden Objekten, Transformation der gezählten Zahl in eine Kardinalzahl zur Bestimmung der Mächtigkeit der gezählten Menge, spontane Verwendung des Zählens zur Bestimmung der Mächtigkeit einer Menge und der Gleichmächtigkeit zweier oder mehrerer Mengen. Dies sind jedoch Forderungen, die denen PIAGETs an den operationalen Zahlbegriff weitgehend entsprechen. Verwendet man wie GRUEN (1965; auch BAKER und SULLIVAN, 1970) das Zählen als Vorbedingung für die Teilnahme am Experiment und als Kommunikationshilfe zur Feststellung der Äquivalenz zweier Mengen in den Ausgangssituationen zu Konservierungsaufgaben, dann darf man sich nicht darüber täuschen, daß das mehr oder minder flüchtig erfaßte Zählen nur einigen der genannten Merkmale entspricht und daher nicht die gleiche Funktion beim Kinde spielen kann wie beim erwachsenen Versuchsleiter. Auf den Zusammenhang zwischen Zählen und Invarianz wird später noch bei der Darstellung der Trainingsexperimente eingegangen werden.

8.12 Die Instruktion

Die oben beschriebenen Dilemmas, daß nämlich Korrespondenzbildung und Zählen, Voraussetzungen für die Kommunikation dessen, was der Versuchsleiter vom Kind erfragen will, nicht unabhängig von der Entwicklung des Zahlbegriffs selbst sind, wird erweitert um ein weiteres Dilemma, das der sprachlichen Kommunikation. Bereits bei der Herstellung der Ausgangssituation und später nach jeder Transformation stellt der Versuchsleiter (VL) die Standardfrage (SF): "Sind da gleich viele X wie Y, oder gibt es da mehr X als Y, oder gibt es da mehr Y als X?" bzw. Teile dieser Frage. Versteht das Kind überhaupt den VL? Ist es notwendig, daß es den Begriffen "gleich", "mehr", "weniger" denselben Sinn beilegt wie der VL? Beruhen Nicht-Konservierungsantworten nur auf sprachlichem Mißverständnis, oder reflektieren sie tatsächlich die Denkeigenart des Kindes? (vgl. das "competence-automaton"-Modell von FLAVELL und WOHLWILL, 1969, das hier jedoch nicht in voller Breite abgehandelt werden kann).

Einer der schärfsten Kritiker der verbalen Methode ist BRAINE (1959, 1962). Er sagt, das Kind antworte vermutlich nur auf das, was es meine, daß es der VL gesagt habe; "denn wenn es den verbalen cue versteht, muß es bereits den Begriff selbst entwickelt haben" (1962, S. 46). Eine Theorie der Denkentwicklung könne daher nicht letztlich durch überwiegend verbal erhaltene Daten gestützt werden, wenn sich die Versuchspersonen in ihren verbalen Fähigkeiten unterscheiden (1959, S. 7). Ähnlich wie BRAINE und BRAINE u. SHANKS (1965) argumentieren auch BERKO und BROWN (1960), die außerdem die Verwendung abstrakter Begriffe wie "number" und "substance" in der englischen und französischen Standardfrage bemängeln.

Während BRAINE u.a. in der sprachlichen Formulierung eine Fehlerquelle sehen, die vermieden werden muß, um die Denkprozesse wirklich studieren zu können, ist sie für ELKIND (1969a), INHELDER (1966 in BRESSON), SINCLAIR deZWART (1969) und PIAGET (Z.) selbst geeignet, gerade das andersartige Denken des Kindes zu erfassen. "Wenn z.B. das Kind sagt, daß in der Wurst mehr Knete sei als im Ball und daß zwei Dinge nur dann gleich viel Knete enthalten, wenn sie dieselbe Form haben, dann wissen wir, daß für dieses Kind der intensive Begriffsinhalt für Substanz die Form ist" (ELKIND, 1969a, S. 181).

Einen wichtigen empirischen Beitrag zu dieser Diskussion lieferten DONALDSON und BALFOUR (1968). Sie forderten 15 Kinder im Alter von 3;5 bis 4;1 Jahren auf, Äpfel an zwei Pappapfelbäume zu hängen, die mit je 6 Haken ausgerüstet waren. Am ersten Untersuchungstag sollten sie <u>mehr</u> Äpfel an den einen der beiden Bäume hängen, vergleichen, welcher mehr Äpfel habe, nach Addition eines oder mehrerer Äpfel, u.U. sogar Umkehrung des Mengenverhältnisses, feststellen, wo es mehr Äpfel gebe, und selbst eine Umkehrung vornehmen. An einem zweiten Untersuchungstag erfolgten dieselben Aufgaben, dann jedoch mit dem Wort <u>weniger</u>. Es stellte sich heraus, daß für die meisten Kinder "mehr" und "weniger" synonyme Begriffe waren, beide also "mehr" bedeuteten. Anstelle des Ausdrucks "gleich" verwendeten sie: "keiner hat mehr", "beide haben mehr", "der und der haben mehr" u.ä.m. - BRUNER und KENNEY (1966) stellten fest, daß es für Dreijährige leichter sei, Unterschiede aufzuzeigen als Gleichheit festzustellen; fragt man sie nach Gleichheit, nennen sie Unterschiede. Auch BEILIN (1965) bestätigt aus einem Vortest bei 170 Kindergartenkindern, daß "Gleichheit" verbal festzustellen, am schwierigsten sei, gefolgt von "weniger"; am leichtesten sei "mehr" festzustellen. PRATOOMRAJ und JOHNSON (1966) konnten dagegen bei 129 vier- bis siebenjährigen Kindern auf Hawaii keine solchen Unterschiede feststellen. GRIFFITH, SHANTZ und SIGEL (1967) dagegen bestätigten und erweiterten die Ergebnisse von BEILIN. Nur 40 % ihrer 4;1 bis 5;2 Jahre alten Versuchspersonen (N = 54) verwendeten das Wort "gleich" richtig, als sie je drei Dauerlutscher, je zwei gleichlange Bleistifte bzw. je zwei gleich schwere Holzklötze vergleichen sollten (bei BEILIN waren es 47.6 % beim Vergleich von je 6 "Flöhen"). Je 70 bzw. 65 % verwendeten die Komparative weniger-mehr richtig. Diese Unterschiede traten sowohl beim Längen- wie beim Anzahl- und Gewichtsvergleich auf; der Längenvergleich fiel dabei insgesamt am leichtesten, der Gewichtsvergleich am schwersten; der Anzahlvergleich nahm eine mittlere Stellung ein. Die Korrelation zwischen richtiger Verwendung der Vergleichswörter und dem Stanford-Binet-IQ (Spanne von 81 bis 175 bei einem Mittelwert von 128) betrug r = .52 und war auf dem 1 %-Niveau signifikant. Die Autoren stellen zur Diskussion, was die Kinder möglicherweise unter "gleich" verstehen: identisch bleiben, Äquivalenz, gleich aussehen. Weiterhin sei zu fragen, wie breit die Kategorie "gleich" bei den individuellen Kindern ist. Außerdem bleibe offen, wieweit die Häufigkeit des Gebrauchs dieses Wortes im alltäglichen Sprachumgang von Bedeutung sei. GREEN und LAXON (1970) führen nicht nur die mehrdeutige Verwendung von "gleich", sondern auch dessen begriffliche Erfassung auf die unklaren sprachlichen Bezeichnungen im Alltag zurück.

Wieweit stehen diese prachlichen Schwierigkeiten im Zusammenhang mit dem Konservieren? BEILIN (1965) fand, daß von 89 Kindern, die das Wort "gleich" in einem sprachlichen Vortest nicht richtig verwandten, dennoch je 6 % Länge und Anzahl konservierten, 2 % auch die Fläche. Versagen bei der sprachlichen Verwendung von "gleich" schließe also nicht notwendigerweise Konservieren aus. Andererseits war in der Untersuchung von ZIMILES (1966) die sprachliche Differenzierung von quantitativen Unterschieden (Breite - Tiefe, Länge - Dicke, Höhe - Breite) kein Indiz für Konservieren; alle bis auf eine Versuchsperson (5;3 - 7;3 Jahre, N = 146) lösten alle Unterscheidungsaufgaben richtig. Nur die Unterscheidung von Alter und Größe machte den Kindern Schwierigkeiten. Sie korrelierte bei den Kindergartenkindern mit r = .10 und bei den Erstkläßlern mit r = .37 (ss) mit den Konservierungsleistungen. Ein ebenfalls durchgeführter Bilder-Wortschatztest zeigte keinerlei Zusammenhang mit den Konservierungsleistungen. PETERS (1969, 1970) dagegen fand bei 131 Kindergartenkindern eine positive Korrelation zwischen einem Sprachverständnistest und Konservierungsaufgaben zur Anzahl, Differenz und Fläche von r = .37 (ss). - INHELDER (1966), SINCLAIR deZWART (1969) und INHELDER, BOVET, SINCLAIR und SMOCK (1966) berichten von einer Untersuchung in Genf, die SINCLAIR durchführte. Dabei zeigte sich, daß Konservierer spontan Komparative verwendeten ("im einen ist mehr als im anderen, eins hat mehr, das andere weniger"), während Nicht-Konservierer fast ohne Ausnahme quantitative Unterschiede einander gegenüberstellten ("das eine ist ein großes Stück, das andere ist ein kleines Stück"). Außerdem faßten Konservierer bei der Beschreibung von Bleistiften gleich mehrere Aspekte (Länge, Dicke) in einem Satz zusammen, während Nicht-Konservierer die Bleistifte erst einmal hinsichtlich eines Merkmales verglichen, dann hinsichtlich des zweiten. Ein Sprachtraining bei den Nicht-Konservierern hatte jedoch nur geringe Auswirkungen auf die Konservierungsleistungen. Die Autorinnen schließen daraus auf eine weitgehend parallele Entwicklung der Operativität im Denken und der Sprache, doch beeinflusse nicht die Sprache das Denken, sondern eher das Denken die Sprachstruktur. Der Meinung, daß die Denkoperationen relativ unabhängig von den linguistischen Fertigkeiten seien, schließen sich auch, aufgrund ihrer Vergleiche zwischen hörenden und tauben Kindern (jedoch nicht zum Zahlbegriff), FURTH (1964a,b, 1967a,b, 1969) YOUNISS und FURTH (1966), ROBERTSON und YOUNISS (1969) und YOUNISS und ROBERTSON (1970) und bzgl. Minderbegabter LOVELL, MITCHELL und EVERETT (1962) an.

Aus diesen bisher noch nicht eindeutig geklärten zusammenhängen zwischen Sprachverständnis und Konservierungsleistungen zogen die verschiedenen Autoren unterschiedliche Konsequenzen.

Der radikalste Schritt ist dabei der der Verwendung nicht-sprachlicher Unterschungsmethoden, wie ihn BRAINE (1959) zur Transitivität der Länge,und später bzgl. Konservierung der Anzahl WOHLWILL und LOWE (1962), BEILIN (1965), WALLACE (1966), SILVERMAN und SCHNEIDER (1968), MERMELSTEIN und MEYER (1969) und SCHWARTZ und SCHOLNICK (1970) vollzogen. Jedoch verstehen diese Autoren unter "nicht-sprachlich" recht Unterschiedliches. SILVERMAN und SCHNEIDER stellen in der Ausgangssituation die verbale Frage, in welchem von zwei identischen, aber ungleich gefüllten Gläsern sich "mehr" Bonbons befänden. Nach der Transformation lassen sie das Kind eins der beiden Gläser wählen in der Annahme, daß es das mit vermeintlich "mehr" Bonbons wähle. Zur Sicherheit lassen sie die Kinder die Wahl begründen. Beim Vergleich einer solchen Wahlreaktion mit der üblichen Frageform fanden MERMELSTEIN und SHULMAN (1967) jedoch bei Konservierungsaufgaben zur diskontinuierlichen Menge (Gläser-Perlen-Versuch) bei ersterer Reaktionsart sehr uneinheitliche Ergebnisse. Sie führen sie darauf zurück, daß außer der Anzahl noch verschiedene andere Aspekte (z.B. Farbe) die Bedürfnisse der Kinder ansprechen, ohne daß dies ausreichend experimentell kontrolliert wäre. Ebenfalls in der Ausgangssituation verbal ist die Methode von SCHWARTZ und SCHOLNICK. Sie lassen das Wort "wenig" zu einem traurigen Gesicht von "Billy" (auf eine Karte gezeichnet) und "viel" zu einem fröhlichen Gesicht von Billy, in einem Vortraining, verstärkt durch Reinforcement, zuordnen, ersetzen also nur die beiden Begriffe durch zwei andere bildlich unterstützte. - Einen Schritt weiter ging BEILIN, der alle quantitativen Vergleichsausdrücke durch das Wort "like" ersetzte und die Kinder aufforderte, diejenigen von zwei mit Korken besetzte Ziehharmonikascheren zu zeigen (durch Drücken eines Knopfes), die "wie" die vom VL manipulierte sei (Anzahl vs. Länge); richtige Reaktionen wurden durch einen Summton und materiell durch eine Spielmarke bestärkt. WOHLWILL und LOWE (1962) hatten nur eine solche Schere mit 6 bis 8 Korken verwendet. In einem Vortest ließen sie die Kinder die Korken zählen und zu Karten zuordnen, die ebenso viele Sterne zählten und auf einer Bühne standen; richtige Reaktionen wurden materiell bestärkt. Danach ersetzten sie die Sternkarten durch drei Ziffernkarten (6, 7, 8); die Kinder sollten zunächst nach Zählen der Korken die zugehörige Ziffernkarte finden (mit Bestärkung) und dann nach Veränderung der Schere ohne erneutes Zählen die richtige Ziffernkarte herausfinden. - Noch ausführlicher, im Rückgriff auf eine ebenfalls von WOHLWILL (1960) verwendete Methode übte WALLACE (1966) den Zahlbegriff in Anwendung der behavioristischen Lerntheorie ein, um dann das Konservieren zu überprüfen. Seine Instruktion war ausschließlich die, daß das Kind genau auf die vor ihm liegende Karte gucken solle und dann auf drei Auswahlkarten auf einer Bühne, da es so erfahren könne, hinter welcher Karte auf der Bühne ein Klötzchen zu finden sei. Nachdem diese Zuordnung erst einmal an Sternen und Kreisen geübt wurde, ging der Autor auf die Zuordnung von Anzahlen von Sternen (2 - 4) in unterschiedlichen Anordnung über (in vieler Hinsicht ähneln diese Methoden den bereits 1936 von GILTAY verwendeten); nach erfolgreichem Abschluß (6 aufeinanderfolgende richtige Antworten) dieses Schrittes erweiterte er die Anzahlen von Sternen auf 6 bis 8, um hiernach erst für die eigentlichen Konservierungstests die Karte vor dem Kinde jeweils durch Spielknöpfe zu ersetzen, die zunächst die gleiche Anzahl und Anordnung wie eine der Vergleichskarten aufwiesen und dann durch den VL in ihrer Anordnung verändert wurden. Das Reinforcement wurde auch bei diesen Aufgaben beibehalten. - Eine ganz andere nicht-verbale Methode verwendeten MERMELSTEIN und MEYER (1969). Sie füllten zusammen mit dem Kind in 1:1-Korrespondenz ohne jeglichen weiteren Kommentar je 8 Klicker in zwei Kästchen, von denen eines einen falschen Boden hatte; dann schüttete der VL den Inhalt beider Schachteln in zwei Behälter, wobei die verborgenen 10 zusätzlichen Klicker mit in den neuen Behälter fielen. Als Konservierer wurden solche Kinder eingestuft, die deutliche Überraschung zeigten.

Sofern verbale mit nicht-verbalen Methoden bei denselben Kindern durchgeführt wurden, ergaben sich z.T. hohe Übereinstimmungen (MERMELSTEIN und MEYER, 1969; SCHWARTZ und SCHOLNICK, 1970; WOHLWILL, 1960), ohne jedoch ganz identisch zu sein. Bei unterschiedlichen Resultaten scheinen die nicht-sprachlichen Methoden häufiger richtige Antworten hervorzurufen. So fanden MERMELSTEIN und SHULMAN (1967), daß bei den von ihnen untersuchten 120 6- bis 9jährigen die Aufgabe zur kontinuierlichen Menge (Gläser-Wasser-Versuch) leichter war als die entsprechende zur diskondinuierlichen Menge (Gläser-Perlen), wenn bei ersterer die Überraschung (ähnlich wie bei MERMELSTEIN und MEYER, 1969) und bei letzterer die sprachliche Antwort gewertet wurde. Erwartungsmäßig hätte der Schwierigkeitsgrad der Aufgaben umgekehrt sein müssen. Während bei den nicht-verbalen Methoden nur die Anzahl richtiger Reaktionen gezählt wird, gelten bei den verbalen Methoden mitunter nur diejenigen Kinder als Konservierer, die ihre Antwort sinnvoll begründen können, was einen weiteren Aspekt hinzufügt (vgl. SCHWARTZ und SCHOLNICK).

Wenn bei den nicht-verbalen Methoden die Verwendung von Wörtern wie "gleich", "mehr", "weniger" vermieden wird, fragt sich jedoch, ob hier nicht der Teufel mit Beelzebub ausgetrieben wird. 5 von 77 Versuchspersonen (Vpn) bei WOHLWILL (1960) und 31 von 227 bei WALLACE (1966) erreichten trotz Reinforcements in den Zuordnungstests nicht das Kriterium; sie wußten also nicht, was von ihnen verlangt wurde. Bei den übrigen Vpn mußte den VL verborgen bleiben, ob die Kinder nicht doch sprachliche Mediatoren verwendeten. Es bleibt, je nach Bewertung der Antworten, meist ungeklärt, wie viele "richtige" Reaktionen auf den Zufallsfaktor rückführbar sind, wodurch sich die Zahl konsistenter "Nicht-Konservierer" zwangsläufig vermindert. Bei der Untersuchung von WOHLWILL und LOWE bleibt z.B. die Frage offen, ob die Zuordnung zur gleichen Ziffer sich nur auf den Zahlnahmen ("quotité", nach GRÉCO, 1962) oder auf die relative Quantität bezog. Außerdem kommt sein Versuch dem Identitätskonservieren nahe. - Eine weitere Problematik bietet das verwendete Reinforcement: im Unterschied zu den verbalen Methoden erhält hier das Kind ein feed-back über die Richtigkeit seiner Antwort. Es kommen also als variierende Momente das Lernen während der Aufgaben und die Wirkung von verbaler oder materieller Verstärkung hinzu, wobei diese Wirkung bei verschiedenen Altersgruppen und bei unterschiedlicher sozialer Herkunft recht verschieden sein kann (SPENCE und DUNTON, 1967; WACHS, 1969; SPENCE, 1970). SPENCE und auch WACHS kommen aufgrund ihrer Lernexperimente (nicht PIAGET-Aufgaben) zu dem Schluß, daß materielle, außen-motivierende Verstärkung u.U. sogar von der eigentlichen Lernaufgabe ablenkt.

Eine weitere Möglichkeit, das Sprachproblem zu lösen, ist die Vorschaltung eines Auslesetests, der die sprachlichen Begriffe überprüft und diejenigen Kinder von der weiteren Untersuchung ausschließt, die Schwierigkeiten mit den Begriffen haben. Häufig wurde ein solches Ausleseverfahren auch mit einer Zählaufgabe verbunden. Solche vorgeschalteten Verfahren finden sich bei WOHLWILL und LOWE (1962); BEILIN (1965); GRUEN (1965); BAKER und SULLIVAN (1970); ROLL (1970) und BEARISON (1969). Ein solcher Vortest ist jedoch wiederum nicht unabhängig von dem Phänomen, das man untersuchen will. So fanden BAKER und SULLIVAN, die GRUENs Auslesetest verwandten (Zählen bis 9, Erkennen der Gleichheit von zwei gezählten Mengen; Erkennen der Ungleichheit bei Addition oder Subtraktion und der Rückkehr zur Gleichheit, wenn auf Subtraktion eine entsprechende Addition und umgekehrt folgt), daß Konservieren im weiteren Testverlauf mit Erfolg beim Vortest, völliges Nichtkonservieren jedoch gehäuft mit Versagen beim Vortest verbunden war.

Ein solcher, vor einen sprachlich durchgeführten Konservierungstest vorgeschalteter Auslesetest vermag jedoch auch nicht eine weitere Fehlerquelle auszuschalten, auf die HOOD (1962) hinwies und die SIEGEL und GOLDSTEIN (1969) überprüften, nämlich die Tendenz kleiner Kinder, bei langen Fragen die zuletzt angebotene Alternative zu wählen. Fragt also ein VL: "Sind hier mehr X als Y, oder sind dort mehr Y als X, oder sind da gleich viele X wie Y?", dann besteht eine erhöhte Wahrscheinlichkeit, daß die Kinder "gleich viele" sagen, während sie bei anderer Reihenfolge der Alternativen eine Nicht-Konservierungsantwort gegeben hätten. SIEGEL und GOLDSTEIN, die diese Tendenz bei 66 2;7-bis 6;1jährigen überdurchschnittlich begabten Kindern überprüften, fanden sie bei Kindern bis zu 4;7 Jahren deutlich ausgeprägt.

Um die Bedeutung dieser möglichen Fehlerquelle hervorzuheben, folgt eine Übersicht über die Frageformen, die in 38 verschiedenen Untersuchungen zum Zahlbegriff verwendet wurden: 14 von 38 Autoren stellten ausschließlich einfache Fragen, davon 10 nur nach der Gleichheit, 4 nur, ob in einem set "mehr" seien. Außerdem fragte ein Autor nach "gleich - oder nicht gleich", eine Frageform, die PIAGET selbst auch u.a. verwandt hat (Z.). In 9 Untersuchungen wurden Doppelfragen gestellt ("beide gleich, oder in einem mehr?" bzw. umgekehrt). In 13 Untersuchungen wurden Dreifachfragen gestellt (mehr-mehr-gleich; mehr-gleich-mehr; mehr-gleich-weniger; mehr-weniger-gleich; gleich-weniger-mehr).

Tabelle 5: Fragenkomplexität in 37 Untersuchungen

	einfach	doppelt	dreifach
gesamt	15	6	11
getrennt	-	3	2

Ein Autor (LOVELL et al. 1962) verwendete PIAGETs individualisierte klinische Frageart. Drei Autoren mit Dreifachfragen verwendeten den ausführlichen Komparativ in jeder Teilfrage (WINER, 1968; WALLACH, WALL und ANDERSON, 1967; FEIGENBAUM und SULKIN, 1964); zwei von ihnen scheinen diese komplexe Frage jedoch in Teilen mit Pause geboten zu haben. HOOD (1962), der ebenfalls eine Dreifachfrage verwandte, variierte die Stellung der Vergleichswörter, um feststellen zu können, ob das Kind nur den letzten Teil wiederholte. HALFORD und FULLERTON (1970), ROLL (1970), SEILER (1969) und SMEDSLUND (1962, 1966b) sicherten die Antworten der Kinder durch eine gegensuggestive Frage. SMEDSLUND (1966 b) überprüfte die Wirkung der Gegensuggestion bei 86 Kindergartenkindern und Erstkläßlern (Durchschnittsalter 5;4 bzw. 6;7). Die von ihm verwendete Konservierungsaufgabe zur diskontinuierlichen Menge verwendete 2 x 16 weiße Vierecke, die zunächst jeweils in Dreiecksform angeordnet waren. Eines dieser Dreiecke transformierte er dann in eine Diagonale. Der VL stellte eine Dreifachfrage (mehr-gleich-mehr) und fragte anschließend an die Antwort das Kind nach seiner Begründung. Je nach Antwort des Kindes sagte dann der VL: "Ein anderes Kind meinte aber, hier seien mehr (gleichviele wie hier)." Kinder, die auf die Konservierungsfrage sowohl richtig geantwortet hatten als auch ihre Antwort sinnvoll haben begründen können, widerstanden der Gegensuggestion zu 100 % (beim Nachtest nach Additions/Subtraktionstraining zu 97 %); Kinder, die richtig geantwortet hatten, ihre Antwort aber nicht angemessen begründen konnten, widerstanden der Gegensuggestion zu 73 % (bzw. 70 %). Ein entsprechendes Ergebnis erhielt SMEDSLUND 1962. Von 27 Konservierern mit adäquater Begründung gab nur 1 der Gegensuggestion nach gegenüber 18 von 40 Konservierern ohne adäquate Begründung. Gegensuggestion bzw. Frage nach adäquater Begründung der Konservierungsantworten sind demnach nahezu gleichwertige Methoden, innerhalb der Konservierer zwischen sicheren und unsicheren (bzw. zwei Niveaus) zu unterscheiden.

Ausführlich über die Art der Frageformen und ihre Implikationen und die Möglichkeit einer Kontrolle der Fehlerquellen bei sprachlichen Instruktionen berichtet ROTHENBERG (1969a). Sie schlägt vor, Doppelfragen zu verwenden, jeden Teil davon jedoch einzeln zu bieten und vom Kind beantworten zu lassen, etwa: "Hat dieser Haufen genau so viele Klötze wie der Haufen?", und wenn das Kind geantwortet hat: "Hat ein Haufen mehr Klötze? Welcher?" Ein Konservierer beantwortet die beiden Fragen nacheinander mit Ja und Nein, ein konsistenter Nichtkonservierer mit Nein und Ja. Alle anderen Kombinationen (Ja, Ja oder Nein, Nein) deuten darauf hin, daß das Kind die Frage nicht versteht. ROTHENBERG bezeichnet sie als "inkonsistente Nicht-Konservierer". Die Kritik, daß Kinder, durch wiederholtes Fragen verwirrt, ihre Antworten ändern, weisen FLEISCHMAN, GINSBURG und GILMORE (1966) aufgrund ihrer Ergebnisse zurück. LOVELL, MITCHELL und EVERETT (1962), die den Kindern die Klasseninklusionsfragen nacheinander in zwei Versionen boten ("Sind alle blauen leicht?" und "Sind alle leichten blau?"), stellten fest, daß ältere Volksschüler, wenn überhaupt, bei der zweiten Frage ihre Antworten berichtigten, jüngere minderbegabte Kinder ihre Antworten häufiger zum Falschen hin verbesserten. Diese Erfahrungen mit Klasseninklusionsfragen sind jedoch nicht ohne weiteres auf das Konservieren der Anzahl übertragbar.

ROTHENBERG hat die Berechtigung ihrer Frageform an 210 Versuchspersonen im Alter zwischen 4;3 und 5;0 Jahren (Durchschnittsalter: 4;8 Jahre) und zwischen 5;3 und 6;0 Jahren (Durchschnittsalter: 5;7 Jahre) überprüft. Die Kinder entstammten zwei verschiedenen sozioökonomischen Gruppen. Außer einem Übungsitem (von zwei einander gegenüberliegenden Reihen von je 5 Blöcken wurde je ein Block entfernt) führte sie fünf weitere Aufgaben zur Konservierung der Anzahl durch (Verschiebung einer Reihe gegen die andere, Zusammenschieben der Klötze einer Reihe, Aufgliedern einer Reihe in zwei Gruppen, gleiche Addition und ungleiche Addition). Bereits bei dem Übungsitem gaben nur 58 % der Kinder konsistente Antworten. Inkonsistente Antworten fanden sich gehäuft bei den jüngeren Kindern ($p < 1$ %) und bei den Kindern der unteren sozialen Schicht ($p < 0.1$ %). Hier wie bei den fünf Konservierungsaufgaben fiel die Tendenz der Kinder auf, im Zweifelsfalle Ja zu sagen. Wenn die Autorin bei den vier ersten Transformationen nur die Antworten auf die Frage nach der Gleichheit und bei der fünften nur die nach "mehr" berücksichtigte, so ergaben sich fast doppelt so viele Kinder, die als "Konservierer" eingestuft werden konnten, als bei Berücksichtigung der Antworten zu beiden Fragen. Insbesondere Kinder der unteren sozialen Schicht und jüngere Kinder tendierten zu inkonsistenten Antworten und wären u.U. voreilig als Konservierer betrachtet worden, hätte man nur die Antwort auf eine Frage berücksichtigt.

Tabelle 6: JA, JA Antworten bei den Alters- und sozioökonomischen Gruppen (in %) (ROTHENBERG, 1962)

soziale Schicht	Vierjährige	Fünfjährige
untere	40 %	19 %
mittlere	2 %	4 %

Aufgrund dieser Ergebnisse bezeichnete ROTHENBERG (1969a,b) in ihren oder von ihr geleiteten Untersuchungen (es sind die drei oben als mit doppelter Frageform, getrennt gefragt klassifizierten) nur solche Kinder als "Konservierer", die konsistent antworteten; unter den Nicht-Konservierern schrieb sie den konsistenten (auch in der Punktbewertung der Antworten) ein höheres Entwicklungsniveau zu als den nicht-konsistenten. Eine solchermaßen durchgeführte Bewertung der fünf Konservierungsaufgaben korreliert mit dem Peabody Picture Vocabulary-Test ergab einen hochsignifikanten Zusammenhang von $r = .52$ ($p < 0.1$ %).

Diese Untersuchung von ROTHENBERG dürfte ein sehr wichtiger Beitrag zur Durchführung von Konservierungsuntersuchungen bei Kindern sein. Sie könnte weiterhin eine Anregung sein, semantische und syntaktische Probleme kindlichen Sprachverständnisses, insbesondere im Zusammenhang mit der Denkentwicklung zu untersuchen.

8.13 Bewertung der Antworten

Eng mit der Art der Instruktion und den Frageformen verbunden ist das Problem der Bewertung der Antworten der Kinder auf Konservierungsaufgaben. GRUEN (1966) hat darauf aufmerksam gemacht, daß dies nicht nur ein methodisches, sondern auch ein definitorisches und sogar theoretisches Problem ist. D.h., es ist davon abhängig, wie jemand "Konservieren" definiert, welche Prozesse er für die wesentlichen hält und welche Rolle für ihn die Sprache bei der Denkentwicklung spielt. GRUEN geht dabei weniger auf die oben dargestellte Diskussion über den Unterschied zwischen sprachfreien und verbalen Methoden ein, sondern vielmehr innerhalb der verbalen Methoden auf solche Autoren, die nur die Ja/Nein- bzw. Gleich/Mehr-Antwort des Kindes in ihrer Auswertung verwenden, und solchen, die außerdem die Begründungen, die das Kind für seine Antwort gibt, mitberücksichtigen. Mit dieser Unterscheidung begründet GRUEN weitgehend die großen Unterschiede in den Altersangaben für Konservieren bei BRUNER und BRAINE u. SHANKS einerseits, SMEDSLUND und PIAGET andererseits. Erstere setzten das Erreichen des Konservierens auf 4 bis 5 Jahre, letztere auf 7 bis 8 Jahre. Die unterschiedliche Bewertung der Antworten ist hier sicherlich auch von Bedeutung. Sie verstärkt die - von GRUEN nicht beachtete - Tendenz, daß Substanzidentität, Pseudokonservieren (BRUNER, 1966) und Formidentität (BRAINE und SHANKS) entwicklungsmäßig frühere Erwerbungen sind als Konservieren von Substanz und Gewicht (SMEDSLUND, 1961a). SMEDSLUNDs oben bereits geschilderten Ergebnisse bestätigen die Ansicht von INHELDER (INHELDER, BOVET, SINCLAIR, SMOCK, 1966), daß operatorische Strukturen so komplex seien, "daß sie nicht durch eine weitgehend summarische Beurteilung der Antworten auf vorausgelesene Fragen ohne weitere Exploration der Begründungen der Kinder erfaßt werden können" (S. 162). Einseitige Aufmerksamkeitslenkungen (z.B. durch einseitige Fragen) vermehrten zwar die Wahrscheinlichkeit des Auftretens richtiger Antworten, die dann aber z.T. situationsspezifisch seien, ohne daß eigentliche Operativität vorliege.

Um die Tragweite des Problems für die Feststellung der Invarianz der Anzahl und der diskontinuierlichen Menge aufzuzeigen, folgt eine Übersicht über die Bewertungsmethoden, wie sie in 63 verschiedenen Untersuchungen zwischen 1956 und 1970 verwendet wurden. Unter den aufgeführten befinden sich fünf deutsche Untersuchungen, davon vier aus den letzten drei Jahren. In dieser Übersicht werden die Untersuchungszeiträume (bzw. Veröffentlichungszeiten) von 1956 - 1963 als "frühe Untersuchungen", von 1964 - 1967 als "neuere Untersuchungen" und von 1968 - 1970 als "neueste Untersuchungen" zusammengefaßt.

Tabelle 7 zeigt eine parallel zur Zahl der Untersuchungen steigende Tendenz, nur die Konservierungsantworten zu bewerten. Am beliebtesten ist danach die Methode, die richtigen Antworten auf eine Reihe von Konservierungsaufgaben aufzusummieren. Nur wenige, wie etwa BEILIN (1965), WOHLWILL (1960) oder GOTTFRIED (1969) setzen eine bestimmte Anzahl von richtigen Antworten als Kriterium, ab wann sie ein Kind als "Konservierer" bezeichnen, z.B. zur Durchführung einer Skalogrammanalyse oder zur Einteilung in bestimmte Trainingsgruppen. Ähnlich werden die quantitativen Ergebnisse u.U. in drei qualitative Klassen umgewandelt (WOHLWILL, 1970), oder sie sind wie bei ROTHENBERG eine Kombination von Antworten auf zwei verschiedene Fragen, die dann aufsummierbare Werte von 0 (inkon-

Tabelle 7: Bewertungsmethoden bei 63 Untersuchungen zur Anzahl und diskontinuierlichen Menge

Untersuchungen:	Veröffentlichungszeiträume ältere	neuere	neueste	Summe
Anzahl	15	17	31	63
Begründung erfragt	8	5	14	27
1. Bewertungen: nur r/f:				
Summe r/f Antworten	6	9	13	28
Dichotomisierung nach r/f Antworten	2	2	5	9
3 und mehr Klassen nach r/f Antworten	1	2	6	9
Gesamt: nur r/f Antworten berücksichtigt	9	13	24	46
2. Gesamt: nur Begründungen	2	4	7	13
3. Bewertung: r/f + Begründungen:				
Dichotomisierung NK/K	1	3	5	9
3 Klassen: NK, Übergang, K	6	4	4	14
mehr Klassen, Rating	1	2	1	4
Gesamt: r/f + Begründungen	8	9	10	27
Summe über die 3 Gruppen+	19	26	41	86

NK = Nicht-Konservierer
K = Konservierer

+einige Autoren verwendeten mehrere Methoden

sistente Nicht-Konservierer), 2 (konsistente Nicht-Konservierer) und 4 (Konservierer) erhalten.

Ebenfalls fast linear mit der Anzahl der Untersuchungen ist die Tendenz gewachsen, die Begründungen der Kinder separat auszuwerten. Auch hier reichen die Vorschläge von einer Einteilung in adäquate oder "symbolische" Begründungen, die das Konservierungsprinzip ausdrücken, und nicht-adäquate (z.B. "weiß nicht", "meine Mutter sagt das") bis zu differenzierten Klassifizierungen (z.B. SEILER, 1969; ROTHENBERG und OROST, 1969).

Insgesamt prozentual verringert hat sich über die Jahre die Einstufung der Kinder in drei Entwicklungsstufen aufgrund ihrer Antworten und der Begründungen für ihre Antworten. In neueren Untersuchungen werden fast nur noch bei den Konservierern die Begründungen berücksichtigt.

Wie sich die Anzahl der Konservierer bzw. der Konservierungsantworten nach Einbeziehen der Begründungen in die Beurteilungen verschiebt, zeigt Tab. 8. Sie gibt die Unterschiede in der Anzahl der Konservierer nach den jeweiligen Bewertungskriterien bei der ersten Anzahlaufgabe in der Untersuchung von WHITEMAN und PEISACH (1970) und beim Nachtest nach verschiedenen Trainings bei WINER (1968) (Grundlage der Bewertung sind hier 5 Testitems) wieder. Die Daten von GRUEN (1965) beziehen sich auf die Anzahl von Konservierungsantworten auf jeweils 6 Items; und zwar hatte in seiner Untersuchung die eine Gruppe ein sprachliches Vortraining zur Differenzierung des Begriffs der Anzahl von dem der Länge erhalten, die andere Gruppe ein sprachfreies Vortraining in visueller Zuordnung von Anzahlen (ohne Berichtigung falscher Reaktionen); bezüglich der Haupttrainings waren die beiden Gruppen vergleichbar.

Tabelle 8: Anzahl der Konservierer bzw. der Konservierungsantworten nach zwei Auswertungskriterien

Autor	LA der Vpn	N	nur r/f n	nur r/f %	r/f+Begrdg. n	r/f+Begrdg. %	
WHITEMAN u.	5;1	43	13	31	6	13	Neger, niedrg.
PEISACH (1970)	9;2	31	21	67	14	45	sozioökon.Stat.
WINER (1968)	5;11	42	12	28.6	6	14,3	
GRUEN (1965)	5;1++	45	137+	51	100+	37	
	5;1+++	45	68+	25	61	23	
	gesamt	90	205	38	161	30	

\+ = hier bezogen auf die Anzahl der Antworten
++ = nach sprachlichem Vortraining
+++ = nach sprachfreiem Vortraining

Diese Tabelle zeigt ein sehr deutliches Überwiegen von Konservierern oder Konservierungsantworten, wenn die Begründungen nicht berücksichtigt werden. In der Untersuchung von GRUEN zeigt sich nur unter dieser Bedingung ein signifikanter Unterschied zwischen den beiden Trainingsgruppen. Außerdem scheint sich die Diskrepanz zwischen diesen beiden Bewertungsarten besonders bei den jüngeren Kindern auszuwirken. - Entsprechende Unterschiede finden sich in den Standardisierungsdaten von GOLDSCHMID und BENTLER (1968b), die in ihren Konservierungstests die Antworten und die Begründungen getrennt bewerten: die Mittelwerte für die Begründungen liegen regelmäßig niedriger als die für die Antworten.

Wieweit stimmen diese beiden Bewertungsarten überein?

FREYBERG (1966) korrelierte 17 Items aus einer Serie von 72 Konservierungsaufgaben, die er den Kindern nach multiple-choice-Verfahren geboten hatte, mit entsprechenden Aufgaben, die nach PIAGETs "klinischer Methode" durchgeführt worden waren, und erhielt bei 101 Versuchspersonen im Alter von 6 bis 8 Jahren einen Koeffizienten von r = .722. Ein ähnliches Ergebnis erhielt DODWELL (1962) bei der Korrelation von 54 Konservierungsantworten mit der Zuordnung zur 1. Stufe nach PIAGET aufgrund von Verhalten, Antworten und Begründungen; bei den 25 untersuchten Kindern betrug der Koeffizient r = -.71. Während nach diesen beiden Ergebnissen nur etwa 50 % gemeinsame Varianz zwischen zwei Bewertungsarten liegen, sind die Ergebnisse der Interkorrelationen bei GOLDSCHMID und BENTLER deutlich höher. Die Korrelationen zwischen Antwortscore und Begründungsscore liegen bei den beiden parallelen Testformen (je 6 Items, N = 142, Alter zwischen 4 und 8 Jahren) zwischen .83 und.85, für den Begründungsscore mit dem kombinierten score bei .95 und für den Antwortscore mit dem kombinierten score bei .97. Bei der Kreuzvalidierungsstichprobe (N = 107) liegen die Korrelationen z.T. noch höher. - Die hier als Beispiele aufgeführten Korrelationen beziehen sich auf Aufgabenserien, die nicht nur Aufgaben zum Zahlbegriff enthielten. Jedoch liegt die Korrelation von PETERS (1970) zwischen den summierten Antwortscores einerseits (bei je 2 Items und 3 Testdarbietungen) und einem komplexen 7-stufigen Rating bei den von ihm durchgeführten Anzahlaufgaben ebenfalls bei r = .92 (N = 131, 5;1 - 6;2 Jahre).

Bei klar definierten Bewertungskriterien dürften die verschiedenen Bewertungsarten weitgehend dasselbe erfassen.

Während die Bewertungen der Antworten im allgemeinen eindeutig definierbar sind, können sich bei den Rating-artigen Bewertungen der Begründungen Schwierigkeiten ergeben. Einige Autoren berichten daher über die Übereinstimmung zwischen zwei oder mehreren Beurteilern. Die entsprechenden Korrelationen liegen danach zwischen r = .90 und r = .98 (ALMY, CHITTENDEN, MILLER, 1966; BEILIN, 1965; FEIGENBAUM, 1963; GOLDSCHMID und BENTLER, 1968a,b; GRUEN, 1965; PETERS, 1967; WHITEMAN und PEISACH, 1970) und sprechen im allgemeinen für eine hohe Übereinstimmung.

Über die Stabilität der Testwerte geben Testwiederholungen oder Paralleltests Auskunft. Die entsprechenden Korrelationen für Testwiederholungen liegen bei r = .82 bis .91 bei einer Woche Abstand (ALMY, CHITTENDEN, MILLER, 1966; FREYBERG, 1966; HUMPHREY, 1966; PETERS, 1967) und für eine Nachuntersuchung mit einem Paralleltest nach zwei Wochen bei r = .94 (GOLDSCHMID und BENTLER, 1968a). FREYBERG berichtet außerdem von einer split-half-Korrelation seines 72 Items umfassenden Konservierungstests bei 99 6- bis 9jährigen von r = .87. Diese Ergebnisse könnten außerdem gestützt werden durch die relativ wenig erfolgreichen kurzfristigen Trainingsversuche; darauf soll jedoch später eingegangen werden.

PETERS (1970) fand einen Generalisierbarkeitskoeffizienten über drei Testzeitpunkte (Vortest, Nachtest und 2. Nachtest nach 2 Wochen) und zwei Beurteilern von Erho = .73 für Knaben und Erho = .82 für Mädchen (N = 131), was für eine etwas größere Konsistenz der Antworten und Beurteilungen bei den Mädchen spricht.

8.2 Material-, Transformations- und Reihenfolgeeffekte bei verschiedenen Aufgabenarten

Abgesehen von den bisher diskutierten Aspekten bei Konservierungsaufgaben - Herstellung der Ausgangssituation, Instruktionsarten und Frageformen, Bewertungen der Antworten - gibt es noch eine Fülle von Variationen innerhalb der Konservierungsaufgaben, die ihre Lösung beeinflussen können und daher diskutiert werden müssen. Wie stark sind diese Einflüsse? Übersteigen die dadurch hervorgerufenen Unterschiede die Gemeinsamkeiten zwischen den Aufgaben? Kann man überhaupt verallgemeinernd von "Invarianzaufgaben zum Zahlbegriff" sprechen?

Zunächst gibt es die Unterscheidung von "Konservieren diskontinuierlicher Mengen" und "Konservieren der Anzahl" mit ihren Übergängen. Weitere Variationen bieten die Materialunterschiede selbst, die Größen der verwendeten Mengen, die Art der durchgeführten Transformationen sowie situative Einflüsse wie etwa die Reihenfolge der Darbietung der Aufgaben.

Soweit möglich, sollen zu diesen Fragen Daten aus der vorhandenen Literatur zur Klärung angeführt werden, insbesondere Varianzanalysen, Skalogrammanalysen und Korrelationen. Hierdurch läßt sich z.T. klären, ob vorhandene Unterschiede als Schwierigkeitsunterschiede, als notwendige Schritte beim Erwerb eines Begriffes angesehen werden können oder aber ein solcher Gedanke verworfen werden muß. Die eigenen, später zu berichtenden Untersuchungsergebnisse werden zu einigen dieser Fragen weiteres Material liefern.

Zunächst soll über Untersuchungen mit Aufgaben zur diskontinuierlichen Menge berichtet werden, anschließend über solche zum "eigentlichen" Anzahlbegriff.

8.21 Aufgaben zur diskontinuierlichen Menge

Aufgaben zur diskontinuierlichen Menge ähneln denen zur kontinuierlichen Flüssigkeitsmenge umso mehr, je größer die Anzahl der verwendeten Perlen oder Körner ist (z.B. ELKIND, 1961a; GOLDSCHMID und BENTLER, 1968), und denen zum Zahlbegriff, je deutlicher die Gleichheit der Anzahl (etwa durch korrespondierendes 1:1-Einfüllen in Gläser) betont wird (z.B. DODWELL, 1960; FEIGENBAUM, 1963). Meist werden wie bei den Flüssigkeitsexperimenten Gläser verwendet, in die die Mengen eingefüllt und umgegossen werden. Es gehören aber auch solche Aufgaben zu dieser Gruppe, wie sie SMEDSLUND (1964, 1966b) verwandte. Er bildete als Ausgangssituation gleich große Mengen von je 16 oder gar 50 Linoleum-Vierecken, wobei die Kinder die Gleichheit der Mengen nur grob durch den Augenschein und durch die Aussagen des VL annehmen konnten, nicht viel anders, als bei der Beurteilung der Niveaus zweier mit Maiskörnern gefüllter Gläser (GOLDSCHMID und BENTLER, 1968a,b).

Zur Auswirkung solcher Aufgabenunterschiede gibt es jedoch nur wenige Untersuchungen. FEIGENBAUM fand keinen Unterschied beim Lösen der Konservierungsaufgaben, ob er nun 7 oder 14 Perlen verwendete, ob durch das Umgießen in andersgeformte Gläser größere oder kleinere optische Verzerrungen auftraten (desgl. HOOPER, 1965); es fand sich bestenfalls eine Tendenz in der erwarteten Richtung; bei der Korrespondenzherstellung gab es jedoch Unterschiede.

Ein weiterer Unterschied besteht darin, ob anfangs von der Gleichheit oder Ungleichheit der Mengen ausgegangen wird (z.B. LAUX, 1969; SILVERMAN und SCHNEIDER, 1968). Systematische Vergleiche von Ergebnissen sind mir zur diskontinuierlichen Menge nicht bekannt; BEARISON (1969) hat zwar beide Anordnungen verwendet, aber keine getrennten Ergebnisse berichtet; bei Flüssigkeiten tendieren die Ergebnisse entweder zu gleichen Schwierigkeitsgraden oder zu etwas leichterem Lösen der Differenzinvarianzaufgabe (Hinweis bei GRECO (1962) für Anzahl und bei LAUX (1969) für diskontinuierliche Mengen).

Die meisten Autoren, die von vornherein zwei unterschiedliche Gläser verwenden, lassen das Kind die Perlen einzeln und gleichzeitig einfüllen; es findet also kein "Umschütten" statt. Solche Aufgaben haben formal Ähnlichkeit mit den oben beschriebenen "statischen" Aufgaben. MERMELSTEIN (1963) sieht in ihnen Aufgaben zur Korrespondenzherstellung, die leichter sind, als entsprechende Aufgaben mit Umschüttversuch (vgl. S. 109). Verwendet wurden solche Aufgaben bei ELKIND (1961a); DODWELL (1960); FEIGENBAUM (1963); McMANIS (1969a,d);LÜCKERT & RESNICK (1970) und PRICE-WILLIAMS (1961).

Bei den übrigen Aufgaben, die von gleichen Mengen und gleichen Gefäßen ausgingen, wurden verschiedene Arten von Transformationen durchgeführt: Umschütten in ein schmaleres Glas (z.B. bei BEARISON, 1969; DODWELL, 1960; FEIGENBAUM, 1963; FEIGENBAUM und SULKIN, 1964; LAUX, 1969; McMANIS, 1969a,d; MERMELSTEIN und SHULMAN, 1967; SCHMALOHR und WINKELMANN, 1969; SCHWARTZ und SCHOLNICK, 1970), in ein breiteres Glas (ALMY, CHITTENDEN und MILLER, 1966; BEARISON, 1969; GOLDSCHMID und BENTLER, 1968; ESTES, 1956; LAUX, 1969; McMANIS 1969a,d; SCHMALOHR und WINKELMANN, 1969; SCHWARTZ und SCHOLNICK, 1970), Aufteilen auf mehrere kleine Gläser (z.B. ELKIND, 1961a; GOLDSCHMID und BENTLER, 1968; GREEN und LAXON, 1970; MERMELSTEIN und SHULMAN, 1967; PRICE-WILLIAMS, 1961), Addition und Subtraktion eines oder mehrerer Elemente (LAUX, 1969; SMEDSLUND, 1966b). Eine Ausnahme sind hier die Aufgaben von SMEDSLUND, der ja keine Gläser verwendete; seine Transformationen bestehen in Veränderungen der figuralen Anordnung eines der Haufen mit Vierecken, z.B. in ein Dreieck, einen Ring oder ein Kreuz (1961 f; 1962; 1966b).

Unterscheiden sich diese verschiedenen Transformationen in ihrem Schwierigkeitsgrad?

Für den Vergleich des Umschüttens in ein schmaleres oder breiteres Glas liegen keine Ergebnisse vor. Doch zeigten die Ergebnisse von PRICE-WILLIAMS (1961), MERMELSTEIN und SHULMAN (1967) sowie GREEN und LAXON (1970), daß es den Kindern etwas leichter fällt, eine ungeteilte als eine geteilte Menge zu konservieren; ein Vergleich der Mittelwerte der Standardisierungsstichprobe von GOLDSCHMID und BENTLER bei den entsprechenden Aufgaben weist jedoch gerade in die umgekehrte Richtung. Aus den Angaben von GREEN und LAXON läßt sich außerdem entnehmen, daß die Größe der Mengen von Bedeutung ist; während die älteren Kinder (Durchschnittsalter 5;9 Jahre gegenüber Durchschnittsalter 4;9 Jahre) noch größere ungeteilte Mengen, intelligentere z.T. noch kleinere geteilte Mengen hätten konservieren können, habe das Konservieren einer größeren geteilten Menge oberhalb der Fähigkeitsgrenze der Kinder gelegen. - Bezüglich Additions- oder Subtraktionsoperationen gegenüber Umschütten ungeteilter Mengen weisen die Ergebnisse von LAUX (1969), MERMELSTEIN und SHULMAN (1967) und die von SMEDSLUND (1962 f, 1962) einheitlich in die gleiche Richtung: das Konservieren nach Umschütten bzw. Transformation der Anordnung (Ring, Kreuz) ist deutlich schwerer als das Konservieren nach Addition oder Subtraktion. Das Ausmaß des Unterschiedes verdeutlichen die Ergebnisse von SMEDSLUND, die in Tabelle 9 wiedergegeben werden.

Tabelle 9: Anzahl der Vpn bei Aufgaben mit Veränderung der Anordnung bzw. Addition und Subtraktion eines Elementes bei diskontinuierlichen Mengen (SMEDSLUND, VI, 1961)

	K	NK	Gesamt	
Addition +	58	45	103	$Chi^2 = \frac{(b-c)^2}{b+c} = 32{,}o^*$
Subtraktion -	5	46	51	Phi = 0,397, $p < 1$ %
	63	91	154	

* Formel nach CLAUSS und EBNER, 1968, S. 243

Diese Ergebnisse stammen von 154 Osloer Kindern im Alter von 4;9 bis 7;3 Jahren. Berechnet man mit dem Chi-Quadrat-Test die Signifikanz der Unterschiede, so zeigt sich, daß bei Transformation der Anordnung die Aufgabe viel schwieriger war als bei Subtraktion oder Addition eines Elementes. Entsprechende Ergebnisse erhielt SMEDSLUND auch bei kontinuierlichem Material (Knete). In einer weiteren Untersuchung, in der u.a. solche Aufgaben zur diskontinuierlichen Menge verwandt wurden, konnte SMEDSLUND dieselben Schwierigkeitsunterschiede beobachten (SMEDSLUND, 1964; vgl. auch die Skalogrammanalysen dieser Daten von ZERN, 1969 und SIEGELMAN und BLOCK, 1969).

Nach dem bisher Gesagten ergibt sich folgende nach Schwierigkeitsgraden von leicht nach schwer geordnete Aufeinanderfolge von Transformationen:

Addition und Subtraktion
Umschütten ungeteilter Mengen
Umschütten geteilter Mengen**

ungeachtet der variierend wirkenden Momente wie Größe der Mengen und Gleichheit oder Ungleichheit der Mengen in der Ausgangssituation.

**Bezüglich ungeteilter und geteilter kontinuierlicher Größen ergab sich bei Untersuchungen zur Längeninvarianz (RAUH und BILLE, 1969) ein entsprechendes Ergebnis, das durch eine Skalogrammanalyse voll bestätigt werden konnte.

Dies wiederum entspricht z.T. der von LEFRANÇOIS (1968)bei 60 4- bis 6jährigen validierten und skalogrammanalysierten Aufeinanderfolge von Entwicklungsschritten beim Erwerb des Begriffs der Invarianz der Substanz (kontinuierlichen Menge), die folgendermaßen umschrieben werden:

1. Verstehen der Begriffe "gleich", "mehr", "weniger" in Verbindung mit kontinuierlicher Menge (ab 4 Jahren).
2. Unterscheiden zwischen verschiedenen Breiten;
   Unterscheiden zwischen verschiedenen Höhen.
3. Unterscheiden von Mengen in Behältern gleicher Breite, aber unterschiedlicher Höhe;
   Unterscheiden zwischen Mengen in Behältern gleicher Höhe, aber unterschiedlicher Breite.
4. Verstehen der Wirkung der Addition zu einer Menge;
   Verstehen der Wirkung der Subtraktion von einer Menge.
5. Erkennen der Kombination: was an Höhe gewonnen wurde, ging an Breite verloren oder umgekehrt;
   Erkennen der Identität: nichts wurde hinzugefügt oder weggenommen;
   Erkennen der Reversibilität (hier war die Position in der Reihenfolge nicht immer eindeutig).

Als 6. Schritt könnte man hinzufügen:
   Erkennen, daß die Summe der Teile mengenmäßig identisch ist mit dem ungeteilten Ganzen.

Ebenfalls noch nicht überprüft ist die Frage, welchen Platz innerhalb dieser Hierarchie von Schritten die entsprechenden Identitätsaufgaben im Vergleich zu den Äquivalenzaufgaben haben.

Bei der großen Ähnlichkeit der Aufgaben zur diskontinuierlichen Menge mit denen der kontinuierlichen Menge stellt sich die Frage, welche Beziehungen zwischen diesen beiden Aufgabenarten besteht, d.h. welchen Einfluß die Materialart bei gleicher Aufgabenstellung und gleicher Art von Transformationen auf das Lösen der Invarianzfragen hat. Das Untersuchungsmaterial von McMANIS (1969d) könnte evtl. Hinweis geben (vgl. S. 111).

Bei der Mehrzahl der zu dieser Frage beitragenden Untersuchungen erwies sich das Konservieren kontinuierlicher Mengen als schwerer.

Dies berichten z.B. ELKIND (1961a), MERMELSTEIN und SHULMAN (1967) und BEARISON (1969, bei der Kontrollgruppe in den Nachtests) beim Vergleich von Perlen und Flüssigkeit beim Umschüttversuch,PRICE-WILLIAMS (1961) bei entsprechenden Aufgaben, jedoch mit Nüssen und Sand, bei afrikanischen Analphabeten, sowie SMEDSLUND (1961 f) und BARTMANN (1970) beim Vergleich von Aufgaben mit Plättchen und mit Knete. Bei GOLDSCHMID und BENTLER (1968b) sind beim Gläserversuch mit Maiskörnern bzw. Wasser die Ergebnisse uneinheitlich und zeigen nur bei der Kreuzvalidierungsstichprobe (N = 107) und der Aufteilungsaufgabe in die erwartete Richtung. - Trotz der sehr signifikanten Unterschiede zwischen den Invarianzaufgaben mit Flüssigkeit bzw. Perlen korrelieren beide Aufgaben bei ELKIND hoch mit r = .76 (N = 80, 4- bis 7jährige), weisen also etwa 58 % gemeinsame Varianz auf. - Aus SMEDSLUNDs (1966b) Daten geht hervor, daß sich die Reihenfolge: erst Additions-/Subtraktionsaufgaben, dann figurale Transformationen bei kontinuierlichem Material (Knete) ebenso zeigt wie beim diskontinuierlichen (Plättchen), da innerhalb der Additions-/Subtraktionsaufgaben sich beide Materialien ebenso wie bei den Transformationsaufgaben in der erwarteten Weise signifikant unterscheiden, daß andererseits die Konservierungsaufgaben bei diskontinuierlichem Material, gemessen an der Anzahl der Kinder, die sie lösen konnten, nur wenig schwerer waren als die Additions-/Subtraktionsaufgaben zur kontinuierlichen Menge (63 bzw. 68 von 154 Kindern) und mit diesen einen deutlichen Zusammenhang aufweisen (Phi = .457), der jedoch geringer ist als der zwischen den Konservierungsaufgaben zur kontinuierlichen und diskontinuierlichen Menge (Phi = .669, bei einem Chi^2 von 69.01).

Es sieht also so aus, als wenn sich das Erfassen der Invarianz diskontinuierlicher und kontinuierlicher Mengen in ähnlicher Weise, jedoch mit einer gewissen Phasenverschiebung gegeneinander und einem gewissen Maß an Abhängigkeit voneinander entwickeln. Dies ist ein Phänomen, das für die Aufeinanderfolge der Begriffe Masse - Gewicht - Volumen immer wieder bestätigt wurde (PIAGET und INHELDER, 1969b, S. 159; ELKIND, 196b; UZGIRIS, 1964), wobei UZGIRIS auf den schwankenden korrelativen Zusammenhang zwischen den Begriffen in Abhängigkeit vom Entwicklungsstand der Kinder hinwies. Außerdem schließt sie aus den Ergebnissen ihrer Untersuchung, daß diese Aufeinanderfolge insgesamt und innerhalb jeder einzelnen Materialart konstant ist; bei welchem Material der Aufbau der Begriffe jedoch eher oder später beginnt (sie verwendete Plastillin, Muttern, Drahtknäuel und Klingeldraht), sei von Kind zu Kind verschieden.

8.22 Anzahlaufgaben

Das Schema für die "eigentlichen" Anzahlaufgaben sieht - sofern es sich um Äquivalenzkonservieren handelt, folgendermaßen aus: von zwei parallel liegenden Reihen mit Gegenständen wird eine in ihrer räumlichen Anordnung verändert; vor und nach dieser Transformation wird die je nach Autor variierende "Konservierungsfrage" (s.o.) gestellt. Meist erstellt der VL selbst die beiden genau korrespondierenden Reihen(visuelle Korrespondenz), u.U. läßt er das Kind die Gegenstände in jeder Reihe zur Kontrolle zählen (vgl. GRUEN, 1965). Bei einigen Untersuchungen dagegen besteht die erste Aufgabe für das Kind darin, zu einer bestehenden Reihe eine zweite aus gleich vielen Gegenständen aufzubauen, wobei mehr Gegenstände zur Verfügung stehen, als das Kind dazu benötigt. Solche einleitende Korrespondenzaufgaben finden sich z.B. bei ALMY, CHITTENDEN und MILLER(1966); BEILIN (1965); DODWELL (1960); ELKIND (1961a); GRÊCO (1962); HALFORD und FULLERTON (1970); ROTHENBERG und COURTNEY (1968); Mc MANIS (1969a,d); PETERS (1970); ROLL (1970) und WHITEMAN und PEISACH (1970). Manchmal dienen sie nur zur Vororientierung, in vielen Fällen werden sie in die Auswertung mit einbezogen. Wichtig zu erwähnen ist, daß zwischen den Gegenständen in den Reihen stets mehr oder minder große Lücken sind. - Aufgaben, bei denen nicht dieses Grundschema vorlag, sondern etwa ein Stück-für-Stück-Austausch von Ware und Münzen, wie PIAGET (Z., S.79-87) und PIAGET und INHELDER (1969b) es beschrieben, durchgeführt wurde, konnten in den Nachuntersuchungen (soweit zugänglich und beschrieben) nicht gefunden werden.

Während die überwiegende Mehrheit der Autoren nur Aufgaben zu Gleichheitsrelationen durchführten, haben BAKER und SULLIVAN (1970), BARTMANN (1970), BEILIN (1965) in einer nicht direkt vergleichbaren Anordnung, GOTTFRIED (1969) desgleichen, GRÊCO (1962) und

ZIMILES (1966) ungleich große Mengen von Gegenständen verwendet. Nur von ZIMILES und HALFORD u. FULLERTON (1970) liegen die vorn beschriebenen vergleichenden Ergebnisse vor (S. 99). Über die hier ebenfalls zu erwähnenden Aufgaben von MEHLER und BEVER (1967) und die Kritiken dazu wurde ebenfalls bereits berichtet (S. 101 ff).

Beim Konservieren von Gleichheitsrelationen der Anzahl waren die <u>zu vergleichenden Mengen</u> bei verschiedenen Autoren unterschiedlich groß. Der größten Beliebtheit erfreuten sich Mengen aus je 6 Gegenständen; in 16 von 42 Untersuchungen wurden entsprechende Konservierungsaufgaben gestellt. Die nächst häufigsten Mengengrößen sind je 5 und je 7 Gegenstände; entsprechende Aufgaben wurden in je 10 Untersuchungen verwendet. Die kleinsten Mengen wurden bei ZIMILES (1966) und BARTMANN (1970) mit je 3 Gegenständen und bei VOGELSANG (1959) mit je 4 Gegenständen, die größten Mengen ebenfalls bei zwei Deutschen, nämlich SEILER (1968) (je 24 Gegenstände) und LAUX (1968)(je 20 Gegenstände) verwendet. Die Häufung der Untersuchungen mit je 5 bis 7 Gegenständen dürfte mit der Zählfähigkeit der Kinder zwischen 4 und 7 Jahren zusammenhängen sowie der Erwartung, daß die Kinder in diesem Alter solche Mengen aus einer größeren Menge richtig entnehmen können (KERN, 1951). Tabelle 10 gibt eine Übersicht über die Größe der Mengen bei verschiedenen Untersuchungen zum Anzahlbegriff.

<u>Tabelle 10</u>: Größe der Mengen bei Anzahlkonservierungsaufgaben, bezogen auf die Anzahl der Untersuchungen, in denen sie verwendet wurden (Mehrfachzuordnungen)

Größe der Mengen	3	4	5	6	7	8..10		11	12..20..24		
Anzahl der Untersuchungen	2	1	10	16	10	3	1	2	2	1	1

Hat die Größe der Mengen Einfluß auf die Konservierungsleistungen?

Die Zuordnung von Karten gleichen kardinalen Wertes ist leichter bei je 1 bis 5 Elementen als bei 6 bis 7 Elementen, nach WOHLWILL (1960a). Auch bei Klasseninklusionsaufgaben fand DODWELL (1962) signifikante Unterschiede bei Beantwortung der Frage: "Sind da mehr Rechen, oder sind da mehr Gartengeräte", je nachdem, ob es sich um den Vergleich von 5:6 oder aber um 10:2 und 12:2 handelte. WOHLWILL und LOWE (1962) führten drei Konservierungsaufgaben mit je 6 Elementen durch und wiederholten die erste mit 12 Elementen. Die Anzahl der Konservierer sank zwar geringfügig (von 9 auf 7 von insgesamt 72 Vpn); es wurde aber auch ein Nicht-Konservierer zum Konservierer. ROLL (1970), der dieselben Aufgaben verwendete, berichtet leider keine differenzierten Ergebnisse zu dieser Frage. BAKER und SULLIVAN (1970) experimentierten mit ungleichen Mengen (5:4 und 9:7), deren optisches Arrangement dieser Ungleichheit aber entgegenwirkte (keine Transformationen, aber z.B. gleich lange Reihen). Sie fanden bei den 96 untersuchten Kindergartenkindern aus zwei verschiedenen Milieus (Durchschnittsalter 5;11 bzw. 5;10) signifikante Unterschiede zwischen beiden Aufgaben nur dann, wenn sie Bonbons als Material verwendeten; dann war die Unterscheidung der kleineren Mengen wesentlich leichter als die der größeren Mengen. Verwendeten die Autoren aber Bohnen als Material, dann ließ sich bestenfalls nur eine Tendenz in der genannten Richtung erkennen. - Am aufschlußreichsten ist die Untersuchung von ZIMILES (1966) an Kindergartenkindern (N = 72, 5;3 - 6;3 Jahre) und Erstkläßlern (N = 74 und N' = 98, 6;3 - 7;3 Jahre), alles Jungen. Die 8 Konservierungsaufgaben, die er ihnen gab, permutierte er so, daß jeweils die eine Hälfte der Gruppen mit einer Aufgabe mit kleinen Mengen begann, die andere Hälfte mit großen Mengen (3:3 bzw. 7:7). Insgesamt, über alle Gruppen hinweg, fand ZIMILES keinen bedeutsamen Unterschied zwischen der Anzahl richtiger Lösungen bei kleineren oder größeren Mengen. Es stellte sich jedoch heraus, daß es für die Leistungen bei den folgenden 7 Aufgaben von Bedeutung war, ob die erste mit kleinen oder größeren Mengen begann, da die Kinder dazu tendierten, uniform auf alle Aufgaben zu antworten. Konservierer gehörten signifikant häufiger zu der Gruppe, die mit kleinen Aggregaten angefangen hatte, Nicht-Konservierer häufiger zu der, die mit den großen begonnen hatte. Der erste Versuch hatte also eine stabilisierende Einstellungswirkung auf die weiteren Versuche. Derart klare Ergebnisse fanden sich bei ZIMILES aber nur bei zwei seiner drei Stichproben.

ZIMILES'Ergebnisse lassen vermuten, daß Einstellungen ("sets") oder auch Reihenfolgeeffekte, u.U. Interaktionen zwischen beiden, bei Invarianzversuchen auftreten, die mehr als eine Aufgabe verwenden. Hierauf verweist auch PETERS (1967) in seiner Kritik an den Untersuchungen von WALLACH und SPROTT (1964) und WOHLWILL (1960a), die ihre Versuchspersonen bei den Konservierungsaufgaben am Zählen hinderten und so u.U. einen "Zahlset" zugunsten eines irrelevanten "Manipulationssets" unterbanden. Welche Bedeutung "sets", sei es in Form von Frage-Antwort-Stereotypien oder in der vorgenannten Art auf die Lösung von Invarianzaufgaben haben, ist noch kaum systematisch untersucht worden. - Etwas günstiger ist in dieser Hinsicht die Lage bzgl. der Wirkung von Reihenfolgeeffekten. Die Mehrzahl der Autoren, die diesen Effekt durch Rotation der Aufgaben zu kontrollieren versuchten, berichten, daß die Reihenfolge ohne Einfluß auf die Lösung der Aufgaben sei (BEILIN, 1965; BRAINE, 1959; HAMEL, 1970; SHANTZ, 1967; ESTES und COMBS, 1966; UZGIRIS, 1964). Diese Ergebnisse stammen im allgemeinen aus Untersuchungen, die nicht oder nicht nur den Zahlbegriff erfaßten und die Lernübertragung auf andersartige Begriffe (z.B. Anzahl - Länge) überprüften, mit Ausnahme von UZGIRIS, die beim selben Begriff (Masse bzw. Gewicht bzw. Volumen) ebenfalls keine Auswirkung der Reihenfolge der Darbietung verschiedener Materialien fand. - Gegenteilige Vermutungen äußern LOVELL und OGILVIE (1960a) aus ihren Experimenten zum Begriff der Masse und PETERS (1967) aus der Tatsache, daß in Trainingsexperimenten auch Kinder der Kontrollgruppen mitunter signifikante "Lernfortschritte" zeigen. Dabei bleibt die Frage offen, ob solche Reihenfolgeeffekte als "experimentelle Fehler" anzusehen oder im Sinne von AEBLI(1963) als durch die Problemstellung hervorgerufener "Elaborationsprozeß" zu verstehen sind. - Die komplexe Wirkung von Reihenfolge der Aufgaben, Material (Bonbons oder Plastillin) und Nähe zur Versuchsperson bei der Wiederholung der MEHLER-BEVER-Aufgaben durch ROTHENBERG und COURTNEY (1968) soll wegen der Fragwürdigkeit der Aufgaben als Konservierungsaufgaben hier nicht näher diskutiert werden.

Außer der Größe der Mengen, der Reihenfolge der Aufgaben u.ä. könnte das Material selbst in unterschiedlichem Maße die Lösung der Aufgaben im Sinne der Invarianz erleichtern oder erschweren. So stellte ELKIND (1964) bei Aufgaben zur Längenunterscheidung, Reihenbildung und Numeration fest, daß die Kinder die Aufgaben am ehesten mit den dreidimensionalen Blöcken und weniger gut mit den Latten oder Stäbchen lösten. Dieser Dimensionalitätseffekt zeigte sich jedoch am deutlichsten bei der Unterscheidungsaufgabe, am geringsten bei der Reihenbildungsaufgabe. ELKIND erklärt diese unterschiedliche Wirkung mit unterschiedlicher Motivation der Kinder: bei der Reihenbildungsaufgabe hätten sie aktiver mitgetan.

Die Wirkung der durch das Material ausgelösten motivationalen Beteiligung auf die Lösung von Invarianzaufgaben untersuchten BAKER und SULLIVAN (1970), ROLL (1970), ROTHENBERG und COURTNEY (1968), ZIMILES (1966) und ROTHENBERG (1969a). Sie verwendeten Bonbons einerseits und Plastillinkugeln, Papierspielmarken oder Bohnen andererseits (BAKER und SULLIVAN, ROLL; ROTHENBERG und COURTNEY) bzw. beliebtes Spielzeug wie Autos, Puppen u.ä. im Vergleich zu einfachen farbneutralen Blöcken (ROTHENBERG, BAKER und SULLIVAN, ZIMILES). ROTHENBERG und COURTNEY fanden einen bedeutsamen Einfluß des Materials bei den MEHLER-BEVER-Aufgaben: bei den Bonbons erkannten die Kinder viel leichter die Reihe mit der größeren Menge. BAKER und SULLIVAN stellten die gleiche Tendenz auch fest, jedoch nur beim Vergleich kleinerer Mengen (5:4 Gegenstände). In beiden Untersuchungen wurden statische Anordnungen mit ungleichen Mengen verwendet. Bei solchen Aufgaben - zwei aufgezeichnete Punktreihen, wobei die kürzere Reihe mehr Punkte enthielt - und entsprechend aufgeklebten Bonbons fand ZIMILES ebenfalls ein deutlich besseres Abschneiden bei den Bonbons als Material. ROLL dagegen, der Äquivalenz- und Differenzkonservierungsaufgaben mit kleineren (je 6 bzw. 6:7) und größeren (je 12 bzw. 11/12) Mengen und drei verschiedenen Transformationsarten (Extension, Aufteilung und vertikale Anordnung) verwendete, bei den Spielmarken nach Gleichheit und Ungleichheit, bei den Bonbons aber nach dem Wunsch, welche Reihe das Kind haben wolle, fragte, fand keinerlei Unterschiede in der Häufigkeit von Konservierungsantworten bei Kindern der Arbeiterklasse und Kindern der Mittelklasse, die auf das unterschiedliche Material rückführbar wären. Er folgert, daß die die

Dimension "wünschenswert - neutral" keine Bedeutung habe für das Hervorrufen von Konservieren (1970, S. 507). - Diejenigen Untersuchungen, die den Pol "wünschenswert" nicht durch Eßgegenstände, sondern durch beliebtes Spielzeug definierten (BAKER und SULLIVAN, ROTHENBERG, ZIMILES), fanden wie ROLL keine oder keine konsistenten materialbedingten Unterschiede in den Antworten der Kinder, weder über alle Aufgaben hinweg, noch speziell bei der ersten Aufgabe (ZIMILES), weder in den verschiedenen Altersgruppen, sozioökonomischen Gruppen oder den beiden Geschlechtsgruppen (ROTHENBERG), weder bei größeren noch bei kleineren Mengen (BAKER und SULLIVAN). Führte jedoch ZIMILES bei den Kindern, die bei der statischen Anordnung der "Konservierungsbilder" Nicht-Konservierer waren, entsprechende statische Anordnungen mit den Spielzeuglastwagen durch (ähnlich wie die oben beschriebenen Bonbonaufgaben; die Reihe mit mehr Autos war kürzer), dann nahmen sich deutlich mehr Kinder die "richtige" Reihe. - Auffällig an diesen Untersuchungen zu materialbedingten Motivationseinflüssen ist, daß die Tendenzen zugunsten des beliebteren Materials nur bei statischen Anordnungen zur Unterscheidung ungleicher Mengen auftraten (Ausnahme bei BAKER und SULLIVAN).

Materialunterschiede können einen unterschiedlichen motivationalen Anreiz geben, wie eben gezeigt wurde; sie können aber auch eine unterschiedliche kognitive Komponente beinhalten. ZIMILES (1966) untersuchte die möglichen Auswirkungen der Heterogenität oder Homogenität des Testmaterials. Er überprüfte drei Bedingungen:

(a) das gesamte Testmaterial einer Aufgabe ist einheitlich; die Ausgangssituation besteht aus zwei Reihen gleicher Autos oder Blöcke; (b) innerhalb einer Reihe sind die Autos oder Blöcke identisch, aber größer als die der zweiten Reihe; (c) in beiden Reihen stehen Autos verschiedener Farbe und Größe und verschiedenen Typs. Insgesamt unterschieden sich diese drei Bedingungen nicht in der Häufigkeit richtiger Antworten, die sie hervorriefen. Auch die Tatsache, ob eine Aufgabenserie mit heterogenem oder homogenem Material begann, erwies sich von nur geringfügiger Bedeutung. Doch zeigte sich die Tendenz, daß Aufgaben mit heterogenem Material, die auf mehrere Aufgaben mit homogenem Material folgten, bei einigen Kindern Verwirrung auslösten. Offensichtlich hatten sie einen Begriff der Gleichheit oder Verschiedenheit gebildet, der Materialhomogenität miteinbezog. - ROTHENBERG untersuchte ebenfalls den Faktor der Homogenität des Materials; bei der Aufgabenbedingung mit homogenem Material verwendete sie je fünf einfarbige Plastikblöcke, die in zwei Reihen einander gegenüberstanden; bei der Bedingung mit heterogenem Material waren die Gegenstände innerhalb einer Reihe zwar unterschiedlich (Vase, Puppe, Stiefel, Hund, Perle), hatten aber ein gleichartiges Gegenüber. Die eine Hälfte ihrer 210 Versuchspersonen (5;3 - 6;0 Jahre) erhielt die Aufgaben in der einen Bedingung, die andere mit der anderen bei gleichen Transformationsarten. Weder Jungen noch Mädchen, weder ältere noch jüngere Kinder, weder Kinder der Arbeiterschicht noch der Mittelschicht unterschieden sich in der Häufigkeit von Konservierungsantworten und der Art der Begründungen unter diesen beiden Bedingungen. Dies Ergebnis überrascht umso mehr, als DODWELL (1962) und auch WALLACE (1966) aus dem Vergleich von Aufgaben mit roten und blauen "Flöhen" mit solchen, die Eier und Eierbecher verwenden, bessere Lösungen bei dem zur Paarbildung anregenden Material (Eier - Eierbecher) beobachtete und auch PIAGET selbst ein solches Ergebnis vermutet, wenn er schreibt (Z., S. 70):

> "Es versteht sich von selbst, daß die Korrespondenz der korrespondierenden Gruppen umso dauerhafter ist, je größer die Kohäsion der miteinander Stück-für-Stück korrespondierenden Gegenstände ist."

WHITEMAN und PEISACH (1970), die mittels Farbe, Verbindungslinien u.ä. zunehmend eine solche Korrespondenz von zugeordneten Paaren verstärkten, erzielten bei den Zahlinvarianzaufgaben bei ihren älteren Versuchspersonen (3. Schuljahr gegenüber Kindergartenalter, in beiden Gruppen Negerkinder aus einfachem Milieu) deutlich mehr richtige Antworten mit solchen Hilfen; bei den Aufgaben zur kontinuierlichen Menge (Plastillin) blieben analoge Hilfen jedoch ohne Erfolg. Aus diesen Ergebnissen muß also noch ungeklärt bleiben, ob die Betonung der Korrespondenz oder die der Gleichmächtigkeit, etwa über das Zählen, eher zur Konservierung der Anzahl führen. Als Prüfaufgaben zur Feststellung der Invarianzbegriffe kommen im Bereich des Anzahlbegriffes beide Aufgabentypen etwa gleich häufig vor.

Welche Bedeutung haben die verschiedenen Arten von <u>Transformationen</u>, die bei den Konservierungsaufgaben zur Anzahl verwendet werden? Sind sie gleichwertig?

In 24 von 36 Arbeiten wurden die Abstände zwischen den Gegenständen einer Reihe vergrößert ("Extension"), in nahezu ebenso vielen, nämlich 22, eine Reihe zusammengeschoben ("Kollation"). Diese beiden Transformationsarten sind die weitaus beliebtesten. In 7 von 36 Arbeiten wurde eine Reihe in zwei oder mehr Gruppen aufgeteilt ("Teilung"), in 4 Arbeiten eine gegen die andere ohne Veränderung der Abstände innerhalb einer Reihe verschoben; in 7 Arbeiten wurde eine Reihe um 90^{c} gegen die andere gedreht ("Rotation"); in 8 bzw. 4 Arbeiten wurde einer oder beiden Reihen eine gleiche oder ungleiche Zahl von Gegenständen hinzugefügt oder fortgenommen (Addition und Subtraktion) (bei anderen wurden letztgenannte Aufgaben als Vortest unabhängig von den "eigentlichen" Konservierungsaufgaben gegeben, vgl. GRUEN, 1965; ROLL, 1970; BAKER und SULLIVAN, 1970).

Nur wenige Autoren, die mehrere Transformationsarten verwendeten, geben differenzierte Ergebnisse hierzu. Bei Addition der Antworten über mehrere Items scheinen sich jedoch im allgemeinen U-förmige Verteilungen zu ergeben (HALFORD und FULLERTON, 1970; MANNIX, 1969; ROLL, 1970; ROTHENBERG, 1969a; WOHLWILL, 1960), was für eine nach dem "alles-oder-nichts"-Prinzip funktionierende "Fähigkeit" spricht; in dieselbe Richtung zielen die diversen Klagen, daß man das von PIAGET beschriebene Übergangsstadium nur sehr selten antreffe (z.B. MANNIX, 1959). WOHLWILL und LOWE nehmen jedoch aufgrund ihrer - in diesem Falle nicht sehr überzeugenden - Ergebnisse an, daß eher eine Generalisierung der Antworten auf quantitativ andere Mengen als auf qualitativ andere Transformationen anzutreffen sei. Die wohl ausführlichsten Analysen der Transformationsarten haben ROTHENBERG und Mitarbeiter (1968; 1969, 1969) vorgelegt. In einer Untersuchung an 117 2;5- bis 4;4jährigen Kindern zum Zahlbegriff (Material: 2 mal 5 Holzklötze) verglich sie fünf Transformationsarten, nämlich Kollation, Extension, Rotation, gleiche Addition (je 1 Klotz zu beiden Reihen) und ungleiche Addition. Nur zwei der 117 Kinder erwiesen sich als Konservierer über alle fünf

Transformationen, je 3 über 4 und 3 Transformationen, zwei Kinder bei 2 und 28 bei einer Transformation. Als leichteste Aufgabe erwies sich die zur ungleichen Addition (17.2 % richtige Antworten), gefolgt von der Aufgabe mit Rotation (14.5 % richtige Antworten), während Kollation, Extension und gleiche Addition sich als etwa gleich schwierig für diese Kinder zeigten (9.4 %, 5.2 % und 7.7 % richtige Antworten). ROTHENBERG meint, daß Gleichheit oder Ungleichheit des durch die Reihen eingenommenen Raumes für die Urteile der Kinder ausschlaggebend seien. In einer weiteren Untersuchung an 210 4;3- bis 6;0jährigen Kindern fiel die Aufgabe mit ungleicher Addition ebenfalls mit fast doppelt so vielen richtigen Antworten aus der Gruppe der übrigen Transformationen (Kollation, laterale Verschiebung, gleiche Addition und Aufteilung) heraus. Kinder, die nur eine Konservierungsantwort gaben, gaben diese gewöhnlich bei der Aufgabe mit ungleicher Addition; bezüglich der anderen Transformationen fand ROTHENBERG keine Konsistenz der Schwierigkeitsgrade bei den verschiedenen Versuchspersonen. Insgesamt vereinigte jedoch die Aufgabe mit Aufteilung einer der beiden Reihen in zwei Gruppen die wenigsten richtigen Antworten auf sich. Diese Beobachtung findet Bestätigung in den Ergebnissen von WINER (1968), der feststellte, daß die Kinder eher die Aufgabe mit Extension als die mit Aufteilung lösten. - Wie bei den Aufgaben zur diskontinuierlichen Menge findet sich auch bei den Autoren von Untersuchungen, die Operationen der Addition und Subtraktion solchen allein räumlicher Transformationen bei Invarianzaufgaben der Anzahl gegenüberstellten, Übereinstimmung, daß erstere Arten von Aufgaben den Kindern leichter fallen, eine Tatsache, über die WOHLWILL (1960) sich gewundert hat, ebenso auch WALLACE (1966), der dieselben "nicht-verbalen" Aufgaben verwandte. BAKER und SULLIVAN (1970) und WINER (1968) bestätigen dies Ergebnis mit verbalen Aufgaben, ebenso wie die oben erwähnten Aufgaben zur ungleichen Addition von ROTHENBERG. Offensichtlich differenziert sich aus einem globalen Begriff des "mehr" und "weniger" zuerst der des "mehr = Hinzufügen" und "weniger = Wegnehmen" heraus.

Einige <u>Skalogrammanalysen</u> versuchen, die aufeinanderfolgenden Schritte der Zahlentwicklung herauszufinden. Erste frühe Ansätze solcher Versuche, jedoch ohne Anwendung der neueren statistischen Hilfsmittel, finden sich bei GILTAY (1936) und DOUGLASS (1925); es geht hierbei im wesentlichen um Zahl- und Mengenerkennen und -unterscheiden. Eine neuere Untersuchung von D'MELLO und WILLEMSEN (1969) an 38 3;5- bis 8;0jährigen Kindern zeigte, daß das Zählen bis 6 leichter ist als die "Entnahme" (KERN) von drei bis fünf Gegenständen aus einer größeren Menge; letzteres aber leichter als das Aneinanderreihen der passenden Dominosteine oder die Kenntnis der zu den Mengen zugehörigen Ziffern. Diese Ergebnisse dürften jedoch sehr erfahrungs- und kulturabhängig sein. Das Verhältnis solcher Nicht-PIAGETscher Zahlbegriffe zum Konservieren der Anzahl zeigt dagegen die Skalogrammanalyse, die WOHLWILL 1960 anhand der Ergebnisse von 72 4- bis 7jährigen Genfer-Kindern, die einen Montessori-Kindergarten besuchten, durchführte. Dabei ergab sich folgende, im Schwierigkeitsgrad aufsteigende Rangreihe von Aufgaben, die sich ausreichend gut skalieren ließen (GREEN-Index I = .616) : 1) 2 bis 4 Vierecke entsprechend vielen Punkten zuordnen; 2) nach Anzahl (bis 4), Form und Farbe sich unterscheidende Mengen auf Grund der Zahl einander zuordnen; 3) sich erinnern, an welchem Platz sich die richtige Zuordnungskarte befand; 4) Erfassen der Addition und Subtraktion eines Knopfes von einer Menge und Zuordnung zur mengen- und gestaltgleichen Karte; 5) Zuordnen von Mengen der Größe 6 bis 8 (Punkte) zu gleichgroßen, aber anders angeordneten Mengen; 6) Konservieren der Anzahl nach Zerstörung der Gestaltgleichheit der Mengen; 7) ordinale und kardinale Korrespondenz. WALLACE (1966) fand eine ähnliche Reihenfolge bei ähnlichen Aufgaben, unterschied aber noch provozierte (Eier und Eierbecher) von unprovozierter (Spielknöpfe) Korrespondenz bei den Konservierungsaufgaben, wobei sich erstere als etwas leichter erweise. Bei seinen Konservierungsaufgaben durften die Kinder jedoch im Unterschied zu WOHLWILL das Zählen zu Hilfe nehmen; möglicherweise ist darauf zurückzuführen, daß in seinem Versuch das Zuordnen von Mengen größer als 6 einen höheren Schwierigkeitsgrad erhielt als das Konservieren. Das Ergebnis von WOHLWILL, daß Konservieren der Anzahl leichter ist als das Erfassen der ordinalen und kardinalen Korrespondenz, wird von DODWELL (1960) und HYDE (1970) bestätigt.

Das Verhältnis der Konservierungsaufgaben zur diskontinuierlichen Menge zu denen zur Anzahl ist den verschiedenen Untersuchungsergebnissen nach nicht eindeutig. Bei GOLDSCHMID und BENTLER (1968) sind die Anzahlaufgaben etwas leichter; bei BEARISON (1969) und ELKIND (1961a) eher etwas schwerer als die Aufgaben zur diskontinuierlichen Menge. Bei ALMY, CHITTENDEN und MILLER (1966) und ELKIND (1961a) sind sie leichter als das Umschütten von Flüssigkeiten, desgleichen auch bei GOLDSCHMID und BENTLER (1968); die Ergebnisse bei den beiden Nachtests der Kontrollgruppe bei BEARISON sind uneinheitlich; die Resultate von WALLACH, WALL und ANDERSON (1967) und von HYDE (1970) lassen eher auf eine umgekehrte Reihenfolge der Schwierigkeitsgrade schließen. ELKIND (1961a) fand insgesamt recht hohe Korrelationen zwischen allen drei Aufgabenarten ($r = 0.64$ bei Anzahl und diskontinuierlicher Menge, $r = 0.90$ bei Anzahl und Flüssigkeit, $r = 0.76$ bei diskontinuierlicher und kontinuierlicher Menge bei $N = 80$) und schließt daraus auf eine allgemeinere zugrundeliegende Begriffsbildungsfähigkeit.

Es ist durchaus möglich, daß die im vorigen und in diesem Kapitel besprochenen beeinflussenden Momente wie Art der Korrespondenzherstellung, Art der Frageform und der verwendeten Transformationen sowie unterschiedliche Bewertungskriterien einen gewissen Anteil an der Uneinheitlichkeit der Ergebnisse haben. Die meisten Autoren haben außerdem nur eine sehr geringe Zahl von Items verwendet (mitunter nur ein einziges) oder bei einer größeren Anzahl von Items eine mögliche Analyse nicht durchgeführt.

"Es ist in der Tat unser Eindruck, daß einige der Uneinigkeiten auf dem Gebiet des Konservierens darauf beruhen, daß die verschiedenen Parteien keine Definition des Konservierens gefunden haben, die sie alle akzeptieren können", schreiben ELKIND und SAMEROFF 1970 im Annual Review (S. 220), nachdem sie einen Überblick über die 1968 - 1969 veröffentlichten Arbeiten gegeben haben. Die in dieser Arbeit aufgezeigten Aspekte bei der operationalen Definition des Konservierens der Anzahl können vielleicht zur Klärung der Divergenzen beitragen. An vielen Punkten ist eine sorgfältige experimentelle Analyse der Aufgaben noch nötig, da die Beschreibung der Aufgaben durch den Untersucher nicht notwendigerweise identisch ist mit der Art und Weise, wie dieselben Aufgaben von den Kindern als Versuchspersonen aufgefaßt werden. Diese von SMEDSLUND 1966(d) bereits geäußerte Ansicht kann nur unterstützt werden. Bei den im weiteren Verlauf dieser Arbeit zu berichtenden Ergebnisse aus der Literatur ist dieser Vorbehalt stets zu berücksichtigen.

Doch kann in Beantwortung der ersten Forderung zur Untersuchung eines entwicklungspsychologischen Phänomens hier bereits zusammengefaßt werden, daß Zahlvarianz- und Zahlinvarianzantworten bei der Untersuchung von Kindern offensichtlich nicht ein ausschließliches Artefakt der Untersuchungssituation sind. Manche, zunächst als experimentelle Störvariablen gesehenen Einflüsse können ihrerseits u.U. schon Hinweise auf die Entwicklung des Zahlbegriffs geben, die man vorher noch nicht beachtet hatte.

8.3 Material- und Reihenfolgeeffekte bei Konservierungsaufgaben zur Anzahl - Bonner Untersuchung I

8.31 Fragestellung

Zur Klärung einiger der in den vorigen Kapiteln aufgeworfenen Probleme haben wir* die Frage untersucht, inwieweit allgemeine längerfristige oder kurzfristige Lernprozesse Einfluß auf die Konservierungsantworten von Kindergartenkindern ausüben. Dabei gingen wir von der oben bereits zitierten Vermutung PIAGETs aus, daß bestimmte Materialien, die aufgrund ihrer Form und/oder aus der Erfahrung der Kinder zusammengehören, eine so enge Paarverbindung miteinander eingehen (bei PIAGET "K o h ä s i o n"), daß ihre "provozierte" Korrespondenz auch über Transformationen räumlicher Art hinweg eher erhalten bleibt als bei Paarbildungen, die eine solche Kohäsion nicht aufweisen (unprovozierte Korrespondenz). Bei der Zuordnung einer Reihe von Puppen zu einer Reihe von Betten wäre also eine solche Kohäsion eher zu vermuten als bei der Zuordnung von Kartei-

*Die Untersuchg.wurde v.Herrn MEIXNER i.Rahmen seiner Vordipl.Arb. (1970) durchgeführt u.ausgewertet.

karten zu Spielfiguren. Entsprechend der Dimension "neutral-signifikant" bei ZIMILES (1966) u.a. wurden sowohl Gegenstände mit hohem Aufforderungscharakter (Hund-Hundehütte, Puppe-Bett, roter u.schwarzer Zug) wie solche mit vermutlich geringerem Aufforderungscharakter (schwarze u.weiße Klötze, rote u.blaue Stäbchen usw.) verwandt, wobei sowohl situative motivationale Momente Engagement des Kindes in der Testsituation) als auch kognitive Momente (Erfahrung) bei der ersteren Materialgruppe zu besseren Ergebnissen führen könnten. - Zur Kontrolle interner Lerneffekte während der Auseinandersetzung mit den Konservierungsaufgaben wurden die Aufgaben nach einem komplizierten Plan in ihrer Reihenfolge variiert.

8.32 Methode

Material: Verwendet wurden verschiedenste Materialien, die z.T. im Spielwarenhandel erhältlich sind, zum anderen Teil in der Werkstatt des Psychologischen Instituts der Universität Bonn bzw. von Herrn MEIXNER selbst hergestellt wurden. Die Aufgabengruppe I (hoher Aufforderungscharakter, hohe Kohäsionsstärke) bestand aus 7 grauen "Schnauzern" aus Weichgummi (2,5 cm hoch, 0,7 cm breit) und 7 Hundehütten aus rot angemalter Pappe (4,5 x 4,0 x 3,5 cm); 7 Puppen (im Handel als Polizist erhältlich, 3,5 cm groß) und 7 halbgeöffneten Streichholzschachteln; 7 "Schloßwachen" (3,5 cm große Verkehrspolizisten, denen nachträglich ein Gewehr angeklebt wurde) und rot angestrichene Wachhäuschen aus Pappe (2,7 x 3,5 , 5,0 cm). Die Aufgabengruppe II (niedriger Aufforderungscharakter, niedrige Kohäsionsstärke) bestand aus je 7 weißen und schwarzen Holzklötzchen (3 x 3 x 1,8 cm), gelben und grünen Holzperlen (1,5 cm Durchmesser) und roten und blauen Holzstäbchen (5 cm lang). Die Aufgabengruppe III sollte bezüglich Aufforderungscharakter und/oder Kohäsionsstärke einen eher mittleren Platz einnehmen. Sie bestand aus einem rot angestrichenen Personenzug aus Holz (jeder Wagen 1,5 cm breit und 3,1 cm lang, insgesamt 7 Wagen) und einem gleichlangen schwarz und rot angemalten Güterzug mit 7 Wagen; 7 Flaschen (22,4 cm hoch, 4,8 cm Durchmesser) und gleichvielen Gläsern(Löwensenf-Gläser, 8,3 cm hoch, 7,5 cm Durchmesser, gleicher Rauminhalt wie die Flaschen); 7 liniierten blauen Karteikarten (Din A 7) und 7 schwarzen "Bauern" aus einem Schachspiel.

<u>Aufgaben</u>: Zu jedem dieser 9 Materialien (bzw. Materialkombinationen) wurden 16 Aufgaben durchgeführt. Bei den ersten vier Transformationen standen sich die Gegenstände mit ihrer Schmalseite gegenüber ("vertikale Anordnung"), bei den letzten vier Aufgaben mit der Breitseite ("horizontale Anordnung"). Bei der vertikalen Anordnung bestanden die Transformationen aus: 1. eine Reihe wird in die andere geschoben, so daß z.B. rechts neben jedem Bett eine Puppe liegt; 2. eine Reihe wird durch Zusammenschieben verkürzt; 3. eine Reihe wird auseinandergezogen; 4. eine Reihe wird aufgeteilt und so zwischen die andere geschoben, daß je 3 Figuren rechts und je drei links von ihrem korrespondierenden Gegenstand liegen. Bei diesen 4 Transformationen werden nur je 6 Gegenstände verwendet und zwischen jeder Aufgabe wieder die parallele Ausgangsanordnung hergestellt. - Beginnend mit der gleichen Ausgangsstellung folgen 4 Aufgaben, bei denen jeweils abwechselnd ein Gegenstand der einen und der anderen Reihe fortgenommen wird, bis daß sich nur noch jeweils 4 Gegenstände entsprechen. - Es folgen dann 4 analoge Aufgaben zur Addition, bis die beiden Reihen wieder vollständig sind. Bei den Subtraktions- und Additionsaufgaben sieht das Kind zwar jeweils den Gegenstand, der hinzugefügt oder weggenommen wird, nicht jedoch die Anordnung selbst; sie wird durch einen Schirm abgedeckt. - Auf diese Aufgaben folgen 4 weitere zu Transformationen der Anordnung, wobei sich jetzt je 7 Gegenstände mit ihrer Breitseite (sofern nicht rund oder quadratisch) gegenüberliegen. Die Transformationen selbst bestehen aus: 1. lateraler Verschiebung einer Reihe gegen die andere ohne Veränderung der Abstände innerhalb der Reihen; 2. Aufteilung einer Reihe, so daß z.B. 4 Püppchen weiterhin parallel zu ihren Bettchen liegen, die anderen drei neben den 4 Püppchen, jedoch in den Lücken; 3. während die Bettchen weiterhin quer stehen, liegen die Püppchen längs und sind eng zusammengeschoben, so daß sie nur die Länge von drei Betten beanspruchen; 4. beide Reihen werden aufgeteilt in eine Vierer- und eine Dreiergruppe, so daß außen z.B. je drei Bettchen und je drei Puppen liegen. Wie bei den ersten 4 Transformationen wird auch hier vor jeder Aufgabe die Ausgangs-Parallelstellung hergestellt.

Nach jeder einzelnen Aufgabe stellt der VL die Stadardfrage (z.B.): "Hat jetzt jedes Püppchen ein Bettchen? Oder ist eine Puppe zuviel? Oder ist ein Bettchen zuviel?" Die Standardfrage wurde meist in drei Teilfragen geboten, die bei Verdacht auf Suggestibilität der Kinder in anderer Reihenfolge wiederholt wurden.

Bewertung: Die Antworten der Kinder wurden nach "richtig" oder "falsch" bewertet, wobei als "richtig" nur konsistente Konservierungsantworten auf die drei Teilfragen galten (vgl. ROTHENBERG); alle anderen Antworten wurden als "falsch" bewertet. Insgesamt konnte ein Kind maximal pro Material 16 Punkte für 16 "richtige" Antworten erhalten, pro Aufgabengruppe also 3 x 16 = 48 Punkte, insgesamt 3 x 48 = 144 Punkte.

Durchführung: Die Untersuchung wurde im Einzelversuch im Sprechzimmer der Kindergärten durchgeführt, und zwar in drei Sitzungen, die im Abstand von ca. 3 Wochen aufeinander folgten. Jede Sitzung dauerte ca. 45 Minuten.

Innerhalb eines Materials blieb die Reihenfolge der Transformationen stets konstant. Innerhalb einer Sitzung wurden die Aufgaben zu jeweils einer Aufgabengruppe durchgeführt, die Reihenfolge der Materialien innerhalb einer Aufgabengruppe jedoch von Kind zu Kind variiert. Auch die Reihenfolge der Aufgabengruppen von der 1. zur 3. Sitzung variierte von Kind zu Kind, so daß eine doppelte Rotation, nämlich innerhalb der Aufgabengruppen und zwischen diesen stattfand.

Versuchspersonen: Versuchspersonen waren 52 Jungen und 52 Mädchen aus 4 Bonner Kindergärten. Die Kinder entstammten zur Hälfte aus dem Mittelstand (Beruf des Vaters als Kriterium) und zu je etwa einem Viertel waren es Arbeiter- bzw. Akademikerkinder. Die Kinder wurden in zwei Altersgruppen eingeteilt mit einem Durchschnittsalter von 4;4 Jahren bzw. 5;6 Jahren.

Auswertung: Die Auswertung erfolgte über zwei dreifaktorielle varianzanalytische Designs (WINER, 1962, S. 324 ff, fixed factor) mit wiederholten Messungen auf einem Faktor. Die ersten beiden

Faktoren sind jeweils Alter und Geschlecht. Der dritte Faktor ist im ersten Design die Aufgabengruppe (I, II oder III), im zweiten Design die Darbietungsfolge der 9 Tests.

8.33 Ergebnisse

8.331 Materialeffekt

Zur Überprüfung des Materialeffektes wurden die Materialien zu den oben beschriebenen Aufgabengruppen zusammengefaßt, so daß mit den 2 Geschlechtsgruppen und 2 Altersgruppen ein 2 x 2 x 3 Design entstand. Tabelle 11 gibt die Zusammenfassung der Varianzanalyse wieder.

Etwa 35 % der Gesamtvarianz wurden durch die Faktoren Alter, Geschlecht und Aufgabengruppen aufgeklärt, wobei dem Faktor Alter die größte Bedeutung zufallen dürfte. Doch wird durch die Einteilung der Materialien in die drei Aufgabengruppen: I = hohe Kohäsion, hoher Aufforderungscharakter, II = geringe Kohäsion, geringer Aufforderungscharakter, III = mittlere bis geringe Kohäsion, mittlerer Aufforderungscharakter, ein sehr signifikanter An-

Tabelle 11: Materialeffekt bei Anzahlaufgaben. Zusammenfassung der Varianzanalyse (Alter, Geschlecht und Aufgabengruppen als Faktoren; N = 104)

Quelle	SS	df	MS	F	p
zwischen Vpn	48781,51	103	-	-	
A (Alter)	13986,92	1	13986,92	44,8	1 %
B (Geschlecht)	1602,08	1	1602,08	5,1	5 %
AB	1995,26	1	1995,26	6,3	5 %
Fehler zwischen	31197,25	100	311,98	-	
innerhalb Vpn	3854,33	208	-	-	
C (Aufgabengrupp.)	533,08	2	266,54	16,65	1 %
AC	1,66	2	0,83	-	ns
BC	97,12	2	48,56	3,3	5 %
ABC	22,00	2	11,00	-	ns
Fehler innerhalb	3200,47	200	16,0	-	

Uz = eta^2 = aufgeklärte Varianz/Gesamtvarianz = .35 (BREDENKAMP, 1969)

teil an der Streuung der Ergebnisse erklärt, d.h. wenn ich die Materialien der Aufgaben kenne, kann ich mit einiger Sicherheit vorhersagen, welche Aufgaben besser oder schlechter gelöst werden. Abb. 2 zeigt, daß die vermutete Rangfolge im Schwierigkeitsgrad,

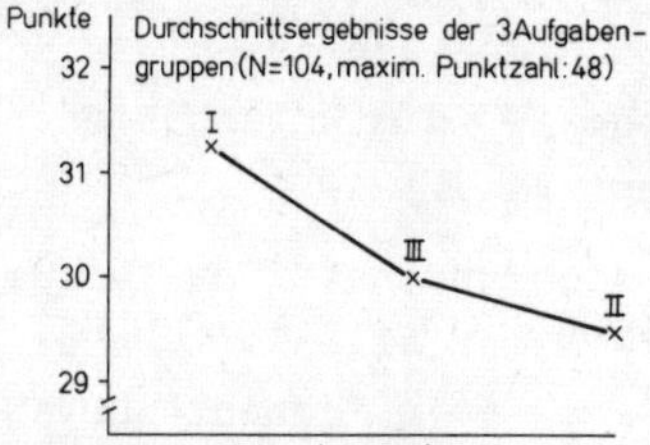

Abbildung 2

nämlich I - III - II, für die Gesamtstichprobe zutrifft. Abb. 3 zeigt darüber hinaus, daß diese Reihenfolge am eindeutigsten bei den jüngeren Kindern anzutreffen ist, während sich bei den älteren Kindern die Gruppen II und III nur noch geringfügig zugunsten der Gruppe II unterscheiden. Eindrucksvoll ist der große Unterschied zwischen den beiden Altersgruppen bei allen drei Aufgabengruppen (man beachte, daß die Punktskala unterbrochen ist und 10 Punkte überspringt).

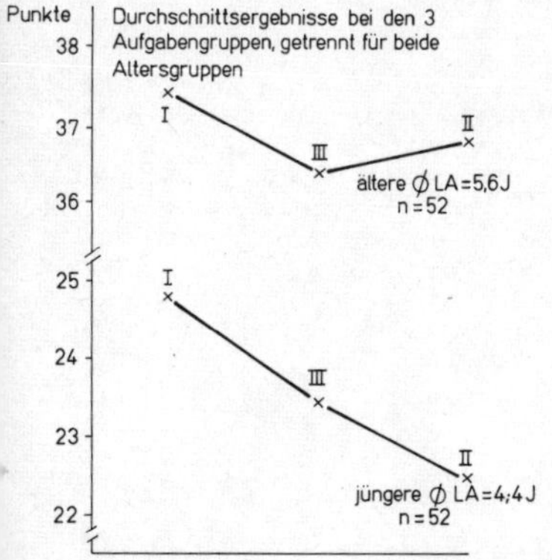

Abbildung 3

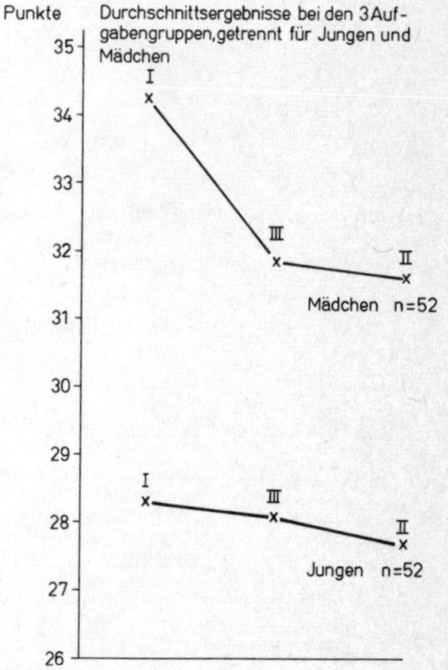

Abbildung 4

Die Interaktion zwischen Geschlecht und Aufgabengruppen veranschaulicht die Abb. 4. Die erwartete Rangfolge der Aufgabengruppen zeigt sich bei den Mädchen, die übrigens insgeaamt besser abschneiden (was darauf zurückzuführen ist, daß die jüngeren Mädchen deutlich besser abschneiden als die jüngeren Knaben, während sich bei den älteren Kindern kaum Geschlechtsunterschiede zeigen), aber auch bei den Jungen, obgleich hier die Unterschiede zwischen den Gruppen nicht ganz so markant sind.

Es bestätigt sich also die Hypothese, daß - zumindest als Tendenz, meist aber signifikant - Materialien mit hoher Kohäsion und hohem Aufforderungscharakter eher zu Aufgabenlösungen im Sinne der Invarianz verhelfen als Materialien mit geringer Kohäsion und geringem Aufforderungscharakter, weiterhin, daß dieser Unterschied sich besonders bei den Mädchen und bei den jüngeren Kindern bemerkbar macht. Eine etwas unklare Stellung nimmt die dritte Aufgabengruppe ein.

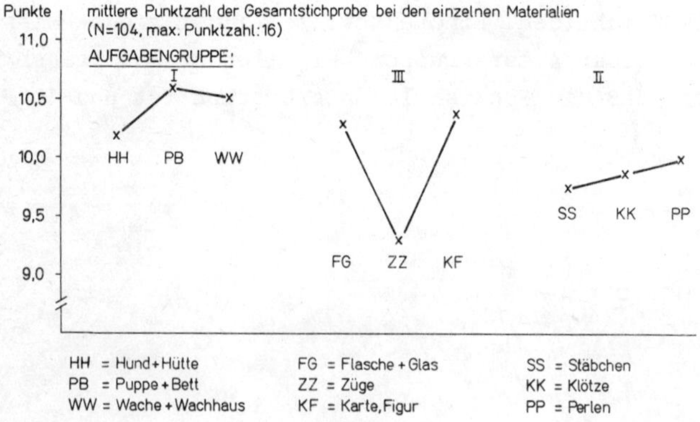

Abbildung 5

Zur Klärung verhilft ein Blick auf Abb. 5. Sie zeigt, daß die Aufgabengruppen I und II in sich relativ homogen sind, in der Aufgabengruppe III aber die Eisenbahnaufgabe deutlich herausfällt;
sie ist von allen die schwierigste; die anderen Aufgaben dieser Gruppe ähneln eher denen der Gruppe I. Mit ihr haben sie auch die Betonung der Paarbildung zwischen zwei verschiedenen, einander zu-

geordneten Gegenständen gemeinsam. In der Aufgabengruppe II wie auch bei der Zugaufgabe bestehen beide Reihen im Prinzip aus den gleichen Gegenständen, die sich nur in ihrer Farbe unterscheiden; dadurch wird eher die Länge der Reihe als die Paarbildung betont. Bei der Zugaufgabe verstärkt sich dieser Aspekt der Längenbildung noch dadurch, daß die einzelnen Wagen angekoppelt werden können und so als Reihe den "Zug" erst bilden. Möglicherweise ist dieser eher kognitive Aspekt wichtiger als ein möglicherweise motivationaler; denn sonst wäre kaum zu erklären, warum die im Prinzip analoge Stäbchenaufgabe leichter war.

Die Heterogenität der Aufgabengruppe III zeigt sich jedoch nur bei den Mädchen, und zwar in beiden Altersgruppen. Die Aufgabengruppe II ist bei allen Gruppen homogen, außer bei den jüngeren Mädchen; sie lösen die Perlenaufgabe deutlich leichter als die Stäbchenaufgabe. Bei den älteren Jungen und Mädchen ist innerhalb der Aufgabengruppe I die Aufgabe mit Hund und Hundehütte signifikant schwerer als die mit Puppe und Bettchen bzw. Wachmann und Wachhaus. Eine Begründung läßt sich hierfür nur schwer finden.

Insgesamt zeigen die Ergebnisse, daß bei Invarianzaufgaben zur Anzahl das Aufgabenmaterial durchaus einen ernstzunehmenden Einfluß auf die Lösung der Aufgaben haben kann, wobei durch das Material angesprochene kognitive und motivationale Momente zu beachten sind; Mädchen, insbesondere jüngere Mädchen, scheinen solchen Einflüssen gegenüber besonders empfänglich zu sein.

8.332 Reihenfolgeeffekte innerhalb der Aufgabengruppen

Bei der Versuchsdurchführung wurden innerhalb der Aufgabengruppen die zugehörigen drei Aufgaben von Kind zu Kind in ihrer Reihenfolge variiert, um nicht Material- mit Reihenfolgewirkungen zu vermengen. Abb. 6 gibt die Ergebnisse für die Gesamtstichprobe wieder. Dort zeigt sich deutlich, daß die innerhalb einer Aufgabengruppe jeweils zuerst gebotene Aufgabe - ganz unabhängig von ihrer speziellen Eigenart - die wenigsten richtigen Antworten auf sich vereinigt. Am stärksten ist jeweils der Lerngewinn von der ersten zur zweiten Darbietung, insgesamt am deutlichsten bei der Aufgabengruppe I, am geringsten in der Aufgabengruppe II. Durch

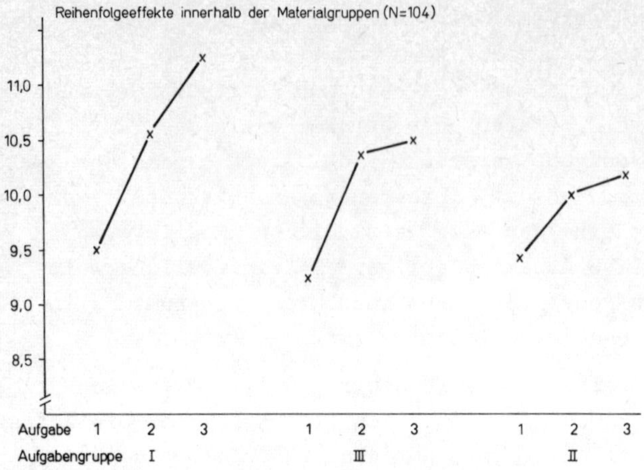

Abbildung 6

die Aufeinanderfolge von Invarianzaufgaben findet also ein Lernprozeß statt, der sich am klarsten bei Material mit großer Kohäsion und großem Aufforderungscharakter zeigt. Bei diesen Ergebnissen muß berücksichtigt werden, daß bei jeder Materialart (von denen es drei pro Aufgabengruppe gibt) 16 Einzelaufgaben gestellt werden, von denen die Hälfte die Aufmerksamkeit auf Additions- und Subtraktionsvorgänge lenkt.

8.333 Reihenfolgeeffekte über alle Aufgaben

In einer weiteren Analyse der Daten wurde versucht, den allein auf die zeitliche Aufeinanderfolge der Aufgaben rückführbaren Übungsgewinn, unabhängig vom Material der jeweiligen Aufgaben, zu ermitteln. Der Faktor C in der folgenden Varianzanalyse repräsentiert die 9 Stationen der Untersuchung, wobei zwischen der 3. und 4. sowie der 6. und 7. Station jeweils ein Zeitraum von ca. 3 Wochen liegt. Tab. 12 gibt die Zusammenfassung der Varianzanalyse wieder.

Durch die Faktoren Alter, Geschlecht und Reihenfolge der Darbietung wurden 32 % der Gesamtvarianz erklärt, wobei wiederum das Alter den größten Anteil zur Aufklärung beiträgt. Da es sich um die gleichen Daten wie bei der ersten Varianzanalyse handelt,

Tabelle 12: Reihenfolgeeffekt bei Anzahlaufgaben
Zusammenfassung der Varianzanalyse (N = 104)

Quelle	SS	df	MS	F	p
zwischen Vpn	16261,87	103	-	-	
A (Alter)	4662,31	1	4662,31	44,83	1 %
B (Geschlecht)	534,03	1	534,03	5,13	5 %
AB	665,08	1	665,08	6,39	5 %
Fehler zwischen	10400,45	100	104,01	-	
innerhalb Vpn	3645,08	832	-	-	
C (Reihenfolge)	442,82	8	55,3	14,37	1 %
A C	40,57	8	5,1	-	ns
BC	62,50	8	7,8	2,02	5 %
ABC	19,37	8	2,4		ns
Fehler innerhalb	3079,82	800	3,85	-	

$Uz = eta^2 = 0,32$

sind die F-Werte direkt vergleichbar. Die Bedeutung der Reihenfolge der Darbietung ist demnach fast ebenso groß wie die Bedeutung der Materialart. Wie bei den Aufgabengruppe ist auch bei der Wirkung der Reihenfolge das Geschlecht der Versuchsperson von Bedeutung; d.h. die Reihenfolge wirkt sich bei Jungen und Mädchen deutlich anders aus. Das Lebensalter der Kinder hat dagegen nur die Wirkung einer Niveauverschiebung, ohne den Effekt der Reihenfolge selbst wesentlich zu beeinflussen.

Abb. 7 gibt die Wirkung der Reihenfolge über alle 9 "Tests" und drei Sitzungen wieder. Insgesamt zeigt sich eine deutliche wellenförmige Aufwärtsbewegung. Bei jeder Sitzung beginnt das Ausgangsniveau etwas höher als bei der vorigen; dies zeigt sich besonders beim Vergleich der ersten mit der zweiten Sitzung. Innerhalb jeder Sitzung schneidet der zweite "Test" stets besser ab als der erste. Vom Ende einer Sitzung zum Beginn der nächsten fallen die Leistungen wieder ab.

Abb. 8 zeigt die charakteristischen Verläufe bei Jungen und Mädchen. Die Jungen zeigen in der ersten und in der dritten Sitzung einen deutlichen Lerngewinn, während sie in der zweiten stagnieren. Bei den Mädchen dagegen zeigt sich die Stagnation in der ersten Sitzung; sie profitieren aus der Auseinandersetzung mit den

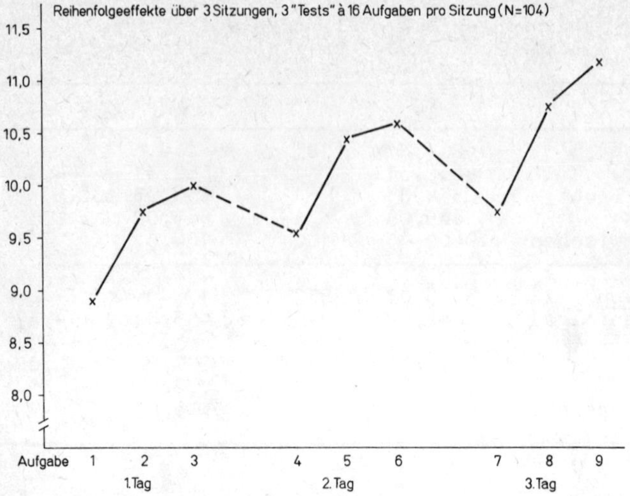

Abbildung 7

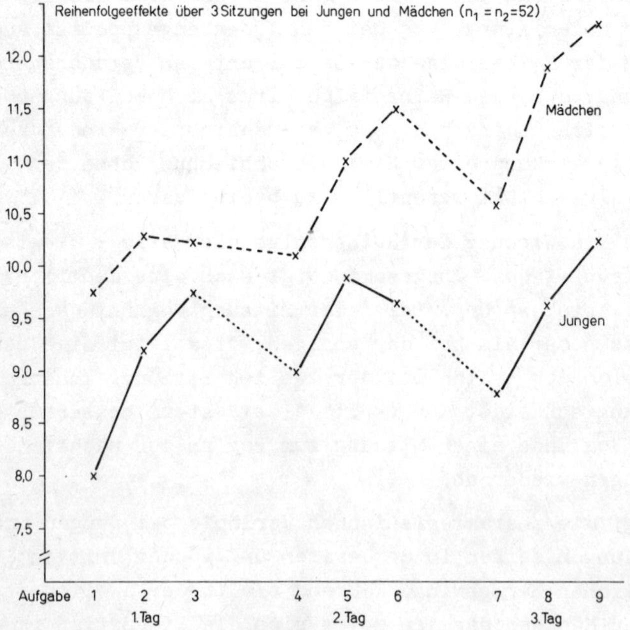

Abbildung 8

Aufgaben in der zweiten und dritten Sitzung. Diese geschlechtsspezifischen Tendenzen zeigen sich in beiden Altersgruppen; die Stagnationen besonders bei den jüngeren Kindern (Mädchen in der ersten, Jungen in der zweiten Sitzung), die Lernfortschritte besonders bei den älteren (Mädchen besonders in der zweiten, Jungen in der ersten und dritten Sitzung). Der Lerngewinn von der ersten zur letzten Darbietung beträgt insgesamt im Durchschnitt 2,39 Antworten, wobei Jungen und Mädchen sich nicht wesentlich unterscheiden.

8.34 Diskussion

Die geschilderten Ergebnisse zeigen, daß die Auseinandersetzung mit Invarianzaufgaben der Anzahl in sich eine Lernsituation bedeuten kann, wie dies PETERS (1967), AEBLI (1963) und LOVELL u. OGILVIE (1960) vermuteten, selbst wenn die Kinder keine Informationen über die Richtigkeit ihrer Antworten erhalten. Voraussetzung scheint jedoch zu sein, daß sie relativ viele ähnliche Aufgaben erhalten und daß einer Stereotypienbildung durch Wechsel im Material und in den Fragen vorgebeugt wird. Aus den Lerngewinnen innerhalb der Sitzungen läßt sich vermuten, daß die Kinder zunächst einer gewissen Einübung in die Aufgaben bedürfen. Offen muß jedoch noch die Frage bleiben, inwieweit die Lerngewinne "echte" Veränderungen im Denken widerspiegeln oder nur eine gekonntere Anwendung einer bereits vorhandenen Denkstruktur, womit auf die Frage "competence" - "automaton" von FLAVELL und WOHLWILL (1969) verwiesen wird.

Auch die Bedeutung des Materials und der durch es angeregten kognitiven und motivationalen Komponenten bei der Lösung von Invarianzaufgaben sollten nicht unterschätzt werden. Sie ist zwar nicht so eklatant, wie MEHLER und BEVER und andere, die "statische" Aufgaben verwandten, vermuten lassen, in unseren Experimenten aber auch nicht so gering wie bei ROTHENBERG (1969a). Am ehesten finden unsere Ergebnisse eine Parallele in den Befunden von WHITEMAN und PEISACH (1970). Sie stimmen mit PIAGET in doppelter Hinsicht überein, als er meint, daß die Korrespondenzbildung ein Schritt zur Invarianzbildung ist und "zwangsläufig korrespondierende" Gegenstände aus bestimmten Gründen, die in der Form des Materials bzw. in der Erfahrung der Kinder liegen, leichter in Korrespondenz gebracht werden können und diese Bindung oder Kohäsion auch über räumliche Transformationen nicht ganz so schnell verlieren wie willkürlich zugeordnete Gegenstände.

Einer genaueren Nachprüfung bedürfen jedoch noch die unterschiedlichen Ergebnisse bei den Mädchen und Jungen, insbesondere bzgl. des Verlaufs des Lerneffektes. Da hier keine vergleichbaren Untersuchungen vorliegen, muß man mit einer Verallgemeinerung noch vorsichtig sein. Doch könnten solche Befunde zur Erklärung unterschiedlicher Trainingsergebenisse bei Jungen und Mädchen herangezogen werden.

8.4 Zusammenfassung

In diesem Kapitel wurden die verschiedensten Einflüsse bei der Durchführung und Bewertung von Invarianzaufgaben zur Anzahl und kontinuierlichen Menge dargestellt. Immer wieder stellte sich dabei die Frage, ob die kleinen Unterschiede als mehr oder minder unvermeidliche experimentelle Fehlerquellen abgetan werden können oder ob sie in einer Art Mikroanalyse Informationen über die Entwicklungsprozesse selbst geben.

So zeigte sich, daß die experimentell induzierte oder spontane Art der Korrespondenzbildung und Überprüfung der Gleichmächtigkeit in der Ausgangssituation von der Entwicklung der Konservierungsoperationen nicht als unabhängig gedacht werden können, insbesondere wenn man im Rahmen der PIAGETschen Theorie bleibt; verschiedene experimentelle Ergebnisse stützen diese Ansicht.

Auch das Sprachverständnis der Kinder und ihre eigene sprachliche Ausdrucksart verweisen auf eine ähnliche Schwierigkeit, abgesehen von dem "automaton-performance"-Unterschied, der mit hineinspielen kann. Inwieweit läßt sich der sprachliche Anteil vom denkerischen lösen? Immerhin weisen die bisherigen Ergebnisse darauf hin, daß beide nicht als identisch anzusehen sind, jedoch in einem engen Interaktionsverhältnis stehen. Die verschiedensten Versuche mit sog. nichtsprachlichen Aufgaben ersetzen entweder nur die sprachliche Reaktion mit einer - manchmal nicht ganz eindeutig interpretierbaren - Handlung oder erschweren in gewisser Weise das Ausgangsverständnis, indem die Kinder den zu prüfenden Begriff in einer Vorphase erst erlernen müssen. Führt man begriffliche oder sprachliche Auslesetests ein, dann erstreckt sich die eigentliche Untersuchung nur noch auf einen kleinen Ausschnitt des Entwicklungsverlaufs. Weiterhin haben die verschiedenen Untersuchungen gezeigt, daß es notwendig ist, die Antworten der Kinder abzusichern, insbesondere wegen der häufig beobachteten Tendenz kleiner Kinder, auf den letzten Teil einer Frage bejahend zu antworten.

Die Bewertungskriterien für Antworten erwiesen sich ebenfalls als beachtenswert. Generell können Kinder eher eine richtige Antwort als eine richtige sprachliche Begründung für ihre Antwort geben. Beide Maße zeigten aber eine recht hohe Übereinstimmung und scheinen im wesentlichen das gleiche zu erfassen. Die Beurteilerreliabilität und die Stabilität der Reaktionen über kürzere Zeiträume hinweg war so gut, daß diese Fehlerquelle als relativ gering einzuschätzen ist.

Bei den Aufgaben selbst zeigten sich Schwierigkeitsunterschiede, ob man mit kontinuierlichem oder diskontinuierlichem Material arbeitete, so daß diese Diskrepanz auf Entwicklungsfaktoren zurückgeführt werden kann. Uneinheitlich waren jedoch die Unterschiede zwischen Aufgaben zur diskontinuierlichen Menge und Anzahlaufgaben; hier scheinen individuelle Unterschiede oder sonstige Einflüsse zum Tragen zu kommen. Beim Vergleich der verschiedenen Transformationsarten erwiesen sich solche mit Addition oder Subtraktion von Elementen durchgängig als leichter gegenüber räumlichen Transformationen ohne Veränderung der Anzahl und Konservierung ungeteilter Mengen als leichter gegenüber Konservierung nach Teilung; letzteres Ergebnis war aber nicht immer ganz eindeutig.

Der Grad der optischen Verzerrung, die Anzahl der Elemente und der Aufforderungscharakter (incentive) des Materials scheinen von nur geringfügiger Bedeutung zu sein, zumindest bei regulären Invarianzaufgaben. Dagegen scheinen kognitive Komponenten im Material, z.B. optisch verstärkte Paarzuordnung, von größerem Einfluß zu sein, besonders bei jüngeren Kindern und Mädchen. Interne Lerneffekte, sei

es im Sinne von Elaborationen (AEBLI), der Stabilisierung der Einstellung (ZIMILES) oder einer gekonnteren Anwendung bzw. Festigung bereits vorhandener Denkmöglichkeiten (FLAVELL) sind offenbar von der Anzahl der gegebenen Aufgaben, den Stereotypisierungsmöglichkeiten, der Eingangsaufgabe, dem Material im Sinne seiner Kohäsion (= Betonung der Paarzuordnung) sowie dem Alter und Geschlecht der Kinder abhängig.
Wie groß der Anteil all dieser Einflußfaktoren ist, kann zunächst kaum geschätzt werden; er liegt jedoch deutlich unter dem, der auf das Konto Alter gehen dürfte. Bzgl. einer weiteren Kontrolle der Untersuchungssituation, nämlich Verhaltensbeobachtung und -beschreibung während des Versuchsablaufes, wird auf Kapitel 10. verwiesen.

9. Universalität und Generalität des Invarianzbegriffs der Anzahl und diskontinuirliche Menge

9.1 Universalität

Es ist hier nicht die Frage, ob Denken in quantitativen Bezügen überhaupt universell, d.h. in allen Kulturen antreffbar ist - es scheint, zumindest auf anschaulichem und konkretem Niveau eines der "universals" menschlicher Kultur zu sein -, sondern ob sich die Entwicklung des Zahlbegriffs auch außerhalb der europäisch-amerikanischen Kultur in der von PIAGET beschriebenen Weise vollzieht und sich mit seinen Aufgaben erfassen läßt. Nach den Erfahrungen mit sog. "kulturfreien" und sprachfreien Ingelligenztests (z.B. RAVEN-Matrices, KOHs Mosaiksteine, PORTEUS-Labyrinthtest) muß man mit Verallgemeinerungen von Phänomenen ebenso wie von Verfahren zu deren Erfassung auf Menschen außerhalb der Kultur, in der die betreffenden Tests entwickelt wurden, vorsichtig sein (vgl. HYDE, 1970; FAHMY, 1964).

9.11 Untersuchungen in verschiedenen Kulturbereichen

Konservierungsaufgaben wurden an vielen Stellen der Welt durchgeführt; außer bei französisch sprechenden Schweizer Kindern (PIAGET und Mitarb.) bei deutschen (BARTMANN, 1970; KLEINSCHMIDT, 1968; LAUX, 1969; SEILER, 1968; VOGELSANG, 1959; SCHMALOHR und WINKELMANN, 1969), englischen (vgl. Zusammenstellung von LUNZER, 1961; HOOD, 1962; LOVELL, 1961), holländischen (KOHNSTAMM, 1963), norwegischen (SMEDSLUND), kanadischen (PINARD und LAURENDEAU, 1969; LEFRANÇOIS, 1968; SULLIVAN und Mitarb. u.a.), neuseeländischen (FREYBERG, 1966) und einer großen Anzahl von Kindern aus den USA. Interessant ist jedoch die Tatsache, daß auch japanische (ITO und HATANO, 1963; FUJINAGA, SAIGA und HOSOYA, 1963) und chinesische Kinder (aus Hongkong, GOODNOW und BETHON, 1966), in Aden lebende Kinder indischer, arabischer und afrikanischer (Somali) Herkunft (HYDE, 1970), Kinder des Tiv-Stammes in Zentral-Nigeria (PRICE-WILLIAMS, 1961), des Wolof-Stammes im Senegal (GREENFIELD,

1966), algerische Kinder (BOVET, zit.n. GOODNOW, 1969) sowie Stadt- und Landkinder auf Jamaica (VERNON, 1965) Nichtkonservierungs- und Konservierungsverhalten in etwa der erwarteten Altersspanne (5 - 9 Jahre) zeigten. Nur ESTES (1956) in den USA und CHENG und LEE (1964) in Peking meinen, eine solche Entwicklung bei ihren Versuchspersonen nicht festgestellt zu haben. Bei ESTES läßt sich das Ergebnis aus ihrer Aufgabenstellung her verstehen, die aus einem völligen Mißverständnis der PIAGETschen Aufgaben heraus mit diesen kaum noch etwas gemeinsam hat. CHENGs Ergebnisse lassen sich ohne Chinesischkenntnisse nicht nachprüfen.

HYDE schreibt (S. 197), sie sei überrascht gewesen, von ihren kleinen arabischen, indischen und Somali Versuchspersonen, auf arabisch fast wörtlich dieselben Antworten und Begründungen zu hören, die nach PIAGETs Protokollen die Genfer Kinder gegeben hatten. Sie ließen sich ohne weiteres in die von PIAGET vorgeschlagenen Kategorien einordnen. Nicht nur die sprachlich formulierten Antworten, sondern auch die Art der Fehler bei den praktischen Aufgaben entsprachen weitgehend denen der Schweizer Kinder. Innerhalb jeder der untersuchten Bevölkerungsgruppen (48 europäische, 48 arabische und je 24 indische und Somali Kinder im Alter von 6 bis 9 Jahren, alle, soweit schulpflichtig, Schulkinder und wohnhaft in Aden, Yemen) zeigte sich deutlich eine Zunahme von Konservierern mit zunehmendem Alter. Die Rangfolge nach Schwierigkeitsgrad bei den 21 verwendeten Aufgaben war weitgehend die gleiche innerhalb der Bevölkerungsgruppen und innerhalb der Altersgruppen. Insgesamt am besten schnitten jedoch jeweils die europäischen Kinder ab. Dies konnte jedoch nicht ausschließlich auf den längeren Schulbesuch der europäischen Kinder zurückgeführt werden. Wegen der Schwierigkeiten bei der Durchführung von Intelligenztests bei nichteuropäischen Kindern konnte aus methodischen Gründen die Beziehung des Konservierens zur Intelligenz nicht geklärt werden.

9.12 Schulbesuch als kultureller Einflußfaktor

GOODNOW (1969) diskutiert ausführlich, inwieweit der Schulbesuch als westlicher kultureller Faktor Einfluß auf das Lösen von Invarianzaufgaben hat. Sie bezieht sich dabei auf die Untersuchungen von LEONE und BOVET (1966) an algerischen Kindern, die keine Beschulung erfuhren, von VERNON (1965), der Kindern von Stadt- und Landschulen auf Jamaica Konservierungsaufgaben stellte, von PELUFFO (1964, 1965) an italienischen Kindern aus abgelegenen Dorfschulen, von GOODNOW an Hongkong-Chinesen, die keine oder kaum Beschulung erfahren hatten, sowie auf die später von MERMELSTEIN und SHULMAN (1967) veröffentlichte Untersuchung an amerikanischen Kindern im Prince Edward County, Virginia, die einige Jahre lang keine Schule hatten. Sie kam zu dem Ergebnis, daß man nicht von einem allgemeinen Hinterherhinken unbeschulter Kinder in der Entwicklung der Invarianzbegriffe sprechen könne, sondern, daß einige Aufgaben mehr, andere weniger empfindlich auf das Vorhandensein städtischer oder westlicher kultureller Einflüsse reagieren. Konservieren der Menge sei jedoch kaum oder gar nicht davon beeinflußt, ebenfalls nur geringfügig das Konservieren des Gewichts. Ihrer Meinung nach sind diejenigen Aufgaben am kulturstabilsten, für die das Kind Handlungsvorbilder hat (halbieren, teilen etc. z.B.) (Gegenbeispiel: Zeitbegriff); dagegen seien Aufgaben, die sich stark auf Sprache, Zeichnungen und bildhafte Vorstellungen stützten, kulturabhängiger (z.B. Klasseninklusion). Die günstigste Voraussetzung für den Erwerb aller Invarianzbegriffe sei eine Versiertheit in der Verwertung verschiedener Informationsquellen und -techniken. Diese Thesen von GOODNOW finden weitere Stützung durch die Beobachtungen von PRICE-WILLIAMS (1961) und auch GREENFIELD (1966), die beide bei afrikanischen Kindern ein erhöhtes Maß an handlungsorientierten Begründungen fanden. Schulbesuch, ob Buschschule oder Stadtschule, scheint nach GREENFIELD zunächst die Wirkung einer stärkeren Wahrnehmungsorientierung zu haben, die Ausdruck einer mehr analytischen Aufmerksamkeit auf die wahrnehmbaren Merkmale der Situation sei. Erst danach nähmen die Wahrnehmungsbegründungen bei den beschulten Kindern ab, bei den unbeschulten jedoch langsam mit dem Alter zu. Außer in den Begründungen zeigte sich die stärkere Handlungsgebundenheit des Denkens auch in der Abhängigkeit von der eigenen Handlung: durften die Kinder selbst die Gläser umschütten, dann war die Wahrscheinlichkeit richtiger Konservierungsantworten deutlich erhöht. In einer neueren Untersuchung konnten PRICE-WILLIAMS,

GORDON und RAMIREZ (1969) bei mexikanischen Kindern nachweisen, daß Geübtheit im Herstellen von Tongefäßen positiven Einfluß auf das Konservieren von Tonmengen hat, nicht jedoch auf das Konservieren der Anzahl, von Flüssigkeitsmengen, des Gewichts oder des Volumens. - Im Vergleich mit westlichen Untersuchungsergebnissen gab es bei GREENFIELDs und PRICE-WILLIAMs beschulten Versuchspersonen ungefähr die gleiche relative Anzahl von "Konservierern" pro Altersgruppe wie in Genf oder Amerika; unbeschulte Kinder schnitten dagegen mit zunehmendem Alter deutlich schlechter ab als ihre beschulten Altersgenossen aus z.T. demselben Dorf. GREENFIELD vermutet, daß alle beschulten Kinder mit der Zeit das Niveau der konkreten Operationen bezüglich des Konservierens von Flüssigkeitsmengen erreichen, die unbeschulten aber etwa auf dem Stand der Neunjährigen bleiben, so daß sich unter ihnen solche finden werden, die auch als Erwachsene noch Nicht-Konservierer sind. Schulbesuch hätte also im wesentlichen die Wirkung, neben der Handlungsorientierung andere Informationswege zu eröffnen und zu der von GOODNOW so bezeichneten "Versiertheit" zu führen.

9.13 Untersuchungen an verschiedenen sozialen Gruppen

Eine weitere Möglichkeit, die transkulturelle Gültigkeit der Entwicklung der Invarianzbegriffe zu prüfen, ist durch einen Vergleich verschiedener sozialer Gruppen innerhalb einer größeren Gesellschaft gegeben. In einer Untersuchung, die allerdings auch nur eine einzige Aufgabe verwendete (SILVERMAN und SCHNEIDER, 1968; diskontinuierliche Menge), konnten bei 147 4- bis 10jährigen Kindern keine sozialbedingten Unterschiede gefunden werden. Alle anderen Untersuchungen jedoch stellten, sofern sie diesen Faktor beachteten, sehr deutliche Unterschiede zugunsten der Kinder aus höherem sozialem Milieu fest (ALMY, CHITTENDEN und MILLER, 1966; BAKER und SULLIVAN, 1970; DODWELL, 1961; ROTHENBERG, 1969a,b; ROTHENBERG und COURTNEY, 1969a,b). ROTHENBERG und Mitarbeiter fanden bei den Kindern aus niedrigerem sozialem Milieu häufiger inkonsistente Nichtkonservierer; sie wählten im Zweifelsfalle eher die ihnen näher gelegene Reihe, während Kinder aus höherer sozialer Herkunft sich als Nichtkonservierer eher nach der Länge der Reihen richteten. Das Verhalten der älteren Kinder aus den unteren Schichten entsprach eher dem der jüngeren aus den oberen Schichten. Bei sehr jungen Kindern (ab 2;5 Jahren) machte sich der soziale Unterschied stärker bemerkbar als der Altersunterschied; DODWELL (1961) kann diese Ergebnisse bei seinen Versuchspersonen jedoch nur als Trend bestätigen ALMY, CHITTENDEN und MILLER (1966) fanden sowohl im Querschnitts- wie im Längsschnittsvergleich eine langsamere Zunahme an Konservierern als bei Kindern aus der Mittelklasse. BAKER und SULLIVAN (1970) berichten von signifikanten sozial bedingten Unterschieden bei den Invarianzbegriffen nur bei Mädchen; bei den Knaben hätten sie sich nicht gezeigt. - Bei dieser insgesamt großen Übereinstimmung der Ergebnisse ist interessant, daß ROTHENBERG und COURTNEY (1968) genau entgegengesetzte Ergebnisse bei den MEHLER-BEVER-Aufgaben fanden;hier schnitten die Kinder aus einfacherem Milieu besser ab.

9.14 Vergleiche zwischen beiden Geschlechtsgruppen

Die Ergebnisse von BAKER und SULLIVAN werfen die Frage nach geschlechtsspezifischen Unterschieden beim Erwerb der Invarianzbegriffe auf. Während die Mehrzahl der Autoren keine Unterschiede feststellte (ALMY, CHITTENDEN, MILLER, 1966; DODWELL, 1961; MURRAY, 1968; ROTHENBERG, 1969a,b; ROTHENBERG und COURTNEY, 1969; PRATOOMRAJ und JOHNSON, 1966; SMEDSLUND, 1964), erwiesen sich bei SILVERMAN und SCHNEIDER (1968) tendenzmäßig die Mädchen als besser - was auch bei POTTER und LEVY (1968), D'MELLO und WILLEMSEN (1969) bei ihren Zahlerfassungs- und Zählaufgaben für die 4jährigen Mädchen zutrifft - während NORTHMAN und GRUEN (1970) bei älteren Kindern 3. Schuljahr) einen Vorsprung der Jungen feststellten, ebenso wie auch GOLDSCHMID (1967; N = 102, Durchschnittsalter der 3 Gruppen: 7;3 Jahre, 6;10 Jahre, 9;1 Jahre). Ergänzt man diese Befunde durch die der Bonner Untersuchung I, dann verstärkt sich die Vermutung, daß bei Kindern unter 4 Jahren die Mädchen einen höheren Entwicklungsstand hinsichtlich der Invarianzbegriffe aufweisen, daß sich bei den 5- bis 6jährigen der Geschlechtsunterschied ausgleicht und sich im Schulalter wieder herausstellt, dann jedoch zugunsten der Jungen. Es ist durchaus möglich, daß die altersspezifisch und geschlechtsspezifisch unterschiedlichen Umwelt- und Spielerfahrungen für Ergebnisse dieser Art verantwortlich zu machen sind.

9.15 Untersuchungen an sensorisch und geistig Behinderten

Auch bei sensorisch oder geistig behinderten Kindern wurden die erwarteten Entwicklungstrends gefunden. FURTH (1964) und Mitarbeiter stellten nur sehr geringfügige Unterschiede zwischen hörenden und tauben Kindern fest und folgern daraus, daß eine adäquate Sprachentwicklung nicht die notwendige Voraussetzung für den Erwerb der Invarianzbegriffe sei. CANNING (1957, zit. nach LUNZER, 1960) fand dagegen bei teilweise oder völlig erblindeten Kindern voroperationales Denken bei Aufgaben zur Flüssigkeitsinvarianz mit wahrnehmungsorientierten (taktilen) Begründungen noch bei zehnjährigen Kindern. Eine größere Anzahl von Untersuchungen an retardierten und geistig behinderten Kindern weist übereinstimmend darauf hin, daß sich operationales Denken (meist bei Zahlbegriffen) im allgemeinen in dem dem Lebensalter normaler Kinder entsprechenden Intelligenzalter (also um IA = 7 Jahre) zeigt (HOOD, 1962; INHELDER, 1944; MANNIX, 1969; McMANIS, 1969a,b,c,d; WILLIAMS, 1958). Das Intelligenzalter allein reiche aber nicht aus, um vorherzusagen, auf welchem Entwicklungsniveau ein Kind bei den Invarianzbegriffen sei.

Zusammenfassend kann man ELKIND und SAMEROFF (1970) zitieren: "Die beschreibenden entwicklungspsychologischen Daten sind so einheitlich über Nationen und soziale Klassen hinweg, daß das Phänomen des Konservierens nicht mehr geleugnet werden kann... Während es ein durchaus noch sinnvolles Unterfangen ist, alternative Hypothesen zum Erklären des Konservierens zu prüfen, scheinen Versuche, das Konservieren wegzuerklären, alles andere als konstruktiv zu sein" (S. 210).

9.2 Generalität

Während die Universalität das Vorkommen eines Phänomens bei allen Menschen bezeichnet, kann sich die Bedeutung des Phänomens für einen Menschen in seiner Generalität zeigen, d.h. in der Vielzahl von Situationen, die durch es erklärt werden können. Hierzu gehören u.a. die im vorigen Kapitel besprochene Wiederholungsreliabilität sowie die Verallgemeinerungen über verschiedene Materialarten und Transformationsarten und andere situative Variationen hinweg. Selbst wenn diese situativen Variationen z.T. bedeutsame Einflüsse zeigten, waren sie nicht imstande, eine Entwicklung vom voroperativen zum operativen Anzahlbegriff zu leugnen. An dieser Stelle soll nun geprüft werden, inwieweit diese für den Anzahl- und Mengenbegriff charakteristische Denkart zugleich für den Umgang mit Quantitäten verschiedener Art zutrifft.

9.21 PIAGETs Position

Wenn PIAGET bei der Entwicklung des Denkens die Operationen betont und auf die durch sie charakterisierten Denkstrukturen verweist, wäre die Hypothese ableitbar, daß Aufgaben, die ähnliche Operationen verlangen, von den Kindern ähnlich gelöst werden, ganz gleich ob es sich dabei um die Invarianz der Anzahl, der Menge, der Länge, des Gewichts, des Volumens etc. handelt. Solche Aufgaben müßten dann hoch miteinander korrelieren. Bei PIAGET selbst finden sich keine Angaben über Korrelationen. - Andererseits verweist PIAGET mehrfach auf die vorn beschriebenen "décalages horizontaux", d.h. auf die Tatsache, daß die gleiche Operation bei einer Aufgabenart eher als bei einer anderen durchgeführt werden kann. Das bekannteste Beispiel hierfür ist die entwicklungsmäßige Aufeinanderfolge des Konservierens der Menge, des Gewichts und des Volumens (PIAGET und INHELDER. 1969a,b; ELKIND, 1961b; UZGIRIS, 1964). In letzterem Falle sind eher geringe Korrelationen zu erwarten.

9.22 Zusammenhänge zwischen Invarianz der Anzahl und "benachbarten" Bereichen

Auf die Beziehungen zwischen Invarianz der Anzahl und Invarianz diskontinuierlicher bzw. kontinuierlicher Mengen wurde bereits hingewiesen (S. 137). DODWELL (1962) fand bei 60 Kindern im Alter von 5;2 bis 8;8 Jahren nur eine geringe und nicht signifikante positive Korrelation zwischen zwei Anzahlaufgaben (provozierte und nichtprovozierte Korrespondenz) einerseits, der Fähigkeit zur Klasseninklusion andererseits (r_{pbis} = .19 bzw. .20). Er schließt daraus auf eine weitgehend unabhängige Entwicklung beider Bereiche. DEAL (1967) berechnete bei einer Reihe von Klasseninklusionsaufgaben und

Anzahlaufgaben (ähnlich denen von DODWELL), die sie 145 3- bis 5jährigen Kindern zu lösen gab, die interne Konsistenz der alle Aufgaben umfassenden Skala. Die verwendete Kuder-Richardsen-Formel-20 erfaßt dabei im wesentlichen die Interkorrelation der Items. Der Korrelationskoeffizient betrug r = .54, stieg jedoch ein Jahr später bei denselben Kindern bei einer Wiederholungsuntersuchung auf r = .75, was mit einer zunehmenden Vereinheitlichung oder Generalisierung der Denkart bezeichnet werden könnte. - Bei LAUX (1969) finden sich (allerdings vom Datenmaterial her gesehen etwas rätselhafte) Produkt-Moment-Korrelationen zwischen Aufgaben zur Invarianz diskontinuierlicher Mengen und zur Invarianz der Anzahl zwischen r = .76 und r = .56 (N = 240), jedoch keine Angaben zu Korrelationen mit den ebenfalls durchgeführten Aufgaben zur <u>Reihenbildung</u>. Aus ELKINDs (1964) Angaben geht hervor, daß Reihenbildung etwas leichter ist als Numeration (d.h. als die Korodination zwischen Ordinal- und Kardinalzahl); auch die Ergebnisse von SLATER (1958), daß bei einigen Kindern sich Seriation <u>vor</u> dem Konservieren gezeigt habe, bei anderen erst später, läßt auf eine eher geringe Korrelation schließen.

9.23 Zusammenhänge mit anderen Invarianzbegriffen

ROTHENBERG (1969b) fand zwischen Invarianzaufgaben zur <u>Distanz</u> und zur Anzahl bei 206 4- und 5jährigen Kindern eine Korrelation von r = .50 (0.1 % sign.), BEILIN (1965) bei 175 Kindergartenkindern Korrelationen von r = .44 zwischen Invarianz der Anzahl und Invarianz der <u>Länge</u> (sign. auf dem 1 %-Niveau), von r = .23 (1 %-Niveau) zwischen Invarianz der Länge und der <u>Fläche</u>, jedoch keine Korrelation zwischen Anzahl und Fläche. Die Korrelation zwischen Anzahl und Länge erhöhte sich nach Training im Anzahlbegriff auf r = .72; die anderen beiden Korrelationen blieben nahezu unverändert. BEILIN schloß aus seinen Ergebnissen, daß das Training zu einer Konvergenz der Denkstrukturen für die beiden Begriffe der Anzahl und der Länge führten, ein Ergebnis, das mit dem oben von DEAL berichteten korrespondiert. Auch WOHLWILL (1969) fand Schwankungen in der Korrelationshöhe zwischen Invarianz der Anzahl, der Länge und von Flüssigkeitsmengen (zusammengefaßt) einerseits und der Fähigkeit, <u>Meßoperationen</u> zu erfassen und anzuwenden, in seiner Längsschnittstudie an 74 Erstkläßlern, die er in etwa Anderthalb-Jahresabständen dreimal untersuchte ($r = .30$; $r = .45$; $r = 36$; auf dem 5 %- bzw. 1 %- und 1 %-Niveau signifikant).

9.24 Konservierungstests von GOLDSCHMID und BENTLER

GOLDSCHMID und BENTLER (1968, S. 801) hatten bei der Erstellung ihres Konservierungstests wegen des relativ einheitlichen Schwierigkeitsniveaus ihrer Aufgaben zwar einige Probleme mit einer Skalierung nach der Technik von GUTTMANN (eindimensionale Rangordnung nach Schwierigkeitsgrad, wobei die Lösung einer bestimmten Aufgabe zugleich die Lösung aller leichteren impliziert), erhielten aber andererseits hohe Konsistenzwerte ($r = .85$ bis $.95$) für ihre beiden Testformen (Form A und Form B: dreidimensionaler Raum, Anzahl, Masse, kontinuierliche und diskontinuierliche Quantität, Gewicht; Form C: Fläche und Länge). Die Korrelation der Paralleltests war bei 113 Kindern mit $r = .94$ sehr hoch, mit der andere Bereiche erfassenden Form C etwas geringer ($r = .73$ bzw. $.69$). Bei der multidimensionalen Skalierung ihres Konservierungstests über alle 3 Formen, die weitgehend einer nichtmetrischen Faktorenanalyse entspricht, fanden sie unter Berücksichtigung nur der Antworten der Kinder eine Dimension, die etwa 55 % der gesamten Spur der Homogenitätsmatrix ausmacht und die sie als "Konservieren" bezeichneten. Bei der Skalierung nach den Begründungen fanden sie eine stark ausgeprägte und zwei schwächere homogene Dimensionen, die zusammen 67 % der Spur der Homogenitätsmatrix ausmachten (GOLDSCHMID und BENTLER, MANUAL 1968 b, S. 6-9).

9.3 Zusammenfassung

Die Befunde zur Universalität der Zahlinvarianzentwicklung sind im Vergleich zu solchen zur Intelligenzentwicklung überraschend gut. Sie sprechen in ihrer Einheitlichkeit sowohl für eine weitgehende Übertragbarkeit der Untersuchungsmethode als auch dafür, daß die Zahlinvarianzentwicklung wahrscheinlich ein allgemein-entwicklungspsychologisches Phänomen ist, das in allen Kulturen, allen sozialen Gruppen und selbst bei sensorisch oder geistig Behinderten anzutreffen ist. Andererseits weisen die Ergebnisse darauf hin, daß unterschiedliche kulturelle und soziale Umwelten entwicklunsanregend und -verlangsamend wirken, oder sogar zu Stagnierungen führen können. Wichtig ist der Hinweis, daß die Wirkung des Schulbesuchs offensichtlich in der Eröffnung anderer (bes. wahrnehmungsorientierter) Informationswege liegt. Auffallend sind auch einige Ergebnisse, bei denen in den jüngeren Altersgruppen die Mädchen, bei den älteren (ab 7 Jahren) die Jungen einen Entwicklungsvorsprung zeigen, was evtl. auf unterschiedliche Sozialisationsumwelten zurückgeführt werden kann.

Optische Erkundung der Umwelt scheint für die Entwicklung der Denkprozesse eine größere Bedeutung zu haben als akustische. Die Entwicklungsverzögerung intelligenzschwacher Kinder ist dagegen nicht allein durch Umweltbedingungen und sensorische Mängel erklärbar und müßte in ihren Bedingungen noch viel genauer untersucht werden. Wichtig ist aber, daß solche Kinder und Jugendliche im Prinzip dieselben Entwicklungssequenzen wie normale Kinder zu zeigen scheinen, nur eben in einem langsameren Tempo.

Die Ergebnisse zur Generalität des Konservierens über benachbarte Bereiche sind dagegen weniger einheitlich, insbesondere dann, wenn sie in Form von Korrelationen ausgedrückt werden. Bei Konservierungsaufgaben gleichen Schwierigkeitsgrades hat sich immerhin ein bedeutsamer Faktor ergeben. Die Beziehungen zur Klasseninklusion, Seriation und zu Meßoperationen scheinen charakteristischen, entwicklungsbedingten Schwankungen zu unterliegen und teilweise den Schluß auf eine zunehmende Konvergenz oder Vereinheitlichung der Denkstruktur nahezulegen.

10. Untersuchung zur Äquivalenz verschiedener Anzahlinvarianz-Items und zum Zusammenhang verschiedener Invarianzbereiche mit einem Versuch zur Beurteilung der Experimentalsituation durch Verhaltensbeobachtung (Bonner Untersuchung II)

In diesen eigenen Untersuchungen werden einige der in den vorigen drei Kapiteln behandelten Probleme aufgegriffen und fortgeführt. Die Untersuchungsmethoden und die gesamte experimentelle Situation, die in diesem Kapitel ausführlich beschrieben werden, gelten auch für alle weiteren eigenen Untersuchungen, wenn es dort nicht anders angemerkt wird.

10.1 Fragestellung

Die Fragestellung dieser Untersuchung ist aus der zur Wiederholung der Trainingsexperimente von GRUEN und WALLACH und SPROTT hervorgegangen. WALLACH und SPROTT (1964) hatten mit ihrem Reversibilitätstraining nämlich einen recht spektakulären Erfolg bei ihren 66 6;5- bis 7;8jährigen Versuchspersonen hinsichtlich der Zunahme von Konservierungsantworten bei zwei Aufgaben zur Invarianz der Anzahl. Im Unterschied dazu muß der Trainingserfolg bei GRUEN (1965) mit allerdings anderen Trainingsarten und bei insgesamt etwas jüngeren Kindern (4;6 bis 6;6 Jahren) als bescheiden bezeichnet werden. Bevor jedoch die unterschiedliche Trainingswirkung auf die Trainingsart oder das unterschiedliche Alter der Kinder bezogen wird, erhebt sich zunächst die Frage, ob die Zahlinvarianzaufgaben bei GRUEN und WALLACH und SPROTT überhaupt vergleichbar sind. Dies kann man nur feststellen, wenn man die Aufgaben beider Autoren derselben Gruppe von Kindern zu lösen gibt.

GRUEN stellte bei seinen Experimenten weiterhin die Frage, wieweit ein Trainingserfolg bei den Anzahlaufgaben sich auswirkt auf die Invarianz der Länge und der Masse (Substanz bzw. kontinuierliche Menge, erfaßt durch Plastillinaufgaben). Voruntersuchungen zur Bonner Untersuchung hatten jedoch den Verdacht aufkommen lassen, daß die von GRUEN verwendete Längeninvarianzaufgabe, bei der die MÜLLER-LYERsche Täuschung verwandt wurde, zumindest bei den kleinen deutschen Versuchspersonen eine sehr seltsame Stelle einnahm: manche der jüngsten lösten sie spielend, manche ältere hatten Schwierigkeiten, und dies ganz unabhängig vom Lösen der übrigen Invarianzaufgaben. Zur Kontrolle wurde daher eine weitere Aufgabengruppe in den Versuchsplan eingebaut, die ebenfalls die Invarianz der Länge erfassen sollte und aus Original-PIAGET-Aufgaben zusammengestellt wurde (PIAGET, INHELDER, SZEMINSKA, 1960). Gleichzeitig wurde eine getrennte Untersuchung zur Gleichwertigkeit oder eindimensionalen Skalierbarkeit von Längeninvarianzaufgaben begonnen (RAUH und BILLE, 1969), die dieser speziellen Frage noch ausführlicher nachging.

Weiterhin wurden die GRUENschen Aufgaben zur kontinuierlichen Menge, die aus drei Items mit Plastillinaufgaben bestanden, um eine Reihe von Aufgaben zur Flüssigkeitsmenge erweitert. Diese letzte Aufgabengruppe wurde gewählt, weil ähnliche Aufgaben häufig als Paradigma für Konservierungsaufgaben überhaupt verwendet werden. Wenn also alle sieben Aufgabengruppen so etwas wie "Konservierungsfähigkeit" in gleicher Weise erfassen, müßten sie alle gleich gut gelöst werden und einen engen Zusammenhang untereinander aufweisen.

Ist dagegen das "Konservieren" an die Art der in den Aufgaben geprüften Quantität gebunden, dann müßten zumindest die drei Aufgabengruppen zur Anzahl eng miteinander zusammenhängen, desgleichen die beiden Aufgabengruppen zur Längeninvarianz. Bei den beiden Aufgabengruppen zur kontinuierlichen Menge könnte man wegen der unterschiedlichen Konsistenz des Materials eine leichte Diskrepanz vermuten, obgleich das Gemeinsame überwiegen sollte.

Innerhalb jeder Aufgabengruppe, die jeweils mehrere Items, d.h. Transformationen, umfaßt, wäre die höchste Homogenität der Antworten zu erwarten, die in einer markanten U-Verteilung zum Ausdruck kommen könnte.

Die folgende Untersuchung versucht, diese Fragen zu beantworten. Gleichzeitig wurde bei der Durchführung der Invarianzaufgaben durch vorgeschaltete Vortests und Verhaltensbeobachtung überprüft, inwieweit mangelnde Kenntnis der grundlegenden sprachlichen Begriffe oder mangelnde Aufmerksamkeit und Motiviertheit sich als Fehlerquellen bei der Beantwortung der Invarianzfragen bemerkbar machen.

10.2 Methode

Material bei den Invarianzaufgaben: Für die erste Anzahlinvarianzaufgabe nach WALLACH und SPROTT wurden entsprechend den Angaben dieser Autoren 5 weiße amerikanische Karteikarten mit den Dimensionen 3 x 5 inches (7,5 x 12,5 cm) sowie 5 rote "Flöhe" aus einem Flohspiel (Durchmesser der Plastikscheiben: 1,5 cm) verwendet, für die zweite Zahlinvarianzaufgabe derselben Autoren 6 handelsübliche Streichholzschachteln (3,5 x 5,0 cm) und kleine rosa Babypüppchen aus Weichplastik (2,5 cm). Für die Anzahlaufgabe nach GRUEN wurden 7 gelbe und 7 grüne Holzstäbchen (je 5 cm Länge) genommen, von denen je ein gelbes und ein grünes auch bei der Längeninvarianzaufgabe nach PIAGET Verwendung fanden. Bei der Längeninvarianzaufgabe nach GRUEN (MÜLLER-LYER) wurden entsprechend den Angaben des Autors 2 gelbe vierkantige Holzstäbe von 30 cm Länge und vier V-Formen mit einer Schenkelbreite von 2,25 cm, einer Schenkellänge von 11,5 cm un d einem Winkel von etwa 50° so auf eine große weiße Pappe (71 x 56 cm) aufgeklebt, daß die Spitzen der nach außen gerichteten Winkel und die der nach innen gerichteten Winkel jeweils 30 cm auseinander lagen. Die > < Form und die < > Form befanden sich im Abstand von 22 cm voneinander (Spitze zu Spitze) und jeweils 17 cm von der Breitseite, 17,5 cm von der Schmalseite der Platte entfernt parallel zur Breitseite der Platte genau untereinander. Die Rückseite dieser Platte wurde bei allen anderen Aufgaben als "Spielfläche" verwendet. Für die Invarianzaufgabe zur kontinuierlichen Menge nach GRUEN wurde eine Stange rotes Plastillin in zwei Hälften geteilt und diese jeweils zu Kugeln geformt. Bei den Aufgaben zur Flüssigkeitsinvarianz wurden außer einem Milchkännchen aus rotem Plastik, das etwa einen Viertel Liter verdünnten Himbeersirup faßte, und Trinkhalmen eine Reihe verschiedener Gläschen benötigt: zwei Schnapsgläser (5 cm Höhe, Ø unten = 2,5 cm, Ø oben = 4 cm), ein breiteres bepunktetes Likörglas (5 cm Höhe, Ø unten = 1,5 cm Ø oben = 4,5 cm), zwei konkav geformte Korngläser mit Meßrand (7 cm Höhe, Ø oben und unten = 4 cm) und zwei Reagenzgläser (16 cm hoch, Ø = 1,5 cm); die genannten 7 Gläser faßten jeweils maximal 2 cl Flüssigkeit. Darüber hinaus wurde noch ein einfaches Wasserglas (4 cm Durchmesser unten, 5,5 cm Durchmesser oben, 9,5 cm hoch) verwendet.

Die Invarianzaufgaben: Die Aufgaben wurden stets in der hier dargestellten Reihenfolge gegeben. Das wörtliche Anweisungshandbuch für die Versuchsleiter befindet sich im Anhang.

Anzahl I ("Karten und Flöhe") (Abb. 9): Die fünf Karteikarten werden mit etwa 1 cm Zwischenraum in eine Reihe parallel zur Tischkante des Kindes gelegt und das Kind aufgefordert, auf jede Karte einen "Floh" zu legen. Mißversteht das Kind die Aufforderung (z.B. das Wort "auf"), dann hilft ihm die Versuchsleiterin. Nachdem das Kind sich vergewissert hat, daß jede Karte

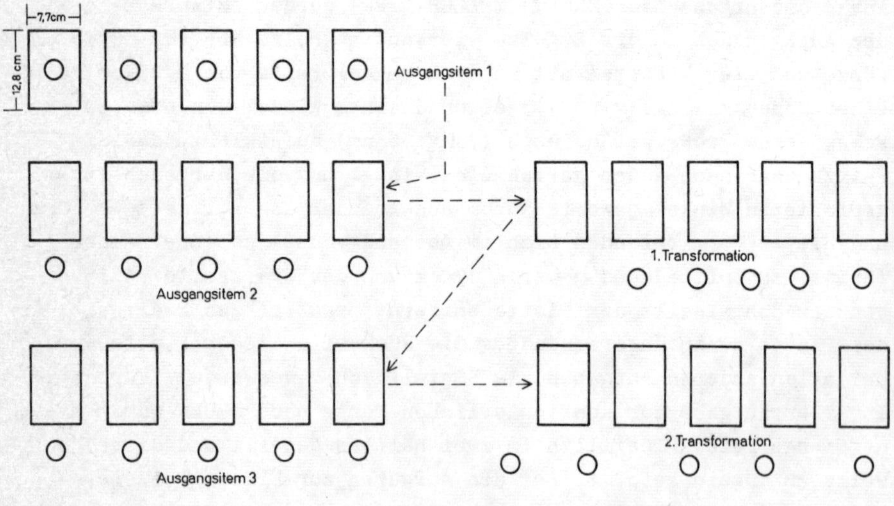

INVARIANZ DER ANZAHL (Karten und Steine")
-Sicht der Vp-

Abbildung 9

einen Floh, jeder Floh eine Karte hat, wird ihm erstmals die Standardfrage gestellt: "Sind da gleich (ebenso) viele Karten wie Flöhe? - Oder sind da mehr Karten? - Oder sind da mehr Flöhe?" Die drei Teilfragen werden in ihrer Reihenfolge variiert, im Zweifelsfalle, d.h. bei Verdacht auf Suggestibilität des Kindes, in variierter Reihenfolge und mit Pausen wiederholt. Danach werden die "Flöhe" auf das Kind zu vor die Karten geschoben und die Standardfrage wiederholt. Bei diesen beiden Korrespondenzaufgaben sollte das Kind auf die Anforderungen eingestellt werden. Daher durfte der VL notfalls durch Wiederholung der Aufgabe helfen. - Als erste Transformation werden die "Flöhe" vom linken Rand her enger zusammengeschoben, so daß der am weitesten links liegende "Floh" unter die zweite Karte von links zu liegen kommt. Standardfrage. Die Kinder werden nun nicht mehr in ihren Antworten bestätigt oder berichtigt. Bei Nicht-Konservierungsantwort fragt VL nach: "Ist da jetzt ein Floh zuviel, oder eine Karte zuviel?", um Sprachmißverständnisse zu vermeiden. Danach werden die "Flöhe" wieder genau unter die Mitte der zugehörigen Karten gelegt und die Standardfrage wiederholt. Als zweite Transformation wird die Reihe der "Flöhe" nach links soweit auseinander gezogen, daß der vorletzte Floh unter die letzte Karte zu liegen kommt, dem am weitesten links befindlichen Floh aber keine Karte mehr gegenüberliegt. Standardfrage: "Sind da jetzt immer noch gleich viele Flöhe wie Karten? Oder sind da mehr Flöhe? Oder sind da mehr Karten?" Falls der Verdacht besteht, daß das Kind den links liegenden Floh als nicht mehr dazugehörig betrachtet, wird es deutlich darauf hingewiesen, daß er nicht fortgetan worden sei, und die Frage wiederholt. Sobald das Kind auf die Stadardfragen eingespielt ist, geht VL dazu über, durch die Frage: "Und so?" statt einer Ja- oder Nein-Antwort des Kindes, aktive Antworten zu provozieren. So häufig wie möglich fragt er nach der Begründung: "Warum meinst du das?"

Bewertung: Konservierungsantworten auf die beiden Transformationen sowie auf die dazwischenliegende Korrespondenz werden mit je einem Punkt bewertet (analog zu WALLACH und SPROTT), so daß maximal 3 Punkte möglich sind.

Anzahl II (Puppen und Bettchen) (Abb. 10): Entsprechend der vorigen Aufgabe wird das Kind zunächst aufgefordert, in die in einer Reihe stehenden Bettchen (Abstand ca. 2 cm) je ein Püppchen zu legen und sich von der Gleichheit der Anzahl von Puppen und Betten zu vergewissern. (Zählen wurde geduldet, aber nicht unterstützt.) Danach werden die Püppchen vor die Bettchen gelegt. Standardfrage. Als erste Transformation werden die Püppchen von links nach rechts so zusammengerückt, daß das am weitesten links liegende Püppchen vor das vorletzte Bett zu liegen kommt; dem am weitesten links liegenden Bett liegt kein Püppchen mehr gegenüber. Standardfrage. Danach werden die Püppchen den Bettchen wieder genau zugeordnet. Standardfrage. Bei der zweiten Transformation werden nun die Bettchen von links nach rechts so zusammengeschoben, daß dem am weitesten links liegenden Püppchen kein Bettchen mehr gegenübersteht. Standardfrage.

Bewertung: Konservierungsantworten auf die beiden Transformationen und die dazwischenliegende Korrespondenzfrage werden mit je einem Punkt bewertet, so daß maximal 3 Punkte möglich sind.

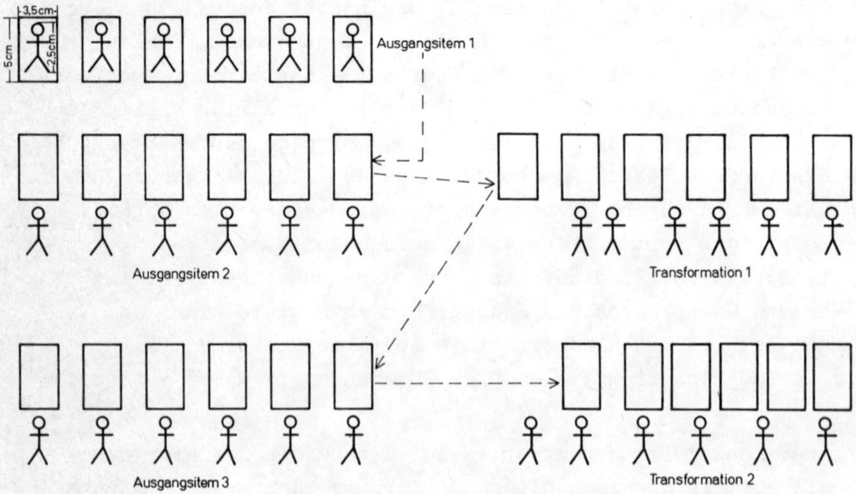

INVARIANZ DER ANZAHL ("Püppchen und Bettchen")

-Sicht der Vp-

Abbildung 10

<u>Anzahl III ("Eisenbahn") (Abb.11)</u>: Die 7 gelben Stäbchen werden dem Kind als Wagen eines Zuges vorgestellt, der auf einem Bahnhof (Spielplatte) steht. Es wird dabei darauf geachtet, daß zwischen jedem Wagen jeweils eine Lücke von ca. 1 cm ist. Danach wird das Kind aufgefordert, mit den 7 grünen Stäbchen einen Zug "genau neben den gelben" zu stellen (notfalls hilft VL). Danach fragt VL: "Zählst du mal, wie viele Wagen der gelbe Zug hat?" und hilft, falls das Kind sich verzählt. Auch bei der grünen Eisenbahn wird das Kind zum Zählen angeregt, wenn es nicht spontan feststellen kann, daß es ebenfalls 7 sein müssen (was sehr selten vorkam). Danach sagt VL: "Der gelbe Zug hat sieben Wagen, und der grüne Zug hat auch sieben Wagen. Haben dann der gelbe und der grüne Zug beide gleich viele Wagen, oder hat einer mehr und einer weniger?" Bei Schwierigkeiten wiederholt VL bzw. hilft ein wenig. Bei der <u>ersten Transformation</u> wird eine der Stäbchenreihen nach beiden Seiten so weit auseinandergezogen, daß die äußersten

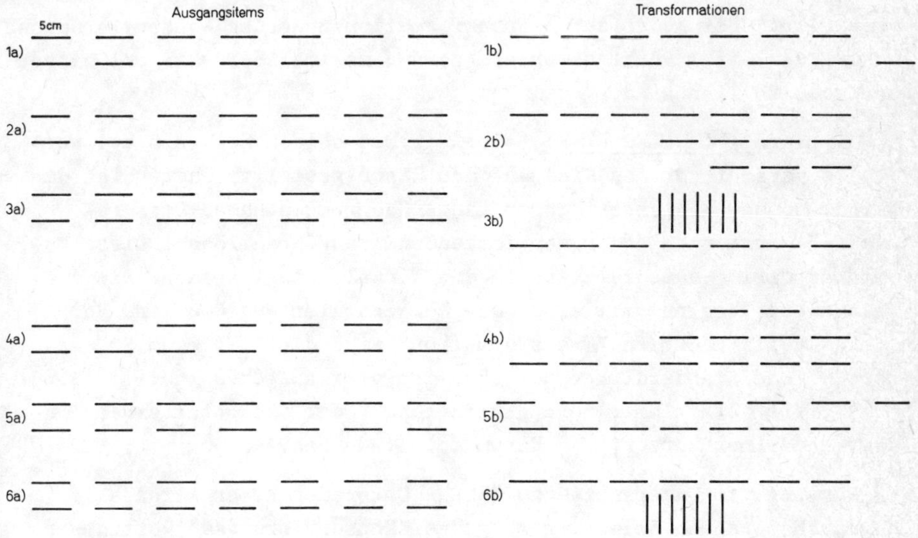

INVARIANZ DER ANZAHL ("Eisenbahn")
— Sicht der Vp —

<u>Abbildung 11</u>

Stäbchen links und rechts kein Gegenüber mehr haben. Dabei spricht VL: "Gib acht, jetzt fahren die Wagen der grünen Eisenbahn ein wenig auseinander, bleiben aber alle auf dem Bahnhof. Haben die gelbe und die grüne Eisenbahn jetzt immer noch gleich viele Wagen, oder hat jetzt eine mehr und eine weniger?". Nach der Antwort und ggf. Begründung des Kindes wird die Ausgangsstellung wiederhergestellt und die Standardfrage wiederholt. Dies geschieht nach jeder der folgenden Transformationen. Bei der zweiten Transformation werden drei der sieben Stäbchen einer Reihe parallel neben die restlichen vier gelegt. Standardfrage. Bei der dritten Transformation werden die Stäbchen einer Reihe längsgestellt und so zusammengerückt, daß sie nur die Länge der mittleren drei Stäbchen der anderen Reihe beanspruchen. Standardfrage. Bei der vierten bis sechsten Transformation werden die ersten drei Transformationen mit jeweils der anderen Stäbchenfarbe wiederholt, wobei die letzten beiden Transformationen in ihrer Reihenfolge ausgetauscht werden.

Bewertung: Bei jeder der 6 Transformationen werden Konservierungsantworten mit 1 Punkt bewertet, so daß maximal 6 Punkte bei dieser Aufgabe möglich sind.

Länge I (MÜLLER-LYER) (Abb.12): Die beiden gelben Stäbe werden senkrecht vor das Kind auf den Tisch gestellt, damit sich das Kind von der Gleichheit ihrer Länge überzeugen kann. Dies geschieht auch nach jeder der folgenden Transformationen. Diese bestehen darin, daß die Stäbe in die Winkel gelegt werden. Die Aufgabenreihe beginnt mit einer der horizontalen Anordnungen. Vor der jeweils nächsten "Transformation" wird die Platte um 90° gedreht. Die Standardfrage zu jeder der vier Aufgaben lautet: "Sind die Stäbe jetzt immer noch gleich lang? Oder ist jetzt einer länger und einer kürzer? ... Warum meinst du das?"

Bewertung: Im Unterschied zu GRUENs Untersuchung erhalten alle Versuchspersonen alle vier Aufgaben. Konservierungsantworten werden mit je 1 Punkt bewertet, so daß maximal 4 Punkte erreicht werden können.

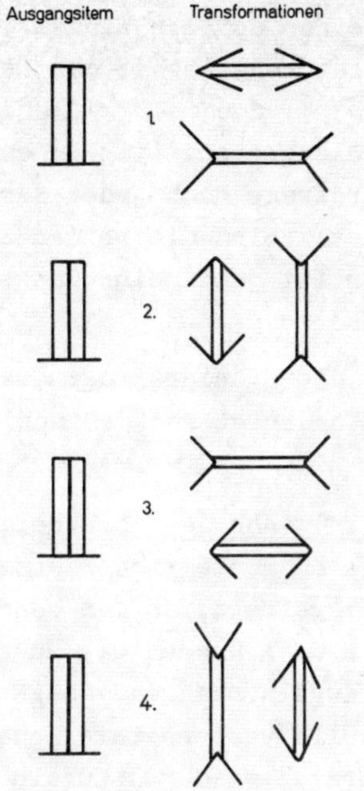

INVARIANZ DER LÄNGE I ("Müller-Lyer")
-Sicht der Vp-

Abbildung 12

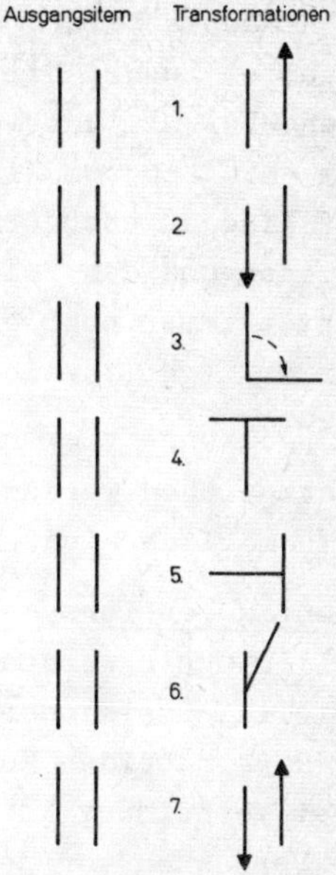

INVARIANZ DER LÄNGE II (Piaget)
-Sicht der Vp-

Abbildung 13

Länge II (PIAGET) (Abb.13): Ein grünes und ein gelbes Stäbchen werden zunächst dicht nebeneinander, dann mit ca. 1 cm Abstand in vertikaler Richtung vor das Kind gelegt, damit es sich von der Gleichheit ihrer Länge überzeugen kann. Nach jeder der folgenden 7 Transformationen wird diese parallele Stellung wiederhergestellt und ebenfalls die Standardfrage (evtl. abgekürzt) wiederholt. Die 7 Transformationen sind folgende: 1. das rechte Stäbchen wird vom Kind weggeschoben, so daß es das linke um ca. 1 cm überragt; 2. das linke Stäbchen wird auf das Kind zugeschoben, so daß es das rechte um ca. 1 cm überragt; 3. das rechte Stäbchen wird zur Basis des aus beiden gebildeten Rechten Winkels; 4. das rechte Stäbchen wird quer auf das linke gestellt, so daß beide ein T bilden; 5. das linke Stäbchen wird quer gestellt und berührt dabei das linke etwa in dessen Mitte; 6. das rechte Stäbchen bildet mit dem linken einen spitzen Winkel, dessen Scheitel in der Mitte des linken Stäbchens liegt; das rechte Stäbchen überragt dabei etwas das linke; 7. das rechte Stäbchen wird um ca. 1 cm vom Kind fort, das linke gleichzeitig um ca. 1 cm auf das Kind zugeschoben. - Die Standardfrage nach jeder der Transformationen und den Zwischenitems lautet: "Sind die beiden Stäbchen jetzt immer noch gleich lang, oder ist jetzt eins länger und ein kürzer? (ggf.: welches?)", bzw. "und so?"

Bewertung: Konservierungsantworten auf die Standardfragen bei den Transformationen werden mit je 1 Punkt bewertet, so daß maximal 7 Punkte möglich sind.

Kontinuierliche Menge I (Plastillin) (Abb.14): Die beiden Plastillinkugeln werden den Kindern als Kuchenteig oder Marzipan vorgestellt. Die Kinder werden zunächst gefragt, ob man sehen könne, daß in beiden Kugeln etwa gleich viel Kuchenteig zu essen sei. Bei Verneinung korrigiert VL die Kugeln. Während GRUEN bei seinen Versuchen vor jeder Aufgabe jeweils vorbereitete neue Kugeln nahm, werden hier die zuvor verformten wieder in Kugeln zurückgeformt. Nach jeder Transformation kann sich also das Kind von der Gleichheit der Mengen in Kugelform wieder überzeugen. Bei

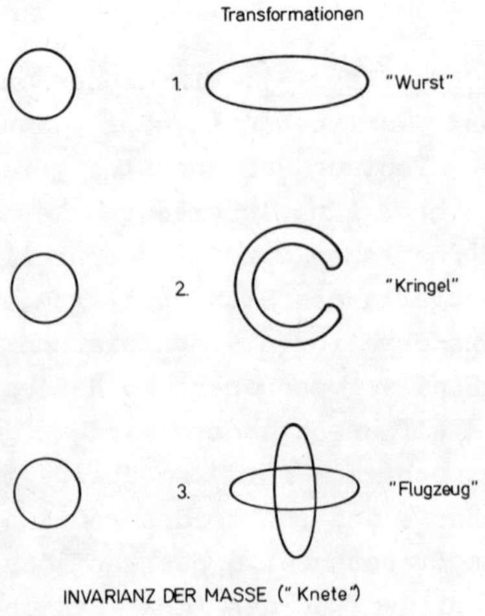

Abbildung 14

der ersten Transformation wird eine der Kugeln zu einer ca. 6 cm langen "Wurst" ausgerollt; bei der zweiten wird die andere Kugel zunächst ausgerollt und dann zu einem "Kringel" von ca. 2 cm lichtem Durchmesser geformt; bei der dritten Transformation wird eine der Kugeln ausgerollt, in der Mitte geteilt und die Teile zu einem Kreuz zusammengefügt, das den Kindern als "Flugzeug" vorgestellt wird. Nach jeder Transformation lautet die Standardfrage: "Ist da und da jetzt immer noch gleich viel Kuchenteig (Marzipan) drin zu essen; oder ist in einem mehr und in einem weniger?"

Bewertung: Konservierungsantworten auf die Standardfragen nach den Transformationen werden mit je 1 Punkt bewertet, so daß maximal drei Punkte möglich sind.

Kontinuierliche Menge II (Saft) (Abb.15): Die hier verwendeten Aufgaben gehen auf eine unveröffentlichte Versuchsanordnung von KOHLBERG (1965) zurück. Alle 8 Aufgaben gehen von der Ungleichheitsrelation aus. Bei den ersten vier Aufgaben besteht die Ausgangssituation in zwei identischen Schnapsgläschen, die ungleich voll gefüllt sind. Das Kind soll jeweils zeigen, in welchem Glas mehr Saft zu trinken sei. Erste Transformation: Mit den Worten: "Du darfst gleich das Gläschen austrinken, in dem es mehr Saft zu trinken gibt; aber vorher gib gut acht, was ich tu", schüttet VL das vollere Glas in das bereitstehende breitere Likörglas. VL fragt: "Kannst du mir jetzt noch sagen, wo es mehr Saft zu trinken gibt? ... Und warum?" Das Kind darf dann das von ihm gewählte Glas mit einem Strohhalm austrinken. Bei der zweiten Transformation wird das weniger gefüllte Glas in das schmalere und kokav geformte Kornglas geschüttet; bei der dritten in das sehr schmale Reagenzglas; bei der vierten wird das vollere Glas in das breite Wasserglas umgegossen. - Bei den folgenden drei Aufgaben wird die Ausgangssituation mit den Korngläsern hergestellt und das Kind darauf hingewiesen, daß es sich am roten Markierungsrand orientieren kann. Dann wird das vollere Glas in eins der kleineren, aber etwas breiteren Schnapsgläser umgefüllt; bei der sechsten Transformation das weniger volle in das schmale Reagenzglas; bei der siebenten das vollere in das Wasserglas. Bei der achten Aufgabe bilden die beiden Reagenzgläser die Ausgangssituation, wobei die anfängliche Ungleichheit besonders sichtbar gemacht wird. Das vollere Reagenzglas wird dann in das Wasserglas umgeschüttet.

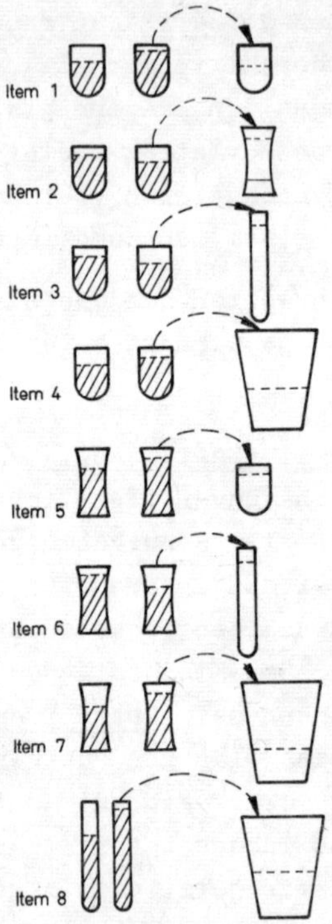

INVARIANZ KONTINUIERLICHER MENGE
("Saftspiel")

Abbildung 15

Bewertung: Für jede richtige Wahl erhält das Kind einen Punkt. Insgesamt sind also maximal 8 Punkte möglich.

Bewertungskriterien: Die Bewertung erfolgte ausschließlich auf Grund der Antworten der Kinder ohne Berücksichtigung der Begründungen, da nicht von allen Kindern und nicht zu allen Aufgaben Begründungen erhalten werden konnten. Manche Kinder fühlten sich durch die Warum-Fragen verunsichert, andere gelangweilt, so daß auf sie z.T. verzichtet wurde oder Warum-Fragen nur hin und wieder, jedoch mindestens einmal bei jeder Aufgabengruppe, eingestreut wurden. Eine Antwort wurde nur dann als im Sinne des Konservierens gewertet, wenn die Teilfragen alle konsistent richtig beantwortet wurden (vgl. die Bewertungskriterien von ROTHENBERG). "Verbesserte" sich das Kind, dann wurde nur seine zuletzt gegebenen Antwort gewertet, jedoch die Antwortunsicherheit im Protokoll vermerkt.

Die Vortests: Die vorgeschalteten Vortests dienten der Überprüfung der Mindestvoraussetzungen für die sprachliche Kommunikation und zugleich der Einführung und Auflockerung der Kinder.

1. Abzeichnen einer Mengengestalt: Diese Aufgabe entstammt dem Schulreifetest von KERN (1950). 10 schwarze Punkte (je 1/2 cm Durchmesser) sind in 3 x 3 + 1-Anordnung auf eine (12 x 12 cm große) Pappe aufgeklebt. Der alleinstehende Punkt befindet sich in der Verlängerung der mittleren Punktereihe. Das Kind wird aufgefordert, das Bild so abzumalen, daß das eigene nachher genauso aussehe wie die Vorlage. Nach Fertigstellung der Zeichnung wird das Kind für seine Leistung gelobt. Diese Aufgabe wurde hauptsächlich als "Eisbrecher" benutzt.

2. Überprüfung sprachlicher Begriffe: Die hier verwendeten Aufgaben wurden durch solche aus dem Binet-Kramer-Intelligenztest angeregt.

a) Auf einer 23 x 14 cm großen Pappplatte befinden sich nebeneinander zwei Kreise von 6,5 un 10,5 cm Durchmesser. Das Kind wird aufgefordert, den größeren und den kleineren Ball zu zeigen.

b) Auf einer 12 x 12 cm großen Pappplatte befinden sich zwei Striche von 7 bzw. 3,5 cm Länge, die keine gemeinsamen Endpunkte haben. Das Kind wird aufgefordert, nacheinander den längeren und den kürzeren Strich zu zeigen.

c) Auf einer 12 x 12 cm großen Pappplatte, die in der Mitte durch einen Bleistiftquerstrich unterteilt ist, befinden sich in der einen Hälfte zwei "dicke" schwarz angemalte Kreise von jeweils 1,3 cm Durchmesser, in der anderen Hälfte 5 unregelmäßig angeordnete kleinere Kreise von 0,7 cm Durchmesser. Das Kind wird aufgefordert zu zeigen, wovon es mehr"Bälle" gibt, von den "dikken" oder den "dünnen", und wo weniger.

d) Auf einer weiteren Platte befinden sich untereinander ein dünner 3,5 cm langer Strich, ein ebenso langer dick ausgezogener Strich (1 mm) und eine gewundene Linie mittlerer Stärke. Das Kind wird nacheinander aufgefordert, den "dicksten" und den "dünnsten" Strich zu zeigen und weiterhin den, der "krumm" sei und den (bzw. die, die) der "gerade" sei(en).

e) Vier Karten (6,5 x 7 cm) sind längs unterteilt. Auf einer befinden sich zwei Bäume, auf einer anderen zwei Häuser, auf einer dritten ein Würfel und ein Ball, auf einer vierten ein Apfel und Kirschen. Die vier Karten werden dem Kind gleichzeitig vorgelegt und es wird aufgefordert, zunächst diejenigen Karten zu zeigen, auf denen zwei gleiche Dinge gemalt seien, dann die, auf denen zwei verschiedene Dinge gezeichnet seien.
Bewertung: Die Aufgaben (a), (b) und (d) wurden in der Bewertung zusammengefaßt, wobei die Fehler zusammenaddiert wurden (maximal 8 möglich). Die Aufgaben (c) und (e) wurden getrennt bewertet, und zwar nach den Kategorien: richtig - unsicher - ein oder mehrere Fehler.

3. Simultane Entnahme: Diese Aufgabe entstammt ebenfalls dem Schulreifetest von KERN. Das Kind wird dabei aufgefordert, aus einer größeren Menge von Kugeln zunächst zwei, dann drei, dann vier, dann fünf herauszugreifen.
Bewertung : Die Bewertung erfolgte nach zwei Gesichtspunkten, erstens der Mengengröße, bis zu der einschließlich das Kind die richtigen Mengen entnahm; zweitens nach der Anzahl von Kugeln, die es mit einem Griff entnahm, gleich ob diese Anzahl eine Teilmenge der geforderten oder die Gesamtmenge war.

4. Zählen: Diese und auch die nachfolgende Aufgabe wurden von GRUEN übernommen, der sie als eins der Auslesekriterien zur Aufnahme in die Trainingsexperimente verwendete. Dem Kind werden ein Haufen grüner und ein Haufen gelber Stäbchen, beide ungeordnet und genau 9 Stäbchen beinhaltend, hingeschoben, und es wird aufgefordert, die Stäbchen in beiden Haufen laut zu zählen. Ggf. wird darauf hingewiesen, daß man die Stäbchen zum besseren Zählen auch verschieben kann; notfalls greift der VL helfend ein, notiert aber die gegebenen Hilfen.

Bewertung: Die Bewertung erfolgte nach vier Kategorien: (a) das Kind zählt mindestens einen Haufen richtig und zuordnend; (b) es sagt die Zahlnamen in der richtigen Reihenfolge auf, ordnet aber nicht sicher die Namen den Stäbchen zu; (c) es ordnet zwar eindeutig zu, vertut sich aber in der Reihenfolge der Zahlnamen; (d) es ordnet nicht eindeutig zu und ist auch nicht sicher in den Zahlnamen.

5. Addition/Subtraktion: Diese Aufgabe schloß sich unmittelbar an die vorangegangene an. VL wiederholt noch einmal: "Die grünen Stäbchen sind also neun, das hast du gerade gezählt, und die gelben Stäbchen sind auch neun, das hast du auch gerade gezählt. Wenn hier neun sind und da neun, sind es dann gleich viele grüne wie gelbe Stäbchen? Oder sind da mehr gelbe? Oder sind da mehr grüne?" Falls mit dem Kind auf diese Weise keine Einigkeit über die Gleichheit der Anzahl zu erreichen war, was selten vorkam, dann setzte VL sie gleich.
VL nimmt dann von einem der Haufen betont ein Stäbchen fort und legt es zur Seite und fragt: "Haben die beiden Haufen jetzt immer noch gleich viele Stäbchen, der und der ? Oder hat einer mehr Stäbchen und einer weniger?" Gibt das Kind eine falsche Antwort, wird die Frage noch einmal wiederholt. Außerdem wird es gebeten zu zeigen, welcher Haufen mehr, und welcher weniger Stäbchen habe. - VL nimmt dann betont das beiseitegelegte Stäbchen und legt es wieder zurück. Die Frage wird wiederholt. Antwortet das Kind: "Hier sind mehr und hier sind mehr", dann wird es darauf hingewiesen, daß man für "mehr und mehr" "gleich viele" sagt. - Aus einer Schachtel nimmt VL ein zehntes Stäbchen, legt es quer über den gleichfarbigen Haufen und wiederholt die Frage. Anschließend nimmt er das Stäbchen wieder fort und stellt noch einmal die Frage, die mit den anschließenden Konservierungsfragen identisch ist.
Bewertung: Die Bewertung über die 5 Einzelitems erfolgte entsprechend einer Rangeinstufung: (a) alle Antworten sind richtig; (b) Kind gelangte mit etwas Hilfe zu den richtigen Antworten, hatte vornehmlich Schwierigkeiten beim Erkennen der Gleichheiten; (c) trotz Hilfe bleibt es bei falschen Antworten. Bei überwiegender Suggestibilität fand eine gesonderte Einstufung nach (d) statt.

Verhaltensbeobachtung: Bei einem Teil der Untersuchungen (N = 55) saß eine weitere Versuchsleiterin (Frl. EICHHORN) dabei und führte ausführlich Protokoll über das Verhalten der Kinder während jeder Teststation. Die einzelnen Beobachtungskategorien waren anhand einer Reihe von Vorversuchen erstellt worden. Sie beziehen sich z.T. ganz speziell auf die einzelnen Aufgaben (z.B. Art des Zählens); es wurden aber auch einige übergreifende Kategorien erstellt, die vergleichbare Informationen bei den 7 Aufgabengruppen der Konservierungsaufgaben und somit das Verhalten und seine Schwankungen während des Untersuchungsverlaufs erfassen sollten. Es sind dies z.B. Aufmerksamkeit, Leistungsbereitschaft, Spontaneität und Sicherheit bei der Instruktionsaufnahme; Impulsivität und Sicherheit bei der Antwort, Aufmerksamkeit, Interesse und Steuerung bei den weiteren Items einer Aufgabengruppe sowie das Auftreten von Konflikt bei der Lösung der Aufgaben. Ein detaillierter Beobachtungsleitfaden befindet sich in der Vordiplomarbeit von Frl. EICHHORN (1969).

Verhaltensbeschreibung: Alle Versuchsleiter waren gebeten worden, nach jeder Untersuchung kurz das Verhalten des Kindes während der Untersuchungssituation zu beschreiben. Zu diesem Zweck waren in den Testheften einige Stichwörter als Hilfen angegeben, z.B. "Aufmerksamkeit", "Konzentration", "Ausdauer", "Verhalten bei Untersuchungsbeginn", "Leistungsbereitschaft und Kräfteeinsatz", "Verhalten bei Konfliktsituationen".

Nach der Durchführung der gesamten Untersuchung wurden die zu jedem Stichwort gebrachten Bemerkungen in ungeordneter Folge, jedoch getrennt nach den Stichwörtern, auf ein Blatt geschrieben und jeder Bemerkung eine 5 cm lange graphische Skala, deren Endpunkte nur durch + und - gekennzeichnet war, zugeordnet. Neun Psychologiestudenten und Diplompsychologen, darunter auch die Versuchsleiter, wurden gebeten, auf der graphischen Skala den Ausprägungsgrad anzugeben, der ihrer Meinung nach der Bemerkung des Versuchsleiters bzgl. des Stichwortes (z.B. Aufmerksamkeit) auf dieser Skala (definiert nur z.B. durch "sehr geringe" und "sehr hohe" Aufmerksamkeit) zukam. Aus den Beurteilungen der neun Rater wurden dann die Skalen konstruiert; dabei wurden die Skalenstufen (es sind jeweils fünf) durch diejenigen Verhaltensweisen definiert, die von den Beurteilern relativ eindeutig den entsprechenden Orten auf den graphischen Skalen zugeordnet worden waren. Insgesamt entstanden so 7 Verhaltensbeschreibungsskalen, nämlich:

1. Aufmerksamkeit (mit den Polen: verträumte Abwesenheit, schüchterne oder schwache Aufmerksamkeit - sehr große Aufmerksamkeit)
2. Konzentration (keine bzw. mangelhafte Konzentration - sehr hohe und andauernde Konzentration)
3. Ausdauer (leichte Ablenkbarkeit, geringe Ausdauer - ausgeprägte oder iterative Ausdauer)
4. Leistungsbereitschaft (nicht vorhanden bzw. sehr mangelhaft - hoch bei vollem Kräfteeinsatz)
5. Verhalten bei Beginn (geringer oder kein sozialer und sachlicher Kontakt - sofortige sachliche und soziale Zuwendung)
6. Konfliktintensität (kein Konflikt feststellbar - stark erlebter Konflikt)
7. Konfliktverarbeitung (bleibt bei ursprünglicher Aussage - stellt sich sofort auf neue Erkenntnis um).

Anhand der so erstellten Skalen versuchten dann zwei der ursprünglichen 9 Beurteiler unabhängig voneinander, die Aussagen der Versuchsleiter bei jedem Kind zu skalieren. Die Projektleiterin überprüfte anschließend ihre Beurteilungen auf ihre Einheitlichkeit. Bei diskrepanten Bewertungen entschied sie nach nochmaliger Durchsicht des Testheftes des betreffenden Kindes.

10.3 Durchführung

Die Untersuchungen fanden in verschiedenen Kindergärten in Bonn, außerdem in Düsseldorf-Nord und in der Volksschule Oberwinter statt. Die Kinder wurden einzeln in einen separaten Raum geführt unter der Angabe, man wolle mit ihnen spielen und schauen, was sie schon alles könnten. Im Raum wurde ihnen die "Spielkiste" gezeigt, die alles Material enthielt und notfalls das Tonbandgerät erklärt, das während der gesamten Untersuchung lief. Den Untersuchungsablauf zeigt Tab. 13. Um die erste Scheu abzubauen, wurden die Kinder zunächst gebeten, die Mengengestalt nach KERN ab-

Tabelle 13: Untersuchungsablauf

Testteil	Aufgabe	Bewertung
1. KERN-1	Abzeichnen d.Mengengestalt	-
2. sprachl. Begriffe	a) größer - kleiner b) länger - kürzer c) mehr - weniger d) dick - dünn - krumm - gerade e) gleich - verschieden	1. Anzahl der Fehler bei a,b,d (max.8) 2. richtig, unsicher, falsch bei c und bei e
3. KERN-2	simultane Entnahme von 1 bis 5 Kugeln aus einer Menge	1. max. richtige mengengröße 2. Größe der simultan gefaßten Mengen
4. Auslesetest (GRUEN)	a) Zählen bis 9 b) Addition - Subtraktion	(a), (b), (c), (d) (a), (b), (c), (d)
5. Konservierungsaufgaben	1. Anzahl I (Karten u.Flöhe)	max. 3 r. Antworten
	2. Anzahl II (Puppen u.Betten)	max. 3 r. "
	3. Anzahl III (Eisenbahn)	max. 6 r. "
	4. Länge I (MÜLLER-LYER)	max. 4 r. "
	5. Länge II (PIAGET)	max. 7 r. "
	6. Kont.Menge I (Knete)	max. 3 r. "
	7. Kont.Menge II (Saft)	max. 8 r. "
	Summe:	max.34 r. Antworten

zuzeichnen. Danach erfolgte die Überprüfung der sprachlichen Begriffe, bei der das Kind meistens nur durch Zeigen zu reagieren brauchte und für alles kräftig gelobt wurde. Anschließend folgten die Simultane Entnahme nach KERN, das Zählen, Addition und Subtraktion und erst dann die sieben Aufgabengruppen der Invarianzaufgaben. Das "Saftspiel" bildete für die meisten Kinder den Abschluß der Untersuchung, sofern sich nicht gleich der erste Teil des Trainings anschloß. Als Belohnung erhielten die Kinder zuletzt ein Püppchen, wie es bei der zweiten Aufgabengruppe verwendet worden war, oder ein Gummibärchen. Die Püppchen waren bei Jungen und Mädchen sehr beliebt; nur zwei Jungen genierten sich zunächst, eins anzunehmen. Bald entwickelte sich in den Kindergärten ein reger Tauschhandel mit den Püppchen.

Der Versuchsleiter war im allgemeinen allein mit dem Kind. Mitunter saß ein zweiter Versuchsleiter, seltener eine Kindergärtnerin dabei, ohne aber in die Untersuchung einzugreifen. Alle bis auf einen Versuchsleiter waren weiblichen Geschlechts.

Die Dauer der Untersuchung betrug pro Kind ca. 1 Stunde, meist weniger, außer wenn sich ein Training anschloß. Dabei hatte das "Saftspiel" am Ende der Untersuchung die positive Nebenwirkung, daß durch den Zuckergehalt des Himbeersaftes die Aufmerksamkeit und Konzentration der Kinder wieder anstieg.

Die Untersuchungen fanden im Zeitraum zwischen September 1967 und Oktober 1968 statt. Als Untersuchungstage wurden die Montage im allgemeinen gemieden, da an diesen Tagen durch die Umstellung vom Wochenende auf den Kindergarten die Kinder besonders unruhig und unkonzentriert waren.

Versuchsleiter waren außer der Projektleiterin die Psychologiestudentinnen Harz, Kreipe, Nitschke und Wenig sowie der Psychologiestudent Rauch. Sie wurden alle von der Projektleiterin selbst eingeübt. Dennoch ergab sich in einem Falle ein massiver Versuchsleiterfehler, der aber erst beim Abhören der Tonbänder geklärt wurde. So schmerzlich dieser Fehler war - alle so untersuchten Kinder (insgesamt 24) schieden aus der weiteren Auswertung aus -, so lehrreich war er andererseits. Statt der ausführlichen Frage: "Sind es gleich viele Püppchen wie Bettchen? Oder sind es mehr Bettchen? Oder sind es mehr Püppchen?" verkürzte eine der Versuchsleiterinnen die Frage auf: "Sind es gleich viele Püppchen wie Bettchen oder nicht?", worauf die meisten Kinder mit: "Doch" antworteten, was als Konservierungsantwort in das Testheft eingetragen wurde. Es bestehtder begründete Verdacht, daß die Kinder die Frage gar nicht richtig verstanden und auf ein Frageschema hereinfielen, das einer Inquisitionsfrage sehr nahe kommt (z.B. "Hast du das nun getan oder nicht?") und von den Kindern leicht stereotyp beantwortet wird. Die insgesamt sehr suggestive Frageart dieser Versuchsleiterin erhöhte die Konservierungsantworten der Kinder erheblich, hatte jedoch keinen nennenswerten Einfluß auf die Begründungen (vgl. Vordiplomarbeit KEMMNITZ, 1971). Dies stellte sich insbesondere bei sechs Kindern heraus, die bei ihr den Vortest und den ersten Trainingsteil (s. Kap. 13,2), bei der Projektleiterin den zweiten Trainingsteil und den Nachtest mitmachten. Ganz im Gegensatz zu dem sonst üblichen Trend sank bei diesen Kindern die durchschnittliche Antwortzahl im Sinne der Invarianz von 22,66 auf 15,00 (von 34 möglichen). Achtzehn Kinder, die bei der betreffenden Versuchsleiterin sowohl den Vortest wie den Nachtest mitmachten, blieben auf ihrer hohen Antwortzahl (21,00 und 22,33). Sieben Kinder, bei denen die Projektleiterin den Vortest, die erwähnte Versuchsleiterin aber den Nachtest durchgeführt hatte, vermehrten die durchschnittliche Zahl von Konservierungsantworten von anfangs 8,85 (gegenüber 22 bei den anderen!) auf 12,00. Offensichtlich hatte die am ersten Tage geübte Frageart den Einfluß der Suggestivfragen am zweiten Tag etwas vermindert. - Nachdem dieser Fehler festgestellt worden war, wurde bei der Einübung der Versuchsleiter ganz besonders auf die genaue und nicht-suggestive Frageform der Versuchsleiter geachtet.

10.4 Versuchspersonen

Insgesamt wurden mit der genannten Versuchsanordnung 278 Kinder im Alter zwischen 4 und 7 Jahren untersucht. 225 besuchten in dieser Zeit den Kindergarten, und dort wurde mit ihnen auch der Test durchgeführt. Bei drei von ihnen mußte die Untersuchung abgebrochen werden; sie waren zu suggestibel. Weitere 53 Kinder machten im Rahmen ihrer Einschulungsuntersuchung die beschriebene Aufgabenserie mit. Auch von ihnen besuchte zur Untersuchungszeit die überwiegende Mehrheit einen Kindergarten (insgesamt 34). Wegen des oben beschriebenen Versuchsleiterfehlers wurden die Ergebnisse von 24 Kindern in der weiteren Analyse nicht verwertet. Die zu schildernden Ergebnisse beziehen sich also auf 251 der ursprünglich 278 Versuchspersonen (Vpn). Es sind zu etwa gleichen Teilen Jungen (N = 127) und Mädchen (N = 124).

Lebensalter: Bei der Auswahl der Kinder wurde darauf geachtet, daß sie mindestens 4;6 Jahre alt waren. Bei drei Kindern wurde nachträglich festgestellt, daß sie jünger waren (2 Mädchen und 1 Junge). Tab. 14 gibt die Altersspannen, Mediane, Mittelwerte und Streuungen für die Gesamtgruppe sowie für die Jungen und die Mädchen wieder. Der Altersunterschied von gut einem halben Monat zwischen den beiden Gruppen kann als zufällig angesehen werden.

Tabelle 14: Durchschnittsalter der Gesamtgruppe, der Jungen und der Mädchen

	N	Spanne	Median	Mittelwert	Streuung
Gesamt	251	3;11 - 7;1	5;7	67,24 Mon.	7,90
Jungen	127	3;11 - 7;0	5;9	67,56 Mon.	7,83
Mädchen	124	4;3 - 7;1	5;6	66,91 Mon.	7,97

Die Hälfte der Kinder war zum Zeitpunkt der Untersuchung zwischen 5;0 und 5;11 Jahre alt, wie Tab. 15 zeigt.

Tabelle 15: Altersverteilung der Gesamtgruppe in Halbjahresgruppen

	unter 4;0	4;0-4;5	4;6-4;11	5;0-5;5	5;6-5;11	6;0-6;5	6;6-6;11	7;0-7;5
n	1	2	40	74	55	53	19	7
%	0,4	0,8	13,9	29,5	21,9	21,1	7,6	2,8

Soziale Herkunft: Die soziale Herkunft der Kinder wurde aus den oft sehr groben Berufsangaben der Kindergärtenkarteien geschätzt, wobei im allgemeinen Bildungsgrad (Schulabschluß) und Beruf des Vaters als Zuordnungskriterium dienten. Eine Einteilung in folgende Gruppen wurde gewählt:

1 : ungelernte Arbeiter (Hilfsschul- oder Volksschulbesuch)
2 : Volksschulabschluß + handwerkliche Lehre: Handwerker, gelernte Arbeiter
3 : Volksschulabschluß + nicht-handwerkliche Ausbildung: kleinere Angestellte
4 : Selbständige mit (meist) Volksschulabschluß und Fachausbildung (z.B. Kaufmann) und Meister
5 : Berufe mit mittlerer Reife
6 : Berufe mit Abitur, akademische Berufe

Die Aufteilung der Kinder entsprechend dieser sozialen Gruppierung gibt Tab. 16 wieder. Dabei konnten von 4 Kindern (3 Jungen und 1 Mädchen) keine Angaben erhalten werden.

Tabelle 16: Verteilung der Vpn auf 6 sozio-ökonomische Gruppen

	N		1	2	3	4	5	6	Median
Gesamt	247	n:	11	35	53	43	30	75	
		%:	4,6	14,2	21,5	17,4	12,2	30,4	4,07
Jungen	124	%:	5,7	14,5	16,9	18,6	12,9	31,5	4,20
Mädchen	123	%:	3,3	13,8	26,0	16,3	11,4	29,3	3,93

Nach dieser Übersicht entstammen nur wenige der untersuchten Kinder der untersten sozialen Schicht, andererseits relativ sehr viele (fast ein Drittel) aus sog. "Akademikerfamilien". Die Stichprobe kann also nicht als repräsentativ für die Bundesrepublik angesehen werden, ist aber möglicherweise für die Bonner Kindergärten charakteristisch. Bei den Jungen findet sich eine größere Gleichverteilung in den mittleren Gruppen und eine etwas stärkere Besetzung der Extremgruppen als bei den Mädchen. Der Unterschied zwischen der Verteilung der Jungen und der der Mädchen auf die sechs sozio-ökonomischen Gruppen ist nicht signifikant (z = 0,39; p = 35 %, geprüft über den MANN-WHITNEY U-Test).

Ein Zusammenhang zwischen der als Rangskala aufgefaßten sozialen Gruppierung der Kinder und ihrem Alter zur Zeit der Untersuchung besteht nicht (rho = - 0,04); es besteht also wenig Anlaß zu befürchten, daß die jüngeren oder älteren Kinder bevorzugt aus höheren oder niederen sozialen Schichten stammen.

10.5 Ergebnisse

Die Ergebnisse beziehen sich zunächst auf die mit Verhaltensbeobachtung und -beschreibung erfaßte Untersuchungssituation sowie die sprachlichen und begrifflichen Kenntnisse der Kinder, wie sie in den vorgeschalteten Aufgaben erfaßt wurden, und anschließen auf den Zusammenhang der Invarianzaufgaben untereinander.

10.51 Verhaltensbeobachtung

Die Ergebnisse der von Frl. EICHHORN durchgeführten Verhaltensbeobachtung beziehen sich auf 31 Mädchen und 24 Jungen (Durchschnittsalter 5;8 Jahre, Altersspanne 4;0 bis 7;5 Jahre) aus der Gesamtgruppe von 251 Kindern. Fünf Kinder waren überwiegend "Konservierer" bei den 7 Aufgabengruppen, 32 völlige "Nicht-Konservierer"; die restlichen 18 zeigten Erfassen oder teilweises Erfassen der Invarianz bei einigen Aufgaben. Ihre differenzierten Aufzeichnungen lassen eine Art Verlaufsanalyse über die sieben Invarianzaufgabengruppen zu.

Trotz der Länge der Untersuchung hörte sich die große Mehrzahl der Kinder aufmerksam an, was VL sagte; nur 9 bis 13 % der Kinder schauten dabei weder auf das Material noch auf VL; ihre Bereitschaft mitzutun, schien bis zur dritten Aufgabengruppe ("Eisenbahn") anzusteigen. Das Interesse bei den weiteren Items einer Aufgabengruppe schien gegen Ende der Untersuchung (Länge-PIAGET, Knete und Saft) sogar höher. Nur 7 bis 13 % zeigten eine eher neutrale Einstellung zur Testsituation, und zwar häufiger bei den ersten drei als bei den letzten zwei Aufgabengruppen. Langeweile zeigte bei der Püppchen-Bettchen-Aufgabe niemand, jedoch 13 % der Kinder bei den beiden Längenaufgaben. Die Unruhe der Kinder stieg bei der fünften und der sechsten Aufgabengruppe (Länge-PIAGET und Knete) an (max. 18 %), sank dann aber bei der folgenden Saftaufgabe wieder ab.

Nur in seltenen Ausnahmefällen (3 - 7 %) war eine Wiederholung der Instruktion erforderlich, und zwar im wesentlichen bei den ersten drei Aufgabengruppen (Anzahl). Fast alle Kinder warteten die Frage des VL ab. Zögern und Überlegen bei der Beantwortung (46 - 55 %) zeigte sich am deutlichsten bei der ersten Aufgabengruppe, spontanes Antworten dagegen am ehesten bei der Knete-Aufgabe (6. Aufgabengruppe). Bei 67 % bis 78 % der Kinder kamen - nach Eindruck der Beobachterin - die Antworten der Kinder sicher; die anfängliche Unsicherheit bei der ersten Aufgabengruppe (33 %) verminderte sich bis zur dritten Aufgabengruppe (22 %) und blieb von da an relativ konstant. Bei 2 - 5 % der Kinder bestand Verdacht auf erhöhte Suggestibilität; ein Konflikt bzgl. der richtigen Antwort konnte nur bei 7 Kindern beobachtet werden.

Insgesamt geben diese Beobachtungen keine Hinweise auf Ermündungserscheinungen oder abflauendes Interesse der Kinder während der immerhin recht langen Untersuchung.

Einige weitere Beobachtungen bei den einzelnen Untersuchungsstationen könnten für die späteren Interpretationen von Interesse sein:

Kinder, die sich im Laufe der Untersuchung als überwiegend "Konservierer" entpuppten, zeichneten die Mengengestalt nach KERN eher mit mehreren eingeschobenen Kontrollen an der Vorlage ab, während die anderen Kinder sich meist mit einem einmaligen Anschauen der Vorlage begnügten. - Bei der ersten Invarianzaufgabe (Karten und Flöhe) zählte keins der Kinder die Karten oder Flöhe nach, obgleich die Zählaufgabe gerade vorangegangen war; sie verließen sich hinsichtlich der zahlenmäßigen Äquivalenz allein auf die paarweise Zuordnung. Bei der zweiten Invarianzaufgabe (Puppen und Betten) konnte stillesNachzählen nur bei 3 Kindern beobachtet werden. - Bei der dritten Aufgabengruppe (Eisenbahn) waren einige Kinder sehr genau, was die korrekte parallele Lage der Stäbchen betraf (20,4 %). Relativ wenige Kinder (11) zählten nur 1 Reihe und schlossen von daher auf die gleiche Anzahl der zweiten Reihe. - Bei der letzten Aufgabengruppe zeichneten sich relativ viele Kinder (60 %)durch begieriges Trinken aus. Es waren dies eher Nichtkonservierer bei der betreffenden Aufgabe als Konservierer ($p < 2$ %, g prüft über Chi^2) oder solche mit teilweise richtigen Antworten ($p < 1$ %). Die stärkere Motiviertheit bei dieser Aufgabengruppe führte also nicht notwendigerweise eher zur richtigen Wahl des volleren Gläschens.

10.52 Verhaltensbeschreibungen

Die in Ordinalskalen umgewandelten Verhaltensbeschreibungen sollten in ähnlicher Weise wie die Verhaltensbeobachtungen der Kontrolle der Untersuchungssituation, jedoch auch der Charakterisierung der Kinder dienen. Bei maximal 181 der 251 Vpn lagen verwertbare Beschreibungen vor (es entfällt z.B. die gesamte Gruppe der Schulanfänger) und zwar von 89 Mädchen und 92 Jungen. Von diesen wurden 52 auf Grund ihrer Antworten bei der dritten Aufgabengruppe (Eisenbahn; Kriteriumsaufgabe bei GRUEN) als "Konservierer" des Anzahlbegriffs (mindestens die letzten 3 Aufgaben richtig beantwortet), 116 als "Nichtkonservierer" bezeichnet, ohne Berücksichtigung von weiteren 9 Kindern, deren Zählfähigkeit größere Mängel aufwies.

Verhalten bei Untersuchungsbeginn: Bei insgesamt 15 von 176 Kindern (8,5 %) hatte VL Schwierigkeiten, einen sachlichen oder sozialen Kontakt herzustellen; diese Kinder wurden als "zurückgezogen", "verträumt", "stumm", "gehemmt" oder "ängstlich" beschrieben; VL hatte das Gefühl, man rede am Kind vorbei. Zu diesen Kindern zählten fast doppelt so viele Jungen wie Mädchen und fast fünfmal so viele "Nicht-Konservierer" als "Konservierer" (vgl. Tab. 17). Etwa knapp ein Drittel der Kinder zeigte zumindest anfangs Scheu und Zurückhaltung, die sie langsam und zögernd im Verlaufe der Untersuchung ablegten. In dieser Weise wurden ebenso viele Jungen wie Mädchen beschrieben, jedoch deutlich mehr "Nicht-Konservierer" als "Konservierer". Die 32 Kinder, denen der Score 3 zugeordnet wurde, könnten als aufgeschlossen, jedoch ver-

Tabelle 17: Verhalten bei Untersuchungsbeginn

	N		1	2	3	4	5	Median
Gesamt	176	n:	15	49	32	60	20	
		%:	8,5	27,8	18,2	34,1	11,4	3,25
Jungen	89	%:	11,2	27,0	20,2	33,7	7,9	3,08
Mädchen	87	%:	5,8	28,7	16,1	34,5	14,9	3,46
Nicht-Konserv.	114	%:	9,7	31,6	20,2	28,1	10,5	2,93
Konservierer	50	%:	2,0	20,0	16,0	46,0	16,0	3,76

1 = geringer oder kein sozialer und sachlicher Kontakt
2 = verzögerter sozialer Kontakt
3 = ruhige Mitarbeit oh. Anzeichen soz.Hemmung od.bes. Interesse
4 = sozialer Kontakt und sachliche Zuwendung
5 = sofortige sachliche und soziale Zuwendung

bunden mit einer gewissen Distanz charakterisiert werden. Die Beschreibungen lauten z.B. "ohne Scheu", "nachdenklich, fragender Blick", "etwas unruhig", "schelmisch", "verschmitzt". Die Gruppenunterschiede sind bei diesem Score nicht groß; doch wurden mehr Jungen und Nicht-Konservierer als Mädchen und Konservierer so dargestellt. Gut ein Drittel der Kinder, gleich viele Jungen und Mädchen, wurden als gleich von Beginn an als "interessiert", "gesammelt, aufmerksam", "aufgeschlossen", willig" und "leicht einspielbar" bezeichnet. Sozialer Kontakt konnte leicht mit ihnen aufgenommen und das Interesse ebenfalls leicht auf die Aufgaben gelenkt werden. Ein solches Verhalten konnte eher bei den Konservierern als bei den Nichtkonservierern beobachtet werden. - Sofortige und intensive Mitarbeit wurde bei 20 Kindern registriert, und zwar fast doppelt so häufig bei den Mädchen als bei den Jungen. Der Unterschied zwischen Konservierern und Nichtkonservierern ist vergleichweise gering, fällt jedoch zugunsten der Konservierer aus.

Ausgesprochene Schwierigkeiten, die Kinder in die Testsituation einzuführen, waren also relativ selten. Den Mädchen fiel es jedoch offensichtlich etwas leichter, sich in dieser Situation zurechtzufinden (z = 1,31; p = 9,5 %, geprüft über U-Test). Noch deutlicher ist aber der Unterschied zwischen denjenigen Kindern, die bei der Anzahl-III-Aufgabe ("Eisenbahn") Antworten im Sinne der Invarianz gaben, und den Nicht-Konservierern bei dieser Aufgabe. Letztere befanden sich häufiger unter den scheuen und zurückhaltenden, erstere dagegen häufiger unter den kontaktbereiten und sachlich sofort interessierten Kindern (z = 2,80; p = 0,26 %). Zwischen dem Lebensalter der Kinder und dem so beschriebenen Verhalten zu Untersuchungsbeginn besteht kein gesicherter Zusammenhang (tau = .08), jedoch eine Tendenz in die Richtung, daß Kinder mit höherer Einstufung auf der sozio-ökonomischen Skala auch bei Untersuchungsbeginn eher aufgeschlossen und aufgabenzugewandt sind (tau = .14).

Leistungsbereitschaft: Unter dieser Überschrift wurde subsumiert, wieweit die Kinder interessierbar waren, wie sehr sie sich engagierten und sich bemühten. Neun von 179 Kindern, 7 Jungen und 2 Mädchen, wurden als desinteressiert, "lustlos", "weggetreten" charakterisiert oder mit "weiß nicht, wozu das Ganze" beschrieben. Zwei von ihnen konnten noch nicht zählen, drei erwiesen sich als Nicht-Konservierer, vier als Konservierer (vgl. Tab. 18).

Tabelle 18: Leistungsbereitschaft

	N		1	2	3	4	5	Median
Gesamt	179	n:	9	36	47	54	33	
		%:	5,0	20,1	26,3	30,2	18,4	3,45
Jungen	91	%:	7,7	27,5	25,3	24,2	15,4	3,09
Mädchen	88	%:	2,3	12,5	27,3	36,4	21,6	3,72
Nicht-Konserv.	115	%:	2,6	24,4	27,8	30,4	14,8	3,33
Konservierer	51	%:	7,8	11,8	17,7	35,3	27,5	3,86

1 = nicht vorhanden, sehr mangelhaft
2 = gering oder rasch abnehmend, nicht aufgabenbezogen
3 = leicht zu wecken, ohne besonderes Aufgabeninteresse
4 = zunehmend, verbunden mit Interesse
5 = hoch bei starkem Engagement und Einsatz

Bei insgesamt einem Viertel aller Kinder war nach den Beschreibungen der VL das Interesse an den Aufgaben gering bzw. es nahm rasch ab (Skalenwert 1 und 2 zusammengenommen). Ein solches Verhalten wurde mehr als doppelt so häufig bei Jungen als bei Mädchen angetroffen, während der Unterschied zwischen Konservierern und Nichtkonservierern nicht ganz so kraß ausfällt. Andererseits zeigten sich Interesse, Bereitschaft zur vollen Mitarbeit und ausgesprochene Leistungsfreude (Skalenwerte 4 und 5) bei fast der Hälfte aller Kinder; häufiger jedoch bei den Mädchen (58 % gegenüber 39,6 %) und bei den Konservierern (62,8 % gegenüber 45,2 %). Insgesamt unterscheiden sich Jungen und Mädchen den Verhaltensbeschreibungen nach deutlicher in ihrer Leistungsbereitschaft (z = 2,89; p = 0,2 %) als Konservierer und Nicht-Konservierer (z = 1,95; p = 2,6 %,U-Test). Ein Zusammenhang zwischen der Intensität der Leistungsbereitschaft und dem Alter der Kinder konnte nicht festgestellt werden (tau = 0.07), desgleichen auch nicht mit der sozialen Herkunft (tau = 0.11).

Aufmerksamkeit: Hierunter wurde verstanden, wieweit die Kinder die Informationen, die das Material und die Beschreibungen und Fragen der VL ihnen lieferten, beachteten. Insgesamt 6 von 179 Kindern wurden als sehr suggestibel, verträumt und als nur sehr schwer auf die bedeutsamen Aspekte der Situation hinlenkbar beschrieben. Es waren dies 5 Jungen und ein Mädchen; nicht mitgezählt sind hier die drei Kinder, bei denen wegen zu hoher Suggestibilität die Durchführung der Untersuchung gar nicht möglich war. Eins der 6 Kinder mit dem Score "1" bei Aufmerksamkeit wurde bei der dritten Invarianzaufgabe ("Eisenbahn") als Konservierer eingestuft. Bei gut einem weiteren Viertel der Kinder konnten die VL das notwendige Minimum an Aufmerksamkeit herstellen; die Beschreibungen lauten z.B.: "zugewandt, wenn angesprochen", "schwankende Aufmerksamkeit".

Tabelle 19: Aufmerksamkeit

	N		1	2	3	4	5	Median
Gesamt	179	n:	6	47	31	56	39	
		%:	3,4	26,3	17,3	31,3	21,8	3,60
Jungen	91	%:	5,5	33,0	16,5	23,1	22,0	3,20
Mädchen	88	%:	1,1	19,3	18,2	39 8	21,6	3,79
Nicht-Konserv.	116	%:	3,5	26,7	18,1	37,9	13,8	3,55
Konservierer	50	%:	2,0	22,0	14,0	20,0	42,0	4,10

1 = verträumte Abwesenheit, schüchterne oder schwache Aufmerksamkeit
2 = wechselnde oder geringe Aufmerksamkeit
3 = normale, mittlere Aufmerksamkeit
4 = wache oder aufgeschlossene Aufmerksamkeit
5 = sehr große Aufmerksamkeit

Auch zu dieser Gruppe zählen deutlich mehr Jungen als Mädchen, während der Unterschied zwischen Konservierern und Nicht-Konservierern relativ gering ist. Bei insgesamt etwa 70 % der Kinder hatten die VL wenig Mühe, die Aufmerksamkeit der Kinder auf die Aufgaben zu lenken. Relativ vielen Mädchen (fast 40 %) wurde der Score "4" zugeordnet, der die Kinder als "wach, aufgeschlossen", "still, aber aufgeweckt" beschreibt. Der stärkste Ausprägungsgrad an Aufmerksamkeit dagegen wurde bei Jungen und Mädchen gleich häufig beobachtet . - Konservierer und Nicht-Konservierer dagegen unterscheiden sich in beiden Ausprägungsgraden sehr deutlich.

Mehr als ein Drittel der Nicht-Konservierer wurden als "wach" und "aufgeschlossen" bezeichnet (gegenüber 20 % der Konservierer); etwas weniger als die Hälfte aller Konservierer (42 %) gegenüber nur 14 % der Nicht-Konservierer wurden als "sehr aufmerksam", "paßt sehr gut auf" beschrieben. Während sich Jungen und Mädchen im wesentlichen in den Scores 1, 2 und 4 unterscheiden mit mehr Jungen bei den niedrigen, mehr Mädchen bei den höheren Ausprägungsgraden (die Geschlechtsunterschiede bei dieser Skala sind mit z = 2,01 auf dem 2,2%-Niveau gesichert, MANN-WHITNEY U-Test), sind bei der Differenzierung derKonservierer und Nicht-Konservierer im wesentlichen die beiden positiven Ausprägungsgrade 4 und 5 entscheidend. Es ist also nicht möglich, das Phänomen des Nicht-Konservierens durch eine mangelnde Aufmerksamkeitszuwendung zu den Stimuli und Informationen zu erklären trotz des bedeutsamen Unterschiedes zwischen den zwei Gruppen in der Intensität ihrer Aufmerksamkeitszuwendung (z = 2,49; p = 0,6 %, U-Test).

Ein Zusammenhang zwischen den Aufmerksamkeitsbeurteilungen und dem Lebensalter der Kinder ließ sich nicht feststellen (tau = .04), wohl aber eine signifikante Beziehung zur sozialen Herkunft der Kinder (tau = .14 bei N = 179).

Konzentration und Ausdauer: Unter Konzentration wurde hier die Intensität der Beschäftigung mit der jeweiligen gestellten Aufgabe, unter Ausdauer dagegen eher die Dauer der Bereitschaft mitzumachen, verstanden. Es ist also theoretisch gut möglich, daß ein Kind zwischen den Aufgaben unruhig wird und nach Ablenkung sucht, sich nach der Stellung der nächsten Aufgabe jedoch intensiv mit dieser befaßt. Tab. 20 gibt die Verteilung auf der Konzentrationsskala wieder.

Tabelle 20: Konzentration

	N		1	2	3	4	5	Median
Gesamt	180	n:	7	39	36	79	19	
		%:	3,9	21,7	20,0	43,9	10,6	3,60
Jungen	91	%:	5,5	20,9	27,5	34,1	12,1	3,36
Mädchen	89	%:	2,3	22,5	12,4	53,9	9,0	3,74
Nicht-Konserv.	116	%:	5,2	19,8	22,4	46,6	6,0	3,55
Konservierer	51	%:	2,0	21,6	13,7	41,2	21,6	3,80

1 = keine oder mangelhafte Konzentration
2 = kurzfristige oder abnehmende Konzentration
3 = mittlere Konzentration ohne besondere Durchhaltekraft
4 = durchgängige oder zunehmende Konzentration
5 = sehr hohe und andauernde Konzentration

Nur sieben von 180 Kindern (5 Jungen, 2 Mädchen) wurden als unkonzentriert beschrieben (z.B. "sieht gar nicht auf die Aufgabe", "verträumt"); insgesamt ein Viertel aller Kinder (Score 1 und 2) zeigte eine bestenfalls kurzfristige, aufgabenabhängige Konzentration, und zwar fast gleich viele Jungen wie Mädchen, Konservierer wie Nicht-Konservierer. Geschlechtsspezifische Unterschiede zeigen sich erst bei Score 3 und 4 zugunsten der Mädchen, während sich Konservierer und Nicht-Konservierer am deutlichsten im extremen Ausprägungsgrad 5 unterscheiden: bei mehr als einem Fünftel aller Konservierer wurde eine "sehr hohe", "erstaunlich hohe" und gut gesteuerte Konzentration beobachtet gegenüber nur 6 % der Nicht-Konservierer. Wie bei der Aufmerksamkeit kann also Nicht-Konservieren nicht auf Konzentrations<u>mangel</u> zurückgeführt werden, trotz aller Intensitätsunterschiede.

Die Geschlechtsunterschiede in der Konzentration weisen auf höhere Ausprägungsgrade bei den Mädchen, erreichen aber nicht ganz die Signifikanzgrenze (z = 1,29; p = 9,8 %); der Unterschied zwischen Konservierern und Nicht-Konservierern dagegen ist nicht mehr durch Zufall zu erklären (z = 1,81; p = 3,5 %). Es fand sich weder ein gesicherter Zusammenhang mit dem Alter der Kinder (tau = .097) noch mit der sozialen Herkunft (tau = .06).

Ganz im Unterschied zu den Verteilungen bei den bisherigen Dimensionen liegt bzgl. des Ausprägungsgrades der Ausdauer nahezu eine Gleichverteilung vor.

Tabelle 21: Ausdauer

	N		1	2	3	4	5	Median
Gesamt	181	n:	33	38	34	42	34	
		%:	18,2	21,0	18,8	23,2	18,8	3,07
Jungen	92	%:	19,6	27,2	16,3	18,5	18,5	2,70
Mädchen	89	%:	16,9	14,6	21,4	28,1	19,1	3,37
Nicht-Konserv.	116	%:	19,0	21,6	22,4	25,0	12,1	2,92
Konservierer	52	%:	13,5	21,2	13,5	19,2	32,7	3,60

1 = wenig Ausdauer, leichte Ablenkbarkeit
2 = stark wechselnde Ausdauer, ab und zu abgelenkt
3 = zufriedenstellende Ausdauer, wenig abgelenkt
4 = hohe Ausdauer, kaum Ermüdung
5 = ausgeprägte Ausdauer oder iterative Tendenzen

Immerhin zeigten über 60 % der Kinder trotz der Länge der Untersuchung eine ausreichend bis sogar sehr gute Ausdauer. Unter "iterativer Ausdauer" wurde dabei verstanden, wenn das Kind über die vom VL intendierte Aufgabenstellung hinaus die Handlungen fortsetzte, z.B. statt 10 Punkte abzumalen, das ganze Blatt mit Punkten versah, statt sich mit den drei Kneteaufgaben zufriedenzugeben, selbst noch damit weiterhantieren wollte und die Untersuchungssituation nicht beenden wollte.

Auch bzgl. der Ausdauer zeigen sich wieder geschlechtsspezifische Unterschiede, wobei mehr Mädchen als ausdauernd, mehr Jungen als ab und zu abgelenkt beschrieben wurden. Die Unterschiede zeigen sich mehr bei den mittleren Ausprägungsgraden 2, 3 und 4 als bei den Extremen und erreichen insgesamt nicht die Signifikanzgrenze (2 = 1,39; p = 8,3 %). - Konservierer und Nicht-Konservierer unterscheiden sich dagegen im wesentlichen bei den letzten drei Ausprägungsgraden 3, 4 und 5, am deutlichsten bei 5: ein Drittel der Konservierer wurde als sehr ausdauernd und frei von Ablenkung beschrieben gegenüber nur 12 % der Nicht-Konservierer. Der Unterschied in der Beschreibung der Kinder dieser beiden Gruppen ist signifikant (z = 2,06; p = 2 %).

Das Ausmaß der Ausdauer bei den Konservierungsexperimenten scheint in keinem Zusammenhang mit dem Alter der Kinder (tau = .04) oder ihrer sozialen Herkunft (tau = .003) zu stehen.

Zusammenfassung: Die Beschreibungen des Verhaltens der Kinder zu Untersuchungsbeginn, ihrer Aufmerksamkeit, Konzentration und Ausdauer sowie ihrer Leistungsbereitschaft bestätigen im wesentlichen die Verhaltensbeobachtungen von Frl. EICHHORN: nur ein relativ geringer Prozentsatz der Kinder ist desinteressiert, unaufmerksam oder unkonzentriert; 60 bis 75 % der Kinder hatten Skalenwerte bei den Verhaltensskalen von 3 und größer, d.h. die VL hatten es bei ihnen nicht schwer, Kontakt und Interesse herzustellen und aufrechtzuerhalten.

Auffallend ist der Unterschied zwischen Jungen und Mädchen in den Verhaltensbeschreibungen, der in allen Bereichen, bzgl. Leistungsbereitschaft und Aufmerksamkeit sogar signifikant, zugunsten der Mädchen ausfällt. Während sich Jungen und Mädchen im wesentlichen bei den mittleren Werten (2 bis 4) unterschieden, zeigten sich - außer hinsichtlich des Verhaltens bei Untersuchungsbeginn - die deutlichsten Unterschiede zwischen Konservierern und Nicht-Konservierern bei der Aufgabengruppe III (Anzahl) am positiven Ende der Verhaltensskalen, bei dem Skalenwert 5. Bzgl. aller 5 Bereiche sind die Unterschiede zwischen den beiden Gruppen signifikant, am ausgeprägtesten aber bei Verhalten zu Untersuchungsbeginn und bzgl. der Aufmerksamkeit. - Die Geschlechtsunterschiede und die Unterschiede zwischen Konservierern und Nicht-Konservierern können nicht aufeinander zurückgeführt werden, da es nahezu gleich viele Konservierer und Nichtkonservierer unter den Jungen und unter den Mädchen gab.

Eine berechtigte Frage ist jedoch, inwieweit die genannten Verhaltensdimensionen voneinander unabhängig sind bzw. miteinander korrelieren. Tab. 22 gibt die Interkorrelationen der fünf Verhaltensbeschreibungsskalen wieder.

Tabelle 22: Interkorrelationen der Verhaltensbeschreibungen (tau-Korrelationen)

	Leistungsbereitschaft	Aufmerks.	Konzentr.	Ausdauer
Start	.31	.24	.18	.11 (s)
Leistungsbereitschaft	-	.45	.43	.46
Aufmerksamkeit	-	-	.54	.50
Konzentration	-	-	-	.67

Alle Korrelationen sind positiv und bis auf die zwischen Verhalten zu Untersuchungsbeginn und Ausdauer sehr signifikant. Insbesondere die Bereiche Konzentration, Ausdauer, Aufmerksamkeit und Leistungsbereitschaft erfassen weitgehend Ähnliches, das man vielleicht als "Leistungshaltung" oder "Aufgabenhaltung" umschreiben könnte. Das Verhalten zu Untersuchungsbeginn scheint dagegen eine etwas eigenständigere Dimension darzustellen.

Obgleich "Konfliktintensität" und "Konfliktverarbeitung" weniger die Untersuchungssituation als bestimmte individuelle Unterschiede bei den Kindern charakterisieren, die zumindest nach PIAGET für das Übergangsstadium vom Nicht-Konservieren zum Konservieren wesentlich sein sollen, mögen sie hier der Vollständigkeit halber bereits beschrieben werden. Beide Bereiche sind erst nachträglich anhand der Beschreibungen getrennt worden, weil die Informationen sonst zu heterogen waren. Leider reichten die Angaben manchmal nur zur Einordnung eines Kindes auf einer der beiden "Skalen" aus, meist eher der Intensitätsskala, so daß zur Konfliktintensität nur Einschätzungen von 157 Kindern, zur Konfliktverarbeitung sogar nur von 128 Kindern vorliegen.

Eine weitere Schwierigkeit bei der Bewertung der Ergebnisse liegt darin, daß sich die Verhaltensbeschreibungen bei einem großen Teil der Kinder auf das im Anschluß an die beschriebene Untersuchung durchgeführte Training beziehen, andererseits Konfliktverhalten mitunter auch bereits während der Durchführung der Konservierungsaufgaben beobachtet werden konnte.

Tab. 23 sollte unter Berücksichtigung dieser Einschränkungen betrachtet werden.

Tabelle 23: Konfliktintensität

	N		1	2	3	4	5	Median
Gesamt	157	n:	35	28	47	32	15	
		%:	22,3	17,8	29,9	20,3	9,5	2,83
Jungen	81	%:	27,2	17,3	24,7	22,2	8,6	2,73
Mädchen	76	%:	17,1	18,4	35,5	18,4	10,5	2,90
Nicht-Konserv.	100	%:	22,0	18,0	29,0	20,0	11,0	2,84
Konservierer	44	%:	18,2	18,2	38,6	20,5	4,5	2,85

1 = kein Konflikt feststellbar
2 = Ansatz von Konflikt feststellbar
3 = leichter Konflikt
4 = recht stark erlebter Konflikt
5 = stark erlebter Konflikt

Bei 35 Kindern (von 157) konnte kein Konflikt beobachtet werden. Hierunter fallen Beschreibungen von Suggestibilität oder Verhaltensänderung ohne Einsicht einerseits, sichere Überzeugung von der richtigen Antwort andererseits. Bei relativ mehr Jungen als Mädchen wurde dies Verhalten beschrieben. Bei fast 18 % der Kinder zeigte sich leichte Verlegenheit oder ein verschmitztes Lächeln (bes. während der Trainings) oder sonstige Hinweise, daß sie die Unstimmigkeiten andeutungsweise merkten. Bei fast 30 % deutete sich ein leichter Konflikt z.B. in Nachdenklichkeit oder erstauntem Gucken an, bei 20 % noch etwas stärker in plötzlicher Verlegenheit, Schüchternheit, deutlichem Zögern und ungläubigem Staunen. Bei fast 10 % der Kinder machte sich eine starke Unsicherheit breit, die sich dann u.U. in nochmaligem Zählen oder Vergleichen und Unschlüssigkeit bei der Antwort ausdrückte.

Zwar wurde bei Mädchen häufiger Konflikt beobachtet als bei Jungen, der Unterschied ist jedoch noch durch Zufall erklärbar (z = 0,88; p = 19 %). Noch geringer sind die Unterschiede zwischen Konservierern und Nicht-Konservierern bei der dritten Anzahlaufgabe (z = 1,00; p = 43 %), doch sind die extremen Skalenpositionen eher von Nicht-Konservierern besetzt, die mittlere von Konservierern.

Weder zum Alter der Kinder noch zu ihrer sozialen Herkunft besteht eine lineare Beziehung (tau = .036 bzw. -.021).

Aussagen über die Art der Konfliktverarbeitung waren natürlich nur dort möglich, wo Konflikt zumindest in leichten Ansätzen beobachtet werden konnte. Von 128 Kindern, 72 Jungen und 56 Mädchen, liegen solche Aussagen vor. Die nach den Beschreibungen entwickelte Skala geht von einer als passiv zu bezeichnenden über eine unselbständig aktive zu einer selbständig aktiven Lösungsart, wobei, wie Tab. 24 zeigt, unselbständig aktive Lösung (Hilfe bei VL suchen) am seltensten beschrieben wurde.

Tabelle 24: Konfliktverarbeitung

	N		1	2	3	4	5	Median
Gesamt	128	n:	28	29	8	50	13	
		%:	21,9	22,7	6,6	39,1	10,2	3,38
Jungen	72	%:	23,6	25,0	6,9	34,7	9,7	2,70
Mädchen	56	%:	19,6	19,6	5,4	44,6	10,7	3,62
Nicht-Konserv.	84	%:	27,4	25,0	5,9	32,1	9,5	2,40
Konservierer	54	%:	8,8	8,8	8,8	58,8	14,7	3,90

1 = bleibt bei ursprünglicher Aussage, vertraut weiter dem Augenschein
2 = sucht unsystematisch nach Hinweisen für die Antwort; rät
3 = wendet sich aktiv an VL
4 = hilft sich aus eigener Aktivität (durch Zählen, Vergleichen, Überlegen)
5 = stellt sich sofort auf neue Erkenntnis um

Zwar neigten, relativ gesehen, etwas mehr Mädchen als Jungen zu aktiver, systematischer Konfliktverarbeitung, doch läßt sich dieser Unterschied noch durch Zufall erklären (z = 1,00; p = 15,9 %); auffallend ist jedoch der Unterschied zwischen Konservierern bei der dritten Anzahlaufgabe und Nicht-Konservierern. Bei fast 60 % der letzteren herrscht ein eher unkritisches Vertrauen auf den Augenschein, den VL oder sonstige zufällige Hinweise vor, während über 70 % der Konservierer selbständig und gezielt die empirischen

Informationsquellen überprüften. Der Unterschied zwischen beiden Gruppen ist auf dem 0,1 %-Niveau signifikant (z = 3,08). Von allen Verhaltensbeschreibungsskalen unterscheidet die Art der Konfliktverarbeitung am deutlichsten zwischen Konservierern und Nicht-Konservierern.

Insgesamt läßt sich das Verhalten der Konservierer als mit einer eher mittleren Konfliktintensität und aktiver, gezielter und selbständiger Konfliktverarbeitung verbunden kennzeichnen, das der Nicht-Konservierer als eher verbunden mit geringerer - oder sogar hoher - Konfliktintensität und einer eher ungezielten Art der Informationssuche zur Konfliktbewältigung. Die Art der Konfliktverarbeitung zeigt keinen systematischen Zusammenhang mit dem Alter der Kinder, wohl aber mit ihrer sozialen Herkunft (Alter: tau = .044; sös : tau = .150); Kinder aus gehobenerem sozialen Milieu neigten also häufiger zu selbständiger und gezielter Konfliktbewältigung.

Tabelle 25: Korrelation von Konfliktintensität und -verarbeitung mit den anderen Verhaltensbeschreibungsskalen (tau-Korrelation)

	Start	Leistg.-bereit.	Aufmerk-samkeit	Konzen-tration	Ausd.	K-intens.
Konflikt-Intensität	-.093ns	-.098ns	.072ns	-.013	.067ns	-
Konfl.-Verarbeitung	.135s	.205sss	.072ns	.014ns	.007	.035

Tab. 25 zeigt weiterhin, daß die Konfliktintensität relativ unabhängig von allen anderen Beschreibungskategorien war, die Art der Konfliktverarbeitung hingegen einen positiven Zusammenhang mit der Sicherheit in der sozialen und aufgabenbezogenen Kontaktnahme zu Untersuchungsbeginn und zur Leistungsbereitschaft überhaupt zeigte, zwei Bereiche, mit denen die Konfliktintensität - wenn auch nicht signifikant - eher negativ korreliert. Dies Ergebnis bestätigt die obigen Umschreibungen der Skalen.

Auf Grund unserer Ergebnisse bei den Verhaltensbeobachtungen und -beschreibungen kann man mit großer Sicherheit ausschließen, daß bestimmte Verhaltens-"mängel" für die Konservierungsleistungen verantwortlich gemacht werden können. Wieweit die an den positiven Skalenenden aufgetretenen deutlichen Unterschiede zwischen den Gruppen Ursache oder Folge des Konservierens sind oder in anderer Art damit zusammenhängen, soll bis zur Diskussion der Interrelation von Persönlichkeitsmerkmalen und Konservieren aufgeschoben werden. Dort sollen auch die Ergebnisse bei beiden Verhaltensbeschreibungskalen, "Konfliktintensität" und "Konfliktverarbeitung" erneut aufgegriffen werden, da sie eher zur Kennzeichnung individueller Unterschiede und Verhaltensstrategien als zur Beschreibung der Untersuchungssituation dienen.

10.53 Ergebnisse bei den Vortests

1. Sprachliche Begriffe: Die Vortests sollten die sprachlichen und begrifflichen Voraussetzungen für die Konservierungsaufgaben prüfen.

Bei den Begriffen größer-kleiner, länger-kürzer, dick-dünn-krumm-gerade konnten 92 % aller Kinder auf das richtige Bild bzw. die richtige Darstellung zeigen. 21 Kinder machten 1 bis 3 Fehler, keines mehr; unter diesen waren auch drei spätere "Konservierer".

94 % aller Kinder beantworteten die Fragen nach "mehr" und "weniger" richtig; 12 Kinder zeigten eine gewisse Unsicherheit, zeigten zunächst auf den falschen, dann auf den richtigen Teil der Karte; drei Kinder beantworteten die Fragen falsch. Keines der Kinder mit Unsicherheiten oder Fehlern zählte später zu den "Konservierern".

94 % aller Kinder beantworteten auch die Fragen nach "gleich" und "verschieden" richtig; 12 Kinder zeigten Unsicherheiten, vier blieben bei ihren falschen Antworten. Die Mehrzahl der Kinder mit Unsicherheiten und Fehlern waren Jungen. Nur eines dieser insgesamt 16 Kinder erwies sich später als "Konservierer".

Die Überprüfung der sprachlichen Begriffe zeigte, daß zwar Kinder, die über den Invarianzbegriff der Anzahl verfügen, auch in den notwendigen sprachlichen Begriffen sicher sind; daß die sichere Kenntnis dieser Begriffe aber nicht identisch mit "Konservieren" ist.

2. Zahlerfassung nach KERN: 92 % aller Kinder konnten richtig fünf Kugeln aus einer größeren Menge herausgreifen. 14 Kindern gelang dies nur bis zur Anzahl von 4; unter ihnen sind zwei spätere "Konservierer" und ein Kind, das noch nicht zählen konnte. Fünf Kinder konnten nur 3 bzw. 2 Kugeln richtig entnehmen; keins von ihnen zählte später zu den Konservierern. Auch der "Zahlbegriff 5", definiert durch die "Entnahmefähigkeit" des Kindes, ist also kein sicheres Indiz für den Invarianzbegriff der Anzahl und letzterer nichtdurch Mängel beim ersteren erklärbar.

KERN hält das gleichzeitige, simultane Ergreifen einer bestimmten Zahlenmenge (bis 5) für einen wichtigen Hinweis auf den Zahlbegriff des Kindes und seine Schulreife in dieser Hinsicht. Tab. 24 gibt eine Übersicht über die Ergebnisse unserer Stichprobe.

Tabelle 24: Simultane Entnahme von bis zu fünf Kugeln (KERN)

	N		1	2	3	4	5 Kugeln
Gesamt	249	n:	53	50	53	47	46
		%:	21,3	20,1	21,3	18,9	18,5
Jungen	125	%:	21,6	17,6	16,0	22,4	22,4
Mädchen	124	%:	21,0	22,6	26,6	15,3	14,5
Nicht-Konserv.	146	%:	24,7	23,3	18,5	17,8	15,8
Konservierer	88	%:	17,1	15,9	28,4	19,3	19,3
Nicht-Zähler	13	n:	2	2	1	4	4

Insgesamt zeigt sich eine ziemliche Gleichverteilung bzgl. der Größe der Mengen, die jeweils simultan ergriffen wurde. Mädchen scheinen sich eher an kleinere Mengen zu halten als Jungen; der Unterschied zwischen diesen beiden Gruppen ist jedoch noch nicht signifikant (z = 1,46; p = 7,2 %, MANN-WHITNEY U-Test). Nicht-Konservierer bevorzugen ebenfalls das Zählen oder das Erfassen von Paaren, während sich bei den Konservierern die Dreiergruppe größerer Beliebtheit erfreut. Der Unterschied zwischen diesen beiden Gruppen ist eben signifikant (z = 1,69; p = 4,5%). Paradoxerweise neigt die Mehrzahl der Kinder, die entweder nicht zählen können und/oder das Prinzip von Subtraktion und Addition nicht begriffen, am ehesten dazu, auch die größeren Mengen simultan zu erfassen. Möglicherweise ist das Kriterium der "simultanen Entnahme" mehrdeutig und kann sowohl Ausdruck eines sehr globalen wie eines differenzierten Zahlbegriffs sein, während Kinder, die die Sicherheit der globalen Erfassung verloren, die der differenzierten noch nicht erreicht haben, sich möglicherweise an den sichereren Weg des zählenden Erfassens halten. Diese Hypothese kann jedoch nicht viel mehr als einige Plausibilität für sich in Anspruch nehmen; sie ist durch die vorliegenden Daten nicht zu beweisen.

3. Zählen: Die Bedeutung des Zählens für den Invarianzbegriff der Anzahl hat eine bislang nicht unterbrochene Diskussion ausgelöst (Vgl. S. 112ff). Noch in einer neueren Arbeit sehen GREEN und LAXON (1970) in der Zuordnung von Zahlnamen zu Gegenständen ("zuordnendes Zählen" bzw. "tally counting") den wesentlichen Schritt zum Zahlbegriff. In der Untersuchung von GRUEN (1965), aus der die hier verwendeten Aufgaben zum Zählen und zur Addition/Subtraktion stammen,galt Zählenkönnen als eine Vorbedingung für die Aufnahme in die eigentlichen Untersuchungen. In unserer Untersuchung war es nicht möglich, Kinder mit Schwierigkeiten im Zählen von den weiteren Experimenten auszuschließen - sie wären zu enttäuscht gewesen. -

Tabelle 27: Zählen bis 9

	Zahlnamen: Zuordnung:	richtig richtig	richtig falsch	falsch richtig	falsch falsch	N
	n:	192	51	6	2	251
	%:	76,0	20,3	2,3	0,8	
Jungen	%:	72,4	22,0	3,9	1,6	127
Mädchen	%:	80,7	18,5	0,8	-	124
Nicht-Konserv.	%:	83,1	14,9	2,0	-	148
Konservierer	%:	71,6	28,4	-	-	88
"Nicht-Zähler"	n:	5	4	2	2	13

76 % aller Kinder konnten richtig und zuordnend zählen. Bei den übrigen war der häufigste Fehler die unsichere Zuordnung der Zahlnamen zu den Stäbchen, obgleich die Reihe der Zahlnamen richtig aufgesagt wurde. Die Mädchen erwiesen sich im allgemeinen als etwas sicherer im Zählen als die Jungen (z = 1,68; p = 4,6 %). Das paradoxe Ergebnis, daß die Nicht-Konservierer besser zählen konnten als die Konservierer (z = 1,98; p = 2,4 %, U-Test), könnte z.T. daran liegen, daß zu letzteren ein Teil der Schulanfänger zählte, die offenbar etwas strenger beurteilt wurden. Immerhin zeigt dies Ergebnis, daß auch sicheres Zählen keine unabdingbare Voraussetzung für Konservieren der Anzahl ist. Zur Gruppe der "Nicht-Zähler" wurden - analog zu GRUEN - diejenigen Kinder gezählt, die entweder im Zählen oder beim Erfassen der Subtraktion und Addition erhebliche Unsicherheiten zeigten oder auch bei beiden Aufgaben bereits leichtere.

Als eine interessante Beobachtung sei hier vermerkt, daß die Kinder, nachdem sie beide Stäbchenhaufen gezählt hatten, auf die Frage nach der zahlenmäßigen Gleichheit beider Haufen sehr häufig mit Abmessen statt mit Bezug auf das eben absolvierte Zählen reagierten.

4. Addition und Subtraktion: Die Bewertung dieser aus fünf Einzelfragen bestehenden Aufgabe erfolgte nach drei Kriterien: (a) alle Fragen wurden richtig beantwortet; (b) die Kinder zeigten Schwierigkeiten, die Gleichheit wiederzuerkennen, nachdem

Tabelle 28: Addition und Subtraktion

	N		(a)	(b)	(c)	suggestibel
Gesamt	251	n:	217	24	9	1
		%:	86,5	9,5	3,6	0,4
Jungen	127	%:	84,2	12,6	3,2	-
Mädchen	124	%:	88,7	6,5	4,0	0,8
Nicht-Konserv.	148	%:	88,5	11,5	-	-
Konservierer	88	%:	94,3	5,7	-	-
"Nicht-Zähler"	13	n:	2	2	8	1

(a) = richtig; (b) = bei Gleichheit unsicher; (c) falsch

die Stäbchen wieder zurückgelegt worden waren, gaben aber nach Wiederholung der Aufgabe die richtige Antwort; (c) die Kinder blieben trotz dieser Hilfen bei ihren falschen Antworten.

Die überwiegende Mehrzahl der Kinder (87 %) hatte bei dieser Aufgabe keine Schwierigkeiten. Obgleich die Mädchen insgesamt etwas sicherer waren, ist der Unterschied zu den Jungen noch durch Zufall erklärbar (z = 0,93; p = 18 %, U-Test). Der nahezu signifikante Unterschied zwischen Konservierern und Nicht-Konservierern ist nicht interpretierbar, weil die Kinder mit größeren Unsicherheiten bei dieser Aufgabe zu den "Nicht-Zählern" eingeordnet wurden; unter ihnen befinden sich immerhin noch drei, die sich bei der dritten Anzahlaufgabe als Konservierer erwiesen.

Das Erfassen der Beziehung zwischen Addition-Subtraktion - und -Gleichheit sowie das Zählen scheinen, wie auch andere Autoren (vgl. S.135ff und S. 148) bereits feststellten, leichter zu sein als das Erfassen der Invarianz der Anzahl und kein sicheres Indiz für einen operatorischen Zahlbegriff.

10.54 Zusammenhänge von simultaner Zahlerfassung, Zählen und Addition/Subtraktion untereinander und mit anderen Variablen

Zählen und simultane Zahlerfassung zeigen einen schwachen und nicht ganz signifikanten Zusammenhang miteinander (tau = 0.081; die 5 %-Signifikanzgrenze für N = 250 liegt bei 0.083), der genau in die entgegengesetzte Richtung von der erwarteten geht: Kinder, die schlechter zählen können, neigen eher zur simultanen Erfassung auch größerer Mengen (bis 5). Mit Addition/Subtraktion hat die simultane Zahlerfassung nach KERN offenbar nichts gemeinsam (tau = -.002), während Zählen und Addition/Subtraktion sehr signifikant miteinander zusammenhängen (tau = .176, $p < 0.1$ %); d.h., Kinder, die mit der Additions/Subtraktionsaufgabe gut zurechtkamen, waren meist auch sicherer im Zählen als solche, die bei dieser Aufgabe Unsicherheiten zeigten.

Tab. 29 gibt eine Übersicht über die Korrelationen mit den Verhaltensbeschreibungen, dem Alter der Kinder, ihrer sozialen Herkunft und mit den 7 Invarianz-Aufgabengruppen.

Tabelle 29: Korrelationen (tau) der simultanen Zahlerfassung, des Zählens und des Erfassens von Addition/Subtraktion mit LA, Sös, Verhaltensbeschreibungen und Invarianzaufgaben

	simultane Zahler-fassung	Zählen	Addition/ Subtraktion	N
LA	.101s	.283sss	-.038ns	251
SöS	.057ns	-.214sss	-.203sss	250
Untersuchg.Beginn	.029ns	-.089ns	-.122s	176
Leistungsbereitsch.	.061ns	-.145ss	-.108s	179
Aufmerksamkeit	.027ns	-.184sss	-.132s	179
Konzentration	-.025ns	-.142ss	-.082ns	180
Ausdauer	.006ns	-.104s	-.061ns	181
Anzahl I	.134sss	.026ns	-.100s	250
Anzahl II	.128ss	.006ns	-.180sss	250
Anzahl III	.110ss	.074ns	-.168sss	250
Länge I	.058ns	.160sss	-.101s	250
Länge II	.075ns	.063ns	-.179sss	250
Kontin.Menge I	.160sss	.073ns	-.194sss	250
Kontin.Menge II	.070ns	-.129ss	-.057ns	250

(bei Zählen und Addition/Subtraktion ist die Polung: 0 = sicher, 2 = falsch)

Daraus geht hervor, daß die simultane Zahlerfassung einen schwachen, wenn auch positiven Zusammenhang mit dem Alter hat und einen deutlichen Zusammenhang mit allen Anzahlinvarianzaufgaben und insbesondere der Mengenaufgabe mit der Knete, keinen jedoch mit der sozialen Herkunft und dem Verhalten während der Testsituation sowie mit den übrigen Invarianzaufgaben. - Das Zählen andererseits scheint eher eine Sache der Aufmerksamkeit, Konzentration und Leistungsbereitschaft zu sein und wurde bei jüngeren Kindern und bei Kindern aus gehobenerem Milieu als sicherer beurteilt. Kinder, die gut zählen konnten, lösten auch eher die Invarianzaufgaben mit dem Saft, gehörten andererseits bei der Müller-Lyer-Aufgabe eher zu den Nichtkonservierern. Mit den anderen Invarianzaufgaben zeigte das Zählen keinen nennenswerten Zusammenhang.

Das Erfassen des Prinzips von Addition und Subtraktion zeigt einen positiven Zusammenhang mit allen Invarianzaufgaben außer der Saftaufgabe. Der Zusammenhang mit dem Alter ist unbedeutend; jedoch Kinder aus gehobenerem Milieu kamen eher mit dieser Aufgabe zurecht, desgleichen Kinder, die gleich zu Untersuchungsbeginn Interesse und Leistungsbereitschaft zeigten und dieses aufrechterhielten sowie ein erhöhtes Maß an Aufmerksamkeit zeigten. Im Unterschied zum Zählen hatte diese Aufgabe mit Konzentration und Ausdauer wenig gemein.

Zusammenfassung: Die Vortestresultate zeigten, daß die Ergebnisse bei den Invarianzaufgaben kaum durch den Mangel an grundlegenden sprachlichen Kenntnissen oder durch den üblicherweise mit der Zählfähigkeit gleichgesetzten "Zahlbegriff" zu erklären sind, da die Mehrzahl der Kinder hierbei keinerlei Schwierigkeiten hatte. Die simultane Zahlerfassung nach KERN und mehr noch die Additions/Subtraktionsaufgaben aus dem Auslesetest von GRUEN scheinen dagegen eher einige Gemeinsamkeiten mit den Invarianzbegriffen der Anzahl, Länge und Menge zu haben, obgleich die Höhe der Korrelationen - bei aller Signifikanz - verhältnismäßig gering ist. Dies mag zum großen Teil am unterschiedlichen Schwierigkeitsgrad der Vortestaufgaben und der Invarianzaufgaben liegen; letztere sind wesentlich schwieriger als erstere.

10.55 Ergebnisse bei den Invarianzaufgaben

Schwierigkeitsgrade der Aufgabengruppen: Entsprechend den Erwartungen zeigen die Lösungen bei den 7 Invarianzaufgaben eine mehr oder minder deutliche U-Verteilung (s. Abb. 16). Dies spricht für eine relativ hohe Homogenität der Items innerhalb der Aufgabengruppen, insbesondere bei der Anzahlaufgabe III ("Eisenbahn", GRUEN), der Längenaufgabe II und der Mengenaufgabe mit der Knette. Tab. 30 gibt die Schwierigkeitsgrade der Aufgabengruppen nach der Formel

$$P = \frac{100\ nR}{N\ .\ i} \quad \text{(LIENERT, 1962, S.85)}$$

wieder, wobei n_R die Gesamtzahl der richtigen Antworten ist, N die Anzahl der Vpn und i die Anzahl der Items pro Aufgabengruppe. P gibt also die durchschnittliche Wahrscheinlichkeit an, mit der ein zu einer Aufgabengruppe gehöriges Item richtig gelöst wurde.

Die leichteste Aufgabe war danach die Längeninvarianzaufgabe mit der MÜLLER-LYERschen Täuschung, die schwierigste die Mengenaufga-

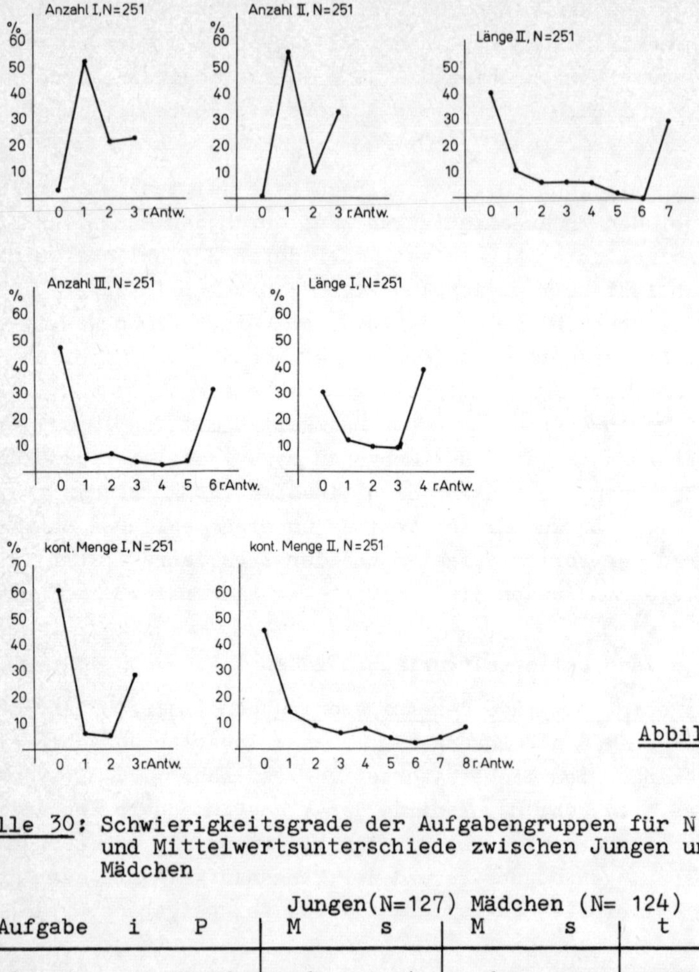

Abbildung 16

Tabelle 30: Schwierigkeitsgrade der Aufgabengruppen für N = 251 und Mittelwertsunterschiede zwischen Jungen und Mädchen

Aufgabe	i	P	Jungen(N=127) M	s	Mädchen (N= 124) M	s	t	p
Anzahl I	2	33,86+	1,61+	0,84	1,69+	0,91	-0,72	ns
Anzahl II	2	38,24+	1,74+	0,95	1,75+	0,94	-0,82	ns
Anzahl III	6	40,83	2,37	2,64	2,53	2,75	-0,48	ns
Länge I	4	53,68	2,31	1,71	1,98	1,73	1,49	ns
Länge II	7	40,24	2,75	3,00	2,89	2,98	-0,37	ns
Kont.Menge I	3	33,73	1,01	1,34	1,02	1,34	-0,05	ns
Kont.Menge II	8	25,79	2,02	2,67	2,11	2,62	-0,04	ns

+ Bei der Berechnung der Schwierigkeitsgrade wurde das Zwischenitem bei Anzahl I und II nicht berücksichtigt, wohl aber bei der Berechnung der Mittelwerte.

be mit dem Saft. Die übrigen Aufgaben liegen nahe beieinander bezüglich ihres Schwierigkeitsgrades, wobei die Mengenaufgabe mit der Knete und die erste Invarianzaufgabe ("Karten und Flöhe") relativ weniger richtige Antworten auf sich vereinigen konnten als die beiden anderen Anzahlaufgaben ("Puppen und Betten" und "Eisenbahn") und die PIAGETsche Längeninvarianzaufgabe. Geschlechtsunterschiede in der Häufigkeit richtiger Lösungen sind unbedeutend.
Was ihre relative Schwierigkeit betrifft, dürften zumindest die zweite Aufgabe zur Invarianz der Anzahl von WALLACH und SPROTT und die Anzahlaufgaben von GRUEN sehr ähnlich sein, während die Aufgabengruppen zur Länge und die zur kontinuierlichen Menge, wenn sie etwas Gleiches erfassen, dies zumindest auf unterschiedlichen Schwierigkeitsniveaus tun.

Schwierigkeitsgrade der Anzahlitems: Ein differenzierteres Bild gibt die Einzelanalyse der Anzahlitems. Tab. 31 gibt die Items der drei Aufgabengruppen zur Invarianz der Anzahl in der Rangfolge ihrer Schwierigkeit von leicht nach schwer wieder, wobei bei der Aufgabengruppe von GRUEN nur die ersten drei Items berücksichtigt wurden (die letzten drei sind Wiederholungen der ersten).

Danach ist das allererste Item das schwierigste gewesen, das leichteste dagegen eines aus der Aufgabengruppe von GRUEN, bei dem die Stäbchen einer Reihe längs gelegt und eng zusammengerückt wurden. Im übrigen scheint die Transformation "Extension" leich-

Tabelle 31: Schwierigkeitsgrade der Anzahlitems (in % der Vpn, die sie richtig beantworteten)

Item	P (%)	Transformationsart
Anzahl III,c	43,60	1 Reihe enger und längsgestellt
I,b	41,04	Flöhe extendiert
II,b	40,24	Bettchen engergestellt
III,a	39,44	1 Reihe extendiert
III,b	37,05	1 Reihe aufgeteilt
II,a	36,25	Püppchen enger zusammengeschoben
I,a	26,69	Flöhe enger zusammengeschoben

Tabelle 32: Nichtkonservierungsantworten bei den Anzahlaufgaben (in Prozent)

	länger = mehr	kürzer = mehr	N
I a	87	13	183
I b	51,7	48,3	145
II a	91	9	158
II b	88	12	148
III a	86,5	13,5	150
III b	89	11	157
III c	92,7	7,3	159

(Antworten suggestibler Kinder wurden nicht berücksichtigt)

ter gefallen zu sein als das Zusammenschieben, doch ist dies nicht durchgängig der Fall. Wie Tab. 32 zeigt, haben sich die meisten Kinder, die Nicht-Konservierungsantworten gaben, nach der Länge einer Reihe gerichtet. War aber die kürzere Reihe zugleich diejenige, die flächenmäßig mehr Raum einnahm (bes. bei I b, z.T. auch bei II b), dann beurteilten viele Kinder diese als "mehr". Möglicherweise wirkte diese Kombination von "massierter, aber kürzer" bei einigen Kindern in Richtung auf Invarianzantworten, das Gegenteil andererseits, "länger und massierter" zu Nicht-Konservierungsantworten. Hiermit ließen sich die unterschiedlichen Schwierigkeitsgrade der Aufgaben I b, II b und z.T. III c einerseits und der Aufgaben II a und I a andererseits erklären. Der Unterschied im Schwierigkeitsgrad zwischen I a und I b ist auf dem 0,1 %-Niveau gesichert (Chi^2 = 23,115*), der Unterschied zwischen II a und II b auf dem 5 %-Niveau (Chi^2 = 4,16), der zwischen IIIa und III c jedoch nur auf dem 10 %-Niveau (Chi^2 = 3,00). - Weiterhin bestätigte sich innerhalb der Aufgaben von GRUEN, daß das Erfassen der Invarianz der Anzahl bei Aufteilung schwieriger ist als bei Extension bzw. Kontraktion. Der Unterschied zwischen der Aufgabe III b und III a ist signifikant (Chi^2 = 4,17; $p < 0,5$ %), zwischen III b und III c sogar sehr signifikant (Chi^2 = 12,5; $p < 0,1$ %).

* Formel aus CLAUSS und EBNER, 1968, S. 243: $Chi^2 = \frac{(b-c)^2}{b+c}$

Zusammenhang zwischen den Anzahlitems: Die in unserem Zusammenhang wesentliche Frage ist die, ob die Aufgaben über alle Unterschiede im Schwierigkeitsniveau hinweg Ähnliches erfassen. Zunächst soll dies über die Korrelationen der Items innerhalb ihrer Aufgabengruppen, d.h. unter Konstanthaltung des Materials, überprüft werden. Tab. 33 gibt die Phi-Korrelationen und die über Chi^2 geprüften Signifikanzen wieder.

Tabelle 33: Interkorrelationen der Items innerhalb der Zahlinvarianzaufgaben

Aufgabe	Items	Phi	Chi^2	N (oh.Suggest.)
I	a, b	0,559	77,35	248
II	a, b	0,799	158,5	248
III	a, b	0,751	139,24	247
III	b, c	0,742	135,9	247
III	a, c	0,778	149,5	247

Alle Korrelationskoeffizienten sind sehr hoch. Die größten Gemeinsamkeiten scheinen dabei noch die beiden Items der zweiten Aufgabengruppe, "Puppen und Betten" nach WALLACH und SPROTT zu haben. Der relativ niedrigere Koeffizient bei der Aufgabengruppe Anzahl I kann z.T. auch durch die Stellung der Aufgaben an den Beginn aller Invarianzaufgaben erklärt werden sowie durch den großen Schwierigkeitsunterschied der beiden Items.

Zusammenhang zwischen den Aufgabengruppen: Zum Entscheid der Frage, inwieweit die Aufgaben über verschiedene Materialien hinweg in etwa das gleiche erfassen, werden die im Sinne der Invarianz beantworteten Items jeder Aufgabengruppe aufaddiert; dabei wird bei den beiden Aufgabengruppen von WALLACH und SPROTT das zwischen den Items liegende Zwischenitem mitgezählt (es wurde von 96,81 bzw. 98,41 % aller Vpn richtig gelöst). Produkt-Moment-Korrelationen zwischen den insgesamt 7 Scores wurden trotz der U-Verteilungen der Daten durchgeführt. Der damit eingehandelte Fehler dürfte sich eher in einer Verringerung als in einer Erhöhung der Korrelationen auswirken, denn Abweichungen der Werte sind, wenn sie überhaupt auftreten, wegen der Verteilungsart eher in Richtung einer Übertreibung verzerrt. Eine weitere Rechtfertigung der Produkt-Moment-Korrelationen gibt die Überprüfung der Linearität der Zusammenhänge. Nur bei der MÜLLER-LYER-Aufgabe treten einige Abweichungen von der Linearität auf. Wie Tab. 34 zeigt, sind alle Interkorrelationen signifikant und z.T. sehr hoch.

Tabelle 34: Interkorrelationen (Produkt-Moment) der Aufgabengruppen (N = 251)

	Anzahl			Länge		kont. Menge	
	I	II	III	I	II	I	II
Anzahl I	-	.769	.675	.301	.553	.446	.347
II		-	.768	.348	.682	.509	.396
III			-	.379	.731	.615	.370
Länge I				-	.457	.358	.146
II					-	.580	.400
Kont.Menge I						-	.404

Signifikanz: 5 % r = .14 (df 200)
1 % r = .18
0,1 % r = .23

Die zweite Aufgabengruppe von WALLACH und SPROTT ("Püppchen und Bettchen") hat mit den beiden anderen Anzahlaufgaben fast jeweils 60 % gemeinsame Varianz. Die Anzahlaufgaben von GRUEN haben andererseits auch viel mit der Längenaufgabe von PIAGET gemeinsam.

Die MÜLLER-LAYER-Längenaufgabe zeigt insgesamt die niedrigsten Korrelationen mit allen anderen Aufgabengruppen, korreliert dabei aber noch relativ am höchsten mit der anderen Längeninvarianzaufgabe. Ähnliches gilt für die Saftaufgabe; auch sie korreliert relativ am höchsten mit der anderen Aufgabe zur kontinuierlichen Menge ("Knete") und, wie alle anderen Aufgaben auch, am geringsten mit der MÜLLER-LYER-Aufgabe. Es zeigen sich also Tendenzen bzgl. der inhaltlichen Zusammengehörigkeit der Aufgabengruppen, ohne daß jedoch klare Abgrenzungen möglich wären.

Die Korrelationskoeffizienten wurden einer Hauptachsen-Faktorenanalyse (Programm PAFA) unterzogen. Bereits der erste Faktor vereinigt den größten Teil der extrahierten Varianz auf sich. Nach dem FÜRNTRATT-Kriterium (Diagnostika 1969)* lassen sich maximal 2 Faktoren extrahieren und interpretieren, wobei auf den ersten (unrotiert) 90,47 % der extrahierten Varianz entfallen, auf den zweiten 9,53 %. Man könnte danach gut von einem g-Faktor des Konservierens sprechen. Nach orthogonaler Rotation ergeben sich zwei ungefähr gleichgewichtige Faktoren. Tab. 35 gibt die Faktorenmatrix wieder.

Tabelle 35: Faktorenmatrix der 7 Konservierungsaufgaben

Variable		Ladungen 1	Ladungen 2	Ladungsquadrat (a^2/h^2) pro Kommunalität (in %) 1	Ladungsquadrat (a^2/h^2) pro Kommunalität (in %) 2	Kommunalität (in %)
Anzahl	I	.781	.301	87.08	12.91	70.10
	II	.851	.391	82.58	17.43	87.66
	III	.646	.597	53.97	46.03	77.35
Länge	I	.172	.490	7.28	89.10	26,99
	II	.459	.718	28.98	71.01	72.56
kont.Menge	I	.291	.696	14.86	85.15	56.92
	II	.277	.412	31.18	68.81	24.68
Spaltenquadratsumme				2.1531	2.0096	aufgeklärte Varianz: 59,47 % der Gesamtvarianz
in %				51.72	48.28	

Abb. 17 veranschaulicht das Ergebnis der Faktorenanalyse. 59,47 % der Gesamtvarianz können durch die beiden extrahierten Faktoren erklärt werden. Der erste Faktor lädt dabei am stärksten auf den Anzahlaufgaben und ein wenig auf der Längenaufgabe von PIAGET. Man könnte ihn als "Konservierungsfaktor bei paarweiser Zuordnung" bezeichnen. Der zweite Faktor lädt besonders auf der PIAGET-Längenaufgabe, der Kontinuierlichen Menge I (Knete), der Anzahlaufgabe von GRUEN und teilweise auch auf der MÜLLER-LYER-Aufgabe und der Saftaufgabe; er könnte "Konservierungsfaktor der Länge" genannt werden.

* und verschiedenen anderen Kriterien, vgl. ÜBERLA, 1968

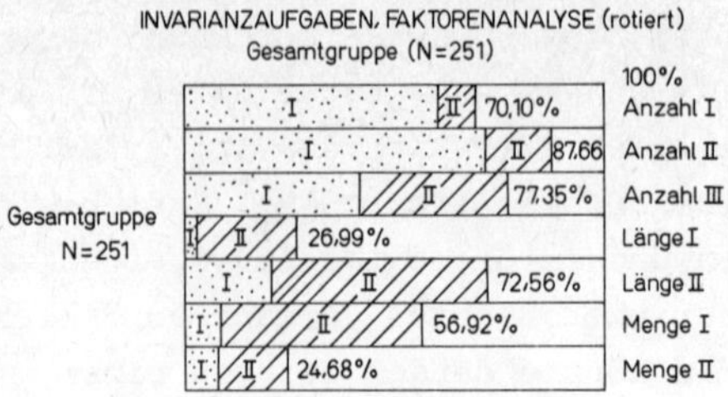

Abbildung 17

Das den 7 Invarianzaufgaben Gemeinsame wird am besten durch die Anzahlaufgabe II (WALLACH und SPROTT: "Puppen und Betten") repräsentiert. Fast 88 % der Varianz dieser Variable wird durch die Faktorenanalyse aufgeklärt. Auch die anderen Anzahlaufgaben und die Längenaufgabe nach PIAGET werden zu fast 3/4 ihrer Gesamtvarianz durch die extrahierten Faktoren repräsentiert, die MÜLLER-LYER-Aufgabe und die Saftaufgabe dagegen nur zu etwa 1/4; ihnen verbleibt ein großer Teil an Eigenvarianz, der sie von den anderen Aufgaben unterscheidet.

Es ist nach diesen Ergebnissen also durchaus gerechtfertigt, etwas allgemeiner von "Konservieren" zu sprechen, zumindest auf der Altersstufe dieser Vpn. Die inhaltliche Abgrenzung der Invarianz-"begriffe" scheint jedoch nur begrenzt dem uns gewohnten Sprachgebrauch zu entsprechen.

Diese bei der Gesamtgruppe erhaltenen Ergebnisse gelten in nahezu gleicher Weise für die Jungen und für die Mädchen. Tab. 36 gibt sowohl die Interkorrelationen der Aufgabengruppen getrennt für Jungen und Mädchen wieder als auch die Kommunalitäten (in %) nach Extraktion von zwei Faktoren. Dabei zeigt sich, daß die Korrelationen bei den Mädchen im allgemeinen etwas höher liegen als bei den Jungen; entsprechend ist der Anteil der durch die zwei extrahierten Faktoren aufgeklärten Varianz bei den Mädchen etwas höher als bei den Jungen. In beiden Gruppen ergeben sich nach der Rotation zwei etwa gleichgewichtige Faktoren. Bezüglich der Interpretation ergeben sich geringfügige Verschiebungen: bei den Jungen läßt sich der erste als "Konservieren der Menge" (repräsentiert durch die drei Anzahlaufgaben und die Saftaufgabe), der zweite als

Tabelle 36: Produkt-Moment-Interkorrelationen der 7 Aufgabengruppen bei Jungen (N = 127) und Mädchen (N = 124)

		Anzahl I	Anzahl II	Anzahl III	Länge I	Länge II	Kont.Menge I	Kont.Menge II	Kommunalität (in %)
Anzahl I	m	-	.72	.62	.29	.49	.41	.27	63.533
	f	-	.82	.73	.33	.62	.48	.43	78.72
Anzahl II	m	-	-	.73	.35	.67	.47	.36	85,38
	f	-	-	.81	.34	.70	.55	.43	89,49
Anzahl III	m	-	-	-	.37	.70	.57	.30	71,13
	f	-	-	-	.40	.76	.66	.44	83,86
Länge I	m	-	-	-	-	.51	.39	.10ns	40,56
	f	-	-	-	-	.41	.33	.20	20,71
Länge II	m	-	-	-	-	-	.58	.39	79,27
	f	-	-	-	-	-	.59	.41	68,29
Menge I	m	-	-	-	-	-	-	.38	52,74
	f	-	-	-	-	-	-	.43	61,92
Menge II	m	-	-	-	-	-	-	-	20,27
	f	-	-	-	-	-	-	-	29,30

durch 2 Faktoren aufgeklärte Varianz: m = 58,96 %
f = 61,75 %

INVARIANZAUFGABEN, FAKTORENANALYSE
rotiert Jungen

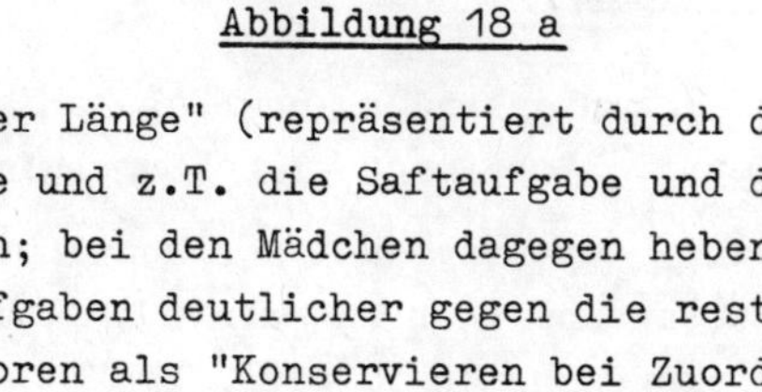

Abbildung 18 a

"Konservieren der Länge" (repräsentiert durch die Längenaufgaben, die Kneteaufgabe und z.T. die Saftaufgabe und die Anzahl-III-Aufgabe) bezeichnen; bei den Mädchen dagegen heben sich die ersten beiden Anzahlaufgaben deutlicher gegen die restlichen Aufgaben ab, so daß die Faktoren als "Konservieren bei Zuordnung" und Konservieren bei Längenillusion" interpretieren lassen. Bei beiden Gruppen hat die Anzahl-II-Aufgabe (Puppen und Betten) die geringste unaufgeklärte Restvarianz; die MÜLLER'LYER-Aufgabe und die Saftaufgabe dagegen einen großen Teil Eigenvarianz, die sie mit keiner der anderen Aufgaben teilen.

INVARIANZAUFGABEN, FAKTORENANALYSE, rotiert

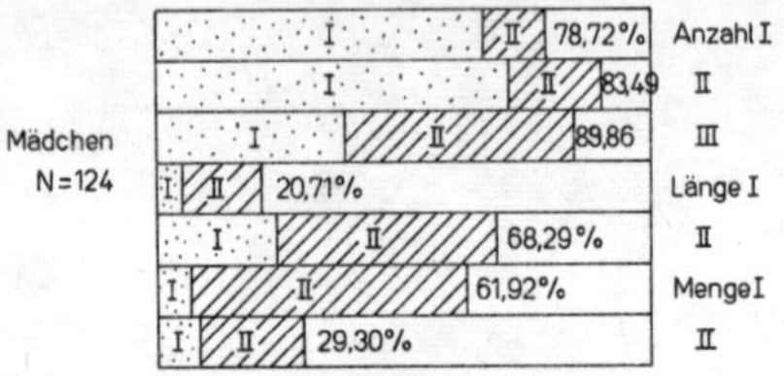

Abbildung 18 b

GESAMTVARIANZ, rotiert

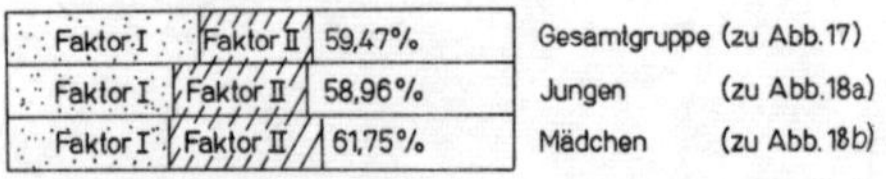

Abbildung 19

Insgesamt repräsentieren die Anzahlaufgabe II (WALLACH und SPROTT) und die Anzahlaufgabe III (GRUEN) am besten den in allen Aufgaben wirksamen Konservierungsfaktor (unrotiert); will man die beiden extrahierten (rotierten) Faktoren möglichst klar erfassen, dann eignen sich hierzu am besten die Püppchen-Bettchen-Aufgabe (Anzahl II) und die Längenaufgabe nach PIAGET (Länge II) bzw. die Knete-Aufgabe (kontinuierliche Menge I). Dies gilt natürlich nur für eine vergleichbare Altersgruppe von Kindern.

10.6 Diskussion und Zusammenfassung

Diese an 251 Kindergartenkindern und Schulanfängern durchgeführte Untersuchung erbrachte einige klare Ergebnisse:

Konservieren der Anzahl, der Länge und der kontinuierlichen Menge wird in dieser Altersgruppe nur von einem Teil der Kinder beherrscht. Es scheint ein Phänomen zu sein, das im allgemeinen -

zumindest innerhalb einer Material- und Quantitätsart - nach dem Alles-oder-Nichts-Prinzip funktioniert, d.h., die Kinder sind von der Invarianz bei der Mehrzahl der Items überzeugt oder sie sind es eben nicht. Berücksichtigt man, wie in dieser Untersuchung, nur die Antworten der Kinder ohne Einbeziehung ihrer Begründungen, dann ist eine sog. "Übergangsstufe" selten anzutreffen.

Innerhalb der Quantitäts- und Materialarten haben die Items jedoch nicht immer das gleiche Schwierigkeitsniveau, wie für die Items zum Anzahlbegriff nachgewiesen werden konnte. Nicht-Konservierer beurteilten die Anzahl entweder nach der belegten Fläche oder der Länge der Reihen; beide Beurteilungsgesichtspunkte können sich, wenn sie gemeinsam auftreten, verstärken oder gegenseitig aufheben. Erkennen der Zahlinvarianz bei Aufteilung ist, wie vorn schon bei anderen Autoren nachgewiesen werden konnte, etwas schwieriger als bei anderen Transformationsarten.

Verschiedene Konservierungsaufgaben zur Anzahl korrelieren hoch miteinander. Sie zeigen auch mit Invarianzaufgaben zu anderen Quantitätsarten große Gemeinsamkeiten, z.B. mit Invarianz der Länge und der kontinuierlichen Menge, so daß man mit einiger Berechtigung von einem "allgemeinen Konservierungsfaktor" sprechen kann, der in unserer Untersuchung, ähnlich wie bei GOLDSCHMID und BENTLER (1968), fast 54 % der Gesamtvarianz Rechnung trägt (1. Faktor, unrotiert, Gesamtgruppe). Unter Berücksichtigung eines zweiten extrahierten Faktors lassen sich - nach Rotation - zwei Konservierungsbereiche interpretieren: Invarianzerkennen bei paarweiser Zuordnung und Invarianz der Länge. Die Abgrenzung dieser beiden Faktoren stimmt dabei nicht unbedingt mit der inhaltlichen Abgrenzung der Quantitätsarten überein. - Die höchsten Interkorrelationen ergaben sich zwischen den drei Anzahlaufgaben, der Längenaufgabe nach PIAGET und der Mengenaufgabe mit Plastillin. Die geringen Korrelationen mit der Saftaufgabe sind durch deren hohen Schwierigkeitsgrad und damit geringen Varianz zu erklären; sie schließen nicht aus, daß sie ebenfalls "Konservieren" erfaßt. Problematischer steht es mit der MÜLLER-LYER-Längeninvarianzaufgabe, da bei ihr gehäuft nicht-lineare Beziehungen mit den anderen Aufgaben auftraten. Dies bestätigt das Ergebnis von RAUH und BILLE (1969), die diese Aufgabe mit einer Reihe anderer Längeninvarianzaufgaben verglichen. Nur bei den älteren (6- bis 7-jährigen) Kindern hatte sie den Charakter einer echten Invarianzaufgabe, während die jüngeren Kinder (4;6 bis 5;6 Jahre, bes. die Mädchen) sie offenbar eher als optische Täuschung auffaßten und wegen ihrer geringen Täuschungsanfälligkeit (FLAVELL, 1963, S. 254) - Beachten nur einer Dimension wirkt sich hier positiv aus - bei dieser Aufgabe besonders gut abschnitten.

Geschlechtsunterschiede fanden sich, insgesamt gesehen, bei den einzelnen Konservierungsaufgaben kaum. Auch die Faktorenstruktur zeigte nur geringfügige Verschiebungen in Richtung stärkerer Beachtung der paarweisen Zuordnung bei den Mädchen, stärkerer (globaler) Mengenerfassung bei den Jungen. Man könnte diese Tendenz im Zusammenhang sehen mit den Ergebnissen bei der simultanen Entnahme: Jungen neigten eher zum gleichzeitigen Ergreifen größerer Mengen (bis 5 Kugeln) als Mädchen; simultane Entnahme ihrerseits korrelierte sehr signifikant mit den drei Anzahlaufgaben und der Kneteaufgabe.

Die Mädchen konnten zwar meist sicherer zählen als die Jungen (wie bei D'MELLO und WILLEMSEN, 1969); Zählenkönnen war jedoch für das Lösen der Anzahlinvarianzaufgaben relativ unbedeutend. Bei der MÜLLER-LYER-Aufgabe wirkte es sich sogar eher störend aus, ausgerechnet bei der Saftaufgabe dagegen positiv! Dieses rätselhafte Ergebnis erhält auch keinen größeren Grad an Plausibilität, wenn man die Korrelationen der Verhaltensbeschreibungen mit den einzelnen Konservierungsaufgaben einerseits und mit dem Zählen andererseits (s.S.216) betrachtet. Die Korrelationen zwischen den Invarianzaufgaben und den Verhaltensskalen sind - außer mit "Konfliktverarbeitung" - relativ niedrig, was die früheren Ausführungen bestätigt: nicht der Mangel an bestimmten Verhaltensweisen differenziert Konservierer von Nicht-Konservierern, sondern nur die extrem positiven Ausprägungsgrade (vgl. Tab. 37).

Das Verhalten zu Untersuchungsbeginn zeigt einen deutlichen positiven Zusammenhang mit allen Konservierungsaufgaben außer der MÜLLER-LYER- und der Saftaufgabe; das gleiche gilt für die Leistungsbereitschaft allgemein während der Untersuchung. Konservie-

Tabelle 37: Korrelationen zwischen den Konservierungsaufgaben und den Verhaltensbeschreibungen (tau-Korrelationen)

		Anzahl			Länge		kont.Menge	
	N	I	II	III	I	II	I	II
1)	176	.106s	.171sss	.171sss	-.027	.148ss	.226sss	.012ns
2)	179	.123s	.123s	.162sss	-.020	.149ss	.132s	-.018ns
3)	179	.154ss	.141ss	.165sss	.014	.132s	.096ns	-.086ns
4)	180	.079ns	.030	.079ns	.024	.064	.101s	.103s
5)	181	.143ss	.033	.071ns	.050	.136ss	.103s	-.069ns
6)	151	.048	-.027	-.033	-.33	-.053ns	.073ns	-.004
7)	124	.27sss	.205sss	.250sss	.115ns	208sss	.104ns	.136s

1) Start
2) Leistungsbereitschaft
3) Aufmerksamkeit
4) Konzentration
5) Ausdauer
6) Konfliktintensität
7) Konfliktverarbeitung

rer bei diesen Aufgaben wurden also als von Anfang an als aufgeschlossener und interessierter und auch aufmerksamer beschrieben. Diese Verhaltensbeschreibungen sind jedoch ohne Belang für die MÜLLER-LYER-Längenaufgabe und z.T. auch für die Aufgaben zur Invarianz von Flüssigkeitsmengen. Bei der letzteren deutet sich sogar eine Tendenz an, die besagt, daß erhöhte Aufmerksamkeit, Konzentration und Ausdauer eher mit Nicht-Konservieren, geringere Konzentration eher mit einer erhöhten Zahl von Konservierungsantworten verbunden war. Dies wird plausibler, wenn man berücksichtigt, daß bei dieser Aufgabe mehr "Zufallstreffer" möglich waren, wenn sich das Kind nach einem anderen "cue" als nur der Höhe des Wasserspiegels richtete (z.B. Größe des Glases). Die Ausdauer spielte nur bei der ersten Anzahlaufgabe, der Längenaufgabe von PIAGET und der Knete-Aufgabe eine bedeutsame positive Rolle, während die Konfliktintensität mit keiner der Aufgabengruppen signifikant korreliert. Die Art der Konfliktverarbeitung spielt jedoch bei allen drei Anzahlaufgaben und der Längenaufgabe nach PIAGET und, etwas weniger ausgeprägt, bei der Saftaufgabe eine wichtige Rolle; sie weist bei der MÜLLER-LYER- und der

Knete-Aufgabe zumindest in die gleiche Richtung. Also auch, was die Beziehungen zu den Verhaltensbeschreibungen betrifft, fallen die MÜLLER-LYER-Aufgabe und die Aufgabe zur Invarianz von Flüssigkeitsmengen etwas aus dem üblichen Rahmen.
Diese Ergebnisse zeigen insgesamt, daß zwischen der Zusammenstellung von sog. "Invarianzaufgaben" am Schreibtisch des Forschers und der Art und Weise, wie sie von den Kindern aufgefaßt werden, große Unterschiede bestehen können, die weniger auf leicht erklärbare "Mängel" bei den Kindern - etwa mangelndes Sprachverständnis, mangelnde Zahlenkenntnis, mangelndes Interesse und Leistungsverhalten - rückführbar sind, sondern eher etwas mit den Strategien der Informationsaufnahme und -verarbeitung der Kinder zu tun haben könnten.

11. Analyse des Entwicklungsverlaufes der Zahlinvarianzerfassung

Die bisher dargestellte Analyse des Invarianzbegriffes der Anzahl ist nicht eigentlich entwicklungspsychologisch; jedes Merkmal, in dem sich Menschen unterscheiden, könnte in ähnlicher Weise erforscht werden. Die Tatsache allein, daß es sich um Kinder als Vpn handelt, macht aus dem "Konservieren" noch kein entwicklungspsychologisches Phänomen, ebensowenig wie die Tatsache, daß in einer Population die verschiedenen Stufen oder Ausprägungsgrade angetroffen werden.

Nach WOHLWILL (1970) sollte eine entwicklungspsychologische Variable zwar universell sein, relativ situationsunabhängig und relativ unabhängig von kurzfristigem Lernen - bei allen Einschränkungen konnte dies in den vorangegangenen Kapiteln für das Konservieren der Anzahl nachgewiesen werden; darüber hinaus sollte sie aber auch Altersveränderungen zeigen, wenn Entwicklung verstanden wird als eine "Reihe von miteinander zusammenhängenden Veränderungen, die bestimmten Orten des zeitlichen Kontinuums eines individuellen Lebenslaufes zuzuordnen sind" (THOMAE, 1959, S.10). Bei dieser Definition möchte ich das "miteinander zusammenhängend" und den Bezug auf den "individuellen" Lebenslauf besonders hervorheben; denn hierauf zielt das Hauptinteresse des Entwicklungspsychologen. Im folgenden wird hierauf noch näher eingegangen werden.

11.1 Literaturübersicht

11.11 Das Lebensalter als Entwicklungskontinuum

Die beliebteste Variable in der psychologischen Forschung zur Feststellung von Entwicklungsvorgängen ist das Lebensalter bzw. das kalendarische Alter von der Geburt eines Menschen an gerechnet. Am häufigsten dient sie als pseudo-unabhängige Variable beim Vergleich von zwei oder mehr Altersgruppen im sog. "Querschnittsvergleich". WOHLWILL (1970) weist mit Recht darauf hin, daß in solchen Untersuchungen "Lebensalter" wie eine Persönlichkeitsvariable aus der differentiellen Psychologie gehandhabt wird. Hinter dem Vergleich von Altersgruppen stehen für den Entwicklungspsychologen folgende Annahmen:

er möchte feststellen, wie ein Merkmal sich bei einem Menschen mit dem Alter verändert; er nimmt an, daß die Veränderungen des betreffenden Merkmals bei verschiedenen Menschen ähnlich vonstatten gehen; er nimmt weiter an, daß diese Veränderungen bei verschiedenen Menschen auch zu etwa den gleichen Zeitpunkten, gemessen am kalendarischen Alter, stattfinden. Um also festzustellen, wie sich eine Variable bei einem Menschen mit zunehmendem Alter verändert, untersucht er verschiedene Menschen, die gerade die ihn interessierenden verschiedenen Lebensalter repräsentieren. Um seinen methodischen Fehler - die individuellen Variationen - zu verringern, verwendet er Gruppenmittelwerte der betreffenden Altersstufen und schließt dann von ihnen auf die Entwicklung des Merkmals bei dem einen Menschen. Die Gruppenmittelwerte dienen ihm also als beste Schätzungen für die individuelle Entwicklung.

Altersgruppenvergleiche: Solche Altersgruppenvergleiche finden sich für den Zahlbegriff bei PIAGET selbst und seinen Mitarbeitern (OLERON und PIAGET; 1969, GRÊCO, 1962) und in vielen Nachuntersuchungen. So fand ELKIND (1961a) bezgl. der Erfassung von globaler, intensiver und extensiver Quantität signifikante Unterschiede zwischen 4- und 5jährigen Kindern; ROTHENBERG und COURTNEY (1968) fanden schon bei den 2;4- bis 4;7jährigen deutliche Anstiege richtiger Invarianzantworten bei ihren 5 Anzahlitems - im Unterschied zu den MEHLER-BEVER-Aufgaben. GRÊCO (1962) setzte die kritische 75 %-Grenze (Anzahl von Konservierern pro Altersgruppe) auf Grund seiner Ergebnisse bei 6 bis 7 Jahren, LAUX (1969) bei 7 bis 8 Jahren. FEIGENBAUM (1963) und auch ACHENBACH (1969) fanden übereinstimmend als kritisches Alter, von dem an man mit erhöhter Wahrscheinlichkeit mit Konservieren der Anzahl rechnen muß, bei normalen Kindern ein Lebensalter von 5;5 bzw. 5;6 Jahren. WHITEMAN und PEISACH (1970) fanden signifikante

Altersunterschiede für das Lösen von Anzahlaufgaben beim Vergleich von 5- bis 6jährigen mit 8- bis 9jährigen, jedoch nicht für eine Aufgabe mit Plastillin; ROTHENBERG (1969a) fand signifikante Altersunterschiede zwischen 4;3- bis 5jährigen und 5;3- bis 6jährigen nur bei Kindern aus niedrigem sozialem Milieu. Auch in der bereits vorn berichteten Bonner Untersuchung I traten sehr deutliche Altersgruppenunterschiede auf.

Entsprechende Unterschiede zwischen Altersgruppen werden auch für andere Invarianzbegriffe berichtet, z.B. das Konservieren von kontinuierlichen Mengen und Flüssigkeiten (LEE und LEE, 1969; DAVOL, CHITTENDEN et al. 1967), geometrische Begriffe (LARSEN, 1969; LOVELL, HEALEY und ROWLAND, 1962; BRAINE, 1959), Multiplikation von Klassen, asymmetrischen Relationen und Raumdimensionen (SHANTZ, 1967), Anzahlunterscheidung, Reihenbildung und Numeration (ELKIND, 1964) u.a.m.

SMEDSLUND (1963), der 9 verschiedene Aufgabenarten zu Invarianzbegriffen und Transitivitätserfassung verwandte, fand, daß mit 8 Jahren bis zu 75 % der Kinder alle Items richtig beantworten konnten. HYDE (1970), die insgesamt 21 verschiedene Aufgaben verwendete, berichtet von klaren Altersunterschieden in der Häufigkeit richtiger Antworten auch innerhalb den von ihr untersuchten vier Bevölkerungsgruppen in Aden. Auch aus den Standardisierungswerten von GOLDSCHMID und BENTLERs (1968b) Konservierungstests, die jeweils mit 12 Items zwei bzw. sechs verschiedene Invarianzbegriffe erfassen, läßt sich insbesondere zwischen 6;6 und 7 Jahren und dann wieder von 7;6 bis 8 Jahren ein deutlicher Anstieg von Konservierungsantworten ablesen.

Von all diesen Ergebnissen her gesehen ist also nicht mehr daran zu zweifeln, daß Konservieren der Anzahl - und im weiteren Sinne Konservieren überhaupt - ein Entwicklungsphänomen ist, bzgl. dessen sich, innerhalb eines bestimmten größeren Lebensabschnittes, Kinder unterschiedlichen Alters unterscheiden.

Auf die Fehlerquelle, von Mittelwertsverläufen von Gruppen auf einen individuellen Verlauf eines Merkmals zu schließen, weist TANNER (1965, S.21) hin und veranschaulicht es an Wachstumstempokurven (Größenwachstum) von Kindern und Jugendlichen. Selbst wenn man psychologische Entwicklung als ein im wesentlichen biologisches Phänomen ansieht, ist das kalendarische Alter - d.h. eine physikalische Variable - zwar vielleicht der beste Schätzwert für das biologische resp. psychologische Alter, bleibt aber ein unvollkommener Schätzwert. Sieht man dagegen im kalendarischen Alter im wesentlichen einen Schätzwert für die Lernerfahrungen von Individuen, dann ist es selbstverständlich, daß man mit erheblichen Streuungsbereichen rechnen muß.

Korrelationen mit dem Lebensalter: Dies wird noch deutlicher, wenn man statt Mittelwertsunterschieden zwischen Altersgruppen Korrelationen zwischen dem psychologischen Merkmal, dessen Entwicklung man untersucht, und dem Lebensalter berechnet. Die gefundenen Korrelationskoeffizienten sind unterschiedlich hoch. Bei FREYBERGs Untersuchung an 151 Kindern zwischen 5;9 und 7;10 Jahren lag er bei r = .116, bei GREEN und LAXON (160 Kinder, 4;10 bis 6;6 Jahre) bei r bis = .14 (ns). Ein ähnlich niedriges Ergebnis fand ROTHENBERG (1969b) bei 248 4;3- bis 6jährigen Kindern bzgl. Entfernungskonservieren und Lebensalter. Höher liegen die Ergebnisse bei PETERS (1969) (r = .35 bei N = 131 für Anzahlkonservieren), CARPENTER (1955) (r = .68) und DODWELL (1960, 1961) mit r = .52 bzw. .42 bei 250 bzw. 68 Kindern, ebenfalls zu Invarianzaufgaben zur Anzahl und r = .56 (N = 194) zu Raumbegriffen (DODWELL, 1963). LOVELL, HEALEY und ROWLAND fanden tau-Korrelationen zwischen Lebensalter und geometrischen Begriffen bei 5- bis 9jährigen normalbegabten Kindern von durchschnittlich tau = .46 (ss), bei geistig retardierten 9- bis 15jährigen vergleichbaren Intelligenzalters von tau = .36. WOHLWILL (1960) korrelierte seine skalogrammanalysierte Aufgabenserie zum Zahlbegriff, zu der neben Anzahlunterscheidungsaufgaben auch solche zum Invarianzbegriff der Anzahl (Identitätskonservieren) und zur Numeration (Ordinal/Kardinalzahl) gehörten, mit dem Lebensalter der Kinder und erhielt ein eta von .52; MANNIX, der Aufgaben aus PIAGETs Buch zur "Entwicklung des Zahlbegriffs beim Kinde" skalogrammanalysierte, einen Rangkorrelationskoeffizienten von rho = .52 (1959).

Was am Lebensalter ist verantwortlich für die maximal 25 - 30 % gemeinsame Varianz mit den Konservierungsaufgaben und was für die Unterschiede? "Das Lebensalter ist eine quantitative, deskriptive Kontrollvariable mit, in der Tat, nur geringer erklärender Funktion (power)" (SIGEL, in SIGEL und HOOPER, 1968, S. 518) (vgl. auch WOHLWILL, 1960, S. 346).

WOHLWILL (1970), der dem Lebensalter dennoch zumindest eine gute Ordnungsfunktion zubilligt, schlägt seine häufigere Verwendung als abhängige Variable vor, z.B. den Vergleich zwischen dem durchschnittlichen Lebensalter, an denen institutionalisierte und nichtinstitutionalisierte Kinder das Laufen lernen, oder, in unserem Falle, den Invarianzbegriff der Anzahl erwerben; hier werden dann zwei psychologisch wesentliche und zudem enger definierte Variablen auf ein gemeinsames Bezugssystem bezogen.

Längsschnittuntersuchungen

Das Ideal entwicklungspsychologischer Methoden bleiben die Längsschnittuntersuchungen. Sie geben den schlüssigsten Beweis dafür, ob und in welchem Maße die durch bestimmte Aufgaben oder Items definierte Variable einen geordneten Entwicklungsverlauf nimmt (WOHLWILL, 1960, S. 346). Da sie aufwendig und kostspielig sind und außerdem nicht frei von methodologischen Schwierigkeiten, sind sie relativ selten. Eine veröffentlichte und zwei noch unveröffentlichte Längsschnittuntersuchungen zum Zahlbegriff waren mir zugänglich.

Die bislang ausführlichste Untersuchung ist von ALMY, CHITTENDEN und MILLER (1966) an 41 Kindern der sozialen Mittelschicht und 24 Kindern aus der Unterschicht, die zum ersten Mal im Kindergartenalter untersucht wurden und dann in Halbjahresabständen viermal nachuntersucht wurden, und zwar mit jeweils denselben Aufgaben (Identität der Zahlbezeichnung bei Zusammenschieben 1 Reihe; Korrespondenzherstellung, Kontraktion und Extension von einer von zwei Reihen; Äquivalenzkonservieren von Flüssigkeitsmengen nach Umgießen in eine breitere Schale). Insgesamt zeigte sich in dieser Untersuchung eine deutliche Zunahme von Konservierern bei den Kindern über einen Untersuchungszeitraum von zwei Jahren hinweg, so daß 75 % der Kinder aus der Mittelschicht nach Vollendung ihres siebenten Lebensjahres bei allen drei Aufgaben konservierten. Bei den Kindern aus der unteren sozialen Schicht zeigte sich eine geringere Regelmäßigkeit der Entwicklung und insgesamt ein geringerer Entwicklungsfortschritt als bei den Kindern aus der Mittelschicht. 83 % der Kinder aus der Mittelklasse entwickelten sich in der erwarteten Richtung (entsprechend dem Schwierigkeitsgrad der Aufgaben); insbesondere bei Kindern, die einmal alle drei Aufgaben richtig erfassen konnten, kamen "Regressionen" selten (d.h. zu 9 %) vor; bei den anderen Kindern konnte wegen des allgemein geringen Entwicklungsfortschritts keine allgemeinere Aussage gemacht werden. Auch konnte von der Konservierungsleistung beim ersten Interview keine Aussage gemacht werden für den Stand bei der letzten Untersuchung oder den Testungen dazwischen. Die individuellen Variationen im Entwicklungstempo waren beträchtlich.

Die Autoren berechneten für jede der fünf Untersuchungen in Standardmaßen den Platz, den ein Kind mit seiner Konservierungsleistung in seiner (sozialen) Gruppe einnahm. Die Summe dieser fünf Einzelwerte nahmen sie als Maß für den Fortschritt des Kindes in seiner Konservierungsentwicklung und korrelierten sie mit 5 Untertests aus dem WISC (= HAWIK:AW, ZS, BO, FL und MT) und einigen Schulreife- und Schulleistungstests und einem Gruppen-Intteligenztest (PINTNER-CUNNINGHAM). Bei den Kindern der Mittelklasse korrelierte die Entwicklung im Invarianzbegriff der Anzahl und Flüssigkeitsmenge am höchsten mit dem Gruppenintelligenztest (r = .60), dem Zahlensymboltest, Lesereifetest und dem Figuren-Zusammenlegen; bei den Kindern der unteren sozialen Schicht waren die Korrelationen etwas niedriger, und das Bilderordnen hatte etwa die gleiche Bedeutung wie die eben genannten Tests. Bezüglich der Schulleistungstests stand das Konservieren bei den Kindern aus höherem sozialen Milieu am ehesten in Verbindung mit dem Rechenleistungstest, mit dem Test zu quantitativen Vorbegriffen (Größe, Form, Gewicht, Zeit etc.) bei den Kindern aus unterem sozialem Milieu.

DEALs Untersuchung war bis 1969 erst eine Wiederaufnahmeuntersuchung bei insgesamt 145 3-, 4- und 5jährigen Kindern mit einem Jahr Abstand zwischen den ersten und zweiten Testungen zu 20 Klasseninklusions- und Anzahlinvarianzaufgaben. Die bisher vorliegenden Ergebnisse weisen quer- und längsschnittlich auf eine gewisse

Stagnation der Entwicklung bis zum 5. Lebensjahr, von da an jedoch auf eine rapide Zunahme an Konservierern (von 11 mit 5 Jahren auf 20 mit 6 Jahren bei 2 Anzahlaufgaben zur provozierten und unprovozierten Korrespondenz).

WOHLWILL weist mit seiner über 16 Monate gehenden Längsschnittuntersuchung einen weiteren methodischen Weg auf, der von der rein deskriptiven bereits zur eher explanatorischen Entwicklungspsychologie führt. Und zwar überprüfte er bei 74 Kindergartenkindern und Erstkläßlern die Beziehung zwischen der Entwicklung spontaner Meßoperationen (beim Vergleich von Mengen, Längen, Entfernungen, Flächen), der Reihenbildung und der Invarianzbegriffe der Anzahl, Länge und Flüssigkeitsmenge. So verglich er z.B. Kinder gleichen Ausgangsniveaus bzgl. des Konservierens, aber unterschiedlichem Entwicklungsfortschritt hinsichtlich ihres Entwicklungsstandes bei den Meßoperationen in der Ausgangssituation. Kinder, die im Laufe von 8 Monaten von Nicht-Konservierern zu völligen Konservierern wurden, unterschieden sich signifikant positiv im Messen bei der ersten Testung von denen, die von Nicht-Konservieren zu teilweisem Konservieren fortschritten, diese wiederum von solchen, die Nicht-Konservierer blieben. Ähnliche Beziehungen bestanden zur dritten Testung für Konservieren. So klar diese Ergebnisse zunächst wirken, erwies sich das Verhältnis zwischen Messen und Konservieren doch als wesentlich komplexer; es war nicht möglich, eine bestimmte absolute Höhe des scores beim Messen anzugeben, auf den zwingend Konservieren folgen würde. Auch Konservierer bei der ersten Untersuchung zeigten einen weiteren Anstieg in der Entwicklung des Messens bei den folgenden zwei Testungen. Die Beziehung zwischen Seriation und Konservieren erwies sich insgesamt als schwächer als die zwischen Konservieren und Messen.

Die Analyse von Entwicklungsverläufen oder pattern, wie sie ALMY, CHITTENDEN und MILLER als auch WOHLWILL versuchten, dürfte ein besonders sinnvoller Weg entwicklungspsychologischer Analyse sein, zwar bezogen auf ein zeitliches Kontinuum, andererseits aber doch relativ frei von den verwischenden Effekten, die Folge einer zu engen Klammerung an die Variable Lebensalter sein können, zumal wenn die Varianz des Merkmals, das man untersuchen will, innerhalb der gewählten Altersgruppen sehr groß ist.

11.12 Intelligenzalter als psychologisches Zeitkontinuum

Einige Autoren versuchten, den Schwierigkeiten mit der nicht-psychologischen Variable Lebensalter aus dem Wege zu gehen, indem sie sie durch ein psychologisches Alterskontinnum ersetzten, dem "Intelligenzalter", erfaßt mit den verschiedensten Arten von Intelligenztests. Das Intelligenzalter definiert dabei die durchschnittliche Intelligenz eines Kindes gleichen chronologischen Alters, im Unterschied zum Intelligenzquotienten, der den relativen Stand eines Kindes in einer Gruppe Gleichaltriger angibt. Eine Intelligenzalterskala wäre also eine Entwicklungsskala der Intelligenz, wobei "Intelligenz" durch den jeweiligen Test definiert ist und "Entwicklung" durch die Durchschnittsergebnisse der verschiedenen Altersgruppen in diesem Test.

Die Verwendung des Intelligenzalters (IA) als Alterskontinuum fand besonders beim Vergleich von normalbegabten mit schwachbegabten Menschen sinnvolle Anwendung.

In der Untersuchung von McMANIS (1969d) zeigten sich bei 140 schwachbegabten 7;8- bis 21;11jährigen Kindern und Jugendlichen die deutlichsten Unterschiede im Erfassen globaler, intensiver und extensiver Quantitäten zwischen einem Intelligenzalter von 5 und 6 Jahren, während die Beziehung zum Intelligenzquotienten unbedeutend war. In HOODs Untersuchung (1962) ergab sich die größte Zunahme an Konservierern des Anzahlbegriffes (bis 70 %) zwischen einem Intelligenzalter von 6 und 7 Jahren. MANNIX (1959, zit. nach LUNZER, 1960) fand bei 48 schwachbegabten Kindern völlig präoperatorisches Denken bzgl. des Zahlbegriffes bis zu einem IA von 5;8 Jahren und völlig operatorisches Denken nach einem IA von 7;11 Jahren. Der Zusammenhang zwischen den von ihm verwendeten skalogrammskalierten Aufgaben und dem IA drückte sich in einem Korrelationskoeffizienten von rho = .61 aus (mit LA: rho = .56); d.h., auch unabhängig vom IA traten noch deutliche individuelle Unterschiede beim Lösen der Anzahlaufgaben auf. Auch in der Untersuchung von LOVELL, MITCHELL, EVERETT (1962) zur Addition und Multiplikation von Klassen und Reihen entsprachen 15jährige Hilfsschüler etwa 7- bis 8jährigen Volksschülern in ihren Antworten. Das gleiche bestätigen LOVELL, HEALEY und ROWLAND (1962) für geometrische Begriffe, Zeitbegriffe und Logik. Sie schreiben, daß nur wenige der schwächsten beschulbaren Hilfsschüler das Stadium des Denkens in konkreten Operationen erreichten.

In Untersuchungen an normal- und gutbegabten Kindern sind die Ergebnisse nicht ganz so eindeutig. GREEN und LAXON (1970) fanden zwischen Konservieren diskontinuierlicher und kontinuierlicher Mengen und dem Intelligenzalter nach dem Mannzeichentest (MZA) nur eine Beziehung von r_{bis} = .05 (bei 160 Kindern, 4;10 bis 6;6 J.), wobei sie auf die Tendenz hinwiesen, daß das Konservieren großer Mengen, die nicht aufgeteilt werden bei der Transformation, eher mit dem Lebensalter, das Konservieren kleiner Mengen, die bei der Transformation geteilt werden, eher mit dem Intelligenzalter zusammenhingen. Auch ZIMILES (1966) stellt fest, daß der MZT kein guter Prädiktor der Zahlinvarianz ist (r = .07 bis .15). DODWELL (1960) errechnete eine stärkere Beziehung zwischen dem Lebensalter und Lösen von Aufgaben zur Reihenbildung, Anzahl, Kardination und Ordination, wenn er den IQ konstant hielt ($r_{1.23}$ = .62 statt r = .52, N = 165, 1. und 2. Schuljahr), ebenso aber auch zwischen dem IQ und den PIAGET-Aufgaben, wenn er das LA konstant hielt ($r_{1.23}$ = .44 statt r = .28). Bei Aufgaben zu geometrischen und Raumbegriffen fand er bei 152 Kindern im Alter von 5;1 bis 11;3 Jahren eine Beziehung zum IQ von r = .31; zum LA von r = .56; zum IA jedoch von r = .69. Nach Berechnung von partiellen Korrelationen (Ausschaltung von LA bei IA und umgekehrt) folgerte er, daß beide, Intelligenzalter und Lebensalter, unabhängig zur Aufklärung der Unterschiede der Leistungen bei den PIAGET-Aufgaben beitragen. SIGEL (in SIGEL und HOOPER, 1968) meint, daß ihr relativer Anteil von der Art der Aufgaben abhängt, z.B. ob in ihnen Alltagserfahrungen oder schulische Erfahrungen zum Tragen kommen. Konkrete Anhaltspunkte für diese Behauptung sind allerdings noch rar. Bei GOLDSCHMID (1967) z.B. differieren die Korrelationen zwischen den 10 Bereichen von Konservierungsaufgaben und dem IA (Otis, Pintner-Cunningham oder Stanford-Binet) nur relativ wenig.

Insgesamt zeigen diese Ergebnisse doch einen meist engeren Zusammenhang zwischen dem Intelligenzalter und den PIAGET-Aufgaben als dem Lebensalter und letzteren, so z.B. bei CARPENTER (1955) (r = .68 zwischen LA und verschiedenen PIAGET-Aufgaben, r = .86 zwischen IA und diesen) oder bei FREYBERG (1966) (LA x Konservieren: r = .116, MA(PMA 5-7) x Konservieren: r = .523 bei 151 5;9- bis 7;10jährigen), und auch zwischen Intelligenzalter und Konservieren einerseits und IQ und Konservieren andererseits.

Auf den Unterschied zwischen der Intelligenzentwicklung als quantitativem Zuwachs geistiger Fähigkeiten, gemessen mit Intelligenztest, und der Intelligenzentwicklung im Sinne von PIAGET als Bildung neuer geistiger (qualitativer) Strukturen weist besonders ELKIND (1969b) hin, um die z.T. recht mäßigen Korrelationen zwischen beiden Intelligenz-"arten" zu erklären. Dem wäre hinzuzufügen, daß der IQ als Maß für geistige Aufgeschlossenheit und Interessiertheit (u.a.) bei jeweils jüngeren Kindern von stärkerer Bedeutung für das Konservieren sein dürfte als bei älteren, die Korrelationen also je nach Alter (und Altersstreuung) der Kinder unterschiedlich hoch zu erwarten wären, abgesehen von der rein methodischen Überlegung, daß "Konservieren" meist nur innerhalb einer begrenzten Altersgruppe "normalverteilt" auftritt, vorher und später aber eine relativ geringe Varianz zeigt, was natürlich die Höhe der Korrelationen mit dem Intelligenzalter verringert.

11.13 Entwicklungsskalen für Invarianzbegriffe

Das Vorhandensein verschiedener definierter Entwicklungsniveaus oder -stufen, sei es innerhalb eines Invarianzbegriffes (präoperationale Stufe - Übergang - operationale Stufe) oder über verschieden schwierige Invarianzbegriffe hinweg (z.B. Masse-Gewicht-Volumen) reicht allein nicht aus für den Nachweis einer entwicklungspsychologisch notwendigen Aufeinanderfolge von Schritten. Altersunterschiede oder Intelligenzaltersunterschiede, die mit diesen Entwicklungsniveaus gekoppelt sind, ermöglichen einen Hinweis, aber keinen Beweis für die Aufeinanderfolge. Längsschnittliche Beobachtungen wären eine sicherere Methode, insbesondere, wenn sie mit experimenteller Beeinflussung gekoppelt sind (WOHLWILL, 1970). Eine Zwischenlösung bietet die bereits mehrfach erwähnte Skalogrammanalyse, die von GUTTMAN (1950) zur Feststellung der Homogenität und Eindimensionalität von Skalen entwickelt und in den letzten 10 Jahren für die Analyse entwicklungspsychologischer Aufeinanderfolgen immer häufiger verwendet wurde (über die verschiedenen Abwandlungen informieren WHITE und SALTZ, 1957). Sie ist eine Weiterführung der Berechnung von Schwierigkeitsunterschieden zwischen zwei Items; eine bestimmte Position auf solch einer Skala besagt, daß jemand, der z.B.das 5. Item auf der Skala löst (bzw. bejaht) mit hoher Wahrscheinlichkeit auch alle vorangegangenen lösen kann. Was eine solche Skalierung jedoch nicht kann, ist herauszufinden, ob das vorangegangene Item auch psychologisch eine notwendige Voraussetzung für das nächstfolgende ist; jedoch gibt sie wertvolle Vorarbeit für eine solche evtl. experimentell durchzuführende Überprüfung eines theoretischen Konzeptes (wie es z.B. LEFRANÇAIS, 1968, unternahm).

Im folgenden sollen die bisher schon verstreut berichteten Informationen zusammengefaßt werden, die auf Skalogrammanalysen oder verwandten Methoden beruhen, stets jedoch auf der gleichzeitigen Überprüfung mehrerer Aufgaben bei demselben Individuum. Sie sollen einen Überblick geben über die möglichen Entwicklungsaufeinanderfolgen.

Hierzu gehören die Ergebnisse, daß Zählen und Unterscheiden von Mengen im allgemeinen leichter ist, als das Konservieren der Anzahl (WOHLWILL, 1960; WALLACE, 1966; ELKIND, 1964; BONNER UNTERS. II); dieses gilt auch für die Herstellung einer numerisch korrespondierenden Reihe im Verhältnis zum Konservieren der Anzahl (ALMY, CHITTENDEN und MILLER, 1966; ELKIND, 1961a; McMANIS, 1969a,d; HYDE, 1970). Äquivalenzkonservieren scheint Identitätskonservieren vorauszusetzen (HOOPER, 1969; McMANIS, 1969c; SCHWARTZ und SCHOLNICK, 1970), die Transitivitätsbeziehungen andererseits das Konservieren (SMEDSLUND, 1963; LAUX, 1969; HYDE, 1970). Unter den Transformationsarten ist das Konservieren ungeteilter Mengen offenbar leichter als das aufgeteilter Mengen (GREEN und LAXON, 1970; MERMELSTEIN und SHULMAN, 1967; PRICE-WILLIAMS, 1961; HYDE, 1970; ROTHENBERG, 1969a; WINER, 1968; aber: GOLDSCHMID und BENTLER, 1968), Addition und Subtraktion allerdings leichter als alle anderen räumlichen Transformationen (BAKER und SULLIVAN, 1970; HYDE, 1970; LAUX, 1969; ROTHENBERG und COURTNEY, 1968, 1969a,b;

WALLACE, 1966; WOHLWILL, 1960; SMEDSLUND, 1962, 1964 und die dazu durchgeführten Skalogrammanalysen von ZERN, 1969 und SIEGELMAN und BLOCK, 1969). Innerhalb der räumlichen Transformationen scheint das Konservieren bei provozierter Korrespondenz eher aufzutreten als das Konservieren bei nicht-provozierter Korrespondenz (PIAGET, 1965; WALLACE, 1966; DODWELL, 1960; BONNER UNTERSUCHUNG I). Die Beziehung zwischen Reihenbildung und Konservieren der Anzahl ist unklar, wenn auch eine Tendenz besteht, daß Reihenbildung etwas leichter ist (SLATER, 1958; HYDE, 1970; WOHLWILL, 1969; ELKIND, 1964); ähnliches gilt für Klasseninklusion und Konservieren der Anzahl und anderer Bereiche (DODWELL, 1962; HYDE, 1970; WOHLWILL, 1968). Das Erfassen des Zusammenhanges von ordinaler und kardinaler Korrespondenz (Numeration) erwies sich als schwieriger als das Konservieren der Anzahl (DODWELL, 1960; WOHLWILL, 1960; MANNIX, 1959; HYDE, 1970) wie auch Multiplikation von Klassen und von Relationen (SMEDSLUND, 1964; vgl. ZERN, 1969; HYDE, 1970). Spontane Meßoperationen dagegen scheinen dem Konservieren zumindest z.T. vorauszugehen (WOHLWILL, 1969).

Unter den verschiedenen Quantitätsarten scheint das Konservieren diskontinuierlicher Mengen der kontinuierlicher im allgemeinen vorauszugehen (s.S.137; jedoch nicht eindeutig bei GOLDSCHMID, 1967); auch beim Vergleich des Konservierens der Anzahl und von Flüssigkeitsmengen sind die Angaben widersprüchlich (z.B. HYDE, 1970); die meisten Ergebnisse sprechen jedoch für die Aufeinanderfolge: erst Konservieren der Anzahl, dann von Flüssigkeitsmengen (ALMY, CHITTENDEN, MILLER, 1966; MANNIX, 1959; BONNER UNTERSUCHUNG II; GOLDSCHMID, 1967). Auch scheint das Konservieren der Länge im allgemeinen etwas schwieriger zu sein als das der Anzahl (SMEDSLUND, 1964; ZERN, 1969; SIEGELMAN und BLOCK, 1969; GOLDSCHMID, 1967). Die Aufeinanderfolge der Trias: Masse (kontin. Menge) - Gewicht - Volumen wurde mehrfach bestätigt (ELKIND, 1961b; UZGIRIS, 1964; SIGEL, ROEPER, HOOPER, 1966; HYDE, 1970).

Für die Entwicklungssequenz im Bereich der Klassifikation führte ter KOFSKY (1966; bei ihren späteren Untersuchungen unter dem Namen SCHOLNICK), für die Raumbegriffe führte LARSEN (1969) eine ausführliche Analyse durch. In diesen beiden wie in der von Le

FRANÇAIS (1968) fällt als gemeinsames Prinzip auf, daß mit zunehmendem Entwicklungsfortschritt immer mehr Dimensionen immer effektiver miteinander koordiniert werden können.

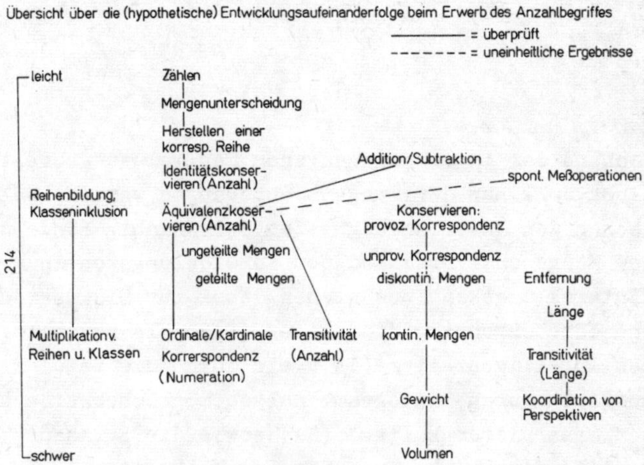

Abbildung 20

Diese zunächst noch sehr mosaikartig aneinandergereihten Befunde (vgl. Abb. 20) bedürfen teilweise noch genauerer Analyse, in den meisten Fällen aber auch noch einer Überprüfung in einer Längsschnittanalyse bzw. durch eine experimentelle Beeinflussung des Entwicklungsganges durch spezielle Trainings. Als Ideal wäre ein Modell ähnlich dem von BALTES und SCHAIE denkbar, jedoch unter erheblichen Modifikationen, so daß nicht das Lebensalter als wesentliche Variable herauskristallisiert wird, sondern eine psychologische Entwicklungsskala, wie es etwa ansatzweise WOHLWILL (1969) in seiner Längsschnittuntersuchung tat.

Die folgende Bonner Untersuchung III stellt einen Versuch dar, mit Hilfe der in diesem Kapitel beschriebenen Methoden den Entwicklnngsverlauf bei den oben dargestellten 7 Aufgabengruppen aufzuspüren, und zwar unter Heranziehung der Variablen Lebensalter und Intelligenzalter, der Skalogrammanalyse und der Längsschnittmethode.

11.2 Konservieren als Entwicklungsphänomen. Untersuchungen zur Beziehung zwischen Invarianzbegriffen der Anzahl, Länge und kontinuierlichen Menge zu anderen Entwicklungskontinua - Bonner Untersuchung III

11.21 Fragestellung

Entsprechend der im vorangegangenen Kapitel ausgebreiteten Problemstellung soll nun der Frage nachgegangen werden, welche Beziehung zwischen den Invarianzbegriffen der Anzahl, Länge und kontinuierlichen Menge und verschiedenen Entwicklungskontinua besteht. Als Entwicklungskontinua stehen dabei zur Diskussion: das kalendarische oder chronologische Alter (LA), als psychologisches Maß das Intelligenzalter (IA), ein durch die Schwierigkeitsgrade der Aufgaben durch Skalogrammanalyse möglicherweise extrapolierbares "Konservierungsalter" (KA) sowie die Erfassung der Invarianzbegriffsentwicklung in einer Längsschnittanalyse. Entsprechend den im vorigen Kapitel berichteten Ergebnissen wird hypostasiert, daß das "Konservierungsniveau" einen mäßigen, jedoch signifikanten Zusammenhang mit dem Lebensalter aufweist, einen jedoch höheren mit dem Intelligenzalter; ferner wird angenommen, daß die Aufgaben unterschiedlichen Schwierigkeitsniveaus sich auf einer Skala anordnen lassen, die für die überwiegende Mehrzahl der Kinder gültig ist. Im Längsschnittvergleich wird erwartet, daß Veränderungen im Konservierungsniveau in Richtung auf immer vollständigere Invarianzüberzeugung bei den überprüften Begriffen stattfindet.

11.22 Methode

Die Aufgaben zur Erfassung der Invarianzbegriffe der Anzahl, Länge und kontinuierlichen Menge sind dieselben, die bereits ausführlich bei der Bonner Untersuchung II beschrieben wurden. Wiederum wurden nur die richtigen Antworten, nicht auch die Begründungen bewertet, und zwar für jede der sieben Aufgabengruppen einzeln und als Summenscore über alle 34 Items.

Das Lebensalter der Kinder wurde aus der Differenz zwischen Geburts- und Testdatum in Monaten errechnet, wobei halbe Monate auf- und abgerundet wurden. Stichtag war der Untersuchungstag mit den Invarianzaufgaben.

Das Intelligenzalter wurde auf mehrfache Weise ermittelt. Als sehr grobes Maß diente der Mann-Zeichen-Test (MZT) nach GOODENOUGH, ausgewertet nach ZILER (1958). Diese Aufgabe wurde den Kindern im Rahmen der üblichen Kindergartenaktivitäten von den Kindergärtnerinnen gestellt, und zwar meist bis zu einem Monat nach der Untersuchung mit den Invarianzaufgaben.

Als stark einschränkender Faktor muß jedoch erwähnt werden, daß die Kinder unterschiedliches Papierformat benutzten und teils mit Bleistift, teils mit Buntstiften malten. Bei den Schulanfängern gehörte die Aufgabe, ein Männchen zu malen, ohnhin zu dem nur bei ihnen durchgeführten Münchener Schulreifetest (MST). Auch der MST erhebt den Anspruch, ein Maß für die geistige Entwicklung der Kinder zu sein. Er wurde entsprechend der Testanleitung nach Rohpunkten und Prozenträngen ausgewertet. - Bei den Kindergartenkindern und den Schulanfängern wurde außerdem - wie beim MST als Gruppentest - der Frankfurter Schulreifetest (FST) durchgeführt, und zwar ca. ein bis drei Wochen nach den Konservierungsaufgaben. Der FST erhebt den gleichen Anspruch wie der MST, unterscheidet sich aber in der Aufmachung (farbig), Gesamtkonzeption (im Sinne des Ganzheitsunterrichts) und in der stärkeren Betonung der feinmotorischen Fertigkeiten vom MST, der eher einem Gruppenintelligenztest mit Mehrfachwahlanordnung entspricht. Auch der FST wurde nach den Angaben der Testanweisung ausgewertet und die Rohpunkte für die "Zeichen", den "Zaun" und die "Mengen" als auch die Gesamtrohpunktsumme und die zugehörigen Prozentränge ermittelt.

Bei 157 der insgesamt 251 Kinder konnte außerdem in Einzelsitzungen, die meist nur wenige Tage nach den Konservierungstests stattfanden, die WECHSLER Preschool and Primary Scale of Intelligence (WPPSI, WECHSLER, 1967) zur Anwendung kommen. Der WPPSI ist eine Form der WECHSLER-Serie für das Alter von 4 bis 6;6 Jahren. Im Aufbau ähnelt er sehr dem HAWIK, mit dem er eine Reihe von Items in einigen Untertests gemeinsam hat. Leider lag nur eine amerikanische Fassung mit amerikanischen Normen vor. Die sprachlichen Untertests: Allgemeines Wissen, Wortschatztest, Rechnerisches Denken, Gemeinsamkeiten Finden und Allgemeines Verständnis, mußten daher speziell für diese Untersuchung übersetzt werden. Tab. 38 gibt die Mittelwerte und Streuungen der Wertpunkte für die Gesamtgruppe wieder.

Tabelle 38: Mittelwerte und Streuungen der Wertpunkte in den Untertests des WPPSI sowie der IQs in den beiden Testteilen und dem Gesamttest (N = 157)

	Mittelwert	Streuung	Streubreite
Allgemeines Wissen	11,55	2,81	1 - 17
Wortschatz	10,25	2,86	3 - 18
Rechnerisches Denken	10,91	2,80	4 - 18
Gemeinsamkeiten finden	11,52	2,41	4 - 17
Allgemeines Verständnis	11,94	2,69	4 - 19
Tierhaus	9,86	2,67	3 - 18
Bilder ergänzen	10,46	2,68	3 - 18
Labyrinthtest	11,03	2,84	4 - 18
Figuren abzeichnen	12,37	2,96	5 - 19
Mosaiktest	12,20	2,54	5 - 18
Verbal-IQ	107,52	12,41	62 - 136
Handlungs-IQ	108,10	12,92	76 - 141
Gesamt-IQ	108,69	12,13	81 - 139

Die Ergebnisse bei den Untertests und beim Gesamttest lagen also im allgemeinen über denen der amerikanischen Standardisierungsstichprobe (WP-Durchschnitt = 10, Streuung = 3,0; bzw. IQ-Durchschnitt = 100 mit einer Streuung von s = 15); gleichzeitig zeigt sich eine z.T. deutlich geringere Streuung als bei den amerikanischen Kindern. Inwieweit dies an der Übersetzung, der Nicht-Repräsentativität der deutschen Stichprobe und/oder dem speziellen Kindergartentraining liegt, kann hier nicht entschieden werden. - Tab. 39 gibt einen Überblick über die Interkorrelationen der Untertests und den Zusammenhang zwischen den Untertests und den drei IQs. Unter den Ergebnissen der deutschen Stichprobe stehen die der amerikanischen Standardisierungsgruppe. Die Korrelationskoeffizienten, die den Zusammenhang der Untertests untereinander wiedergeben, liegen bei der deutschen Stichprobe im allgemeinen etwas niedriger. Auffallend andererseits ist die Tat-

Tabelle 39: Interkorrelation der WPPSI-Untertests (WP) bei der Bonner Stichprobe und der US-Standardisierungsstichprobe

	WT	RD	GF	AV	TH	BE	LT	FA	MT	VT	HT
AW	.437	.559	.369	.512	.368	.372	.245	.340	.368		
	.60	.58	.53	.60	.51	.47	.37	.40	.43		
WT		.350	.340	.416	.291	.282	.328	.287	.302		
		.49	.49	.57	.36	.45	.35	.35	.38		
RD			.323	.419	.380	.340	.226	.284	.373		
			.46	.51	.42	.42	.41	.47	.50		
GF				.367	.178	.368	.201	.106	.248		
				.55	.31	.36	.28	.30	.35		
AV					.24	.206	.264	.250	.198		
					.34	.42	.33	.36	.39		
TH						.261	.113	.401	.428		
						.38	.36	.43	.38		
BE							.428	.372	.305		
							.44	.42	.45		
LT								.371	.458		
								.48	.46		
FA									.497		
									.48		
MT											
VT	.717	.713	.664	.766	.400	.422	.320	.303	.372		
IQ	.66	.62	.62	.69	.46	.54	.44	.48	.52		
HT	.412	.458	.289	.306	.636	.665	.669	.757	.747	.508	
IQ	.51	.60	.44	.50	.50	.55	.57	.60	.59		
	.652	.678	.552	.622	.590	.622	.571	.606	.643	.872	.863
IQ	.64	.68	.58	.65	.53	.53	.54	.58	.61		

sache, daß die Untertests des Verbalteils mit dem Verbal-IQ höher und dem Handlungs-IQ niedeń ger korrelieren als in der Standardisierungsgruppe. Entsprechend korrelieren die Untertests des Handlungsteils mit dem Handlungs-IQ höher und dem Verbal-IQ niedriger. Sprachliche und nicht-sprachliche Testhälften unterscheiden sich bei den deutschen Kindern demnach stärker. Andererseits finden sich keine Hinweise, daß die übersetzten Untertests an Validität verloren hätten.

Zur Überprüfung der Äquivalenz des WPPSI mit dem HAWIK wiederholte Herr SCHUSTER im Rahmen seiner Vordiplomarbeit (1970) bei 43 Kindern des zweiten Schuljahres den WPPSI in Kombination mit dem HAWIK (identische Items wurden also nur einmal geboten, und Gleichzeitigkeit der Testdurchführung war in optimaler Form gewahrt), bei denen vor Schuleintritt, also 15 Monate zuvor, der WPPSI schon einmal durchgeführt worden war. Eine ausführliche Analyse der Testergebnisse ließ den Schluß zu, daß WPPSI und HAWIK, was den Gesamttest und die beiden Testteile betrifft, als weitgehend äquivalent anzusehen sind. Von den 7 inhaltlich gemeinsamen Untertests scheinen besonders AW, RD und WT weitgehend dasselbe zu erfassen; in leicht abgeschwächtem Maße gilt das auch für GF und MT. Nur der Untertest Allgemeines Verständnis scheint im HAWIK weniger die Intelligenz (gemessen durch den Gesamt-IQ) zu repräsentieren als im WPPSI.

Es bleibt noch darauf hinzuweisen, daß WPPSI und HAWIK im Verbalteil im Aufbau übereinstimmen, im Handlungsteil jedoch nicht ganz. Der Zahlensymboltest des HAWIK wurde von den Autoren des WPPSI durch den Untertest "Tierhaus" ersetzt, in dem das Kind statt Zeichen zu Ziffern farbige Klötzchen zu Tieren zuordnen soll. Statt des für die mit dem WPPSI erfaßten Altersgruppen zu schwierigen Bilderordnens wurde ein Labyrinthtest eingeführt und statt des Figurenzusammenlegens das Figurenabzeichnen, das einige Ähnlichkeit mit dem BENDER-Gestalttest aufweist.

In unseren Untersuchungen wurden die amerikanischen Bewertungskriterien und Normen verwendet. Die Ermittlung der Rohpunkte (RP), der Wertpunkte (WP) und der Intelligenzquotienten (IQ) geschieht dabei in einem dem HAWIK analogen Verfahren.

Da die so ermittelten WP und IQ zwar den relativen Stand eines Kindes im Vergleich zur Altersgruppe angeben, nichts jedoch über den Entwicklungsfortschritt der Altersgruppen selbst aussagen, wurden außerdem alle RP einheitlich auf die Normwerte der 6;3-

jährigen bezogen. Dieses Bezugsalter wurde gewählt, da beide hier verwendeten Schulreifetests ebenfalls im Mittel auf dieses Alter abgestimmt sind. Die so erhaltenen neuen Wertpunkte werden weiterhin als "vereinheitlichte Wertpunkte" (WPe) bezeichnet. Tab. 40 gibt die Mittelwerte, Streuungen und Streubreiten für die Untertests und den Gesamttest wieder.

Tabelle 40: Mittelwerte und Streuungen der vereinheitlichten Wertpunkte (WPe) in den WPPSI-Untertests, den beiden Testteilen und dem Gesamttest (N = 157)

	Mittelwert	Streuung	Streubreite
AW	9,83	2,72	1 - 16
WT	8,99	2,57	1 - 16
RD	8,58	2,96	0 - 16
GF	10,12	2,54	1 - 17
AV	10,42	2,79	1 - 18
TH	7,69	2,55	2 - 17
BE	8,90	2,96	1 - 16
LT	9,47	2,89	2 - 18
FA	9,88	3,10	4 - 19
MT	10,32	2,56	3 - 17
VT	48,08	10,46	7 - 72
HT	46,30	10,53	19 - 76
Gesamt	94,42	19,01	34 - 142

Da die meisten Kinder bei der Durchführung des WPPSI unter 6;3 Jahre alt waren (Mittel: 5;8, Median: 5;9 Jahre, Streuung 8,09 Monate), liegen die Mittelwerte bei den WPe etwas niedriger als bei den WP. Eine Streuung der Werte ist noch in ausreichendem Maße gewährleistet.

11.23 Versuchspersonen und Durchführung

Die Versuchspersonen waren dieselben wie in der Bonner Untersuchung II. Allerdings kam der Münchener Schulreifetest (MST) nur bei den 53 Schulanfängern zur Anwendung. Auch die Längsschnittuntersuchung bezieht sich nur auf diese Schulanfänger, und zwar nur auf die 44, die tatsächlich in der betreffenden Schule eingeschult wurden (9 sind verzogen). Bei der ersten Untersuchung waren sie im Durchschnitt 6;5 Jahre alt (Streuung s = 4,60 Monate), bei der Wiederholungsuntersuchung 7;6 Jahre (7;0 bis 8;5 Jahre). 41 dieser Kinder besuchten bei der Testwiederholung das 2. Schuljahr; die restlichen drei wiederholten das erste Schuljahr. Die Längsschnittgruppe bestand aus einer gleichen Anzahl von Jungen und Mädchen (je 22).

Im allgemeinen fand als erste die Untersuchung zu den Invarianzbegriffen in Einzelsitzungen statt; wenige Tage später folgte, ebenfalls in einer Einzelsitzung, der WPPSI und, nachdem alle Kinder eines Kindergartens in der gewünschten ALtersklasse (ab 4;6 und möglichst nicht über 6;6) beide Tests absolviert hatten, der FST als Gruppentest. Durch diese Reihenfolge sollte vermieden werden, daß Testgeübtheit und Testeinstellungen sich vom Intelligenztest auf die Invarianzaufgaben übertrugen.

Etwas abgewandelt war die Reihenfolge jedoch bei den Schulanfängern. Hier fanden zunächst die Schulreifetests als Gruppenverfahren statt, und zwar am ersten Testtag der Vortest des MST und der FST, am zweiten, direkt folgenden, der Haupttest des MST. In den folgenden Wochen wurden die Kinder einzeln zu den Invarianzaufgaben und zum WPPSI eingeladen, die beide an getrennten Tagen und in der genannten Reihenfolge durchgeführt wurden.

Zur allgemeinen Testdurchführung kann bemerkt werden, daß es im allgemeinen leichter war, den WPPSI durchzuführen als die Konservierungsaufgaben. Suggestibilität war beim WPPSI ein unbedeutender Faktor. Außerdem gewannen die Versuchsleiter den Eindruck, daß sich die meisten Kinder beim WPPSI in der gewohnten Lage befanden, in der ein klügerer Erwachsener das Wissen und Können der Kinder abfragt und die Kinder meist selbst merken können, ob sie es gut oder schlecht gekonnt haben. Wenn ein Kind bei mehreren Aufgaben im WPPSI nacheinander versagte, versuchten die VL die Frustrationen abzufangen, indem sie zum Abschluß des betreffenden Untertests entweder eine Frage stellten, auf die jedes Kind eine es subjektiv befriedigende Antwort geben konnte (z.B. bei AW: "Du weißt aber sicher, wo die Sonne untergeht") oder das Kind tröstete, indem man sagte: "Das waren aber auch schwere Fragen; die sind eigentlich auch erst für größere Kinder gedacht".

Wenn, was äußerst selten geschah, ein Kind beim WPPSI einen "Block" hatte, dann brach VL den betreffenden Untertest zunächst ab (dies kam nur bei sprachlichen Untertests vor) und ging auf einen andersartigen über; nachdem dann das Kind wieder Selbstsicherheit gewonnen hatte, ging VL zum abgebrochenen Untertest zurück, und zwar zunächst zu den noch nicht gefragten Items (welches meist die schwereren waren) und dann zu denen, bei denen der Block aufgetreten war. Dies Verfahren wurde insofern als gerechtfertigt gehalten, da man mit dem WPPSI nicht so sehr das Leistungsverhalten in einer dem Kind neuen Testsituation, sondern sein tatsächliches Wissen und Können erfassen wollte.

Bei den Konservierungsaufgaben konnte dagegen mitunter eine deutliche Verunsicherung einiger Kinder beobachtet werden; sie versuchten, die richtigen Antworten beim VL abzulesen oder fragten direkt danach. Bei einigen wenigen hatte man das Gefühl, daß es für sie beunruhigend war, nach ihrer Meinung gefragt zu werden. - Ein kleiner Junge seufzte nach einigen Nachfragen zu seinen Begründungen zur Längeinvarianzaufgabe von PIAGET: "Du verstehst mich nicht!"

Insgesamt machten aber fast alle Kinder beide Untersuchungen gern mit, zumal sie beide Male jeweils fast eine Stunde ganz allein mit einem Erwachsenen "spielen" durften.

Die Durchführung des FST bei den Kindergartenkindern brachte einige vielleicht typische Schwierigkeiten mit sich. Je weiter die Kinder vom Schuleintritt entfernt waren, desto schwieriger schien es, sie einen Gruppentest mitmachen zu lassen. Oft genügte nicht die Gruppeninstruktion, sondern jedes Kind mußte einzeln angesprochen werden. Auch fehlte bei vielen das, was häufig als "Aufgabenhaltung" bezeichnet wird; sie trödelten, fanden plötzlich im Testheft etwas anderes Interessantes, schauten, was die anderen taten oder wichen bei Schwierigkeiten auf andere Kritzeleien aus. Zügiges Arbeiten unter Zeitbegrenzung war manchen offenbar völlig fremd, wie auch, besonders bei jüngeren Kindern und Kindern aus unterem sozialem Milieu beim Untertest "Tierhaus" im WPPSI beobachtet werden konnte. Diese "Aufgabenhaltung" wirkte sich insbesondere beim Testteil" Zaun weitermalen" beim FST aus. Über die

Hälfte der Kinder der Gesamtgruppe (55,6 %) erhielt bei dieser Aufgabe keinen einzigen Punkt, im Unterschied zu den beiden anderen Testteilen des FST.

11.24 Ergebnisse:

11.241 Konservieren und Lebensalter

Die Datenerhebung zielte nicht, wie bei vielen anderen Untersuchungen, darauf ab, zu vorgegebenen Altersklassen den Prozentsatz an Konservierern und Nicht-Konservierern zu ermitteln, zumal es unwahrscheinlich war, daß man in den untersuchten Kindergärten repräsentative Stichproben der betr. Altersgruppen vorfinden konnte. Es verbleiben daher als Möglichkeiten zur Feststellung der Beziehung zwischen Lebensalter und Konservieren die Bestimmung des korrelativen Zusammenhanges zwischen beiden Variablen und die Bestimmung des Altersunterschiedes zwischen "Konservierern" und "Nicht-Konservierern".

(1) Korrelationen mit dem Lebensalter

Tab. 41 gibt die Korrelationen der einzelnen Aufgabengruppen mit dem Lebensalter wieder, und zwar sowohl für die Gesamtgruppe als auch für die Jungen und Mädchen getrennt. Die Zusammenhänge erwiesen sich bei den beiden Geschlechtsgruppen

Tabelle 41: Korrelationen zwischen den 7 Aufgabengruppen und dem Lebensalter

Aufgaben-gruppen (X)	Jungen N = 127 r	Mädchen N = 124 r	Gesamt N= 251 r	Gesamt N = 251 eta X	eta Y
Anzahl I	.107	.158	.136s	.137	.352
Anzahl II	.145	.110	.130s	.166	.399
Anzahl III	.330sss	.175	.249sss	.293	.401
Länge I	.088	.201s	.154ss	.196	.411
Länge II	.255ss	.109	.185ss	.206	.410
kont.Menge I	.170	.148	.162ss	.178	.397
kont.Menge II	.036	.084	.061	.403	.360
LA: Mittelwert	67,56	66,91	67,24		
Streuung	7,84	7,97	7,91		

durchgängig, bei der Gesamtgruppe z.T.,als signifikant nicht-linear. Daher werden bei der Gesamtgruppe zum Vergleich die beiden eta-Koeffizienten mitangegeben (bei den Geschlechtsgruppen geht der Unterschied zwischen den beiden eta-Werten in dieselbe Richtung wie bei der Gesamtgruppe). Sie besagen, daß es, wenn überhaupt, eher möglich ist, vom Alter des Kindes auf sein Konservierungsniveau zu schließen als von seinem Konservierungsniveau auf sein Alter, jedenfalls innerhalb der von uns untersuchten Altersspanne. Nur bei der Saftaufgabe erlaubt die Aufgabenlösung einen gewissen Hinweis auf das Alter; doch gerade bei dieser Aufgabe läßt sich von einer einigermaßen linearen Beziehung zwischen Aufgabenlösung und LA überhaupt nicht sprechen.

Bei den Jungen überschreitet nur die Beziehung des LA zur Anzahlaufgabe von GRUEN und der Längenaufgabe nach PIAGET die 5 %-Signifikanzgrenze, bei den Mädchen nur die zur MÜLLER-LYER-Längenaufgabe; bei der Gesamtgruppe sind zwar alle Beziehungen (außer zur Saftaufgabe) mit dem Lebensalter signifikant, aber bis auf die mit der Anzahlaufgabe von GRUEN sehr gering.

Bei 142 Kindern (d.h. allen, bei denen auch die Daten zum WPPSI, FST und MZT vollständig vorliegen) wurden die Scores bei den einzelnen Aufgabengruppen aufaddiert (max. 34) und mit LA korreliert (LA: M = 5;8 Jahre, s = 8,5 Monate; Summe Kons.: M = 12,5 Antworten, s = 9,9). Der Koeffizient beträgt r = .215 und ist auf dem 1 %-Niveau signifikant. Bedenkt man aber, daß dies nur gut 4 % gemeinsame lineare Varianz bedeutet, dann besagt auch dieses Ergebnis, daß innerhalb der untersuchten Altersgruppen das Lebensalter und das Konservieren keinen sehr engen Zusammenhang aufweisen. Auch bei der Gruppe der Schulanfänger, die im Durchschnitt etwas älter sind (M = 6;5 Jahre, s = 4;6 Monate) und deren Konservierungsscore nicht nur etwas höher liegt (M = 16,79), sondern auch eine größere Streuung aufweist (s = 11,25), ergibt sich ein nicht-signifikanter Zusammenhang (r = -.268), der paradoxerweise in die umgekehrte als die erwartete Richtung weist; d.h. hier schnitten die jüngeren Kinder sogar eher besser im Konservierungstest ab als die älteren.

(2) Altersunterschiede zwischen Konservierern und Nicht-Konservierern

In Anlehnung an die Untersuchung von GRUEN (1965) wurden die Kinder in "Konservierer" und "Nicht-Konservierer" der Anzahl eingeteilt, wenn sie mindestens die letzten drei Items der Anzahl-III-Aufgabe richtig beantwortet hatten. Die Wahl dieser Aufgabe als Kriterium kann nachträglich durch die in der Bonner Untersuchung II berichtete Faktorenanalyse gerechtfertigt werden. Außerdem zeigt Abb. 21, daß beide so erhaltenen Gruppen sich mit nur geringfügiger Überschneidung in ihren Gesamtscores deutlich unterscheiden. Der Mittelwert der 88 "Konservierer" liegt mit $M_K = 25{,}08$ (und $s_K = 6{,}28$) hochsignifikant ($t = 23{,}61$) über dem der 148 "Nicht-Konservierer" ($M_{NK} = 7{,}56$, $s_{NK} = 4{,}93$).

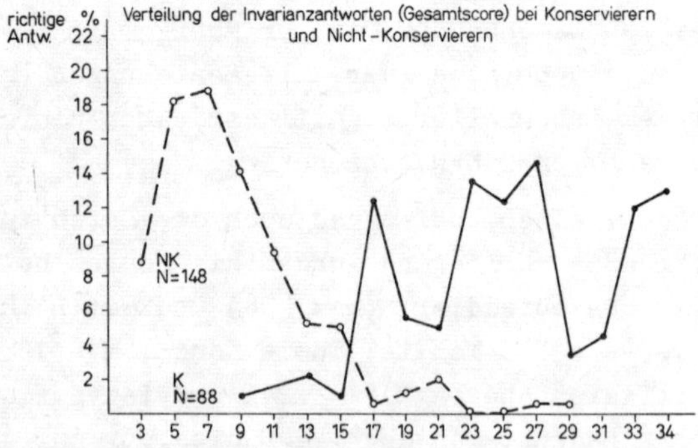

Abbildung 21

(Bei dieser Einteilung blieben 13 Vpn unberücksichtigt, die entweder nicht ausreichend zählen konnten und/oder bei der Additions-Subtraktionsaufgabe versagten, und zwei Vpn, deren Einordnung wegen ihrer hohen Suggestibilität nicht sicher getroffen werden konnte.) Die Gruppe der Konservierer bestand aus 42 Jungen und 46 Mädchen, die der Nicht-Konservierer aus 78 Jungen und 70 Mädchen.

Tab. 42 gibt die Kennwerte für die Altersverteilung in den beiden Gruppen wieder.

Sie zeigt, daß die Konservierer im Durchschnitt vier Monate älter sind als die Nicht-Konservierer, diese ihrerseits gut vier Monate

Tabelle 42: Lebensalter bei Konservierern (K) und Nicht-Konservierern (NK)

	N	Bereich	Median	Mittel (in Monaten)	Streuung (in Monaten)	t*	p%
Konservierer	88	4;6 -7;1 J.	5;11J.	70,06	7,58	3,99	0,05
Nicht-Kons.	148	3;11-7;1 J.	5;5 J.	66,09	7,63	2,12	2,5
"Nicht-Zähler"	13	4;3 -6;3 J.	5;1 J.	61,46	7,09		
Jungen: K	42	4;6 -7;0 J.	6;0 J.	70,88	7,06	3,28	0,1
Jungen: NK	78	3;9 -7;0 J.	5;5 J.	66,26	7,68		
Mädchen: K	46	4;7 -7;1 J.	5;9 J.	69,30	7,96	2,33	1,0
Mädchen: NK	70	4;4 -7;1 J.	5;5 J.	65,90	7,56		

* einseitige Fragestellung

älter als die als "Nicht-Zähler" klassifizierten Kinder. Die Hälfte aller Konservierer war bei der Untersuchung über 5;11 Jahre alt, die Hälfte aller Nicht-Konservierer unter 5;5 Jahre. Kein Konservierer war jünger als 4;6 Jahre (es wurden jedoch auch möglichst keine jüngeren Kinder in der Untersuchung erfaßt, so daß dieses letzte Ergebnis keine starke empirische Grundlage hat). Innerhalb der Gruppen der Jungen und der Mädchen sieht das Ergebnis sehr ähnlich aus mit einer leichten Tendenz, daß die Mädchen ca. 1 Monat früher als die Jungen die Anzahlaufgabe von GRUEN im Sinne der Invarianz beantworteten, wie überhaupt relativ etwas mehr Mädchen als Jungen zu den Konservierern gehörten (aber nicht signifikant). Aus den Altersspannen jeder einzelnen Gruppe und der Tatsache, daß etwa die Hälfte aller Kinder zum Zeitpunkt der Untersuchung zwischen 5;0 und 5;11 Jahre alt waren, bestätigt sich die Vermutung aus den Korrelationsberechnungen, daß in der hier erfaßten Altersgruppe die Erfassung der Invarianz der Anzahl eine große Altersstreuung aufweist.

In dem soeben berichteten Vergleich waren die Kinder aufgrund ihrer Antworten bei einer einzigen Aufgabengruppe in Konservierer und Nicht-Konservierer eingeteilt worden. Zur Kontrolle sollen jetzt diejenigen Kinder miteinander verglichen werden, die über alle sieben Aufgabengruppen hinweg Varianzantworten bzw. Invarianzantworten gaben. Insgesamt 33 Kinder gaben bei den insgesamt 32 Transformations-Items (also abzüglich der beiden Zwischenitems bei den ersten beiden Aufgabengruppen) keine oder höchstens eine richtige Antwort. Sie bilden also die Extremgruppe der Nicht-Konservierer. Die andere Extremgruppe bilden diejenigen 29 Kinder, die mindestens 26 richtige Antworten gaben. Dieses Kriterium wurde gewählt, weil die Saftaufgabe einen signifikant höheren Schwierigkeitsgrad hatte als die übrigen Aufgabengruppen und zu wenige Kinder auch diese acht Items im Sinne der Invarianz durchgängig beantworten konnten. Tab. 43 gibt die Kennwerte für die Altersverteilung dieser beiden Extremgruppen wieder. Sie bestätigt im wesentlichen die Ergebnisse der voraufgegangenen Vergleiche. Sie zeigen, daß selbst bei Kindern im schulpflichtigen Alter mit vollständigen Nicht-Konservierern gerechnet werden muß, zumindest um das Einschulungsalter herum die Entwicklung der Invarianzbegriffe der Anzahl, Länge und Menge noch nicht abgeschlossen ist.

Tabelle 43: Extremgruppenvergleich der vollständigen Nicht-Konservierer und vollständigen Konservierer (N = 62)

	N	Bereich	Median	Mittel	Streuung	p
Nicht-Kons.	33	4;6 -7;0 J.	5;4 J.	66,21M.	7,64M.	0,5%+
Konservierer	29	4;10-7;1 J.	6;0 J.	71,52M.	6,70	

+t = 2,89 (einseitige Fragestellung);
K = 26-32 Transformationsitems richtig
NK = 0-1 Transformationsitem richtig

11.242 Konservieren und Intelligenzalter

(1) Zusammenhang zwischen Invarianzerfassen und Intelligenzaltermaßen

Für das "Intelligenzalter" wurden, wie oben beschrieben, verschiedene Maße verwendet, der Frankfurter Schulreifetest, der Mannzeichen-Test, der WPPSI (Gesamt, Verbalteil, Handlungsteil, bezogen auf LA = 6;3 Jahre) und bei den Schulanfängern zusätzlicher der Münchener Schulreifetest. Tab. 44 gibt die Korrelationen dieser Entwicklungsmaße (außer MST) mit den einzelnen Aufgabengruppen

Tabelle 44: Korrelationen der Invarianzaufgaben mit den Intelligenzalter-Maßen

Aufgaben-gruppe	WPe im WPPSI VT	HT	Gesamt	FST-Rp	MZT-RP
Anzahl I	.355sss	.283sss	.351sss	.330sss	.139ns
Anzahl II	.315sss	.297sss	.330sss	.318sss	.171s
Anzahl III	.426sss	.463sss	.489sss	.421sss	.255sss
Länge I	.287sss	.225ss	.285sss	.106ns	.132ns
Länge II	.364sss	.320sss	.380sss	.347sss	.189s
kontin.Menge I	.372sss	.345sss	.398sss	.351sss	.189s
kontin.Menge II	.172s	.099ns	.153ns	.188ss	.063ns
N:	158	158	158	232	169

WPe = Wertpunkte, bezogen auf LA = 6;3 Jahre.

wieder. Aus dieser Übersicht geht hervor, daß zwar alle Korrelationen positiv, aber z.T. nicht sonderlich hoch sind. Den im Durchschnitt geringsten linearen Zusammenhang mit den Konservierungsaufgaben weist der MZT auf, den höchsten der WPPSI-Gesamttest. Unter den Invarianzaufgaben korreliert die Saftaufgabe, nach ihr die MÜLLER-LYER-Aufgabe, insgesamt am geringsten mit den Intelligenzaltermaßen, am höchsten jedoch die Anzahlaufgabe III von GRUEN.

Außer mit dem MZT übertreffen alle Korrelationskoeffizienten deutlich diejenigen mit dem Lebensalter als Entwicklungskontinuum und besagen, daß die Konservierungsaufgaben eher etwas mit den anderen psychologischen Maßen für die geistige Entwicklung gemeinsam haben als mit dem chronologischen Alter der Kinder. Die Produkt-Moment-Korrelation sagt jedoch nur etwas über den linearen Zusammenhang aus. Eta^2 dagegen (HAYS, 1963, S. 547) bestimmt, wieviel an der gesamten Varianz einer Variablen Y durch die Einteilung der Variablen X in die betreffenden Skalenschritte aufgeklärt wird. Wie bei der Variable Lebensalter ist es im allgemeinen sinnvoller, von den Intelligenzalterskalen auf das Konservieren zu schließen als umgekehrt.

Rund 50 % der Unterschiede bei den Konservierungsaufgaben lassen sich also vorhersagen, wenn man den Leistungsstand eines Kindes im Gesamttest des WPPSI, bezogen auf das Alter 6;3 Jahre, kennt, höchstens 16 % jedoch von der Kenntnis seines Lebensalters. Umgekehrt,

Tabelle 45: Eta^2-Werte für die Vorhersage von WPPSI, FST und MZT auf die Konservierungsaufgaben (in % der Gesamtvarianz)

Aufgaben-gruppe	WPPSI-WPe VT	WPPSI-WPe HT	Gesamt	FST	MZT
Anzahl I	37,21	28,51	51,69	27,04	17,56
Anzahl II	32,95+	25,50	49,28+	28,30	14,90
Anzahl III	36,60	39,19	53,58+	31,70	15,44
Länge I	26,83	34,93	44,62	14,44	12,53
Länge II	40,58	37,70	50,12+	31,25	16,32
kontin.Menge I	34,93	31,25	54,91	32,03	11,63
kontin.Menge II	35,76+	25,81+	59,44+	25,80+	19,98+

\+ nicht linear

vom Konservierungsniveau aus beurteilt, reicht die Aufklärung der Unterschiede im WPPSI von 9 bis ca. 30 %, im FST von 3 bis 19 %, und beim MZT erreicht sie maximal 13 %. Dabei ist die Beziehung der Saftaufgabe zu allen fünf Maßen kurvilinear, außerdem auch die der Anzahl-II-Aufgabe (Puppen und Betten) zum Verbalteil des WPPSI und die der Aufgabengruppen Anzahl II, Anzahl III und Länge II zum Gesamt-WPPSI.

In einem weiteren Schritt kann man fragen, inwieweit die verschiedenen Maße für die kognitive Entwicklung das gleiche erfassen. Zu diesem Zweck wurden die zu einem Gesamtscore aufaddierten Konservierungsantworten, die Wertpunkte beim Verbal- und beim sog. Handlungsteil des WPPSI, sowie die Rohpunkte beim FST und beim MZT und das Lebensalter (zum Zeitpunkt der Invarianzuntersuchung) miteinander korreliert und einer Hauptachsen-Faktorenanalyse (Programm PAFA) unterzogen. Tab. 46 gibt die Interkorrelationsmatrix der Daten wieder.

Ein einziger Faktor ließ sich extrahieren, der für 37,24 % der Gesamtvarianz verantwortlich zu machen ist. Er wird am stärksten durch den sog. Handlungsteil des WPPSI und den FST repräsentiert, am wenigsten durch die PIAGET-Aufgaben. Die Invarianzaufgaben erfassen also weitgehend etwas anderes als die übrigen Maße.

Zur Ergänzung sei hinzugefügt, daß bei den 45 Schulanfängern FST und MST zwar hoch miteinander korrelierten (r = .848), der MST aber höher mit den Invarianzaufgaben (r = .411) als der FST (r = 254 ns).

Tabelle 46: Interkorrelationsmatrix verschiedener Entwicklungsmaße (N = 142)

	Kons.	WPPSI-WPe VT	HT	FST-RP	MZT-RP	LA-1	LA-2
Kons.	-	.438	.383	.415	.197+	.215++	idem
WPPSI-VT-WPe	-	-	.628	.514	.380	.425	.473
WPPSI-HT-WPe	-	-	-	.669	.553	.511	.512
FST-RP	-	-	-	-	.600	.538	.464
MZT-RP	-	-	-	-	-	.447	.460

+ = 5 %-Niveau sign.; ++ = 1 %-Niveau sign.; ohne Zeichen: mind. 1%-Niveau sign.
LA-1: Alter zum Zeitpunkt der Invarianzuntersuchung
LA-2: Alter zum Zeitpunkt der betr. Untersuchung

Tabelle 47: Kommunalitäten (in Prozent)

	Kons.	VT	HT	FST	MZT	LA-1
%	22,21	47,93	66,83	65,53	42,36	38,58

(2) Intelligenzalterunterschiede bei Konservierern und Nicht-Konservierern

Wie beim Lebensalter erhebt sich nun noch die Frage, ob und wie sich Konservierer und Nicht-Konservierer, als Gruppen genommen, hinsichtlich der genannten Entwicklungsmaße unterscheiden. Wie beim Lebensalter soll hier wieder die Anzahlaufgabe von GRUEN das Kriterium sein, anhand dessen die Gruppen aufgeteilt werden. Tab. 48 gibt die Kennwerte für die Verteilungen der auf das Alter 6;3 Jahre bezogenen Wertpunkte im Verbalteil, Handlungsteil und Gesamttest des WPPSI.

Konservierer und Nicht-Konservierer bei der Anzahlaufgabe III von GRUEN unterscheiden sich deutlich in ihrem Leistungsniveau im WPPSI. Rechnet man die WPe in IQs um (bezogen auf 6;3 Jahre), dann liegen die Mediane für die Nicht-Konservierer bei IQ 96, 92 bzw. 93, für die Konservierer bei 106, 105, 106. Die Konservierer entsprachen also in ihrem geistigen Entwicklungsstand gut-durchschnittlichen Schulanfängern (6;3jährigen), während die Nicht-Konservierer eher

Tabelle 48: Intelligenzniveau (WPPSI) der Konservierer und Nicht-Konservierer im Vergleich zu durchschnittlichen 6;3jährigen (WPe)

	N	Bereich	Median	Mittel	Streuung	t	p %
VT:							
Konservierer	50	28-72	55,00	54,42	9,21	5,43	0,05
Nicht-Kons.	102	7-63	46,80	45,42	9,84		
HT:							
Konservierer	50	27-76	53,50	53,38	9,75	6,29	0,05
Nicht-Kons.	102	19-64	43,75	43,31	9,15		
Gesamt:							
Konservierer	50	56-142	108,17	107,80	16,63	6,59	0,05
Nicht-Kons.	102	34-123	89,75	88,78	16,95		

nahe der unteren Durchschnittsgrenze lagen. Kein Kind, das entsprechend dieser Wertung einem IQ von mehr als 116 entsprach, zählte zu den Nicht-Konservierern (8 Vpn).

Bei den Jungen und den Mädchen sind die Ergebnisse sehr ähnlich, nur daß bei den Mädchen die Gruppen etwas deutlicher differieren als bei den Jungen.

Auch im FST zeigen sich, obgleich die Wertebereiche stark überlappen, charakteristische Unterschiede zwischen den beiden Gruppen der Konservierer und Nicht-Konservierer, wie aus Tab. 49 ersichtlich ist. Zwar findet sich in beiden Gruppen die ganze Skala mög-

Tabelle 49: Ergebnisse beim FST bei Konservierern und Nicht-Konservierern

	N	Bereich in %Rang	Median %Rang	Mittel in RP	Streuung in RP	t	p%
Konservierer	83	0 - 99	63,13	16,17	6,67	6,38	0,05
Nicht-Kons.	136	0 - 99	20,21	10,31	6,61		
Mädchen: K	44	0 - 99	68,25	17,35	6,68	4,83	0,05
NK	63	0 - 99	28,0	11,26	6,33		
Jungen: K	39	1 - 98	47,0	14,83	6,40	4,11	0,05
NK	73	0 - 96	14,44	9,48	6,73		

licher Werte, doch würden nach den Testautoren nur 4,8 % der Konservierer, aber 16,9 % der Nicht-Konservierer als "nicht schulreif" (0-3 Pkte) eingestuft, weitere 4,8 % bzw. 18,38 % als bedingt schulreif (4-6 Pkte). Andererseits wären nur 5,9 % der Nicht-Konservierer als "gut schulreif" (21-30 Pkte) bezeichnet worden gegenüber einem Viertel (25,3 %) aller Konservierer.

Die Mädchen schnitten im FST im allgemeinen bessser ab als die Jungen, und dieser Unterschied bleibt auch innerhalb der Gruppen der Konservierer und Nicht-Konservierer erhalten (bei K: $t = 1,75$; $p < 5$ %; bei NK: $t = 1,61$, ns).

Da bei nur wenigen Kindern die Daten zum FST fehlen, ist auch hier ein Extremgruppenvergleich zwischen völligen Nicht-Konservierern und (nahezu) vollständigen Konservierern (0-2 Transformationen vs. 26-32 Transformationen richtig beantwortet) möglich (Tab. 50).

Tabelle 50: Extremgruppenvergleich der Konservierer und Nicht-Konservierer beim FST

		Bereich %-Ränge	Median %-Rang	Mittel RP	Streuung RP	t	p%
Konservierer	28	11 - 99	76	18,52	5,88	6,81	0,05
Nicht-Konserv.	29	0 - 76	20	8,62	4,98		

Zehn der Nicht-Konservierer wären als schulunreif oder bedingt schulreif einzustufen gegenüber nur einem Konservierer. Ausschließlich Konservierer wären als "gut schulreif" zu bezeichnen gewesen, und zwar 12 von 28.

Auch im MANNZEICHEN-Test gab es charakteristische Unterschiede zwischen den Konservierern bei Anzahlaufgabe III und den Nicht-Konservierern, wie Tab. 51 zeigt.

Stärker noch als beim FST, in dem auch gezeichnet werden muß, zeigt sich in den Ergebnissen ein Geschlechtsunterschied zugunsten der Mädchen, so daß der Durchschnittswert bei den Konservierern unter den Jungen dem der Nicht-Konservierer der Mädchen fast entspricht (K: Mädchen/Jungen: $t = 2,80$, $p < 1$ %, zweiseitig; NK:

Tabelle 51: Ergebnisse beim MZT bei Konservierern und Nicht-Konservierern

	N	Bereich in MZA	Median MZA	Mittel RP	Streuung RP	t	p%
Konservierer	53	48-120Mon.	84Mon.	16,45	4,33	3,61	0,05
Nicht-Kons.	107	48-126"	75"	13,65	4,87		
Mädchen: K	27	72-120	87	18,0	4,33	3,29	0,1
NK	52	51-126	78	14,44	4,62		
Jungen: K	26	48- 93	82	14,85	3,71	1,05	5,0
NK	55	48-111	72	12,91	4,98*		

* heterogene Varianzen

Mädchen/Jungen: t = 1,64, ns). Seltsamerweise finden sich auch die am besten bewerteten Zeichnungen bei den Nicht-Konservierern. Dennoch geht der Trend der Mediane und Mittelwerte in die erwartete Richtung. In der Gesamtgruppe hatten die Konservierer demnach ein "Mannzeichenalter" von im Durchschnitt 7;0 Jahren, die Nicht-Konservierer von fast 6;6 Jahren. Die Differenz entspricht der des Lebensalters, nur liegen die Werte insgesamt um ein "Jahr" höher, was z.T. auf die Übung im Malen bei den Kindergartenkindern zurückgeführt werden kann.

Zusammenfassung: Konservierer und Nicht-Konservierer, eingeteilt in diese Gruppen aufgrund der Anzahlaufgabe III oder dem Gesamtergebnis bei den Konservierungsaufgaben, unterscheiden sich deutlich auf allen gewählten Entwicklungskontinua in der erwarteten Richtung. Dennoch war es nicht möglich, die Entwicklung in den PIAGET-Begriffen mit einer oder allen diesen Skalen gleichzusetzen; vielmehr scheinen die Aufgaben z.T. einen Bereich zu erfassen, der weder mit dem Lebensalter, der Entwicklung in den WPPSI-Leistungen, im Mannzeichentest oder dem Frankfurter Scnulreifetest zum Tragen kommt. Insgesamt läßt sich vermuten, daß um das Einschulungsalter herum etwa bei der Hälfte der Kinder ein gewisses Verständnis für die Invarianz der Anzahl bei räumlichen Transformationen zu erwarten ist.

11.243 Skalogrammanalyse der Invarianzaufgaben

In einem weiteren Schritt wurde versucht, die in der Untersuchung verwendeten Aufgabengruppen in eine Schwierigkeitsrangfolge zu ordnen und zu überprüfen, ob sich diese Rangordnung skalieren läßt, d.h., bis auf Zufallsabweichungen bei allen Kindern auffinden läßt. Da die Skalogrammanalyse die einzelnen Items nur nach dem Ja-Nein-Prinzip verwertet, wurden die Aufgabengruppen auf die Entscheidung: Invarianz erkannt/nicht erkannt reduziert. Bei den drei Anzahlaufgaben galten danach nur solche Kinder als Konservierer, die bei der fraglichen Aufgabe alle Items im Sinne der Invarianz beantwortet hatten; bei der Anzahlaufgabe von GRUEN bezieht sich dies auf die letzten drei Items, die ja die ersten drei wiederholen. Dasselbe Kriterium wurde auch bei der Knete-Aufgabe (kontin. Menge I) nach GRUEN verwandt. Bei der MÜLLER-LYER-Längenaufgabe (Länge I) wurden die Kinder als Konservierer bezeichnet, wenn sie mindestens drei der vier Items richtig beantwortet hatten; eine falsche Antwort wurde als Zufallsfehler angesehen. Konservierer bei der Längenaufgabe nach PIAGET (Länge II) sollten dagegen nur solche Kinder genannt werden, die entweder alle Items im Sinne der Invarianz beantwortet hatten oder nur beim ersten bzw. nur beim zweiten der 7 Items eine falsche Antwort gegeben hatten. Hinter anderen Antwortkombinationen wurde die Beeinflussung durch bestimmte Dimensionen (z.B. Verschiebung in der Vertikalen) gesehen, so daß eine Einordnung unter die Konservierer nicht gerechtfertigt schien. Bei der Saftaufgabe (kontinuierliche Menge II) galt dasselbe Kriterium wie bei der MÜLLER-LYER-Aufgabe: alle bzw. alle außer einem Item mußten im Sinne der Invarianz erkannt worden sein. Da sich innerhalb der acht Items dieser Aufgabe bestimmte Konstellationen wiederholten, wurden mehr als eine falsche Antwort nicht mehr als zufallsbedingt angesehen.

Anschließend wurden die Schwierigkeitsunterschiede zwischen den einzelnen Aufgabengruppen über Chi^2 (Formel s. CLAUSS und EBNER, 1968, S. 243) für die 249 Vpn der Gesamtgruppe (abzüglich zweier suggestibler) berechnet. Danach ergab sich folgende Rangfolge der Aufgabengruppen von leicht nach schwer:

leicht:	1	Länge I
	2	Anzahl III
	3	Anzahl II
	4	kontin. Menge I
	5	Länge II
	6	Anzahl I
schwer:	7	kontin. Menge II

Die Schwierigkeitsgrade zwischen Länge I, Anzahl II bzw. III einerseits, Anzahl I und kontin. Menge II andererseits erwiesen sich als hochsignifikant. Tab. 52 gibt die Anzahl der Fälle wieder, für die diese Rangfolge zutraf, sowie die Anzahl von "Fehlerpattern", die nicht in diese Rangfolge einzustufen waren.

Tabelle 52: Skalogramm-Pattern für die nach Schwierigkeitsgrad geordneten Aufgabengruppen (N = 249)

n	R: 1	2	3	4	5	6	7	Nr	Nf
0	-	-	-	-	-	-	-	85	-
1	+	-	-	-	-	-	-	43	20
2	+	+	-	-	-	-	-	2	12
3	+	+	+	-	-	-	-	1	15
4	+	+	+	+	-	-	-	3	16
5	+	+	+	+	+	-	-	10	11
6	+	+	+	+	+	+	-	10	11
7	+	+	+	+	+	+	+	14	-
								168	81

n = Anzahl der im Sinne der Invarianz beantworteten Aufgabengruppen
Nr = Anzahl der Vpn, die dem Pattern entsprachen
Nf = die ihm nicht entsprachen

Die Übersicht zeigt, daß sehr viele, nämlich etwa ein Drittel aller Antwortpattern nicht skalierbar waren. Das Bild verschiebt sich auch nur um 2 Vpn, wenn man die im Schwierigkeitsgrad sehr benachbarten Aufgaben Anzahl II und III in ihrem Rangplatz gegeneinander austauscht. Eine Skalogrammberechnung erübrigt sich hier also. Die Aufgabengruppen haben zwar unterschiedlichen Schwierigkeitsgrad, geben aber keine eindimensionale Entwicklungsfolge wieder.

Derselbe Versuch wurde noch einmal für die 44 Schulanfänger durchgeführt unter der Annahme, daß sich bei ihnen die Antwortstrukturen etwas konsolidiert haben könnten. Die Aufeinanderfolge im Schwierigkeitsgrad hatte sich bei diesen Kindern etwas verschoben.

leicht: 1 Länge I
2 Anzahl III
3 Länge II
4 kontin. Menge I
5 Anzahl II
6 Anzahl I

schwer: 7 kontin. Menge II

Unter den verschiedenen möglichen Berechnungsarten wurde die von GREEN (WHITE und SALTZ, 1957) gewählt, wobei anhand der Patternfehler die tatsächliche Reproduzierbarkeit der Skala berechnet wird und nur durch Zufall zu erwartenden Reproduzierbarkeit ins Verhältnis gesetzt wird. GREEN nennt diesen Quotienten "I"; er kann Werte zwischen 0 und 1 annehmen, wobei 0 völlige Unabhängigkeit der Antworten, 1 völlige Skalierbarkeit bedeutet. Den kritischen Wert für ausreichende Skalierbarkeit setzt GREEN mit 0,50 an.

Tab. 53 gibt eine vollständige Übersicht über die Antwortpattern.

Tabelle 53: Skalogramm-Pattern für die nach Schwierigkeitsgrad geordneten Aufgabengruppen bei den Schulanfängern (N = 44)

n	R: 7	6	5	4	3	2	1	N
7	+	+	+	+	+	+	+	6
6	-	+	+	+	+	+	+	4
6	+	-	+	+	+	+	+	2
5	-	-	+	+	+	+	+	2
5	-	+	+	-	+	+	+	2
4	-	-	-	+	+	+	+	3
5	-	+	+	-	+	+	+	1
3	-	-	-	-	+	+	+	0
2	-	-	-	-	-	+	+	2
2	-	-	-	-	+	+	-	2
2	-	-	+	-	-	+	-	1
1	-	-	-	-	-	-	+	6
1	-	-	-	-	-	+	-	1
1	-	-	-	+	-	-	-	2
1	-	+	-	-	-	-	-	1
0	-	-	-	-	-	-	-	10

n = Anzahl der im Sinne d. Invarianz gelösten Aufgabengruppen

N = Anzahl der Vpn beim betr.Pattern

Forts.Tabelle 53:

	7	6	5	4	3	2	1
(1) n mit K-Antworten bei g	8	14	18	18	21	25	28
(2) n mit NK- " bei g	36	30	26	26	23	19	16
(3) NK bei g, K bei g+1	-	2	1	4	2	0	3
(4) K bei g+1 und g+2, NK bei g und g-1	-	-	0	0	0	0	-
(5) K bei g+2 NK bei g	-	-	0	3	1	2	1
(6) K bei g+1, NK bei g-1	-	0	3	1	0	1	-

Die Reproduzierbarkeit der Skala berechnet sich nach GREEN (1956) aus:

$$\text{Rep.}_A = 1 \frac{1}{N \cdot k} \cdot \sum_{g=1}^{k-1} (3) - \frac{1}{N.k} \sum_{g=2}^{k-2} (4)$$

oder aus

$$\text{Rep.}_B = 1 - \frac{1}{N.k} \sum_{g=1}^{k-1} (3) - \frac{1}{N^2.k} \sum_{g=2}^{k-2} (5)\ (6)$$

Beide Formeln sollen ungefähr dasselbe Ergebnis liefern.

In unserem Falle ergeben sich für

$$\text{Rep.}_A = 1 - \frac{1}{44.7} (2+1+4+2+0+3) - \frac{1}{44.7} \quad (0)$$

$$\text{Rep.}_A = 0{,}96104$$

$$\text{Rep.}_B = 1 - \frac{1}{44.7} (2+1+4+2+0+3) - \frac{1}{44.44.7} \quad (3 + 2)$$

$$\text{Rep.}_B = 0{,}96069$$

Die Zufallsreproduzierbarkeit, die sich ergeben kann, wenn alle Items als voneinander unabhängig betrachtet werden können, berechnet sich nach der Formel

$$Rep._I = 1 - \frac{1}{N^2.k} \sum_{g=1}^{k-1} (n_{g+1} n_{\bar{g}}) - \frac{1}{N^4.k} \cdot \sum_{g=2}^{k=2} (n_{g+2} n_{g+1} n_{\bar{g}} \overline{n_{g-1}})$$

wobei: $n_{g+1}\ n_{\bar{g}}$ bedeutet, daß die Anzahl der Konservierer beim nächst schweren Item multipliziert wird mit der Anzahl der Nicht-Konservierer beim Item g;

$n_{g+2}\ n_{g+1}\ n_{\bar{g}}\ n_{\overline{g-1}}$ heißt, daß die Anzahl der Nicht-Konservierer beim jeweiligen Item g multipliziert wird mit der Anzahl der NK beim um einen Rangplatz leichteren Item g-1 und den Konservierern bei den um einen und um zwei Rangplätze schwereren Items g+1 und g+2.

In unserem Falle ergibt sich für

$$Rep._I = 1 - \frac{1}{44^2.7} (25x16+21x19+19x23+18x26+26x14$$

$$+3x8) - \frac{1}{44^4.7} (18x21x19x16 + 18x18x23x19 + 18x14x26x23$$

$$+ 8x14x26x26)$$

$$Rep._I = 0,8128$$

Aus diesen Werten ergibt sich ein Konsistenzindex "I" nach der Formel

$I = \frac{Rep - Rep_I}{1 - Rep_I}$, der in unserem Falle I = 0,79166 beträgt.

Für die Schulanfänger kann also die aufgestellte Schwierigkeitsfolge als eine Reihe von voneinander abhängigen und aufeinanderfolgenden Entwicklungsschritten betrachtet werden. Dies könnte man als eine, wenn auch begrenzte, Bestätigung für die vorn genannte Hypothese ansehen, daß sich die Rangfolge der Konservierungsitems bei den Schulanfängern konsolidiert hat. Eine solche Hypothese impliziert jedoch zugleich, daß es auch sog. Regressionen im Kindergartenalter geben kann, wo die Invarianzüberzeugung bei einigen Aufgaben u.U. vorübergehend wieder verlorengehen kann, worauf bereits in der Fachliteratur hingewiesen wurde.

Außerdem zeigt diese Skala, daß sich die Schwierigkeitsrangfolge nicht an die inhaltlichen "Begriffe" hält, also nicht erst die Invarianz der Länge ganz erfaßt werden muß, bevor die der Anzahl oder kontinuierlichen Menge folgen kann. Dies stimmt jedoch durchaus mit den neueren Anschauungen von PIAGET überein, der eine gewisse Synchronizität und Verflechtung der Entwicklungsschritte in den einzelnen Bereichen (zumindest für Anzahl, Seriation und Klassifikation) annimmt (vgl. S. 67), andererseits mahnen die Ergebnisse bei den Kindergartenkindern zur Vorsicht bei der Interpretation dieser "Skala".

11.244 Längsschnittanalyse

Die 44 Schulanfänger, deren oben skalogrammanalysierten Invarianzantworten im Rahmen der Einschulungsuntersuchung im Juli/August 1968 erhalten wurden, als die Kinder durchschnittlich 6;5 Jahre alt waren (s = 4,6 Monate), wurden im Oktober 1969 noch einmal mit denselben Aufgaben untersucht (Durchschnittsalter 7;6 Monate, Spanne: 7;0 bis 8;5 Jahre). Versuchsleiter in der ersten Untersuchung war Herr RAUCH, in der zweiten Herr LOCKER, beides Psychologiestudenten, die die Untersuchungen im Rahmen ihrer Vordiplomarbeiten durchführten und von der Projektleiterin betreut wurden.

Die gewonnenen Ergebnisse wurden über eine dreifache Varianzanalyse nach WINER (1962, S. 319 - 337) mit wiederholten Messungen auf zwei Faktoren ausgewertet. Als Faktoren (alle "fixed") gingen ein:

Faktor A: Geschlecht
Faktor B: Zeitraum 1968 - 1969
Faktor C: Aufgabengruppen.

Die Hypothese war, daß über den 14- bis 15monatigen Zeitraum hinweg die Invarianzantworten bei Jungen und Mädchen erheblich zunehmen würden, und zwar bei allen Aufgabengruppen.

Tab. 54 faßt die Ergebnisse der Varianzanalyse zusammen und Abb.22 veranschaulicht sie. Insgesamt konnten fast 50 % der Gesamtvarianz durch die drei gewählten Faktoren aufgeklärt werden, wobei der Hauptanteil an der Aufklärung dem Zeitraumfaktor allein und

Tabelle 54:

Zusammenfassung der Varianzanalyse: Längsschnitt 1./2. Jahr (N = 44)

	ss	df	MS	F	Sign.-Niveau
Zwischen Vpn	651.34	33			
Faktor A: Geschlecht	49,40	1	49,40	3.44	ns
error a	601,94	42	14,33		
Innerhalb	2783.00	572			
Faktor B: Zeit (Juli/Aug. 1968; Okt./Nov. 1969)	371,67	1	371,67	44.9	1 %
Faktor A B: (Geschlecht und Zeit)	56,01	1	56,01	6,79	5 %
error b	346,64	42	8,25		
Faktor C: Aufgabenart	918,29	6	153,04	72.8	1 %
Faktor A C: (Geschlecht/Aufgabenart)	32,00	6	5,33	2,56	5 %
error c	531,00	252	2,1		
Faktor B C: (Aufg./Zeit)	62,42	6	10,40	18.57	1 %
Faktor A B C	51,00	6	8,5	15.18	1 %
error b c	142,00	252	0,56		
Total	3434,34	605			
davon aufgeklärt	1540,79				
eta^2	0,449				

seinen Interaktionen mit den beiden anderen Faktoren zuzuschreiben ist. Die Abbildung zeigt die deutliche Verbesserung über die 14 bis 15 Monate hinweg, und zwar bei allen Aufgabengruppen und sowohl bei den Jungen als auch bei den Mädchen. Damit bestätigt sich die dieser Untersuchung zugrundeliegende Hauptthypothese. Die signifikanten Interaktionen lassen jedoch eine differenziertere Darstellung zu. Das Ausmaß der Zunahme von richtigen Antworten scheint davon abhängig gewesen zu sein, ob die Vp ein Junge oder ein Mädchen war und um welche Aufgabengruppe speziell es sich handelte.

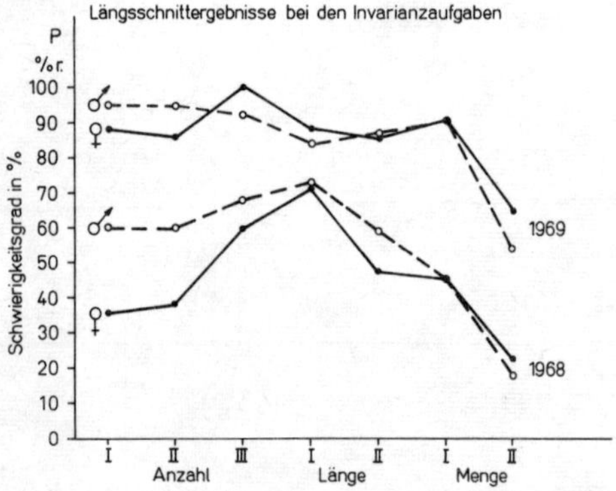

Abbildung 22

Tabelle 55: Nicht-Konservierer bei den 7 Aufgabengruppen, 1968 und 1969 (N = 44)

Aufgaben-	Anzahl			Länge		kontin.Menge	
gruppe	I	II	III	I	II	I	II
1968 N:	30	26	19	16	23	26	36
1969 N:	4	4	5	7	6	4	21
Abnahme N:	26	22	14	9	17	22	15

Tab. 55 gibt die Abnahme an Nicht-Konservierern bei den Aufgabengruppen wieder, wobei die Einteilung in K und NK entsprechend wie bei der Skalogrammanalyse vorgenommen wurde. Der größte Zuwachs an Konservierern zeigt sich danach bei den beiden Anzahlaufgaben von WALLACH und SPROTT und der Kneteaufgabe, der geringste bei der MÜLLER-LYER-Aufgabe. Außer bei den beiden Aufgaben zur kontinuierlichen Menge war der Zuwachs bei den Mädchen z.T. etwas deutlicher als bei den Jungen. Insgesamt glichen sich die Aufgaben im Schwierigkeitsniveau deutlich an. Die schwierigste Aufgabe blieb jedoch die Saftaufgabe; auch 1969 wurde sie nur von etwa der Hälfte aller Kinder im Sinne der Invarianz gelöst.

Im Vergleich zur Skalogrammanalyse 1969 bestätigt sich, daß, wenn noch nicht die Invarianz bei allen 7 Aufgabengruppen erkannt wurde, die Fehler meistens nur bei der Saftaufgabe lagen. Von den insgesamt 6 Vpn mit teilweisen "Regressionen" zeigen 4 bei der Saftaufgabe Verunsicherungen oder Rückkehr zum Nicht-Konservieren im Vergleich mit dem Ergebnis im Jahr zuvor. Diese Kinder waren 1968 fast vollständige Konservierer. Die beiden anderen Kinder zeigten "Regressionen" bei der MÜLLER-LYER-Aufgabe, die überhaupt 1969 ihre Stellung als leichteste Aufgabe mit der als zweitschwerster vertauscht hat. Einer dieser beiden Jungen verlor auch bei der Länge-II- und der Kneteaufgabe seine Überzeugung von der Invarianz, löste 1969 aber die Saftaufgabe richtig. Auch bei vier der noch nicht vollständigen Konservierer fehlt das Erkennen der Längeninvarianz bei der MÜLLER-LYER-Aufgabe. Dieses Ergebnis gibt weitere Nahrung für die von mir schon mehrfach geäußerte Hypothese, daß die MÜLLER-LYER-Aufgabe im Laufe der Entwicklung der Kinder ihren Charakter ändert und erst für die schon fortgeschritteneren zu einem echten Längeinvarianzproblem wird.

Die leichten Regressionen in entweder der Saftaufgabe oder der Länge-I-Aufgabe zeigen keinerlei Beziehung zur Schulleistung der Kinder oder ihrer Intelligenz. Nur der eine Junge, der in drei Aufgabengruppen regredierte, erhielt 1969 im HAWIK einen IQ von 99 gegenüber dem WPPSI im Vorjahr von 107 und war in seinen Schulleistungen so schlecht, daß er sitzenblieb.

Von den drei weiteren nach dem 1. Schuljahr sitzengebliebenen Kindern zählen zwei zu den wenigen Kindern, die 1969 noch überwiegend Nicht-Konservierer waren. Auch die anderen vier überwiegenden Nicht-Konservierer (unter 18 richtige Antworten) zählten - mit einer Ausnahme, im zweiten Schuljahr eher zu den schlechten Schülern. Die 1969 fast vollständigen Nicht-Konservierer (1 - 8 richtige Antworten) wiesen HAWIK-IQs auf von 86, 98, 89 und 89.

Aus diesen Einzelfällen läßt sich vermuten, daß die Invarianzbegriffe eine gewisse Beziehung zu den Schulleistungen haben; ihre Beziehung zum geistigen Entwicklungsstand ist bereits vorn ausführlich dargelegt worden.

Diese kleine längsschnittliche Untersuchung erlaubt keine großen Verallgemeinerungen; im Vergleich zu den anderen Methoden bestätigte sie jedoch die deutliche Tendenz der Entwicklung in Richtung auf die Beherrschung der Invarianzbegriffe, verwies jedoch zugleich darauf, daß dieser Entwicklungsvorgang recht komplex zu sein scheint. So weisen die Ergebnisse darauf hin, daß der Entwicklungsfortschritt bei den einzelnen Aufgaben sehr unterschiedlich sein kann, so daß diese ihr relatives Schwierigkeitsniveau verändern; teilweise "Regressionen" sind auch über ein längeres Zeitintervall zu beobachten und bedürfen der Beachtung. Die Art des Entwicklungsverlaufes scheint nicht ganz unabhängig vom Geschlecht der Kinder zu sein. Diese Ergebnisse müssen jedoch noch durch weitere Untersuchungen abgesichert werden.

11.3 Zusammenfassung

Trägt man alle Ergebnisse dieses Kapitels zusammen, dann bestätigt sich zunächst über die verschiedensten Methoden der Entwicklungsschritt vom Nicht-Konservieren zum Konservieren der Anzahl und anderer Begriffe im Alter von ca. 5 bis 8 Jahren. Für den Zahlbegriff scheint besonders zwischen 5;6 und 6;6 Jahren ein deutlicher Entwicklungsspurt stattzufinden. Diese Altersangaben erwiesen sich jedoch nur als grobe Anhaltspunkte bei durchschnittlich begabten Kindern. Bei Minderbegabten erlaubt das entsprechende Intelligenzalter eine zutreffendere Vorhersage.

Obgleich sowohl beim Altersgruppenvergleich wie beim Entwicklungsgruppenvergleich mit LA als abhängiger Variablen wie auch in Längsschnittuntersuchungen Altersunterschiede deutlich hervortraten, erwiesen sich die Korrelationen zwischen LA und dem Konservieren verschiedener Begriffe im allgemeinen als sehr mäßig. Dies dürfte z.T. an den unterschiedlichen Verteilungsformen der beiden Skalen liegen, zum anderen scheint tatsächlich eine sehr enge Bindung an das Alter nicht vorzuliegen. Das Intelligenzalter erwies sich dagegen als besserer Prädiktor, insbesondere wenn es über den WPPSI bestimmt wurde. Tests des geistigen Entwicklungsstandes aber (FST, MZT), die vor allem die visuelle Differenzierungsfähigkeit und zeichnerische Wiedergabe überprüfen, zeigten insgesamt nur einen sehr geringen Zusammenhang mit dem Konservieren; außerdem scheint die absolute Höhe der Leistungen in diesen Tests weniger ausschlaggebend zu sein als der relative Stand innerhalb der Altersgruppen; die Mädchen schnitten in diesen Tests im allgemeinen besser ab als die Jungen, entsprachen letzteren aber im Konservierungsniveau. Ähnliche relative Beziehungen bestehen anscheinend auch zwischen der spontanen Verwendung von Meßoperationen und Konservieren, jedoch wurden hier Geschlechtsunterschiede nicht berichtet.

Regressionserscheinungen, kurvilineare Beziehungen zu den verschiedenen Entwicklungsmaßen sowie die unterschiedliche Skalierbarkeit der Invarianzaufgaben bei den Kindergartenkindern und Schulanfängern als auch Veränderungen im relativen Schwierigkeitsgrad der Aufgaben im Längsschnittvergleich eröffnen eine Reihe von Problemen: einige Aufgaben, z.B. die MÜLLER-LYER-Aufgabe, scheinen je nach Entwicklungsstand der Kinder einen unterschiedlichen Charakter zu haben; der Entwicklungsfortschritt betrifft unterschiedliche Aufgaben in unterschiedlichem Maße; individuelle Variationen im Entwicklungsgang scheinen nicht selten zu sein. Zum Teil lassen sich diese Ergebnisse durch eher individuelle Phasen vertikaler Fortentwicklung in Teilbereichen erklären, die immer wieder durch horizontale Konsolidierungsphasen (mit entsprechend höherer Konformität der Leistungen bei verschiedenen Kindern) abgelöst werden, zumindest was die Beziehungen über verschiedene Inhalte hinweg betrifft.

Insgesamt läßt sich die Entwicklung der Invarianzbegriffe weder durch das Lebensalter der Kinder (bzw. durch biologische Reifung) noch durch andere Intelligenzentwicklungsmaße befriedigend erklären; vielmehr scheint sie einen weitgehend eigenständigen Bereich der geistigen Entwicklung darzustellen, der jedoch so komplex ist, daß er zumindest bis jetzt nicht auf eine einfache lineare Skala transformierbar ist. Daraus ergibt sich, daß man kaum von einer einzigen Invarianzaufgabe auf den Entwicklungsstand eines Kindes schließen kann.

12. Strukturanalyse

Will man nicht nur PIAGETs Weg der logischen Analyse der Konservierungsantworten und -begründungen gehen, um herauszufinden, was Invarianzerfassen oder -nichterfassen psychologisch bedeutet, dann besteht die Möglichkeit einer Einkreisung oder Konstruktvalidierung des Phänomens, indem man versucht, es aus seinen Beziehungen zu anderen Phänomenen her zu verstehen. Die weiter vorn berichteten Korrelationen mit dem IQ sind eine solche Möglichkeit; differenziertere Auskunft geben Korrelationen mit einigen Untertests und anderen kognitiven, z.B. schulischen Leistungen. Ein weiterer Weg ist der, nach den Persönlichkeitsunterschieden von Konservierern und Nicht-Konservierern zu fragen, zumal PIAGET selbst zwischen der kognitiven und Persönlichkeitsentwicklung (er nennt sie "affektive Entwicklung") einen engen Zusammenhang sieht (PIAGET, 1964). Zu beiden Aspekten gibt es bisher erst wenige Untersuchungen.

12.1 Literaturübersicht

12.11 Zusammenhänge mit anderen kognitiven Variablen

1. Intelligenz - In zwei Untersuchungen wurden die Invarianzantworten mit WISC-Untertests (HAWIK) korreliert (ELKIND, 1961a; ALMY, CHITTENDEN u. MILLER, 1966), bei GOLDSCHMID nur mit einem Untertest (Wortschatztest). Tab. 56 gibt die Korrelationen wieder.

Die Zusammenhänge zwischen den Invarianzaufgaben und den WISC-Untertests sind z.T. nur mäßig hoch. ALMY interpretiert ihre Ergebnisse damit, daß bei Kindern aus niederer sozialer Schicht bei den nicht-sprachlichen Untertests weniger gehandicapped waren, begeistert mitmachten, und daß daher hier im Unterschied zum Wortschatztest die Beziehung zwischen den beiden kognitiven Aufgaben - Invarianztests und Intelligenztests - klarer zum Ausdruck kam.
Von der Höhe der Korrelationen bei den drei Untersuchungen her lassen sich bestenfalls als Gemeinsamkeiten eine gewisse allge-

Tabelle 56: Korrelationen zwischen Anzahlinvarianz und WISC-Untertests

Autor	ELKIND	ALMY et al.		GOLDSCHMID		
N	62	41[2]	24[3]	102		
Alter	4-7 J.	7;4 J.	7;5 J.	5-8 J.		
WT	.31	(.25)[1]	(-.09)[1]	.21+	.27++	.28++
AW	.47 ss					
GF	.29					
AV	.19					
RD	.35 ss					
ZN	.20					
BE	.13					
BO	.55	.22	.47			
MT	.26	.16	.39			
FL	.38 ss	.50	.50			
V-IQ	.47 ss					
H-IQ	.29					
Ges.IQ	.43 ss					
ZS	.42 ss					

1 = AMMONs Bilder-Wortschatztest
2 = höherer sozio-ökon. Status
3 = niederer sozio-ökonom.Status

\+ mit Anzahlinvarianz
++ mit Längeninvarianz
+++ Invarianz kontin. Menge

meine geistige Aufgeschlossenheit, Leistungshaltung und Erkennen von Beziehungen herauslesen. Auch STEVENSON et al. (1968) fanden bei wenig intelligenten Kindern (aber nur bei Mädchen)sign. Korrelationen zwischen Volumeninvarianz und Handlungs-IQ, bei normalbegabten dagegen mit dem Verbal-IQ; keine solche Beziehungen zeigten sich bei den Jungen.

BEARD (1957, zit. nach LUNZER, 1960) korrelierte und faktorenanalysierte 14 Tests allà PIAGET (Anzahl, Masse, Raumorientierung, Form, Vorstellung von der Welt, Kausalität, Zeit, Seriation u.a.) mit einer Kurzform des Terman-Merrill-Intelligenztests - die Daten stammten von 60 6- bis 7jährigen Kindern - und erhielt neben einem starken Hauptfaktor, der besonders hoch auf dem Intelligenztest sowie den Konservierungsaufgaben und der Seriationsaufgabe lud, 6 Gruppenfaktoren, von denen einer als "Formunterscheidung" bezeichnet wurde und die restlichen fünf den unterschiedlichen Erfahrungshintergrund der Kinder (geförderte Interessen und Kenntnisse) repräsentieren sollen.

HYDE (1970), die ebenfalls neben einer Vielzahl von Invarianzaufgaben verschiedene nicht-sprachliche Intelligenztests (RAVEN, KOHs Würfel, Labyrinthtest, Mannzeichentest) durchführte, mußte eine weitergehende Analyse zurückstellen, da die verschiedenen Intelligenztests in den verschiedenen Bevölkerungsgruppen (europäisch, indisch, arabisch, Somali) Unterschiedliches bedeuteten. Bei den europäischen Kindern zeigten die 6jährigen im RAVEN und im Labyrinthtest die höchsten Korrelationen, die 7jährigen bei den Würfeln von KOHS.Bei den 8jährigen waren die Beziehungen nahezu unbedeutend. Solche "altersbedingten" Korrelationsschwankungen zwischen IQ und PIAGET-Aufgaben fand auch SHANTZ (1967) bei 7- bis 12jährigen Kindern bzgl. Multiplikation von Klassen, Relationen und räumlichen Beziehungen.

2. Schulleistungen

Nahezu ebenso spärlich sind bisher Untersuchungen zu Invarianzbegriffen und Schulleistungen bzw. Schulerfolg. ALMY fand in ihrer Längsschnittuntersuchung eine Beziehung z.B. zur Lesebereitschaft, jedoch stärker bei Kindern aus besserem Milieu, sowie zwischen Invarianzfortschritt und Fortschritt in den Schulleistungen, besonders im Rechnen. - GOLDSCHMID und BENTLER (1968a) korrelierten bei 43 Kindern des ersten und zweiten Schuljahres die Ergebnisse in ihrem Konservierungstest (24 Items) mit den letzten Schulnoten. Alle Korrelationen erwiesen sich als signifikant, außer denjenigen mit der Handschrift und mit Musik. Mit r = .52 (sss) fiel die mit der Rechennote am höchsten aus. WILLIAMS (1958) hält die PIAGET-Aufgaben für gut geeignet zur Feststellung der Rechenbereitschaft; SLATER (1958) dagegen fand nur eine geringe Korrelation zwischen Anzahlinvarianzaufgaben und einem Schulleistungstest zur Überprüfung der Rechenfertigkeit.

Eine in diesem Bereich sehr interessante Untersuchung stammt von FREYBERG (1966) und wurde bei 124 Kindern in Neuseeland durchgeführt; von 80 Vpn wurde die Entwicklung in Dreimonatsabständen zwei Jahre lang verfolgt. FREYBERGs Begriffsentwicklungstest bestand aus 72 Items, je vier pro Bereich (Anzahl, Geschwindigkeit, Zeit, kausale Beziehungen etc.), der im Gruppenverfahren nach dem Mehrfach-Antwortenprinzip durchgeführt wurde (Korrelation von 17 Items mit entsprechenden nach PIAGETs klinischer Methode bei N = 101: r = .722). Er korrelierte mit dem Intelligenzalter (PMA 5-7) unter Konstanthaltung des Lebensalters mit r = .52. Eine Regressionsanalyse ergab, daß der Begriffstest über die 21 % des Intelligenztests hinaus mit 4 % (sign.) zur Aufklärung der Rechtschreibeleistung im ersten Schuljahr beitrug. Auch zur Vorhersage der Rechenleistungen zwei Jahre später trug der Begriffstest über den Intelligenztest hinaus noch signifikant bei. Bei 44 Kindern, die nur die erste und letzte Untersuchung mitgemacht hatten (also Testtraining relativ gering sein mußte), wurde die Beziehung zu den Rechenleistungen und den Ergebnissen im Begriffstest, beide am Ende der zwei Jahre durchgeführt, untersucht. Bei den eingekleideten Rechenaufgaben trug der Begriffstest noch zusätzlich 8 % Aufklärung zu den 52 % des PMA bei, nicht wesentlich jedoch zu den einfachen mechanischen Rechenaufgaben und zur Rechtschreibung. FREYBERG folgert, daß die Schulleistungen offenbar mit Aspekten des Denkens zu tun haben, die nicht völlig mit den üblichen Intelligenztests erfaßt werden. Dies scheint besonders für nicht-mechanisierte Problemlöse-Aufgaben zuzutreffen, und im ersten Schuljahr kann auch die Rechtschreibung hierzu zählen.

12.12 Zusammenhänge mit Persönlichkeitsvariablen

Eine besonders ausführliche Untersuchung über den Zusammenhang von Konservieren und Persönlichkeitsmerkmalen legte GOLDSCHMID (1968) vor. Und zwar führte er bei 102 (durchschnittlich 7 bzw. 9 Jahre alten)Kindern aus drei verschiedenen Schulen (einer Privatschule, einer allgemeinen Volksschule und einer Sonderschule für Verhaltensgestörte) außer dem von ihm und BENTLER entwikkelten Konservierungstest die Kinder-Angst-Skala (CMAS), Selbstratings, Lehrerratings, soziometrische Wahlen und bei beiden Elternteilen einen Fragebogen zu Erziehungseinstellungen (PAS, von SHOBEN) durch. Die wesentlichen Ergebnisse waren, daß sich Konservierer (K) und Nicht-Konservierer (NK) zwar nicht in der mit dem CMAS erfaßten Angst unterschieden, doch schienen K eher bereit zu sein, ihre Angst zuzugeben (niedriger Lügen-score). Im Selbstrating unterschieden sich die Kinder kaum, doch K wurden sowohl von ihren Altersgenossen als auch von den Lehrerinnen positiver beurteilt. Beschreibungen für die NK betonten mehr körperliche Kraft und Stärke (groß, gesund, laut, rasch, unruhig) und geringe soziale Angepaßtheit (großtuerisch, rauh, grausam), aber auch Bezeichnungen wie "furchtsam" und "töricht". K dagegen wurden eher als passiv und nachdenklich (faul, ruhig, macht sich um alles Gedanken), außerdem als attraktiver (hübsch, gut aussehend) und gewitzt und klug bezeichnet. Mehr NK als K schienen Mütter mit dominierenden Erziehungshaltungen zu haben.

PETERS (1967) verglich konstante NK und konstante K (bzgl. numerischer Korrespondenz), die hinsichtlich Alter, Geschlecht und sprachlichen Fähigkeiten vergleichbar waren und zur betreffenden Zeit an einem Head Start Programm teilnahmen (N = 30 Negerkinder), in ihrem Verhalten, das durch Verhaltensbeobachtung bei bestimmten Aufgaben und durch Ratings der Kindergärtnerinnen erfaßt wurde. Danach handeln K seltener nur aus reinem Kontaktbedürfnis (s), haben überhaupt weniger Kontakt mit anderen Kindern (s), teilen aber eher mit anderen und sind freundlicher im Kontakt (Tendenz); sie beginnen eine Aufgabe häufiger sofort (s) und bleiben bis zum Abschluß dabei; sie können ihre Impulse etwas besser steuern und setzen ihre begonnene Aktivität auch trotz Unterbrechungen weiter fort (Tendenz); innerhalb der Gruppe geben sie etwas häufiger Informationen (Tendenz). NK dagegen haben eher Kontakt mit der Kindergärtnerin und suchen auch häufiger bei ihr Unterstützung (Tendenz), Beachtung und Lob (s), zeigten also insgesamt häufiger abhängiges Verhalten, tendierten aber auch häufiger dazu, über andere zu dominieren und zeigten häufiger Wetteifer.

Auch von anderen Autoren wird die etwas gesteuertere Aktivität, die Tendenz, zunächst genau, gespannt und interessiert zu beobachten, bevor sie handeln oder antworten, bei den Konservierern hervorgehoben (WILLIAMS, 1958; BRAINE, 1959), was eine gewisse Beziehung zwischen den von KAGAN, MOSS und SIGEL (1963, in WRIGHT und KAGAN) dargestellten kognitiven Stilen (analytisch, relational und kategorial) nahelegt. In einer weiteren Untersuchung zum Zahlbegriff hat PETERS (1970) diese Variable mitberücksichtigt und durch eine Sortieraufgabe erfaßt. Er stellte fest, daß bei den von ihm untersuchten 131 5;1- bis 6;2jährigen Kindern aus eher einfachem Milieu das Lebensalter zwar die beste Vorhersage auf die Konservierung der Anzahl erlaubte, gefolgt vom Sprachverständnis (ähnlich erfaßt wie unsere sprachlichen Begriffe im Vortest), aber auch die Häufigkeit von Sortierungen,die auf "analytischen Stil" verwiesen,zusätzlich zur Vorhersage beitrugen. Alle drei Variablen zusammen - die übrigens voneinander nahezu unabhängig waren - kamen sowohl im Vortest als auch bei einem Nachtest etwa zwei Wochen später für ungefähr 25 % der Varianz bei den Invarianzantworten zur Anzahl auf. ZIMILES (1966) fand nur für die Erstkläßler eine signifikante Beziehung zwischen Konservieren der Anzahl und kognitivem Stil ("Differenzierung", erfaßt mit den "Embedded Figures", den GOTTSCHALDT-Figuren) von r = .30 (N = 71). Bei den Kindergartenkindern hatten die einheitlichen Konservierer oder Nicht-Konservierer sogar höhere scores bei den GOTTSCHALDT-Figuren als die sog. "Übergangsgruppe". ZIMILES schließt daraus, daß letztere sogar noch unsystematischer an die Lösung der Aufgabe herangingen als die konsistenten Nicht-Konservierer.

12.13 Zusammenfassung

Die angeführten Untersuchungen zeigten, daß das Konservieren (der Anzahl) nicht für alle sozialen und Altersgruppen in gleich gültiger Weise mit anderen kognitiven und Persönlichkeitsvariablen zusammenhängt. Es scheint zumindest bei den 6- bis 7jährigen u.a. das Erkennen von Beziehungen zu erfassen, wie dies ähnlich im Bilderordnen und Figurenlegen im HAWIK oder im RAVEN und dem Labyrinthtest in diesem Alter geschieht. Über das in üblichen Intelligenztests geprüfte Denkverhalten hinaus scheint es mit (noch) nicht mechanisiertem Problemlöseverhalten verwandt zu sein, wie es im 1. Schuljahr beim Erlernen des Lesens und Schreibens und im 2. Schuljahr bei eingekleideten Rechenaufgaben verlangt wird. Im Einklang hiermit stehen die Ergebnisse bzgl. analytischen und feldunabhängigen kognitiven Stilen bei Konservierern, ihrer selbständigeren Arbeitsweise und gesteuerteren Aktivität. Die folgenden eigenen Untersuchungen werden zeigen, inwieweit sich diese Verhaltenscharakteristika auf deutsche Kinder verallgemeinern lassen.

12.2 Untersuchungen zum Zusammenhang zwischen Invarianz der Anzahl, Länge und kontinuierlichen Menge mit anderen kognitiven Variablen - Bonner Untersuchung IV

12.21 Fragestellung

In diesen Untersuchungen sollen die soeben aufgeworfenen Fragen weiter abgeklärt werden. Das Ziel ist ein bessers Verständnis für die beim Lösen der Invarianzaufgaben eingehenden kognitiven Verhaltensweisen. Zum einen soll der Zusammenhang zwischen den Invarianzbegriffen und anderen Maßen, die ebenfalls Mengenbegriffe, rechnerisches Denken u.ä. erfassen, geprüft werden, und zwar unter der Annahme, daß sie ähnliches erfassen. Zum anderen soll versucht werden, aus dem Zusammenhang der einzelnen Invarianzaufgaben mit Untertests aus einem Intelligenztest der Eigenart der Konservierungsleistung etwas näher zu kommen. Die dritte Frage steht im Zusammenhang mit der Arbeit von FREYBERG (1966) und untersucht, inwieweit aus den Ergebnissen im Intelligenztest, Schulreifetest und Konservierungstest eine Vorhersage auf die Schulleistungen am Ende des ersten Schuljahres möglich ist.

12.22 Methode

Die Verfahren sind die bereits beschriebenen Invarianzaufgaben, der WPPSI, und zwar sowohl unter Berücksichtigung der Wertpunkte, die den relativen Stand eines Kindes zur gleichen Altersgruppe angeben, als auch der auf das Alter 6;3 Jahre bezogenen Wertpunkte (WPe); der Frankfurter Schulreifetest (FST) mit seinen Testteilen (Zeichen-Abmalen, Zaun-Fortsetzen, Mengen-Erfassen) und bei den Schulanfängern der MST.

In einer Teiluntersuchung wurden außerdem aus verschiedenen Schulreifetests diejenigen Teile mit den Invarianzaufgaben in Beziehung gesetzt, die die Voraussetzungen für den Rechenunterricht prüfen sollen (Vordiplomarbeit von Frl. WENIG, 1969). Dazu gehören das Nachmalen einer Mengengestalt von KERN, das Erfassen von Mengen und Größen nach Bildern aus dem Göppinger Schulreifetest (5 Items), das Erfassen von Mengengestalten (bis 5) aus dem Grundleistungs-

test von KERN; Nachzeichnen von Mengen bis 8 aus dem Weilburger Testverfahren. Die Aufgaben sind bei CORDT & WALTER (1962) ausführlich beschrieben. Die Schulreifetestauszüge wurden entsprechend den Angaben der Autoren nach Punkten von 0 bis 3 bzw. 5 bewertet, wobei die höhere Punktzahl einer besseren Leistung entspricht.
Folgende Punkte waren möglich:

KERN, Nachmalen einer Mengengestalt	0 - 3 Punkte
KERN, simultane Entnahme	1 - 3 "
KERN, Erfassen von Mengengestalten	1 - 3 "
Göppinger Schulreifetest, Mengen und Größen	0 - 5 "
Weilburger Schulreifetest: Nachmalen von Ringen	0 - 2 "

Zur Erhöhung der Reliabilität wurde aus diesen Einzelscores außerdem ein Gesamtscore erstellt, der maximal 16 Punkte ausmachen konnte.

12.23 Versuchspersonen

Versuchspersonen waren wiederum die bereits in der Bonner Untersuchung II beschriebenen Kinder bzw. Untergruppen daraus, was bei den jeweiligen Ergebnissen angemerkt werden wird.

12.24 Ergebnisse

12.241 Beziehung zwischen Invarianzerkennen und Mengenbegriffen

Die oben beschriebenen Auszüge aus den Schulreifetests wurden mit 30 Jungen und 30 Mädchen aus Bonner und Düsseldorfer Kindergärten durchgeführt. Die Altersspanne betrug 4;6 bis 7;0 Jahre mit einem Durchschnittsalter von 5;6 Jahren. Allerdings entstammte die überwiegende Mehrzahl der Kinder (insgesamt 40) aus Akademikerfamilien.

Bei der Mengengestalt erhielt über die Hälfte der Kinder die maximale Bewertung; auch im Göppinger Schulreifetest zeigten die Ergebnisse eine deutliche Verschiebung zu den Punktwerten 4 und 5; die Entnahme nach KERN differenzierte überhaupt nicht; auch beim zahlenmäßigen Erfassen von Mengengestalten und beim Nachmalen von Ringen erhielten nur wenige Kinder (5 zw. 9) nicht die maximale Punktzahl. Daher werden im folgenden nur die summierten scores berücksichtigt. Tab. 57 gibt die stark nach rechts verschobene Verteilung wieder.

Tabelle 57: Verteilung der summierten scores bei den Schulreifetest-Auszügen

Summe:	8	9	10	11	12	13	14	15	16	
N:	1	-	1	3	7	9	9	15	15	M = 14,07 s = 1,74

Tab. 58 gibt eine Übersicht über die biserialen Korrelationen zwischen den Konservierungsaufgaben, bei denen die Kinder in der unten beschriebenen, leicht abweichenden Weise in K und NK eingeteilt worden waren, und dem Gesamtscore aus den Schulreifetestauszügen wieder.

Tabelle 58: Zusammenhänge zwischen den Invarianzaufgaben und den Schulreifetestauszügen zur Mengen- und Zahlenerfassung (N = 60)

	r_{bis}	p	Einteilung in K	Einteilung in NK	Anzahl K
Anzahl I	.439	ss	3r	Or	20
Anzahl II	.342	ss	3r	Or	28
Anzahl III	.378	ss	3-6r	0-2r	28
Länge I	.147	ns	3-4r	0-2r	27
Länge II	.435	ss	4-7r	0-3r	29
kontin.Menge I	.338	ss	2-3r	0-1r	29
kontin.Menge II	.060	--	4-8r	0-3r	20

Mit der schon mehrfach angetroffenen Ausnahme der MÜLLER-LYER-Längenaufgabe und der Saftaufgabe zeigen alle Konservierungsaufgaben einen hochsignifikanten Zusammenhang mit den Schulreifetestauszügen. Die Invarianzaufgaben und die Schulreifeaufgaben erfassen demnach beide Mengen-, Anzahl- und Längenbegriffe (vgl. Göppinger Testauszüge); doch erfassen die Invarianzaufgaben außerdem noch etwas anderes, und sie sind offenbar für die Kinder schwieriger als die Auszüge aus den Schulreifetests.

Auch im Frankfurter Schulreifetest (FST) gibt es einen Testteil, der die Voraussetzungen für den Schulunterricht im Rechnen erfassen soll. Dabei sollen Kinder Fenster, die sie in einer Vorlage ungeordnet auf die Hauswände verstreut sehen, zählen und wohlgeordnet in zwei Reihen dieselbe Fensteranzahl (4 bis max. 8) in die Häuser auf ihrem Testbogen einzeichnen. Wenn die Invarianzbegriffe im wesentlichen dasselbe erfassen wie dieser Testteil, müßten nicht nur die Korrelationen relativ hoch ausfallen, sondern die Beziehungen zu diesem Testteil ausgeprägter sein als zu den anderen Aufgaben (Zeichen abmalen und Zaun fortsetzen) im selben Test.

Von 238 der 251 Kinder der Gesamtgruppe liegen Testergebnisse des FST vor. Über die Ergebnisse im Gesamttestergebnis bei den einzelnen Gruppen wurde bereits in der Bonner Untersuchung III (vgl. bes. S. 260) berichtet; daher sollen hier im wesentlichen die Testteile beachtet werden. Tab. 59 gibt die Kennwerte der Verteilungen im Testteil "Mengen" des FST bei den einzelnen Gruppen wieder.

<u>Tabelle 59:</u> Ergebnisse beim Testteil "Mengen"des FST

Gruppe		N	Bereich	Median	M	s	t	p%
Gesamt	K	83	0 - 10	8,00	7,10	2,91	5,94	0,05
Gesamt	NK	136	0 - 10	4,20	4,66	3,01		
Mädchen:	K	44	0 - 10	8,63	7,69	2,73	4,86	0,05
Mädchen:	NK	63	0 - 10	4,5	5,01	2,92		
Jungen:	K	39	0 - 10	6,75	6,42	2,96	3,47	0,05
Jungen:	NK	73	0 - 10	3,8	4,36	3,06		

Sowohl bei den Mädchen wie bei den Jungen gehen die Ergebnisse klar in die erwartete Richtung, wenn auch die Mädchen in beiden Gruppen besser abschnitten als die Jungen der entsprechenden Gruppen (bei den K signifikant, bei den NK ns). Die Hälfte aller Konservierer hat mehr als 8 (von max. 10) Punkte erreicht, die Hälfte der Nicht-Konservierer höchstens 4 Punkte. Dennoch sollte beachtet werden, daß in allen Gruppen alle Werte vorkommen konnten, also keine völlig eindeutige Beziehung zwischen Konservieren bei der Anzahl-III-Aufgabe und diesem Teil des FST bestehen kann.

Der Testteil "Mengen" des FST korreliert hochsignifikant mit den beiden anderen Testteilen, mit "Zeichen abmalen" (r = .619) jedoch höher als mit "Zaun fortsetzen" (r = .349), während "Zaun" und "Zeichen" mit r = .538 miteinander korrelieren. Die drei Testteile sind also kaum als unabhängig voneinander zu betrachten.

Tab. 60 gibt die Produkt-Moment-Korrelationskoeffizienten für die FST-Testteile und den Gesamttest mit den Invarianzaufgaben sowie - zur Erinnerung - die tau-Korrelationskoeffizienten der letzteren mit der simultanen Entnahme nach KERN (N = 251) wieder.

Tabelle 60: Korrelationen zwischen den Invarianzaufgaben und dem FST und simultanen Erfassen (KERN) (N = 235 bzw. 251)

	FST (r)				
	Zeichen	Zaun	Mengen	Gesamt	KERN(tau)
Anzahl I	.249	.217ss	.350	.330	.134sss
Anzahl II	.262	.158s	.324	.318	.128ss
Anzahl III	.362	.214ss	.409	.421	.110s
Länge I	.118ns	.093ns	.055ns	.106ns	.058ns
Länge II	.282	.185ss	.355	.347	.075ns
kontin.Menge I	.280	.110ns	.393	.351	.160sss
kontin.Menge II	.143s	.029ns	.232	.188ss	.070ns

Alle Koeffizienten sind, wenn nicht anders angegeben, auf dem 0,1 %-Niveau signifikant.

Wiederum fällt die MÜLLER- LYER-Längenaufgabe aus dem Gesamtbild heraus, während die Saftaufgabe, wenn auch abgeschwächt, in die gleiche Richtung wie die übrigen Aufgaben weist. Erwartungsgemäß finden sich beim Vergleich der Teiltests die höchsten Koeffizienten mit der "Mengen"-Aufgabe, wobei die Anzahl-III-Aufgabe, bei der ja durch Zählen die Gleichheit betont wurde, hier und im Gesamttest am höchsten abschneidet. Jedoch zeigen sich auch mehr als zufällige Beziehungen der Invarianzaufgaben zu den beiden anderen Testteilen des FST (außer Zaun x kontin. Menge und alle Länge-I-Korrelationen). Dies erschwert eine differentielle Interpretation, ebenso aber auch die Tatsache, daß die Mengenaufgaben maximal nur ca. 16 % gemeinsame lineare Varianz mit den Invarianzaufgaben aufweisen (wie übrigens der Gesamt-FST und sämtliche Invarianzaufgaben zusammen auch, wie bereits S. 259 dargestellt wurde).

12.242 Vorhersage des Schulerfolges

Bei den bereits vorn beschriebenen 45 Schulanfängern war es möglich, die Bedeutung der Schulreifetests (FST, MST), des Intelligenztests (WPPSI) und der Invarianzaufgaben für den Schulerfolg nach einem halben und einem Jahr zu überprüfen. Dabei war eine wesentliche Frage, inwieweit eine Kombination aus mehreren Verfahren die Vorhersage verbessern kann. Als Kriterium für den Schulerfolg wurde die Durchschnittsnote aus den Fächern Rechnen, Rechtschreibung und Lesen gewählt (jeweilige Schulzeugnisse). Tab. 61 gibt die Korrelationen mit dem Schulerfolg wieder.

Tabelle 61: Vorhersage des Schulerfolges nach 1/2 und 1 Jahr (N = 45)

Prädiktor	Schulzeugnisse nach 1/2 Jahr	1 Jahr
WPPSI - VT	.613	
WPPSI - HT	.572	
WPPSI - Ges.IQ	.731	.705
MST	.675	.587
FST	.613	.543
Invarianzaufgabe	.444	.431

Alle Verfahren zeigen einen sehr signifikanten Zusammenhang mit dem Schulerfolg. Die beste Vorhersage (53 % bzw. 50 % der Varianz der Schulnoten) gab der WPPSI (dabei ist interessant, daß die Kombination aus den Untertests AW, RD und TH mit bereits r = .724 mit dem Schulerfolg nach 1/2 Jahr korrelierten). Unter den Schulreifetest vermochte der MST den Schulerfolg etwas genauer vorherzusagen als der FST. Aber auch die Invarianzaufgaben trugen mit 20 % bzw. 18 % zur Varianzaufklärung bei.

Da, wie Tab. 62 zeigt, alle Verfahren bei den Schulanfängern miteinander korrelierten, besteht die berechtigte Frage, ob es allein ihr gemeinsamer Zusammenhang mit dem Intelligenztest war, der ihnen eine teilweise Vorhersage des Schulerfolgs erlaubte.

Tabelle 62: Interkorrelationen zwischen WPPSI, FST, MST und Invarianzaufgaben bei 45 Schulanfängern

	WPPSI-Ges.	MST	FST	Invar.
WPPSI-IQ	-	.725	.520	.603
MST		-	.848	.411
FST			-	.254ns

Daher wurden multiple Korrelationen zwischen je zwei der Testverfahren und dem Schulerfolg nach einem Jahr berechnet, die in Tab. 63 wiedergegeben sind.

Tabelle 63: Multiple Korrelationen mit dem Schulerfolg

1	2	R	R^2	r_1^2	r_2^2
MST	+ FST	.593	.35	.35	.29
IQ*	+ FST	.735	.54	.50	.29
IQ*	+ MST	.715	.51	.50	.35
Invar.	+ FST	.622	.39	.196	.29
Invar.	+ MST	.623	.39	.196	.35
Invar.	+ IQ*	.705	.50	.196	.50
Invar.	+ WPe*	.595	.35	.196	.37

* WPPSI-Gesamtskala

Die Ergebnisse zeigen, daß die Vorhersage des Schulerfolgs am Ende des ersten Schuljahres durch den Münchener Schulreifetest allein nicht durch die Heranziehung eines weiteren, andersartigen Schulreifetests (FST) verbessert wurde. Mit 35 % gemeinsamer Varianz mit den Schulnoten ist ihre Differenzierung ohnehin bescheiden, sofern Schulreifetests auch die vermutliche Leistungshöhe voraussagen sollen und Einzelentscheidungen auf sie gegründet werden. Die Voraussagekraft des WPPSI (IQ) wurde durch die Kombination mit einem Schulreifetest nur sehr geringfügig verbessert (um 1 % bzw. 4 %), während sie durch die Heranziehung der Invarianzaufgaben nicht verändert wurde. Die PIAGET-Aufgaben führten nur in der Kombination mit dem FST zu einer deutlichen Verbesserung der Vorhersage, die jedoch unterhalb der des WPPSI-IQ allein blieb. Offenbar macht sich hier - außer der Differenzierung des WPPSI in Verbal- und Handlungsteil mit je 5 Untertests - die Tatsache bemerkbar, daß sowohl die Schulreifetests als auch die Invarianzaufgaben eher den "absoluten" Entwicklungsstand repräsentieren, während der WPPSI-IQ in seinem Bezug auf die Altersnorm das "relative" Entwicklungstempo erfaßt, das vielleicht für die Prognose schulischen Lernerfolgs bedeutsamer ist. Die Korrelation der auf das Alter von 6;3 Jahren vereinheitlichten Gesamtwertpunkte des WPPSI mit den Zeugniszensuren bestätigt diese Annahme: sie sinkt nahezu auf die Höhe der Korrelation des MST mit dem Jahreszeugnis.

Die Ergebnisse von FREYBERG konnten hier also nur für die Kombination aus einem Schulreifetest (FST) und den Invarianzaufgaben annähernd wiederholt werden, nicht jedoch für die Kombination aus WPPSI und Invarianzaufgaben. Auch das im zweiten Schuljahr erfaßte Konservierungsniveau zeigte nur eine geringe, nicht signifikante Beziehung zum voraufgegangenen Schulzeugnis.

Nach diesen Ergebnissen scheint der schulische Erfolg in der 1. Klasse zwar ein gewisses Niveau in der geistigen Entwicklung des Kindes vorauszusetzen; will man aber den künftigen Leistungsstand differenzierter erfassen, gibt das bisherige Entwicklungstempo relativ zur Altersgruppe die beste Prognose. Die Bedeutung der Invarianzbegriffe bzw. der beginnenden konkreten Denkoperationen für schulische Leistungen konnte durch die bisherigen Ergebnisse nicht eindeutig geklärt werden.

12.243 Invarianzaufgaben und Intelligenzstruktur

Zwar sind Konservierer in ihrer Intelligenzentwicklung weiter als Nicht-Konservierer, sie sind jedoch auch im Durchschnitt einige Monate älter. Es besteht also die Frage, ob sich Konservierer und Nicht-Konservierer relativ zu ihrer Altersgruppe unterscheiden. Wegen der noch nicht für Deutschland erfolgten Standardisierung des WPPSI werden hier die amerikanischen Altersnormen übernommen. Tab. 64 gibt Aufschluß über den Gesamt-IQ bei den verschiedenen Gruppen. Sowohl bei den Jungen als auch bei den Mädchen unterscheiden sich Konservierer und Nicht-Konservierer im Durchschnitt um 10 IQ-Punkte, während sich innerhalb der Konservierungsgruppen die Geschlechter nicht unterscheiden. Konservierer sind häufiger intelligenter als ihre Altersgenossen, während Nicht-Konservierer dem guten Durchschnitt Altersgleicher entsprechen. Die Korrelation zwi-

Tabelle 64: WPPSI-Gesamt-IQ bei Konservierern und Nicht-Konservierern (N = 152)

Gruppe	N	Spanne	Median	Mittel	Streuung	t	p%
Konservierer	50	92-139	115,33	115,38	11,27	5,07	0,05
Nicht-Konserv.	102	81-132	105,83	105,63	11,19		
Mädchen: K	25	96-139	116	115,76	11,60	3,43	0,1
Mädchen: NK	49	81-132	106	105,94	11,48		
Jungen: K	25	92-135	115,13	115,00	10,92	3,63	0,05
Jungen: NK	53	84-129	105,67	105,34	10,90		

schen dem Gesamt der Konservierungsantworten und dem IQ beträgt r = .315 ($p < 0,1$ %), ist aber geringer als die entsprechenden Korrelationen mit den auf 6;3 Jahre bezogenen Hälften des Tests (vgl. S. 259), jedoch auch geringer als bei den Schulanfängern. Bei letzteren nahm die Korrelation jedoch auch ab, wenn man die Nachuntersuchung mit den Invarianzaufgaben im 2. Schuljahr berücksichtigte (r = .40). Es ist also zu vermuten, daß um die Zeit des Einschulungsalters Intelligenz, gemessen mit dem WPPSI, und die Invarianzaufgaben unserer Untersuchung die größte Gemeinsamkeit haben, während auch jüngere hochintelligente Kinder ohne weiteres an der Invarianz der Anzahl, Länge und Menge zweifeln, ebenso wie u.U. ältere wenig begabte.

Selbst wenn K und NK sich in ihrem Intelligenzniveau unterscheiden, bleibt die Frage, ob sie es in allen Untertests des WPPSI gleichermaßen tun.

Abb. 23/24 zeigen das Intelligenzprofil beider Gruppen, getrennt für Mädchen und Jungen. Die markanteste relative Abweichung bezieht sich in beiden Gruppen auf das Rechnerische Denken und bei den Jungen außerdem auf das Allgemeine Wissen. Bei den Jungen zeigen sich durchgängige Unterschiede zugunsten der K im Handlungsteil mit der Ausnahme vom Untertest "Tierhaus", in dem die Jungen schlechter abschneiden als die Mädchen. Bei den Mädchen zeigen sich dagegen mehr Unterschiede im sprachlichen Teil. In beiden Geschlechtsgruppen unterschieden sich K und NK am ehesten im Rech-

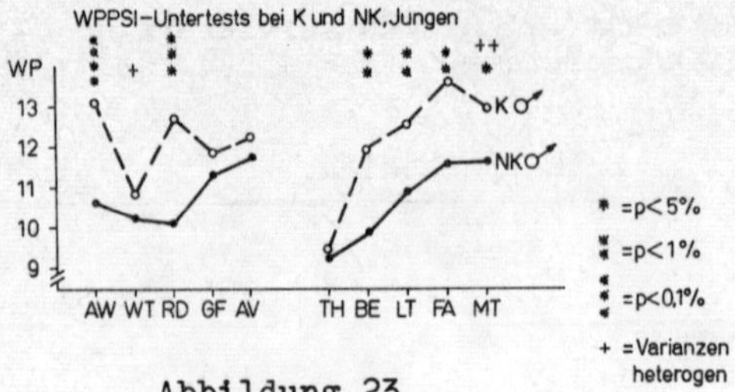

Abbildung 23

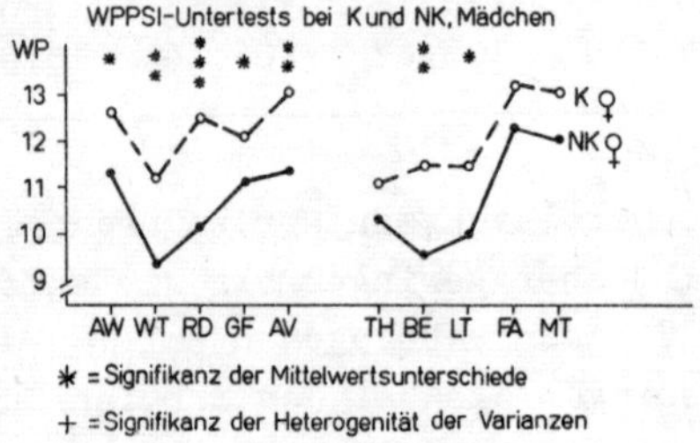

Abbildung 24

nerischen Denken, im Bilderergänzen und im Labyrinthtest. Bevor jedoch eine Interpretation dieser Befunde gewagt wird, soll eine Faktorenanalyse über alle 7 Invarianzaufgaben und die 10 Untertests des WPPSI (WP) zu Rate gezogen werden.

Eine Wiedergabe der Gesamtmatrix ist wegen der vielen Variablen (17) nicht möglich und auch nicht notwendig, da die Interkorrelationen der Invarianzaufgaben und auch der WPPSI-Untertest an anderer Stelle bereits gebracht wurden. Daher bringt Tab. 65 nur den Ausschnitt, der die Korrelationen der Invarianzaufgaben mit den WPPSI-Untertests darstellt. Sie zeigt, daß die Korrelationen insgesamt ziemlich niedrig ausfallen, insbesondere die mit dem Untertest Gemeinsamkeiten-Finden und dem Untertest Tierhaus. Die Art der Begriffsbildung, die GF erfassen will, hat also gar nichts mit der Bildung der Invarianzbegriffe zu tun, was einerseits überrascht, andererseits die Unterscheidung dieser beiden Begriffsbildungsarten bei ELKIND (1969a) rechtfertigt. Die durchgängig höchsten Korrelationen finden sich mit dem Untertest Rechnerisches Denken, und das nicht nur mit den Anzahl-, sondern auch mit den

Tabelle 65: Korrelationen zwischen Invarianzaufgaben und WPPSI-Untertests (N = 152)

	Anzahl I	Anzahl II	Anzahl III	Länge I	Länge II	kont.Menge I	kont.Menge II
AW	.269	.257	.291	.330	.308	.281	.137ns
WT	.107ns	.118ns	.164	.141ns	.146ns	.208	.103ns
RD	.321	.302	.414	.319	.375	.375	.270
GF	.111ns	.075ns	.096ns	.033ns	.122ns	.112ns	.083ns
AV	.260	.166	.209	.170	.164	.178	.097ns
TH	.061ns	.061ns	.093ns	.047ns	.044ns	.082ns	.121ns
BE	.172	.176	.308	.198	.189	.261	.119ns
LT	.158ns	.136	.269	.110ns	.114ns	.185	-.068ns
FA	.187	.191	.242	.050ns	.168	.272	.150ns
MT	.110ns	.151ns	.204	.100ns	.207	.122ns	.008ns

Signifikanzgrenzen: 5 %: 0,160
1 %: 0,21
0,1 %: 0,24

Längen- und Mengenaufgaben. Es läßt sich die Extraktion von maximal drei Faktoren rechtfertigen, von denen der erste (unrotiert) bereits 30,6 % der Gesamtvarianz auf sich vereinigt, der zweite 14,45 %, der dritte nur noch 3,9 %, insgesamt also 49,35 %. Nach einer Hauptachsen-Rotation (Varimax) ergeben sich immer noch ein besonders starker und zwei schwächere Faktoren, die jeweils 49,51, 27,03 und 23,46 % der extrahierten Varianz auf sich vereinigen. Abb. 25 veranschaulicht, wieviel der Varianz der einzelnen Variablen durch diese drei Faktoren aufgeklärt wird. Dabei fällt auf, daß die Invarianzaufgaben (außer der Saftaufgabe) sowie die Untertests AW, RD und MT am günstigsten abschneiden.

Die Faktorenstruktur zeigt eine ungewöhnliche Klarheit. Der erste Faktor repräsentiert fast alle aufgeklärte Varianz der Konservierungsaufgaben und einen kleinen Teil der Varianz der Untertests AW und RD. Er kann also mit Recht als "Konservierungsfaktor" bezeichnet werden und kommt am klarsten in den Anzahlaufgaben II, III und I sowie der Längenaufgabe nach PIAGET zum Ausdruck. Der zweite Faktor wird im wesentlichen im Verbalteil des WPPSI und z.T. in den Untertests TH und BE repräsentiert, am klarsten jedoch im Untertest AV, AW, GF und RD. Er dürfte am ehesten das sprachgebundene Denken darstellen. Der dritte Faktor macht zwar schon ei-

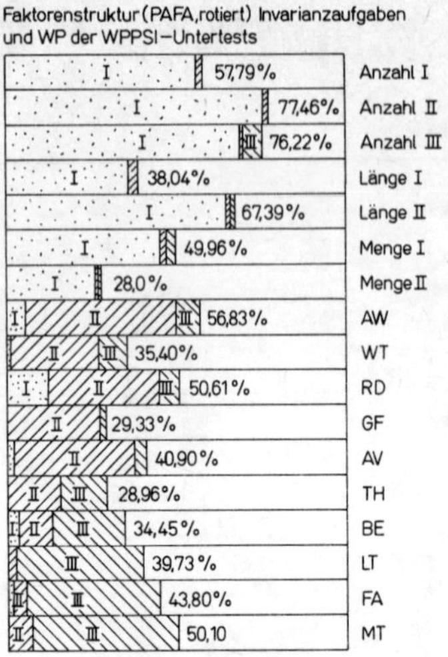

Abbildung 25

nen deutlichen Teil der aufgeklärten Varianz bei TH und BE aus, bestimmt dann aber fast die gesamte aufgeklärte Varianz der Untertests LT, FA und MT; er kann vielleicht durch "nicht-sprachgebundene differenzierende Warhnehmung und visuelle Kombination" umschrieben werden.

Insgesamt bestätigt diese Faktorenanalyse, was sich bereits mehrfach andeutete, daß die verwendeten Invarianzaufgaben innerhalb dieser Altersgruppe etwas weitgehend Gemeinsames erfassen, das nicht oder kaum im Wechsler Intelligenztest zur Geltung kommt.

Zur weiteren Kontrolle dieser Ergebnisse wurde eine Faktorenanalyse durchgeführt, in die außer den Invarianzaufgaben die auf das Alter 6;3 Jahre bezogenen Wertpunkte der WPPSI-Untertests sowie die Rohpunkte des FST und des MZT eingingen. 51 % der Gesamtvarianz konnte aufgeklärt werden. Dabei ergab sich im wesentlichen genau die gleiche Faktorenstruktur. Der MZT lud dabei fast ausschließlich auf dem nicht-verbalen Faktor des WPPSI. Der FST, der zu fast 70 % seiner Gesamtvarianz aufgeklärt wurde, wurde auch fast ganz durch diesen Faktor repräsentiert und zeigte nur geringfügige Beziehung (8 % seiner Varianz) zum Konservierungsfaktor. Hieraus erklärt sich sein sehr geringer zusätzlicher Anteil bei der Vorhersage der Schulleistungen über den WPPSI hinaus, andererseits seine relativ günstige Kombination mit den Invarianzaufgaben.

12.25 Zusammenfassung

Diese Untersuchung bestätigt im wesentlichen die Ergebnisse anderer Autoren im Literaturbericht und ergänzt sie. Wie bei SLATER ergab sich ein nur recht mäßiger Zusammenhang zwischen Konservieren der Anzahl und Tests zur Überprüfung der Rechenbereitschaft bei Kindergartenkindern und Schulanfängern; am ehesten bestand ein engerer Zusammenhang zwischen den Invarianzaufgaben und dem Teiltest "Mengen" im Frankfurter Schulreifetest. Da die Rechenbereitschaftsaufgaben im allgemeinen leichter als die Invarianzaufgaben sind, müßte überprüft werden, ob beide Aufgabenarten Schritte auf derselben Entwicklungsskala darstellen können, bevor auf strukturelle Merkmale geschlossen werden kann. Ebenfalls müßten die unterschiedlichen Ergebnisse bei Jungen und Mädchen weiter überprüft werden.

Weiterhin wurden FREYBERGs Befunde z.T. bestätigt: Beherrschen der Invarianzbegriffe der Anzahl, Länge und kontinuierlichen Menge vor Schuleintritt deutet auf eher guten Schulerfolg im 1. Schuljahr, insbesondere, wenn Schulreife, wie sie mit dem FST gemessen wird, hinzu kommt; Nichtkonservieren verbunden mit geringer Schulreife im FST lassen einen geringen Schulerfolg erwarten. Entsprechende Ergebnisse zeigten sich jedoch nicht im Zusammenhang mit einem anderen Schulreifeverfahren (MST) oder einem individuellen Intelligenztest (WPPSI). Die Invarianzaufgaben erfassen weitgehend andere kognitive Funktionen als die Intelligenz- und Schulreifetests und weisen nur geringfügige Beziehungen zum rechnerischen Denken, allgemeinen Wissen und Bilderergänzen auf. Inwieweit das Entwicklungstempo beim Erwerb der PIAGET-Begriffe mit dem Schulerfolg zusammenhängt, ließ sich in dieser Untersuchung nicht ausreichend überprüfen, da die Stichprobe zu klein war und außerdem die meisten Kinder in der Nachuntersuchung nach 15 Monaten fast alle gegebenen Invarianzaufgaben lösen konnten.

Diese Ergebnisse zeigen deutlich, daß die von PIAGET untersuchte Denkentwicklung nicht einfach unter die bisher mit Intelligenztests erfaßte Intelligenzentwicklung zu subsumieren ist, sondern eine eigene - und offensichtlich wesentliche - Dimension darstellen. Zur Zeit wird im Rahmen dieses Projekts die Beziehung der Invarianzaufgaben zur "Geistigen Produktion" im BÜHLER-HETZER-Entwicklungstest untersucht. Die Auswertungen sind noch nicht ganz abgeschlossen (Vordiplomarbeit von Frau DRÜWA, 1971), doch zeigte sich bisher nur bei den 5- bis 6jährigen eine bedeutsamere Korrelation, nicht aber bei den jüngeren und älteren Kindern. Welche Bedeutung das Erfassen der Invarianzen im Denken hat, kann noch nicht positiv umschrieben werden. Sie haben, wie alle Korrelationen zeigen, gewisse Beziehungen zum rechnerischen und quantitativen Denken. Welche Bedeutung ihnen überdies zukommt, dies zu untersuchen bleibt weiterer Forschung vorbehalten.

12.3 Untersuchungen zu Beziehungen zwischen Konservieren von Anzahl, Länge und kontinuierlicher Menge und verschiedenen Verhaltensdimensionen - Bonner Untersuchung V

12.31 Fragestellung

Die Einbeziehung von Verhaltens- und Persönlichkeitsvariablen in die Untersuchung der Invarianzbegriffe wurde durch die Untersuchungen von KAGAN, MOSS und SIGEL (1963) angeregt, die eine gewisse Beziehung zwischen Verhaltensmerkmalen von Kindergartenkindern und deren späteren Intelligenzentwicklung gefunden hatten. Die oben referierten Untersuchungen von GOLDSCHMID und PETERS bekräftigen diesen Ansatz. Die Ausgangshypothese war, daß etwa die gleichen Verhaltensmerkmale, die mit analytischem kongitivem Stil und stärkerem Intelligenzspurt zusammenhängen, auch eine gewisse Beziehung zur Entwicklung der Invarianzbegriffe zeigen, wie es PETERS (1967) für die von ihm beobachteten Head Start-Kinder auch bestätigt (s.S. 279). Zum anderen hatte die Längsschnittuntersuchung an den deutschen Nachkriegskindern (THOMAE, 1954) ergeben, daß sich konstant gute und konstant schlechte Schüler insbesondere in den Merkmalen "Steuerung", "Differenzierung", "Sicherheit" und

"Aktivität", beurteilt von Psychologen während der jährlich stattfindenden Untersuchungen, unterscheiden (THOMAE, 1969, S. 126). Dieses Ergebnis wurde in einer neueren Untersuchung von WINKELMANN (1971) bestätigt. Die Hypothesen über den Zusammenhang zwischen Verhalten und Konservieren sind also z.T. der Intelligenzforschung entlehnt. Zum anderen aber entsprangen sie folgendem Gedankengang:

Erkennen der Invarianz von Quantitäten verlangt genaue Beobachtung der Umweltvorgänge verbunden mit der Fähigkeit, aufeinanderfolgende Situationen in einer Beziehung miteinander zu sehen. Wer kleinere Kinder bei der Lösung solcher Aufgaben beobachtet, kann oft feststellen, daß für sie die Situationen A und A' völlig isolierte Phänomene zu sein scheinen, selbst wenn A' aus A hervorging. So hat z.B. die Situation, in der die Püppchen genau vor ihren Bettchen liegen, nichts mit der daraus entstandenen Situation zu tun, in der die Püppchen eine etwas längere Reihe mit größeren Abständen bilden als die Bettchen. Es ist sogar möglich, daß das Kind logisch widersprüchliche Behauptungen aufstellt (es ist u.U. für es etwas sowohl "gleich viel" als auch "mehr"), ohne darin irgendeinen Widerspruch zu sehen. Daß die meisten Nicht-Konservierer kaum in der Lage waren, sich die neue Situation aus der alten oder aus direkt voraufgegangenen ähnlichen Erfahrungen zu erklären oder von daher vorherzusehen, konnte sehr gut in einem Training beobachtet werden, in dem die Kinder ihre Antworten durch Nachzählen überprüfen konnten. Die meisten Nicht-Konservierer zählten mit einer unglaublichen Ausdauer bei jedem der 16 Items beide Reihen nach. Fragte man sie vor dem Zählen - selbst beim letzten Item -, wie viele Hütchen es denn sein werden, waren viele von ihnen trotz der ständig bekräftigten Zählerfahrung bei den voraufgegangenen Items nicht dazu in der Lage.

Wagt man ein gewisses Maß an Spekulation und überlegt, wie die Welt für ein Kind beschaffen ist, das sich eine Situation nur aus dem momentan Gegebenen zu erklären versucht und sich diese weder aus dem Voraufgegangenen herleiten noch die Wirkung von Veränderungen vorhersehen kann, dann müßte eine solche Welt voller unvorhergesehener Überraschungen sein, denen man mehr oder minder ausgeliefert ist (n.b. es ist in diesem Zusammenhang interessant, daß das Ordnen von Bildgeschichten, wie etwa im HAWIK oder im BÜHLER-HETZER-Entwicklungstest, Kindern unter sechs Jahren oft äußerst schwer fällt; in der Untersuchung von ELKIND, 1961, korrelierten die Invarianzaufgaben am höchsten mit BO). Es muß sich also ständig diesen unerwarteten Gegebenheiten anpassen. Für das Verhalten könnte man daraus schließen, daß Kinder, die das Niveau der konkreten Operationen noch nicht erreicht haben, stark situationsanfällig und unausgeglichen sind. Eine Reihe von Kindergärtnerinnen, deren Schützlinge wir untersuchten, berichteten uns spontan, daß etwa ein halbes Jahr vor der Einschulung das Verhalten der Kinder sich häufig auffallend wandle: sie würden ruhiger," vernünftiger", beständiger. Interessant ist in diesem Zusammenhang auch die Untersuchung von BERGER, PRENTICE et al. (1969), in der sich gleichaltrige normale und verhaltensgestörte Kinder in ihrem Kausaldenken, erfaßt mit PIAGET-Fragen über die Ursachen, die ein Auto zum Fahren bringen, Gegenstände schwimmen oder sinken lassen, Nacht werden lassen, und zur immanenten Gerechtigkeit, deutlich zu ungunsten der gestörten unterschieden. Nach 18 Monaten therapeutischer Behandlung von Eltern und Kindern der Erziehungsberatungsgruppe hatten sich die Unterschiede ausgeglichen. Weiterhin haben sich Hinweise gefunden, daß geistig gestörte Erwachsene (Schizophrene) ihre Überzeugung von der Invarianz der Anzahl, z.B., häufig wieder verlieren(HOOPER, 1967, mündliche Mitteilung). Bezogen auf diese Informationen müßte man vermuten, daß Konservierer in ihrem Verhalten eher als ausgeglichen, sicher, aktiv, jedoch in ihrer Aktivität und Impulsivität angemessen gesteuert beschrieben werden, Nicht-Konservierer dagegen als unausgeglichener, unsicherer und ungesteuerter in ihrer Aktivität und Impulsivität. Die vorn berichteten Ergebnisse von GOLDSCHMID (1968) und PETERS (1970) bestätigen dies teilweise.

Die im folgenden berichteten Untersuchungsergebnisse sind nur als ein noch unvollkommener Versuch aufzufassen, dieser Beziehung zwischen Kognition und Persönlichkeit näher zu kommen. Gezieltere Untersuchungen in dieser Richtung stehen noch aus.

12.32 Methode

12.321 Erzieherbeurteilungen

Aus den Beschreibungen von Kindergartenkindern in dem Artikel von KAGAN, MOSS und SIGEL (1963) wurden sechs Bereiche ausgewählt, die die Autoren für die Intelligenzentwicklung als bedeutsam bezeichnet hatten, und als Alternativfragen den Kindergärtnerinnen mündlich zur Beurteilung vorgebracht. Es sind dies:

1. Ist X altersgemäß entwickelt - oder nicht altersgemäß entwickelt? (Später wurde hinzugefügt: oder mehr als altersgemäß entwickelt.)
2. Verteidigt sich X, wenn X von Gleichaltrigen geärgert oder angegriffen wird - oder weicht X eher aus?
3. Ist X beim Spielen eher ausdauernd und wenig abgelenkt - oder ist X eher wenig ausdauernd und leicht ablenkbar?
4. Ist X eher ruhig - oder eher impulsiv?
5. Ist X motorisch eher lebendig - oder eher ruhig?
6. Spielt X gern für sich - oder kann er sich nicht gut allein beschäftigen?

Die Kategorien 2 - 6 sollten reflektives bzw. impulsives Verhalten charakterisieren. Unter "impulsiv" (in Tab. 67 mit score "1" bezeichnet) fallen dann die Merkmale: verteidigt sich, ist leicht ablenkbar, ist eher impulsiv, ist eher motorisch lebendig, kann sich nicht gut allein beschäftigen. Für jedes Kind wurde außerdem zusammengezählt, in wie vielen Kategorien es in dieser Richtung beschrieben wurde.

12.322 Verhaltensratings

Die Untersucher selbst versuchten im Anschluß an die Konservierungsaufgaben das Verhalten nach den Dimensionen des Gesamteindruckes von THOMAE (1964, 1962) zu beurteilen (vgl. auch THOMAE, 1968). Sieben der acht 9stufigen Skalen wurden verwendet, nämlich die zu

Antrieb	Angepaßtheit
Stimmung	Steuerung
Anregbarkeit	Sicherheit.
Mitschwingungsfähigkeit	

Die "Differenzierung" konnte aufgrund der Untersuchung nicht beurteilt werden; daher wurde diese Skala fortgelassen. Die Anweisung für die Beurteiler enthielt als weiteren Hinweis, im Zweifelsfalle das dominante Verhalten zu beurteilen und, ebenfalls im Zweifelsfalle, die Skalen als quantitativ und kontinuierlich aufzufassen, da manche Charakterisierungen von Skalenwerten ein qualitativ anderes Verhalten als die benachbarten Stufen zu implizieren schienen.

Diese Skalen waren bisher nur bei Schulkindern und - in abgewandelter Form - bei Erwachsenen angewendet worden. Die offenkundige Schwierigkeit bei ihrer Übertragung auf Kindergartenkinder war die, daß dasselbe Kind innerhalb einer einzigen Stunde sehr unterschiedliches Verhalten zeigen konnte, z.B. anfangs gehemmt und wenig aktiv, nach einer halben Stunde aber fast "umtriebig", oder anfangs mißmutig, gegen Ende heiter oder gar ausgelassen. Diese Schwankungen wurden gesondert erfaßt und in ihrer Richtung und ihrem Ausmaß vom dominanten Verhalten gesondert gewertet. Es gibt also für jede Skala zwei Scores.

Die Beurteilerreliabilität wurde zum einen überprüft zwischen einem und demselben Untersucher und drei wechselnden Beobachtern (bei N = 28 Kindern) und einem konstanten Beobachter mit zwei verschiedenen Untersuchern (N = 51). Die Korrelationen werden in Tab. 66 wiedergegeben.

Tabelle 66: Beurteiler-Reliabilität bei den Dimensionen des psychologischen Gesamteindrucks

	N = 28	N = 51
Antrieb	r = .841	rho = .941
Stimmung	.946	.840
Anregbarkeit	.895	.974
Mitschwingungsfähigkeit	.874	.980
Angepaßtheit	.933	.980
Steuerung	.942	.778
Sicherheit	.917	.982

Damit ist eine im allgemeinen ausreichende Beurteilerreliabilität gewährleistet

12.33 Versuchspersonen

Die Versuchspersonen sind dieselben wie in den voraufgegangenen Untersuchungen; bei den Erzieherbeurteilungen liegen keine Informationen für die Schulanfänger vor.

12.34 Ergebnisse

12.341 Erzieherbeurteilungen

Die Erzieherbeurteilungen in den einzelnen Bereichen differenzieren kaum Konservierer (Kriterium: Aufgabe Anzahl III) und Nicht-Konservierer, wie Tab. 67 zeigt. Als einzige Ausnahme wurden Konservierer häufiger als "ausdauernd und wenig abgelenkt" beurteilt. Bei genauerer Analyse der Daten traf dies jedoch nur für die Jungen zu.

Tabelle 67: Erzieherbeurteilungen bei Konservierern und Nicht-Konservierern (in % von N = 127 NK, 57 K)

		1	2	3	
1. Entwicklungsstand	K	3,5	94,7	1,8	1 = nicht altersgemäß
	NK	13,4	85,0	1,6	2 = altersgemäß
2. Selbstdurchsetzung	K	75,4	22,8		1 = verteidigt sich
	NK	65,4	33,9		
3. Ablenkbarkeit	K	28,1	71,9		1 = ablenkbar
	NK	40,2	56,7		
4. Impulsivität	K	33,3	66,7		1 = impulsiv
	NK	39,4	58,3		
5. Motorik	K	40,4	56,1		1 = lebendig, unruhig
	NK	48,8	48,8		
6. Spielverhalten	K	38,6	57,9		1 = kann nicht allein spielen
	NK	33,1	53,5		

Die %-Zahlen addieren sich nicht immer genau auf 100, da einige Kindergärtnerinnen die Kinder nicht einer Kategorie allein zuordnen wollten.

Auch die Häufigkeit der Zuordnung eines Kindes zum "score" 1 (max. 5 Rangplätze) ergab nur völlig insignifikante tau-Korrelationen mit den Konservierungsaufgaben zwischen tau = -.046 und +.047.

Sofern dieses grobe Verfahren überhaupt das erfaßte, was KAGAN und MOSS als kritische Verhaltensweisen im Kindergarten ansahen, dann findet die Hypothese, "reflektives" Verhalten und Konservieren hingen zusammen, hier keine Bestätigung.

12.342 Verhaltensratings

Im Unterschied zu den Erzieherbeurteilungen differenzierten alle Verhaltensbereiche des psychologischen Gesamteindruckes zwischen den Kindern, die bei der Anzahl-III-Aufgabe die Invarianz erkannten,und denen, die sie verneinten, wie aus Tab. 68 hervorgeht.

Tabelle 68: Psychologischer Gesamteindruck bei Konservierern und Nicht-Konservierern

Gruppe		N	Bereich	Median	Mittel	Streuung	t	p % (eins.)
Antrieb	K	86	3 - 8	5,76	5,73	1,10	4,49	0,05
	NK	145	1 - 9	4,93	4,98	1,46+		
Stimmung	K	86	2 - 9	5,95	5,90	1,43	3,92	0,05
	NK	145	1 - 9	5,30	5,10	1,68		
Anregbarkeit	K	86	3 - 8	6,10	6,02	1,37	4,89	0,05
	NK	145	1 - 9	5,19	5,16	1,34		
Mitschwingungsfähig.	K	86	2 - 8	5,89	5,76	1,44	4,67	0,05
	NK	145	1 - 9	4,90	4,90	1,40		
Angepaßtheit	K	86	2 - 8	5,67	5,72	1,28	5,76	0,05
	NK	145	2 - 9	4,84	4,81	1,18		
Steuerung	K	86	1 - 8*	5,22	5,22	1,45	3,82	0,05
	NK	145	2 - 9	4,55	4,54	1,10++		
Sicherheit	K	86	2 - 8	5,47	5,56	1,05	5,41	0,05
	NK	145	2 - 7	4,81	4,76	1,18		

* der score "2" war hier gar nicht besetzt
+ Varianzen sign. heterogen; ++ Varianzen sehr sign. heterogen

Dabei waren im allgemeinen die Unterschiede innerhalb der Gruppe der Jungen größer als innerhalb der der Mädchen; andererseits hatte kein Mädchen, das konservieren konnte, einen niedrigeren Ratingscore als 3 bei allen außer der letzten Dimension.

Als Bestätigung der aufgestellten Hypothese zeigt sich bei den Konservierern im allgemeinen eine Restriktion des Wertebereiches: die im allgemeinen negativ bewerteten extremen scores fehlen fast ganz; die meisten Werte liegen zwischen den scores 5 und 7/8, bei den Nicht-Konservierern dagegen zwischen 3 und 6.

Tab. 69 veranschaulicht die Verteilung der Skalenwerte bei den Dimensionen "Steuerung" und "Sicherheit". Doppelt so viele Konservierer als Nicht-Konservierer wurden als "nur in Teilbereichen gesteuert" eingestuft, das heißt, daß sie je nach Situation konzentriert und gesammelt oder unkonzentriert und ablenkbar waren. Nur bei sehr wenigen Nicht-Konservierern, jedoch mehr Konservierern, wurde dagegen das Verhalten als "beherrscht" oder sogar "planvoll" und "verstandesbestimmt" beurteilt. Bezüglich der Sicherheit ist die Gegenüberstellung der scores 4 und 7 aufschlußreich: 30 % der NK, aber nur 9 % der K wurden als "zum Teil sicher; das Gefüge der Reaktionen wirkt bestimmten Anforderungen gegenüber gefestigt, bei anderen zeigt sich Ängstlichkeit und Zaghaftigkeit" eingestuft, jedoch 20 % der K und nur 5 % der NK als "sicher, bestimmt" ohne Anzeichen von Ängstlichkeit oder Unselbständigkeit bzw. Überkompensationen von Ängstlichkeit.

Tabelle 69: Prozentuale Verteilungen von Konservierern und Nicht-Konservierern auf die Skalenwerte bei den Dimensionen "Steuerung" und "Sicherheit"

Skalenwerte:		1	2	3	4	5	6	7	8	9
Steuerung	K	1,2	-	8,1	17,4	31,0	19,8	19,8	2,3	-
	NK	-	4,1	9,0	35,2	37,9	9,7	3,4	-	0,7
Sicherheit	K	-	1,2	1,2	9,3	39,5	27,9	19,8	1,2	-
	NK	-	6,9	6,9	30,3	32,4	22,8	4,8	-	-

Einen weiteren Aufschluß geben die sog. "Schwankungswerte", die die ebenfalls beim gleichen Kind aufgetretenen Intensitätsgrade ausdrücken sollen. Tab. 70 gibt diese Schwankungen als Abweichungen vom score wieder.

Tabelle 70: Positive und negative Abweichungen vom Ratingscore bei den Dimensionen des Gesamteindrucks

		positiv					negativ					
		1	2	3	4	5	1	2	3	4	5	K
Antrieb	K%	21,5	-	-	1,1	-	15,9	-	-	-	-	61,4
	NK%	27,0	2,0	-	0,7	0,7	11,5	0,7	-	-	-	57,4
Stimmung	K%	30,7	2,3	-	2,3	-	5,7	2,3	-	-	-	56,7
	NK%	26,3	6,8	2,0	0,7	1,3	8,1	1,3	1,3	-	-	52,2
Anregbark.	K%	21,6	-	-	1,1	-	9,1	1,1	-	-	-	67,1
	NK%	23,6	2,7	-	-	-	6,8	1,3	0,7	-	-	64,9
Mitschwingungsfähig.	K%	23,9	1,1	-	-	-	11,4	-	-	1,1	-	62,5
	NK%	18,9	2,7	0,7	1,3	-	14,2	1,3	-	-	-	60,9
Angepaßtheit	K%	19,3	1,1	-	1,1	-	11,4	3,4	-	-	-	63,7
	NK%	17,6	4,0	4,0	-	-	7,4	3,4	0,7	-	-	62,9
Steuerung	K%	26,1	1,1	-	-	-	5,7	-	-	1,1	-	66,0
	NK%	16,2	-	-	-	0,7	16,9	0,7	0,7	-	-	64,8
Sicherheit	K%	28,4	-	-	1,1	-	6,8	-	-	-	-	63,7
	NK%	18,2	2,0	-	-	-	8,8	1,3	0,7	-	0,7	68,3

Bei mehr als einem Drittel der Kinder konnten die Beurteiler sich nicht auf eine einzige Skalenposition festlegen. Die meisten Abweichungen betreffen aber nur einen Skalenschritt, wobei offenbar die Tendenz vorherrschte, für das durchgängige Verhalten eher die niedrigere Bewertung zu wählen. Die Unterschiede zwischen der Beurteilung von K und NK sind im allgemeinen nur geringfügig. Auffallend ist jedoch, daß die K, die ohnehin als viel gesteuerter als die NK angesehen wurden, überwiegend nur positive Abweichungsscores aufweisen, also zwischendurch noch aufgabenbezogener und konzentrierter waren; bei den als weniger ausdauernd und gesteuert beurteilten NK finden sich Abweichungen nach beiden Enden der Skala gleich häufig. Auch bezüglich der Sicherheit muß man annehmen, daß die bereits deutlichen Unterschiede zwischen K und NK eher unter- als übertrieben waren. (Dabei sollte jedoch berücksichtigt werden, daß etwa die Hälfte der Kinder im Anschluß an die Invarianzaufgaben bereits den ersten Teil eines Trainings mitmachten; das Verhalten hierbei ging mit in die Ratings ein.)

Da die Unterschiede zwischen K und NK bei allen Dimensionen des Gesamteindrucks in etwa die gleiche Richtung weisen, besteht die Frage, inwieweit die Skalen voneinander unabhängig sind. Tab. 71 gibt die Interkorrelationen zwischen den Dimensionen wieder.

Tabelle 71: Interkorrelationen der Dimensionen des Gesamteindrucks (N = 249) (Produkt-Moment-Korrelationen)

	Antr.	Stimmg.	Anregb.	Mitschw.	Angep.	Steurg	Sicherh.
Antrieb	-	.737	.669	.659	.512	.090ns	.615
Stimmung	-	-	.686	.697	.517	.122ns	.530
Anregbarkeit	-	-	-	.780	.592	.317	.536
Mitschwing.	-	-	-	-	.612	.285	.525
Angepaßtheit	-	-	-	-	-	.430	.557
Steuerung	-	-	-	-	-	-	.302

Die Befürchtung erwies sich als nicht unberechtigt, denn die meisten Korrelationen sind sehr hoch. Eine Faktorenanalyse verbietet sich jedoch, da die meisten Dimensionen eine kurvilineare Beziehung zueinander haben, die Korrelationen jedoch nur ihren linearen Anteil erfassen. Auch tau-Korrelationen, die nur eine Rangordnung der scores zur Voraussetzung machen, lösen dieses Problem nicht. Es bleibt die Frage, inwieweit eine revidierte Form des psychologischen Gesamteindruckes, etwa in der Art, wie sie in der Gerontologischen Untersuchung des Bonner Psychologischen Instituts Verwendung fand (THOMAE, 1968, S. 126 - 129),auch auf das Verhalten von Kindergartenkindern angewendet werden kann.

Zur Absicherung und Differenzierung der Ergebnisse bei den Mittelwertsunterschieden gibt Tab. 72 die Zusammenhänge zwischen den Verhaltensdimensionen und den Invarianzaufgaben wieder.

Tabelle 72: Korrelationen zwischen Invarianzaufgaben und den Dimensionen des Gesamteindrucks (N = 245)(Produkt-Moment-Korrelationen)

	Antrieb	Stimmg.	Anregb.	Mitschw.	Angep.	Steuerg.	Sicherh.
Anzahl I	.254	-.184s	.281	.265	.209ss	.187s	.282
" II	.251	.208ss	.267	.275	.237	.162s	.259+
" III	.298	.218	.303	.291	.329	.233+	.316+
Länge I	.135ns	-.015ns	.067ns	.064ns	.190s	.160s	.191s+
" II	.266	.180s	.294	.242	.266	.219s	.304+
Menge I	.281	.178s	.302	.269	.247	.224+	.265+
Menge II	.091ns	.053ns	.124ns	.112ns	.044ns	.065ns	.126ns

Alle Korrelationen sind, wenn nicht anders angegeben, auf dem 0,1 %-Niveau signifikant
+ = nicht linear

Die geringste Beziehung zum Erfassen der Invarianz hatten die Dimensionen "Stimmung" und "Steuerung", die höchsten die Anregbarkeit, Sicherheit, Mitschwingungsfähigkeit und Angepaßtheit. Dies stimmt, zumindest inhaltlich, mit den Ergebnissen bei den Verhaltensbeschreibungen (Bonner Untersuchung II) überein.

Dort fanden sich ebenfalls die geringsten Beziehungen zwischen dem Ausmaß der Konzentration einerseits und den Invarianzaufgaben andererseits. Konzentration und Ausdauer, erfaßt mittels der Verhaltensbeschreibungen, zeigen aber eine hohe Affinität zur Dimension "Steuerung" der Verhaltensratings (vgl. Tab. 73). Die Sicherheit scheint einen engen Zusammenhang mit dem Verhalten zu Untersuchungsbeginn und der Bereitschaft mitzuarbeiten zu haben. Gut gelaunte Kinder bereits bei Untersuchungsbeginn sind offensichtlich aktiver und gleich von vornherein anregbar und interessierbar und geben auch mehr Konservierungsantworten. Während hohe Konfliktintensität eher mit Unsicherheit gepaart war, scheint selbständige Konfliktverarbeitung eher mit Sicherheit und Umstellungsfähigkeit (Angepaßtheit) und lebhaftem Kontakt mit dem VL zusammenzuhängen.

Diese Beschreibungen des Verhaltens von "Konservierern" und "Nicht-Konservierern"gelten, wie auch in allen vorangegangenen Untersuchungen, nicht für die MÜLLER-LYER-Längenaufgabe und die Saftaufgabe

Tabelle 73: Korrelation der Verhaltensbeschreibungen mit den Dimensionen des Gesamteindrucks (tau-Korrelationen)

	N	Antrieb	Stimmung	Anreg-bark.	Mit-schw.	Ange-paßth.	Steue-rung	Sicher-heit
Start	176	.364+	.445+	.387	.349	.247	.195	.285
Leistungs-bereitsch.	179	.205	.251+	.375+	.386	.305	.315+	.229
Aufmerk-samkeit	179	.018ns+	.165	.358+	.325+	.207	.388+	.152ss
Konzen-tration	180	.047ns+	.065ns	.244+	.225+	.262	.484+	.124s
Ausdauer	181	.049ns+	.060ns	.207+	.196+	.261+	.415+	.127s
Konflikt-intensit.	157	-.008ns-	.055ns	-.010	-.004	-.132s	.023ns	-.197
Konflikt-verarb.	128	.180ss	.134s	.134s	.211	.204	.078ns	.133s

Alle Korrelationen sind, wenn nicht anders angegeben, auf dem 0,1 %-Niveau signifikant
\+ = nicht linear

zur Invarianz der Flüssigkeitsmengen, wobei diese Inkongruenz auf den mehrdeutigen Charakter zumindest bei ersterer Aufgabe zurückgeführt wird.

12.35 Zusammenfassung

Insgesamt zeigen aber diese Ergebnisse, daß Verhalten und Invarianzüberzeugung eng miteinander zusammenhängen. Dies konnte jedoch nur für solches Verhalten festgestellt werden, das in der für die Kinder neuen und fremden Untersuchungssituation selbst beobachtet wurde. Es ist durchaus denkbar, daß es auf vertraute Situationen weniger zutrifft.

Kinder, die von der Invarianz von Anzahlen, Mengen und Längen weitgehend überzeugt waren, verhielten sich gleich von Beginn an sicherer und aufgeschlossener, sowohl was ihre Beziehung zu den gestellten Aufgaben betraf wie auch die zum Versuchsleiter. Sie waren aktiver und interessierbarer, z.T. auch fröhlicher und konnten sich rascher auf neue Situationen umstellen, insbesondere aber auch auftretende Schwierigkeiten selbständiger lösen. Welche

Beziehung hier zwischen Ursache und Wirkung besteht, kann nicht eindeutig gelöst werden. Die kurvilinearen Beziehungen gerade zur Dimension der Sicherheit (scores 2, 3, 4 und 7 relativ stärker von NK besetzt, scores 5 und 6 dagegen von K) geben der Hypothese Stützung, daß echte, widerstandsfähige Sicherheit eher eine Folge der Invarianzüberzeugung ist, der Möglichkeit, Umweltgeschehnisse zumindest bereits teilweise in einem zusammenhängenden und ergründbaren Beziehungsgeflecht zu sehen, mangelnde Invarianzüberzeugung dagegen eher Unsicherheit, auch in ihren kompensierten Formen, mit sich bringt.

Es wäre eine weitere Aufgabe festzustellen, ob Nicht-Konservierer, die bereits einen gewissen kindlichen "Empirismus" entwickelt haben, d.h. sich ihre Antworten in den Umweltgegebenheiten (statt z.B. beim Erwachsenen) suchen und dabei eine durchaus meistens zutreffende Systematik entwickelt haben (z.B. Anzahl einer Reihe von Gegenständen stets nach der Länge, Flüssigkeitsmenge stets nach dem Wasserspiegel beurteilen), die jedoch außer in den üblichen Standardsituationen unvollkommen ist (da sie nur <u>eine</u> Dimension beachten), auch im Verhalten anders sind als solche Kinder, die sich ihre Antworten in jeder Situation nach ganz neuen, gerade augenfälligen Gesichtspunkten suchen. Die Untersuchungsergebnisse von ROTHENBERG (1968, 1969a,b) mit der Unterscheidung von "konsistenten" und "nicht-konsistenten" Nicht-Konservierern zeigen ebenfalls, daß ein solcher Ansatz fruchtbar wäre und möglicherweise für die Erforschung der Persönlichkeitsentwicklung von Kindern Bedeutung haben könnte.

12.4 Invarianzbegriffe und Persönlichkeit

In diesem Kapitel wurde versucht, die Denkentwicklung im Sinne PIAGETs zur Entwicklung in anderen - kognitiven und nicht kognitiven - Bereichen in Beziehung zu setzen. Der Gedanke dabei war, eine Art Konstruktvalidierung durchzuführen, die über das durch PIAGET-Aufgaben gesteckte Gebiet hinausgeht. Die große Menge an Untersuchungen zur Anzahlinvarianz hat ja eigentlich nur Bedeutung, wenn sie uns zu entwicklungspsychologisch wesentlichen Erkenntnissen über den engen Rahmen der Aufgaben selbst hinaus verhilft. Was bedeutet es für das Denken und Verhalten eines Kindes (oder Jugendlichen), wenn es nicht über diese Invarianzbegriffe verfügt?

Die in diesem Kapitel berichteten Ergebnisse lassen den Schluß zu, daß die Entwicklung im Bereich der Invarianzbegriffe kein isoliertes Phänomen ist. Wenn - in sehr groben Zeitmaßen gesehen - auch eine gewisse Beziehung zur Intelligenzentwicklung, wie sie in den üblichen Tests gemessen wird, besteht, werden bei der Überprüfung der Invarianzbegriffe offenbar Denkcharakteristika erfaßt, die in den Intelligenztestergebnissen nicht genügend zum Ausdruck kommen. Die beobachteten Verhaltensweisen lassen den Schluß zu, daß sich Kinder mit und ohne diese Denkcharakteristika in gewohnten Situationen nicht unterscheiden (Beurteilungen der Kindergärtnerinnen; außerdem ergaben sich keinerlei Unterschiede in den Verhaltens-Ratings im Nachtest 1 Tag später bei über 100 Kindern, die ein spezielles Training zum Invarianzerkennen mitmachten, obgleich das Training auf die Antworten selbst kaum Einfluß nahm); inwieweit dies nur auf Kinder der untersuchten Altersgruppe zutrifft (d.h. normalentwickelte Kinder), muß noch überprüft werden. In neuen, ungewohnten Situationen scheinen sich jedoch "Konservierer" rascher, sicherer und angepaßter zurechtzufinden als "Nicht-Konservierer" gleicher Altersgruppe. Die eingangs aufgestellte Hypothese, daß "Konservieren" u.a. bedeutet, daß das Kind in der Lage ist, aufeinanderfolgende Situationen aufeinander zu beziehen, eine aus der anderen zu erklären oder vorherzusagen, findet auch im Verhalten der Kinder eine Bestätigung. Dies dürfte die wesentlich psychologische Bedeutung von PIAGETs Gruppierungen und Gruppen sein.

Es soll jedoch nicht vergessen werden, daß sich mit den ersten Invarianzbegriffen (und der Anzahlbegriff ist einer der ersten) erst Ansätze in dieser Richtung zeigen. Es wäre interessant zu beobachten, ob sich auch beim weiteren Verlauf der Denkentwicklung solche Beziehungen zum Verhalten zeigen, wobei das Verhalten Ausdruck der subjektiven Interpretation der Umweltereignisse ist, diese Interpretation in ihrer formalen Eigenart wiederum abhängig von der Denkentwicklung ist.

13. Funktionsanalyse

Während in den vorangegangenen Kapiteln eine deskriptive Analyse der Entwicklung des Zahlbegriffes bei Kindern vorgenommen wurde, sollen nun diejenigen Befunde zusammengestellt werden, die versuchten, die Entwicklungsfaktoren und -bedingungen aufzudecken, die als verantwortlich für die Weiterentwicklung anzusehen sind. Solche Überblicke sind schon mehrfach erstellt worden (KOHLBERG, 1968; WALLACH, 1969; SIGEL u. HOOPER, 1968); auf sie wird im folgenden gelegentlich zurückgegriffen. Andererseits werden nur solche Untersuchungen berücksichtigt werden, die direkt mit dem Zahl- und Mengenbegriff zu tun haben oder aber den theoretischen Hintergrund der Trainingsuntersuchungen schärfer beleuchten. Dabei soll die pädagogisch orientierte Frage, wie man am besten ein Kind vom voroperationalen zum operationalen Denken bringen kann, hinter der entwicklungspsychologischen Frage, warum ein Kind mit dieser, aber nicht mit jener Methode in seiner Entwicklung beeinflußt wird, ein wenig zurückstehen. Dies geschieht u.a. aus der Überzeugung, daß man vorsichtig sein sollte, vorschnell pädagogische Ziele aufzustellen und zu verwirklichen zu trachten, bevor man sich der Mühe unterzogen hat, vom Podest des Erwachsenen herabzusteigen und die Welt des Kindes kennenzulernen. Selbstverständlich besteht dann die Möglichkeit, aus den gewonnenen Erkenntnissen eine stärker kindzentrierte Pädagogik abzuleiten (vgl. auch KOHLBERG, 1968).

13.1 Literaturübersicht

Die ausführlichste Darstellung über die "Grundlagen des Konservierens" gab Lise WALLACH (1969). Sie diskutiert die verschiedenen vorgeschlagenen Faktoren und weist ihre letztliche Unzulänglichkeit für die Erklärung der Entwicklung der Invarianzentwicklung auf. Ihre Argumente sollen hier nicht im einzelnen aufgegriffen werden, vielmehr wird zunächst versucht werden, die verschiedenen Ansätze und ihre theoretische Fundierung darzustellen, um dann insbesondere auf diejenigen Untersuchungen einzugehen, die verschiedene Ansätze gegeneinander zu prüfen versuchten. Zu dieser letzteren Gruppe von Untersuchungen zählt auch die eigene, über die im Anschluß berichtet werden wird.

13.11 Globale Ansätze: Anlage-Umwelt-Diskussion

In einer Reihe älterer Darstellungen wurde PIAGET häufig als Vertreter einer reinen Reifungskonzeption mißverstanden (vgl. BERGIUS, 1959), so daß bis heute noch bei manchen Untersuchern, die mit ihren Trainings einigen Erfolg erzielten, ein gewisser Stolz darüber mitschwingt, PIAGET in gewisser Weise widerlegt zu haben (z. B. KOHNSTAMM, SULLIVAN, ROTHENBERG). Daß Umwelterfahrung für die kognitive Entwicklung des Kindes unerläßlich ist, hat PIAGET nie geleugnet, nur war sein eigenes Untersuchungsziel etwas anders orientiert.

13.111 Soziale Schicht als Repräsentat für bestimmte Erfahrungsmöglichkeiten

Einen globalen Eindruck über die Wirkung von Umwelteindrükken geben die bereits zur Feststellung der Universalität der Invarianzbegriffsentwicklung herangezogenen Untersuchungen. Nimmt man die soziale Herkunft als Repräsentanten für unterschiedliche Erfahrungsmöglichkeiten, Sprachstile und Erziehungsstile, dann zeigt die Mehrzahl der Untersuchungen, daß diese Faktoren offensichtlich für die Zahlbegriffsentwicklung von Bedeutung sind (ALMY, CHITTENDEN und MILLER, 1966; ROTHENBERG in allen ihren Untersuchungen; BAKER und SULLIVAN, 1970). Auch unsere eigenen Untersuchungen bestätigen dies. So stammten die "Konservierer" bei der Anzahl-III-Aufgabe im allgemeinen aus gehobenerem Milieu als die Nicht-Konservierer, abgesehen von der Tatsache, daß sie auch etwas älter waren als letztere (Alter und sozioökonomischer Status aber nicht miteinander korrelierten). Tab. 74 gibt die Verteilung auf die sechs sozioökonomischen Gruppen wieder. Die mit dieser am Bildungsgrad des Vaters orientierten Skala erfaßten Einflüsse sind demnach mitverantwortlich dafür, ob ein Kind in der untersuchten Altersgruppe zu den "Konservierern" zählt. Der sozio-ökonomische Status korrelierte mit allen Invarianzaufgaben

Tabelle 74: Sozio-ökonomischer Status bei Konservierern und Nicht-Konservierern (in %)

Sös	N	1	2	3	4	5	6	z*	p%
K	87	1,15	2,30	26,44	14,94	14,94	40,23	3,28	0,05
NK	145	6,21	18,62	19,31	17,93	11,71	26,21		

Erklärung der Gruppen s.S. 195; * U-Test nach MANN u. WHITNEY

signifikant zwischen tau = .145 (Länge II) und tau = .220 (Anzahl II), außer mit der MÜLLER-LYER-Aufgabe (tau = . 067). Kinder aus gehobeneren sozialen Schichten konnten besser zählen (tau = -.214), erfaßten besser das Prinzip von Addition und Subtraktion (tau = -.203) und lösten auch die Mengenaufgabe im FST besser (tau = .238), waren also insgesamt sicherer im Umgang mit Quantitäten und Zahlen. Sie waren sicherer gleich zu Untersuchungsbeginn (tau = .141), aufmerksamer und leistungsbereiter (tau = .143 und .110) und selbständiger in der Konfliktverarbeitung (tau = . 150), während sich zur Ausdauer und Konfliktintensität keine Beziehung zeigte und zur Konzentration nur eine Tendenz. Unter den Verhaltensratings korrelierte die soziale Herkunft am ehesten mit der Mitschwingungsfähigkeit (tau = .148), Anregbarkeit (.127) und mit dem Antrieb (tau = .120); außerdem waren Kinder aus höheren Schichten häufiger als fröhlicher und sicherer beurteilt worden (tau = .086 und .084); zur Angepaßtheit und Steuerung zeigte sich nur eine nicht-signifikante positive Beziehung. Dieser Verhaltenskatalog stimmt gut mit den Darstellungen BERNSTEINs (1959) über die charakteristischen Unterschiede zwischen sozialen Schichten und den in ihren Sprachstilen sich ausdrückenden Auffassungs- und Denkweisen überein. ROTHENBERG (1969b) fand, daß Kinder einfacher sozialer Herkunft weniger gut als ihre Altersgenossen aus der Mittelschicht von einer Testsituation auf die nächste generalisieren konnten; sie profitierten also weniger aus der reinen Wiederholung der Situation (Distanz- und Anzahlkonservieren) und waren nicht in der Lage, ihre Antworten zu begründen ("weiß nicht"-Antworten). SCHOLNICK und OSLER (1969) weisen darauf hin, daß diese Kinder größere Schwierigkeiten haben, eine ihnen gestellte Aufgabe zu analysieren. Es hilft ihnen also, wenn das Problem genauer definiert wird, insbesondere aber auch, wenn ihnen der Lösungsweg am

Beispiel gezeigt wird. Wenn nicht bereits im Elternhaus eine wahrnehmungsorientierte analytische Aufmerksamkeit gefördert wird, kann Schulbesuch nach GREENFIELD (1966) und GOODNOW (1969) in diese Richtung wirken und die Weiterentwicklung der Invarianzbegriffe begünstigen.

2. Gelenkte Unterweisung

Einige Untersuchungen berichten über Versuche, durch gelenkte Unterweisung im Kindergarten und in der Schule die Entwicklung der Invarianzbegriffe zu beschleunigen. So berichtet CHURCHILL (1958) von hochsignifikanten Verbesserungen beim Konservieren der Anzahl nach 4 Wochen gelenktem Spiel mit Spielsachen und Formen bei acht fünfjährigen Kindern. Diese Überlegenheit im Vergleich zur Kontrollgruppe sei noch nach drei Monaten feststellbar gewesen. Besonders wichtig hielt CHURCHILL dabei die Übung im echt quantifizierenden Zählen. - ELKIND (1967b) verwies auf einige Übereinstimmungen zwischen PIAGET und MONTESSORI, so daß man annehmen kann, daß das Training mit dem MONTESSORI-Material im Ordnen, Klassenbilden und Beachten von verschiedenen Dimensionen positiv auf die Invarianzentwicklung wirkt. KOHLBERG, der die MONTESSORI-Methode in ein Head Start Programm für 3- bis 4jährige eingliederte, stellte zwar ein anfängliches starkes Ansteigen des IQ um ca. 14 Punkte fest, das jedoch keine Entsprechung bei den PIAGET-Aufgaben fand. Den IQ-Zuwachs begründet er weniger durch eine Veränderung der Intelligenz selbst als vielmehr durch bessere Aufmerksamkeit der Kinder und besseren Rapport mit den Erwachsenen, zumal nach dem anfänglichen Spurt der IQ über die weiteren 1 1/2 Jahre stagnierte (KOHLBERG, 1968). Über solche eher motivational als strukturalbegründbaren Leistungsveränderungen durch Kindergartenbesuch berichten auch ZIGLER und BUTTERFIELD (1968). Eine gewisse Bestätigung finden KOHLBERGs Ergebnisse in der Untersuchung von BALL und CAMPBELL (1970), die 16 Kinder drei Wochen lang täglich 30 bis 40 Minuten lang mit MONTESSORI-Material trainierten und im Vergleich zu einer gleichaltrigen Kontrollgruppe (5;6 Jahre im Durchschnitt), die inzwischen mit Puzzles spielte, nicht nur keine Verbesserungen im Konservieren des Volumens fanden, sondern geradezu ein fast signifikantes gegenteiliges Ergebnis: die trainierten Kinder gaben weniger, die Kontrollkinder mehr richtige Antworten beim Nachtest. Auch in eigenen Untersuchungen (Vordiplomarbeit BORBERG, 1971), in der 40 Kinder aus MONTESSORI-Kindergärten die in der Bonner Untersuchung I beschriebenen Aufgaben erhielten, zeigte sich bei den 4- bis 6jährigen Kindern kein Unterschied in der Häufigkeit von "Konservierern" des Anzahlbegriffes; bei den über 6jährigen zeigte sich sogar eine leichte Tendenz zugunsten der Kinder aus FRÖBEL-Kindergärten.

Relativ globale Trainings, die jedoch direkt auf die Übung des Zahlbegriffs und der verschiedenen Aspekte des Invarianzparadigmas ausgerichtet waren, führten im Unterschied zum MONTESSORI-Training zu bedeutsamen Fortschritten der trainierten gegenüber den nichttrainierten Kindern (SCHMALOHR und WINKELMANN, 1969; ROTHENBERG und OROST, 1969). SCHMALOHR und WINKELMANN weisen jedoch darauf hin, daß sich die Trainings mit diskontinuierlichen Mengen (Gläsern und Perlen) auf entsprechende Aufgaben mit demselben Material und auch noch auf Zahlinvarianzaufgaben mit provozierter Korrespondenz (Eier und Eierbecher) auswirkte, nicht mehr jedoch auf Invarianzaufgaben zur kontinuierlichen Menge (Plastillin). Sie folgern daraus, daß nicht eine logische Operation, sondern ein aufgabenspezifisches Lösungskonzept gelernt worden sei. ROTHENBERG und OROST berichten über drei Untersuchungen, in denen sie Kindergartenkinder verschiedener sozialer Herkunft 2, 3 bzw. 4 mal je 15 - 20 Minuten trainierten (auch bei SCHMALOHR und WINKELMANN wurde über mehrere Wochen hinweg mehrmals geübt, genaue Angaben liegen jedoch nicht vor). In der jeweils letzten oder vorletzten Übungs-"Stunde" wurde der Versuchsleiter durch ein Kind aus dem ersten Schuljahr unterstützt, das Konservierer war und sich durch besonders gute Begründungen ausgezeichnet hatte; dieser "assistant teacher" half bei den Übungen mit Erklären und Diskutieren. ROTHENBERG meint, daß dieser "assistant teacher" besonders wirkungsvoll gewesen sei; es wäre interessant gewesen, hätte man Kontrollergebnisse von Trainingssitzungen ohne "assistant teacher". (BÖTTCHER (1966) betont ebenfalls die positive Wirkung von kooperativem Lernen Gleichaltriger und gegenseitiger Kontrolle auf den Umgang mit Zahl- und Mengenbegriffen; aber auch hier fehlt eine entsprechende Kontrolluntersuchung). Die trainierten Kinder (untere soziale Schicht bzw. Mittelklasse) gaben im Nachtest durchschnittlich 1,5 bis 2,3 Konservierungsantworten zur Anzahl mehr als im Vortest (von maximal 14), während sich die Kontrollgruppen (eine ohne Training, eine mit irrelevantem Training) in ihren Leistungen nicht verbesserten. Die durch das Training hervorgerufenen Gruppenunterschiede konnten noch nach 2 bzw. 3 Monaten festgestellt werden, wobei der Vorsprung der geübten Kinder sich nicht nur auf die Antworten, sondern auch auf das Niveau der Begründungen bezog; außerdem schnitten sie signifikant besser als die Kontrollkinder bei einer Invarianzaufgabe zur diskontinuierlichen Menge ab, die drei Monate nach dem Training durchgeführt wurde. Das Training hatte also Erfolg, und zwar bei beiden sozialen Gruppen; der Trainingserfolg blieb stabil und generalisierte auf eine andere Aufgabe. Die Anzahl der Trainingssitzungen (ob zwei oder vier) erwies sich dagegen als ein relativ unbedeutender Faktor, was übrigens auch SULLIVAN (1969) bei ganz anderen Trainingstechniken (s.u.) feststellte.

3. Zusammenfassung

Es muß also mit WEINERT (1967) und gegen KOHLBERG (1968) zunächst festgestellt werden, daß die Entwicklung des Invarianzbegriffs der Anzahl durch relativ kurzfristige Lernprozesse beschleunigt werden kann und die Erfolge möglicherweise nicht ganz so spezifisch und vorübergehend sind, wie man aus einer Reihe anderer Untersuchungen annehmen kann. Doch, und darin stimmen die beiden genannten Autoren überein, ist der Lernerfolg u.U. abhängig vom Alter und Entwicklungsstand des Kindes (der sich im einzelnen jedoch möglicherweise nicht mit der Unterscheidung Konservierer - Nicht-Konservierer fassen läßt) und der Art der Trainings.

13.12 Prüfung spezieller Entwicklungsfaktoren

Die Mehrzahl der Untersuchungen entwickelt die verwendeten Trainings aus verschiedenen Lern- und Entwicklungstheorien. Dabei beruft man sich am häufigsten auf die klassische Lerntheorie mit ihren vielen Abwandlungen, auf BRUNER, auf SMEDSLUND und auf PIAGET selbst, wobei die Grenzen - besonders wenn man die Trainings genauer untersucht - recht fließend sind.

1. Lerntheoretischer Ansatz

Nach KAGAN et al. (1963, S. 73) sind Begriffe "labels for groups of similar things", also Bezeichnungen für eine Gruppe ähnlicher Dinge; sie entstehen nach STEVENSON (1962) dadurch, daß gleiche Reaktionen auf bestimmte Arten von Stimuli erfolgen, die gemeinsame Elemente enthalten, oder aber gleiche vermittelnde Reaktionen (z.B. sprachliche Bezeichnungen) zu diesen Stimuli konditioniert werden; diese Bezeichnungen können dann unabhängig vom Stimulus selbst vorgestellt werden. Nun sind zwei Stimuli entweder von vornherein so verschieden, daß sie unterschiedliche Reaktionen hervorrufen (unkonditionierter diskriminative Stimulus), oder aber ihre Unterscheidung wird allmählich durch Bestärkung der richtigen Reaktion (reinforcement) gelernt (konditionierter diskriminativer Stimulus)(vgl. J.S.WATSON, 1968).

Entsprechend dieser und leicht abgewandelter Vorstellungen hielten viele Untersucher es für den wesentlichen Faktor für den Erwerb der Invarianzbegriffe, daß das Kind aus der Menge der wahrnehmbaren Hinweise ("cues") die für die Anzahl "relevanten" von den "irrelevanten" zu unterscheiden lernte (HALFORD und FULLERTON, 1970; KINGSLEY und HALL, 1967; GOTTFRIED, 1969; ROTHENBERG und OROST, 1969; WALLACH, 1969; WHITEMAN und PEISACH, 1970; PETERS, 1970; BEILIN, 1965; GRUEN, 1965). Dabei wurde das Kind entweder jeweils für seine richtige Reaktion bestätigt (GRUEN, 1965; BEILIN, 1965; SMEDSLUND, 1961b; SMITH, 1968; FLEISCHMAN, GILMORE und GINSBURG, 1966) oder aber Zählen bzw. Messen dienten als diskriminative vermittelnde Reaktionen (GRUEN, 1965; WOHLWILL und LOWE, 1962; KINGSLEY und HALL, 1967). Nach der Versuchs- und Irrtums-Methode übten PETERS (1970) und WEINERT (1967), während SULLIVAN (1969) und WAGHORN und SULLIVAN (1970) das Prinzip des Lernens durch Nachahmung eines Vorbildes erprobten.

Insgesamt sind die Trainingserfolge uneinheitlich. Wenn der diskriminatorische cue geübt wurde durch deutliche Hervorhebung der Merkmale, die die Gleichheit oder Ungleichheit ausmachten - z.B. bei HALFORD und FULLERTON, wo die Kinder aus verschieden großen Gruppen von Puppen die jeweils passenden für die Anzahl der Betten finden mußten, oder bei WHITEMAN und PEISACH, die die zugehörigen Paare durch Verbindungslinien oder Farbe oder gleichzeitiges Verschieben der Paare durch das Kind selbst betonten -, dann zeigte sich im allgemeinen ein gewisser Lernerfolg. Bestätigen der richtigen Antwort allein hatte offensichtlich keinen durchschlagenden Erfolg (BEILIN; SMITH; WOHLWILL und LOWE; FLEISCHMAN et al.; SMEDSLUND, 1961b), während es bei KINGSLEY und HALL (Länge und Gewicht) bei 5 Trainingssitzungen und Kombination mit Diskriminationsübungen und Messen und bei BRISON (kontin. Menge, Flüssigkeit) in Verbindung mit Zurückgießen zu einer signifikanten Zunahme an Konservierern (bei BRISON waren es 5 von 24) im Vergleich zur Kontrollgruppe führte. Beide überprüften die Übertragung auf andere Materialien (z.B. Plastillin), was besonders bei KINGSLEY und HALL positiv ausfiel; dabei ist jedoch zu berücksichtigen, daß die Aufgabe, auf die generalisiert wurde, nach allen bisherigen Ergebnissen leichter ist als die Testaufgabe; d.h. der Generalisierungserfolg sollte nicht überbewertet werden. In beiden Untersuchungen hielten weder die experimentellen noch die "natürlichen" Konservierer einer Gegensuggestion (heimlich etwas vom Material wegnehmen, so daß Ungleichheit entstand) stand; bei KINGSLEY und HALL hob dieser Extinktionsversuch sogar den Trainingserfolg auf, wie ein Nachtest nach 3 Monaten ergab. - Eine andere Art von Verbindung von Diskriminationsaufgabe und Reinforcement, nämlich der Wechsel von Transformationen und Additions/Subtraktionsaufgaben mit Zählen als Kontrolle erwies sich sowohl bei FEIGENBAUM und SULKIN (1964) als auch bei GRUEN (1965) als weitgehend erfolglos.

SULLIVAN hatte seinen 6;3- bis 8;6jährigen Versuchspersonen im Film einen Erwachsenen gezeigt, der - für die eine Gruppe mit ausführlicher Begründung, in der anderen ohne - von einem anderen Aufgaben zur Invarianz von Flüssigkeitsmengen gestellt bekam und richtig beantwortete. Beide Filmgruppen konservierten anschließend Flüssigkeitsmengen häufiger als die Kontrollgruppe; die erfolgreichen Kinder waren im allgemeinen älter und insbesondere intelligenter als die Nicht-Konservierer. SULLIVAN sieht in seinen Ergebnissen ein Gegenargument zu PIAGET, da die Kinder nicht selbst zu manipulieren brauchten (angeblich notwendig zur Internalisation von Handlungen; hier liegt wohl ein Mißverständnis der Theorie von

PIAGET vor) und eine Stützung der "semantischen Hypothese" von BRAINE und SHANKS (1965), indem er meint, daß "wenn das Kind erst einmal gelernt hat, was 'gleich', 'mehr' und 'weniger' bedeuten, es dies auf verschiedene Aufgaben anwenden kann, wenn diese dieselbe Frageart (questionning parameter) haben" (WAGHORN und SULLIVAN, 1970, S. 78).

Auffallend ist immerhin bei vielen der Lerntheorie verpflichteten Untersuchungen der Verlaß auf die Bezeichnung "gleich" beim Kind, die oft als "operationales Kriterium" für Konservieren genommen wird, ganz im Unterschied zu PIAGET, der dieses vordergründige Kriterium nicht als einziges gelten läßt; das Kind lernt so nämlich u.U. eine Antwortstereotypie, nicht aber einen Invarianzbegriff.

2. Einsichtiges Lernen

Die Diskussion um das Lernen der Invarianzbegriffe hat einige Parallelen zur Diskussion um den Transfer-Begriff (vgl. R.FUCHS, 1957). Statt in mühsamen Wiederholungen die richtige Reaktion zu konditionieren und zu verstärken, schlug BEILIN (1965) vor, dem Kind sprachlich das Invarianzprinzip am Beispiel zu erklären, und zwar nachdem zunächst das Kind die Invarianzfrage beantwortet und begründet hat. In der Begründung und Erklärung wies in BEILINs Versuchen der Versuchsleiter darauf hin, daß nichts hinzugefügt oder weggenommen wurde, daß die Anzahl vorher gleich war, die Korken nur anders angeordnet seien; daß sie zwar jetzt anders aussähen, man sie aber wieder in die Ausgangsstellung zurücklegen und sehen könne, daß es in Wirklichkeit immer noch gleich viele seien. Nur in einer Untersuchung wurde dieses Training mit einem Lernprogramm ohne konkretem Beispiel durchgeführt (BEILIN, KAGAN, RABINOWITZ, 1966).

Außer MEYER und MERMELSTEIN (1969) berichten alle von signifikanten Lernerfolgen (BEILIN, 1965; BEILIN, KAGAN und RABINOWITZ, 1966; SMITH, 1968; SULLIVAN, 1969; WAGHORN und SULLIVAN, 1970; PETERS, 1970). Das reine Sprachprogramm jedoch war nur erfolgreich, wenn es sich direkt auf die Aufgabe selbst bezog (Wasserniveau in gekippten Gläsern; nicht jedoch, wenn das Prinzip der Horizontalen allgemein geübt wurde) und war einem Training, das Vorhersage und anschließende Wahrnehmungskontrolle beinhaltete, unterlegen (BEILIN, KAGAN, RABINOWITZ). In anderen Untersuchungen (SMITH; BEILIN; SULLIVAN) war das Training am Beispiel mit Erklärung des Invarianzprinzips anderen Trainingsarten (Reinforcement, Differenzierung zwischen Verformung und Addition/Subtraktion, Differenzierung der Begriffe 'Länge' und 'Anzahl') deutlich überlegen (SMITH übte Gewichtskonservieren, BEILIN Anzahl und Länge, SULLIVAN kontinuierliche Menge), während WAGHORN und SULLIVAN keine Unterschiede zwischen der filmischen Vorführung des Konservierungsexperiments mit bzw. ohne Begründungen seitens der erwachsenen Versuchsperson fanden (1970); doch schienen bei der Vorführung ohne Begründung im wesentlichen nur die älteren und die intelligenteren Kinder zu profitieren, während bei der Vorführung mit Begründungen das Alter der Kinder ohne Bedeutung blieb (nicht aber die Intelligenz). BEILIN berichtet, daß der Lernerfolg bei jüngeren und älteren Kindern (Kindergarten und 1. Schuljahr) bezüglich der Anzahl von Konservierungsantworten beim Nachtest etwa gleich war, jedoch nur bei den älteren auch die Anzahl richtiger Begründungen deutlich zunahm. Die Wahrscheinlichkeit, durch das Training zum Konservierer zu werden,war am größten, wenn die Kinder schon im Vortest zu teilweisen Konservierern bzw. zur Übergangsgruppe zählten (BEILIN; SMITH; BEILIN, KAGAN, RABINOWITZ). Eine Generalisierung auf entferntere Invarianzbegriffe (Fläche) konnten weder BEILIN noch PETERS (1970) feststellen, höchstens auf nah verwandte (Differenzkonservieren der Anzahl, PETERS).

Eine differenzierte Analyse der Vorhersage des Trainingserfolges (Anzahlkonservieren) stammt von PETERS (1970). Danach war für Kinder, die relativ viele analytische Gruppen bei einer Sortieraufgabe bildeten, aber im sprachlichen Test (Begriffe mehr - weniger, gleich - verschieden, Tempusverständnis bei Verben, Verständnis verneinter Verbformen) schlechter abschnitten, das sprachliche Training erfolgreicher (außer bezüglich der Generalisierung auf die Differenzkonservierungsaufgabe), für sprachlich sichere, aber weniger analytische dagegen ein Training, das durch Farbe oder Punktmuster (ähnlich wie bei Dominosteinen) die paarweise Korrespondenz unterstrich (vgl. auch WHITEMAN und PEISACH, 1970), so daß von einer gewissen kompensatorischen und differentiellen Wirkung der Trainings gesprochen werden kann. Auf solche individuell verschiedenen Trainingswirkungen bei - an einem Leistungskriterium gemessenen - anscheinend gleichen Voraussetzungen wies auch WEINERT (1967) hin.

Bei allem Trainingserfolg durch sprachliche Vermittlung der Invarianzregel, der offensichtlich von Alter, Intelligenz, bisherigem Entwicklungsstand bei den Invarianzbegriffen und kognitivem Stil abhängig ist, fragt man sich bei aller Signifikanz der Wirkung, warum trotz aller Mühe der Experimentatoren so viele Kinder, oft mehr als die Hälfte, auf ihren Varianzbehauptungen beharrten. Dies liegt sicherlich nicht daran, daß, wie HALL und KINGSLEY (1968, S. 196-197) meinen, das Kind klüger sei als die Untersucher und wisse, daß vorschnelle Generalisierungen zu Fehlern führen können. Die Trainingsergebnisse bestätigen vielmehr, wie stark und von welch großer Durchgängigkeit und Bedeutung die Überzeugung von der Veränderlichkeit im Denken der kleinen Kinder ist und wie wenig dies auf simple Informations- und Wissensmängel zurückzuführen ist.

3. Konkurrenz verschiedener Repräsentationsweisen (BRUNER)

Von wesentlicher Bedeutung für die Suche nach den Entwicklungsfaktoren beim Erwerb der Invarianzbegriffe ist die Theorie von BRUNER, die zwar manche Ähnlichkeit mit der PIAGETs hat, aber auch in wesentlichen Punkten von dieser abweicht. Nach BRUNER repräsentiert der Mensch Umweltinformationen in drei verschiedenen Systemen, die sich in der folgenden Reihenfolge enwickeln: aktionales System ('enactive', Repräsentation durch Handlungen), ikonisches System (Repräsentation durch Wahrnehmung und Vorstellung) und symbolisches System (Repräsentation z.B. durch das Medium Sprache). Diese drei Systeme existieren parallel, können jedoch, zumindest teilweise, ineinander übersetzt werden. Ein Entwicklungsanstoß wird dadurch gegeben, daß zwei Systeme in Konflikt oder Widerspruch geraten; solch ein Konflikt der Repräsentationssysteme führt dann zur Revision des Problemlösevorgehens.

Im fraglichen Alter, in dem sich die Invarianzbegriffe entwickeln, tritt das symbolische System der Sprache mit dem ihm inhärenten Ordnungssystem der Sprachregeln und Sprachlogik in Konkurrenz besonders zum ikonischen System, wodurch eine Reorganisation der Erfahrung durch die Überprüfung der Logik der eigenen Aussagen stattfindet (1966, S. 52). Konservieren wird nach BRUNER entweder durch Hervorhebung der (individuellen) Identität (die er für eine sehr frühe, evtl. sogar angeborene Errungenschaft hält) gestärkt oder zumindest durch eine Hervorhebung des aktionalen und symbolischen Systems (die meist übereinstimmen) und Unterdrückung des in diesem Alter besonders vorherrschenden ikonischen Systems. Eine Kombination aus Abschirmung der perzeptiven Hinweise und Verbalisierung (sprachliche Differenzierung der relevanten Dimensionen und symbolische Repräsentation) sowie eigenem Handeln (falls mit symbolischer Repräsentation kongruent) führen danach zur Überzeugung von der Identität, Äquivalenz und Invarianz; diese ermöglicht dann eine Umorganisation der nachträglich eingeführten perzeptiven Informationen.

PIAGETs Haupteinwand gegen diese Theorie ist, daß sie nur den von ihm als 'figurativ' bezeichneten Aspekt des Denkens berücksichtigt, nicht jedoch den 'operationalen' (s. S. 91).

Eine Reihe von Untersuchungen ist diesem theoretischen Ansatz verpflichtet. HAMEL (1970) konnte die Wirkung der Betonung der (individuellen) Identität beim Training des Flüssigkeitskonservierens nicht bestätigen. Andererseits scheint der aktive Umgang mit dem Material selbst (WHITEMAN und PEISACH, 1970; WEINERT, 1967) oder auch das Üben des Zahlbegriffs durch motorische Spiele (ähnlich dem "Bäumchen, Bäumchen, wechsle dich"-Spiel) positiven Lerneffekt zu haben (HUMPHREY, 1966). PRICE-WILLIAMS (1961) berichtet, daß das eigenhändige Transformieren der Anordnungen durch das afrikanische Kind die Wahrscheinlichkeit richtiger Antworten erhöhte, ebenso wie aktiver Umgang mit dem betreffenden Material (hier Lehm) im bisherigen täglichen Leben des Kindes (PRICE-WILLIAMS, GORDON und RAMIREZ, 1969). FEIGENBAUM und SULKIN (1964) ließen im Training die Kinder mit verbundenen Augen Perlen paarweise in Gläser umfüllen und anschließend in ein andersgeformtes Glas umschütten und stellten dann die Invarianzfrage. Außerdem übten sie die Korrespondenz von Holzklötzen, jedoch ohne verbundene Augen, bei derselben Gruppe. Dieses Training erwies sich als effektiver als Übung im Erfassen von Addition und Subtraktion incl. Bestätigung der richtigen Antwort, auch was die Stabilität des Erfolges über den Zeitraum einer Woche hinweg betraf.

FLEISCHMAN, GILMORE und GINSBURG (1966) schirmten die perzeptiven cues dadurch ab, daß sie undurchsichtiges Glas verwandten; die im Training verwendeten Gefäße waren geschlossen und wurden nur um jeweils 90° gekippt. Dieses Training war zwar erfolgreicher als dasselbe mit durchsichtigem Glas, aber weniger effektiv als die Bestätigung der jeweils richtigen Antworten beim klassischen Umschüttversuch. Die Anzahl der Kinder, die überhaupt zu Konservierern wurden (max. 5 von 55), ist jedoch äußerst gering. MERMELSTEIN und MEYER (1969) übersetzten BRUNERs Methode auf Experimente zum Konservieren der Anzahl. 10 "Flöhe" wurden in eine breitere Schachtel umgeschüttet und die verstreutere Anordnung dem Kind erst gezeigt, nachdem es seine Antwort gegeben hatte. Diese Methode hatte bei ihren Versuchspersonen aber ebensowenig Erfolg wie die nach BEILIN. Auch bei Klassifikationsexperimenten hatte SMEDSLUND keinen Erfolg mit der Abschirmung visueller cues (1967a). Beim Gewichtskonservieren versuchte er, den visuellen cue besonders unzuverlässig zu machen, indem er die Plastillinkugeln verschiedenste Formen annehmen ließ und das Kind sich nur noch auf die Waage verlassen konnte; aber auch das hatte kaum Erfolg (SMEDSLUND, 1961d). STRAUSS und LANGER (1970) differenzierten noch deutlicher als FRANK (BRUNER, 1966) die Aspekte der sprachlichen Vorhersage, des Schirms und der anschließenden visuellen Kontrolle. Unter Verwendung eines strikten Kriteriums für Konservieren (richtige Antwort, Begründung und Suggestionsresistenz) war keine der insgesamt vier Kombinationen der anderen überlegen. Wenn, dann wurden am ehesten Kinder im Übergangsstadium zu Konservierern. Kinder, die in ihrem Training Vorhersagen treffen und später das Ergebnis des Umschüttens mit ihrer Vorhersage vergleichen konnten, wechselten etwa zur Hälfte von präoperationalen Antworten auf operationale im ersten Nachtest, fielen aber beim zweiten Nachtest zwei Wochen später wieder auf das präoperationale Niveau zurück.

Am erfolgreichsten mit dem Schirmtraining bei der Induktion der Flüssigkeitsinvarianz waren MACKAY und KILKENNY (1968). Sie verwendeten bei allen Kindern (ohne Kontrollgruppe) alle Trainingskombinationen aus den BRUNERschen Experimenten und erreichten insbesondere bei älteren Kindern den Wechsel zum Konservieren, der auch nach zwei Wochen noch stabil war. Die enge Beziehung zwischen Übergang zum Flüssigkeitskonservieren und Konservieren kontinuierlicher Menge in Form von Plastillin (3. Nachtest, der, da diese Aufgabe leichter ist, besser ausfiel) könnte auch - statt einer Generalisierungshypothese von Flüssigkeit auf Plastillin - als Wahrscheinlichkeit interpretiert werden, daß Kinder mit Invarianzüberzeugung bei Plastillin eher vom Training in Flüssigkeitsinvarianz profitieren.

Insgesamt weisen diese Ergebnisse auf ein möglicherweise komplexeres Verhältnis zwischen sprachlicher Repräsentation und ikonischer Vorstellung hin, worauf u.a. auch INHELDER (1966) und BEILIN und SPONTAK (1969) hinweisen. Offensichtlich muß ein Kind die sprachliche Logik als ein widerspruchsfreies System erst einmal begreifen können, um vom BRUNERschen Training profitieren zu können; sonst nützt die Konfrontation von Vorhersage und anschließender visueller Kontrolle wenig (s. auch SEILER, 1968, Trainingsgruppe GV). In diesem Zusammenhang ist der Ansatz von VYGOTSKY (1962) diskussionswert, der die Auffassung vertritt, daß die logischen Begriffe ("scientific concepts") sich weniger aus den globalen Alltagserfahrungen langsam herausdifferenzieren, wie es vielleichtt ein extrem lerntheoretischer ebenso wie ein eher die "spontane" Entwicklung betonender Ansatz (den VYGOTSKY bei PIAGET annimmt) nahelegt, sondern daß das Kind über das - meist vom Erwachsenen vermittelte - Lernen logischer und 'wissenschaftlicher' Begriffe beginnt, seine globalen Alltagserfahrungen und sein Alltagsdenken zu differenzieren und zu organisieren; formale Schulung der klaren logischen Begriffe, die in einem widerspruchsfreien hierarchischen System verankert sind, ermöglichen dem Kinde Entwicklungsfortschritt auf ein höheres Niveau. Ein Kind könne nur vom Widerspruch seiner eigenen Aussagen verwirrt sein, wenn es seine widersprüchlichen Aussagen im Lichte eines allgemeinen Prinzips, d.h. innerhalb eines Systems sehen könne; und dies ist eben bei den meisten Nicht-Konservierern nicht der Fall. Deswegen kann, wenn man VYGOTSKYs Ansatz weiterdenkt, BRUNERs Methode nur dort Erfolg haben, wo sich die Kinder der inneren Logik der Sprache schon einigermaßen bewußt sind. Und hier begänne wieder die Unterscheidung von "competence" und "automaton" (FAVELL und WOHLWILL, 1969).

4. Üben der Operativität (PIAGET)

Die meisten anderen Invarianz induzierenden Experimente üben mehr oder minder explizit von PIAGET beschriebene Kennzeichen operativen Denkens, nämlich Reversibilität, Mobilität, Kompensation und Koordination verschiedener Dimensionen, oder provozieren den von PIAGET für das Übergangsstadium als charakteristisch beschriebenen kognitiven Konflikt, ein Training, das meist mit dem Namen SMEDSLUND assoziiert wird. Der Faktor der Reversibilität wurde zeitweilig besonders von L. WALLACH hervorgehoben. Darunter wird verstanden, daß das Kind aufgefordert wird, sich durch die Wiederherstellung der Ausgangskorrespondenz von der Gleichheit der Anzahlen bzw. Mengen zu überzeugen. ROLL (1970) war mit dieser Art Training bei 5; 7- bis 7;11jährigen Kindern sehr erfolgreich, wenn er nur die Konservierungsantworten berücksichtigte, jedoch weniger, wenn er auch die Begründungen miteinbezog; immerhin erwiesen sich die Kinder als relativ suggestionsresistent. SEILER (1968) hatte mit einem ähnlichen Training wenig Erfolg. WALLACH, WALL und ANDERSON (1967) berichten von einer starken Wirkung eines solchen Reversibilitätstrainings, solange mit Puppen und Betten und Zurücklegen der Puppen in die Betten geübt wurde, nicht jedoch mit einem analogen Training mit Flüssigkeiten. Sie meinen, daß durch das Zurücklegen der verwirrende visuelle cue (überstehendes Bett) ausgeschaltet wurde, was jedoch bei Flüssigkeiten nicht so deutlich zu erkennen sei. Ein paralleles Training mit Hinzufügen oder Wegnehmen einer Puppe oder eines Bettes hinter einem Schirm und Kontrolle durch Zurücklegen der Puppen in die Betten (keine Transformationen!) hatte dagegen keine Auswirkungen auf die Invarianzüberzeugung der 6;1- bis 7;8jährigen Kinder. - In einem früheren Experiment hatten WALLACH und SPROTT (1964) Transformationsaufgaben (Puppen und Betten) mit Additions/Subtraktionaufgaben gemischt und die Kinder ebenfalls zur Kontrolle durch Zurücklegen aufgefordert (max. 8 Items). 14 von 15 Kindern wurden zu Konservierern und 13 lösten auch eine analoge Aufgabe mit Karten und "Flöhen" im Sinne der Invarianz, 11 widerstanden auch einer Gegensuggestion. Der Unterschied zur Kontrollgruppe war eklatant. Auch in diesem Experiment waren die Kinder zwischen 6;5 und 7;8 Jahre alt.

Dieses letzte Training hat eine große Ähnlichkeit mit dem sog. "Konflikttraining" nach SMEDSLUND (1961e), in dem ebenfalls Transformationsitems mit Additions/Subtraktionsitems gemischt wurden, jedoch ohne Kontrolle durch Zurücklegen, Zählen oder Bestätigung seitens VL. 5 von 13 Vpn wurden bei ihm durch dieses Training von Nicht-Konservierern zu Konservierern (Plastillinmenge). In einer entsprechenden Untersuchung mit kontinuierlichem Material (Plastillin) und diskontinuierlichem Material (Plättchen) erwies sich, ähnlich wie bei WALLACH et al., letzteres als effektiver.
Auch GRUEN (1965) berichtet von signifikanten Zunahmen von Konservierungsantworten (Anzahlbegriff) nach einem Konflikttraining, bei dem Transformationen (= Verlängerung und Verkürzung einer von zwei Mehrfachscheren mit je 9 Korken) und Additions/Subtraktionsitems kombiniert waren; der Erfolg war sogar noch erhöht, wenn diesem Training ein Vortraining vorausging, in dem die Differenzierung der Begriffe 'mehr - weniger' und 'länger - kürzer' mit Bausteinen verschiedener Länge geübt wurde. WOHLWILL und LOWE (1962) und SMITH (1968) fanden bei ähnlichen Trainings jedoch keine bedeutsamen Wirkungen. WINER (1968) stellte fest, daß solch ein Konflikttraining bei Kindern Konservieren der Anzahl induzierte, wenn ihm eine Vorübung mit Additions/Subtraktionsitems vorausging, nicht jedoch, wenn ihnen nur Transformationsitems voraufgingen. Er meint, daß bei ersteren ein "Anzahl-set", eine Einstellung, auf die Anzahl zu achten, gesetzt wurde, während letztere auf die Beachtung perzeptiver Veränderungen eingestellt worden waren. - Additions/Subtraktionsaufgaben allein haben sich, entgegen der Vermutung von WOHLWILL (1970), nicht als förderlich erwiesen (FEIGENBAUM und SULKIN, 1964; SMEDSLUND, 1961b; WALLACH, WALL, ANDERSON, 1967).

Über drei weitere Arten von "Konflikttrainings" bleibt zu berichten:

BEILIN (1965) bezeichnet so ein Training, in dem er mehrere Transformationen (5) ohne zwischenzeitliche Rückkehr zur korrespondierenden Ausgangsstellung (Anzahl und Länge) aufeinanderfolgen ließ und nach jeder Deformation die Invarianzfrage erneut stellte, ohne jedoch richtige Antworten zu bestätigen. Dieses Training blieb im Vergleich zum Kontrolltraining relativ wirkungslos. - MERMELSTEIN und MEYER (1969) berufen sich auf SMEDSLUND mit ihrem "Konflikttraining", das aber mit dem bei SMEDSLUND wenig gemeinsam hat. Es besteht im Üben der Korrespondenzherstellung über mehrere Sitzungen hinweg, auf die Sitzungen mit Transformationsaufgaben folgen. Die einzige Ähnlichkeit mit SMEDSLUNDs Konflikttraining besteht darin, daß auch hier richtige Antworten nicht bestätigt werden und auch keine Kontrolle über das Zählen oder erneute Zuordnung angeregt wird. Auch dieses Training war erfolglos. - Als konfliktinduzierend könnte dagegen das WD-Training von SEILER (1968) betrachtet werden, in dem dem Kind z.B. nach seiner Antwort: "Es ist mehr, weil es höher ist" vom VL entgegengehalten wird: "Ja, es ist höher, ist es aber nicht auch dünner?", und nach Reaktion des Kindes auf diesen Einwand VL suggestiv fragt: "Könnte es nicht auch gleich viel sein?" Hier wird das Kind mit anderen Meinungen (ähnlich wie bei ROTHENBERG und OROST, 1969) konfrontiert, was durchaus konfliktauslösend ("Regulationen") wirken kann. Die so trainierten Kinder zeigten gegenüber allen anderen Trainingsgruppen bei SEILER eine erhebliche Zunahme von Invarianzantworten bei zwei Nachtests.

Ebenfalls auf PIAGET beziehen sich jene Trainingsversuche, die die Einseitigkeit kindlichen Denkens auflockern wollen, indem sie das Kind darin üben, mehrere Aspekte, zunächst nacheinander, dann gleichzeitig, zu beachten. SIGEL, ROEPER und HOOPER (1966) übten Kinder nach einem Vortest zur Invarianz von Masse, Gewicht und Volumen (Plastillin) im Verwenden mehrerer Namen für denselben Gegenstand (multiple labeling), im Einordnen in mehrere Klassen (z. B. "Kannst du dir zweierlei vorstellen, das du zugleich bist"), in Einordnung in ein mehrdimensionales Beziehungsgefüge (multiple relations) und in dem, was sie 'Reversibilität' nennen, was aber nach PIAGETs Terminologie besser mit 'Assoziativität' bezeichnet werden sollte, nämlich im Aufteilen einer Anzahl von pennies in immer wieder andere Untergruppen und unter Beachtung der Tatsache, daß die Summe dabei jeweils gleich bleibt. Vier von fünf Kindern der Experimentalgruppe der Vorstudie und auch der Hauptstudie (Vierjährige, allerdings mit IQs über 140) konnten fünf Wochen nach dem Vortest mindestens einen der drei Begriffe des Vortests konservieren, während die Kinder der Kontrollgruppe, die in der Zwischenzeit auch Sonderunterricht, aber in Gemeinschaftskunde, hatten, keinen derartigen Erfolg zeigten. MERMELSTEIN und MEYER (1969), die angeblich dieselbe Methode verwandten, aber unter Reversibilität verstanden, daß VL dem Kind erklärte, daß nichts hinzugetan und nichts fortgenommen worden sei, und das Kind zur Kontrolle nachzählen ließen, erzielten dagegen kein positives Ergebnis. Interessant ist in diesem Zusammenhang der Versuch von MONTADA (1967, 1968), der die Mobilität durch raschen Wechsel im Beachten der wesentlichen Dimensionen (Form und Farbe) übte und diese Trainingsgruppe mit einer zweiten verglich, die dieselben Aufgaben, aber nicht im Wechsel, erhielt. Die mobil geübten Kinder waren im Nachtest deutlich besser beim Vervollständigen einer Matrix (Form/-Farbe-Dimensionen) als die nicht mobil geübte Gruppe. -

SIGEL, ROEPER und HOOPER folgern aus ihren Experimenten, daß es gar nicht notwendig sei, die Invarianzaufgaben und deren Lösung direkt zu üben; es sei unter Umständen sinnvoller, die Vorläufer in der Entwicklung der Invarianzbegriffe zu festigen. Entsprechend diesem Konzept kann man auch die Trainingsmethoden von ROTHENBERG und OROST, WEINERT, SCHMALOHR u. WINKELMANN einordnen. Deutlicher wird es jedoch in der schon mehrfach erwähnten Untersuchung von LeFRANCAIS (1968) zur Invarianz der kontinuierlichen Menge, wo entlang einer skalogrammanalysierten Fähigkeitshierarchie geübt wurde, und insbesondere bei BEARISON, der, wie WOHLWILL (1969), in den Meßoperationen Vorläufer des Konservierens sieht, deren Trainingswirkungen noch nach 7 Monaten auf 6 Invarianzgebieten feststellbar waren. Er weist jedoch bei allem Erfolg jede simple lineare Erklärung für den Erwerb der Invarianzbegriffe zurück.

13.13 Zusammenfassung

Das Üben der Invarianzbegriffe hat sich als ein äußerst komplexes Problem herausgestellt. Der Erwerb der Invarianzüberzeugungen läßt sich nicht durch verhältnismäßig einfache Lerngesetze auf assoziationspsychologischer Grundlage erklären. Ansätze von Erfolg zeigten sich, wenn das Beachten verschiedener Aspekte, evtl. durch visuelle, motorische und:oder sprachliche Unterstützung, gefördert wurde. Dies allein reicht aber offensichtlich nicht aus. BRUNERs Medienkonflikt-Methode als auch die Konfliktinduktion nach SMEDSLUND, Erklären des Invarianzprinzips, Bestätigung der richtigen Antwort, Selbstkontrolle durch Herstellung der Ausgangssituation oder durch Zählen können vielleicht den letzten Anstoß geben, dürften aber kaum die Entwicklung selbst auslösen, denn bei den meisten Nicht-Konservierern sind die notwendigen Voraussetzungen gar nicht gegeben, nämlich die In-Beziehung-Setzung zweier Situationen und damit das Empfinden für Widerspruch, Anerkennung von Zählen, Messen, Korrespondenzbildung als wesentliche und ausreichende Operationen zur Feststellung der Äquivalenz von Quantitäten etc. Dies wird meines Erachtens auch von L.WALLACH (1969) in ihrem Aufsatz über die "Grundlagen des Konservierens" nicht ausreichend berücksichtigt. Weiterhin ist es eine diskussionswerte Frage, ob man einen Dreijährigen direkt auf die Invarianzbegriffe trainieren sollte, oder ob es nicht für die geistige Entwicklung eines Kindes wichtig ist, selbst auf die "Gefahr" falscher Antworten hin eine Phase eines übertriebenen Empirismus durchzumachen, wie man die Ausrichtung am Wahrnehmbaren nennen könnte. Dies ist jedoch bereits eine pädagogische Frage.
Im folgenden Kapitel wird über eine eigene breit angelegte Trainingsuntersuchung berichtet, die verschiedene der soeben dargestellten Methoden vergleicht und deren Ergebnisse überprüft und ergänzt.

13.2. Training des Zahlinvarianzbegriffs bei Kindergartenkindern. Eine Wiederholung der Experimente von GRUEN und WALLACH u. SPROTT - Bonner Untersuchung VI

13.21 Fragestellung

Die Fragestellung leitet sich aus dem vorangegangenen Kapitel her. GRUEN (1965) hatte die Wirkung eines Reinforcement-Trainings und eines Konflikttrainings mit einem Kontrolltraining bei 90 Kindergartenkindern verglichen, die außerdem je zur Hälfte ein auf die Differenzierung der sprachlichen Begriffe "länger" und "mehr" ausgerichtetes und ein nicht-sprachliches, das Erfassen und Zählen von Mengen betonendes Vortraining mitgemacht hatten. Die Trainingswirkung auf die Anzahlaufgabe der Vor- und Nachtests war zwar signifikant, aber bescheiden und im wesentlichen auf die Kombination sprachliches Vortraining - Konflikttraining zurückzuführen. Ein Transfer auf die Mengenaufgabe (Plastillin) oder die Längenaufgabe (MÜLLER-LYER) konnte nicht einwandfrei nachgewiesen werden. WALLACH und SPROTT dagegen hatten den oben berichteten spektakulären Erfolg mit ihrem Reversibilitätstraining; allerdings waren ihre Versuchspersonen im Durchschnitt 1;10 Jahre älter als die von GRUEN; auch verwendeten sie andere Anzahlinvarianzaufgaben als dieser. Folgende Fragen ergeben sich:

1. Lassen sich die Ergebnisse dieser beiden Untersuchungen replizieren?
2. Wirken die Trainings in gleicher Weise auch auf andere Invarianzaufgaben, also GRUENs Trainings auf WALLACHs Aufgaben und umgekehrt?
3. Läßt sich eine Generalisierung der Trainings auf andere Invarianzbegriffe (kontinuierliche Menge, Länge) feststellen, und zwar unter Berücksichtigung der faktorenanalytisch überprüften Ähnlichkeit dieser "Begriffe" mit dem Anzahlbegriff.

13.22 Methode

13.221 Vortest

Für dieses Experiment wurden die Aufgaben von WALLACH und SPROTT und die von GRUEN zusammen mit zwei weiteren zu einem Vortest vereinigt, der mit den in der Bonner Untersuchung II beschriebenen Invarianzaufgaben identisch ist. Dabei stammen die Aufgabengruppen Anzahl I und Anzahl II, aber nur jeweils die erste Transformation, von WALLACH und SPROTT; die jeweils zweite Transformation wurde zur Erhöhung der Reliabilität angefügt. Wie bei WALLACH und SPROTT wurde das Zwischenitem als score berücksichtigt. Die Anzahl-III-Aufgabe entspricht der Kriteriumsaufgabe von GRUEN; die Aufgabengruppen Länge I und kontinuierliche Menge I wurden ebenfalls seiner Untersuchung entnommen; sie dienten ihm zur Überprüfung des Transfereffektes. Die Länge-II-Aufgabe und die Aufgabe zur Flüssigkeitsinvarianz sind hiesige Zutaten, die vorn bereits begründet wurden.

Der <u>Nachtest</u> ist mit dem Vortest völlig identisch; er folgte direkt im Anschluß an die zweite Hälfte der Trainings, im allgemeinen am Tag nach dem Vortest.

13.222 Vortraining

Es wurde aus versuchstechnischen Gründen nur das nichtsprachliche Vortraining von GRUEN verwendet. Das Trainingsmaterial hierzu besteht aus 28 Holzblöcken, von denen die Hälfte weiß, die andere Hälfte schwarz lackiert ist. Ihre Grundfläche ist jeweils 2,25 x 3 cm; 12 Blöcke sind 3 cm lang, 10 Blöcke 6 cm, 4 Blöcke 9 cm und 2 Blöcke 15 cm lang; weiterhin gehört dazu ein Karton von 28 x 20 cm Größe.

Der Versuchsleiter legt die Pappe vor das Kind auf den Tisch, links daneben bzw. rechts (je nach Händigkeit des Kindes) den ungeordneten Haufen der Blöcke. Die Instruktion lautet: "Hier sind einige Klötze, mit denen wir jetzt spielen wollen. Ich sage dir immer eine Zahl, und du legst dann so viele Klötze auf deine Platte, wie ich dir sage." Hat Vp dies getan, dann sagt VL: "Nun zähle deine Klötze nochmal laut, ob es auch stimmt." Vertut sich das Kind beim Zählen, dann fordert VL zu nochmaligem Nachzählen auf bzw. hilft etwas nach.

Am ersten Trainingstag, direkt im Anschluß an den Vortest, erhält Vp 9 Items, zu Beginn des zweiten Trainingstags 4 Items. Das Kind wird in der angegebenen Reihenfolge aufgefordert, folgende Mengen auf die Platte zu legen: 2,5,4,10,6,8,3,9 und 7 Klötze am ersten Tag, 5,8,4 und 6 Klötze am zweiten Tag.

Alle Versuchspersonen erhielten diesen Vortest, auch die nach WALLACH und SPORTT geübten.

13.223 Haupttraining

Die Kinder wurden fünf verschiedenen Haupttrainings zugeordnet, dem Reversibilitätstraining nach WALLACH und SPORTT, dem Reinforcement-, Konflikt- oder Kontrolltraining nach GRUEN und einer eigenen Variation des Konflikttrainings.

Material: Für das Reversibilitätstraining wurden 7 Püppchen und Bettchen, die gleichen, wie sie schon im entsprechenden Vortest gebraucht wurden, verwendet. Für die anderen vier Trainings wurden in der Werkstatt des Psychologischen Instituts zwei Ziehharmonikascheren aus rotem Hartplastik hergestellt. Sie sind so konstruiert, daß an den neun Kreuzungsstellen der Schenkel (Schenkellänge jeweils 15 cm) Schrauben herausragen, auf die blau angemalte, innen ausgehöhlte Korken gesetzt werden können. Bei Bedienung des Scherengriffs erweitern oder verkürzen sich die Abstände, zwischen den Korken in gleichem Verhältnis (Abb. 26)

Schematische Darstellung einer Ziehharmonikaschere

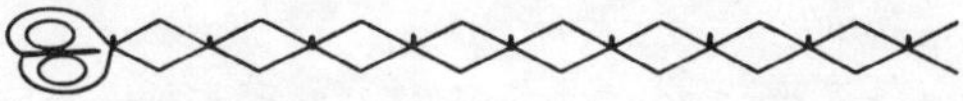

Abbildung 26:

1. Direktes Training

In der Ausgangsstellung (ca. 60 cm Länge) liegen die beiden Scheren genau parallel quer vor dem Kind; die Griffe befinden sich links. Das Kind wird zunächst aufgefordert, die Korken auf jeder der Scheren zu zählen und sich von der Gleichheit ihrer Anzahl zu überzeugen. In den folgenden Aufgaben wird mal die eine, mal die andere Schere entsprechend dem Plan von GRUEN verlängert oder verkürzt und hin und wieder außerdem von der einen oder der anderen Schere das letzte Hütchen (rechts) abgenommen. Nach jeder Teilveränderung wird dem Kind die Standardfrage gestellt: "Sind da jetzt gleich viele Hütchen auf der Schere und auf der Schere; oder hat eine Schere mehr und eine weniger Hütchen?" Nach Beantwortung der Frage wird das Kind aufgefordert: "Dann zähl mal nach, ob es auch stimmt."(Hin und wieder, insbesondere, wenn mehrere richtige Antworten aufeinandergefolgt waren oder sich deutliche Ermüdungserscheinungen zeigten,wurde dem Kind bei einigen Items das Zählen erlassen; die meisten Kinder machten aber mit großer Geduld mit und entwickelten eine Art Zählritual). Richtiges Zählen wird bestätigt, falsches verbessert. Insgesamt entstanden so am ersten Tag statt 16 25 Items, am zweiten Tag 24 Items. Tab. 75 gibt die Konstellationen wieder.

Tabelle 75: Direktes Training, Konstellationen

n_{items}	Länge gleich	Länge ungl.	Anzahl gleich	Anzahl ungl.	Anzahl x Länge gleich*	Anzahl x Länge 1 Dim.ungl.	Anzahl x Länge 2 Dim.ungl.
1.Tag: 25	10	15	13	12	5	13	7
2.Tag: 24	12	12	12	12	6	12	6

* identisch mit der Ausgangsposition

2. Konflikttraining

Beim Konflikttraining werden dieselben Ziehharmonikascheren verwandt wie beim direkten Training. Entsprechend der Anweisung von GRUEN wird in gemischter Folge je viermal die eine Schere verlängert oder verkürzt und je viermal die andere, desgleichen am zweiten Trainingstag. Nach jeder Veränderung stellt VL die Standardfrage. Danach nimmt VL von einer der beiden Scheren zunächst das 3. Hütchen von links ab (bei Nicht-Konservierern stets von der Schere, bei der das Kind 'mehr' Hütchen festgestellt hatte) und fragt: "Nun, welche Schere hat jetzt mehr Hütchen, diese Schere oder diese?" VL wiederholt dieses Vorgehen und nimmt nacheinander das 7., 5., 4., 6., 2. und 8. Hütchen ab, bis das Kind seine ursprüngliche Behauptung ändert (was meist schon nach der Abnahme eines einzigen Hütchens geschah; daher wurde zur Variation beim nächstfolgenden Item das nächste Hütchen in der Rangliste abgenommen). Danach bittet VL das Kind, eben woanders hinzusehen, und füllt inzwischen die Scheren wieder auf und stellt sie wieder auf gleiche Länge. 16 solcher Items wurden den Kindern dieser Trainingsgruppe am ersten Trainingstag, weitere 16 am zweiten Trainingstag gestellt.

3. Modifiziertes Konflikttraining

Da bei kaum einem Kind im Konflikttraining irgendein Konflikt beobachtet werden konnte, wurde bei einer weiteren Gruppe eine modifizierte Form des Konflikttrainings durchgeführt.

Nach Verlängerung bzw. Verkürzung einer der beiden Scheren wird wie oben die Standardfrage gestellt. Danach nimmt VL abwechselnd von der einen und der anderen Schere (bzw. jeweils der Schere, die "mehr" Hütchen hat) je ein Hütchen in der oben beschriebenen Reihenfolge ab und stellt jeweils erneut die Standardfrage. VL geht zum nächsten Item über, wenn das Kind nacheinander 6 richtige Antworten gegeben hat oder keine Hütchen mehr auf den Scheren sind.
Da dieses Training zeitaufwendiger war, wurden nur je 5 solcher Items an jedem der beiden Trainingstage gegeben.

4. Reversibilitätstraining

Das Reversibilitätstraining entspricht genau der Beschreibung bei WALLACH und SPORTT. Sechs Püppchen und Bettchen liegen zunächst in zwei korrespondierenden Reihen nebeneinander. Viermal werden die Püppchen auseinander- oder zusammengeschoben. Je einmal wird außerdem ein Bettchen fortgenommen oder hinzugetan bzw. ein Püppchen hinzugetan oder fortgenommen. Vier Ausgangsstellungen und insgesamt acht solcher Transformationen ergeben 12 Items. Zu jedem dieser Items wird die Standardfrage gestellt: "Sind da jetzt immer noch gleich viele Püppchen wie Bettchen? Oder ist da ein Püppchen zu viel, oder ein Bettchen zu viel?" Nach Beantwortung dieser Frage wird das Kind aufgefordert, die Püppchen in die Bettchen zurückzulegen, um die Richtigkeit der gegebenen Antwort zu kontrollieren. Anschließend wiederholt VL: "Nun, waren es gleich viele Püppchen wie Bettchen?"
Dieselben 12 Items werden am zweiten Trainingstag wiederholt.

5. Kontrolltraining

Beim Kontrolltraining werden wieder die beiden Ziehharmonikascheren verwandt, bleiben aber stets gleich lang und in der Ausgangsstellung parallel nebeneinander. VL und Vp haben je 9 Korken. VL steckt eine vorgegebene Anzahl Korken auf und sagt: "Sieh mal zu, ob du ebenso viele Korken auf deine Schere aufstecken kannst, wie ich auf meine." Nach jeder Aufgabe werden alle Hütchen wieder abgenommen. Nach kurzem Eingewöhnen wird das Ganze etwas als Wettspiel aufgezogen, damit sich das Kind nicht langweilt. An beiden Trainingstagen werden je 16 solche Aufgaben gestellt.

13.224 Auslesetest

Entsprechend der Versuchsanordnung von GRUEN sollten die in die Trainingsexperimente aufgenommenen Kinder "Nicht-Konservierer" bei der Aufgabengruppe Anzahl III sein; hierzu gehörten alle Versuchspersonen, die nicht mindestens bei den letzten drei Items dieser Aufgabe Invarianzurteile abgaben. Außerdem sollten alle Kinder der Trainingsgruppen ausreichend zählen und das Prinzip von Addition-Subtraktion-Gleichheit verstehen können. Die Auslesetests wurden von GRUEN übernommen und sind identisch mit den letzten beiden in der Bonner Untersuchung II beschriebenen Vortests.

13.225 Versuchsplan

Wie in den Experimenten von GRUEN sollten die Untersuchungen in zwei Abschnitten an zwei aufeinanderfolgenden Tagen stattfinden. Tab. 76 gibt die Reihenfolge der Durchführung wieder.

Tabelle 76: Reihenfolge der Durchführung der Trainingsversuche

Reihenfolge	1. Tag	2. Tag
1	Mengengestalt	Vortraining 2.Teil
2	sprachl.Begriffe	Haupttraing.2.Teil
3	simult.Entnahme	Nachtest
4	Auslesetest	
5	Vortest	
6	Vortraining, 1.Teil	
7	Haupttraining, 1.Teil	

Vortest und Nachtest bestehen aus je 7 Aufgabengruppen, das Haupttraining aus fünf Trainingsarten. Unter Berücksichtigung des Geschlechts der Vpn ergibt dies ein 2 x 5 x 2 x 7 faktorielles Design mit den Faktoren

A: Geschlecht C: Vortest/Nachtest
B: Trainingsgruppen D: Aufgabengruppen

mit wiederholten Messungen auf den letzten beiden Faktoren. Jede Zelle sollte gleichmäßig mit 8 Vpn besetzt sein (also 16 pro Trainingsgruppe), so daß die Gesamtgruppe 80 Kinder umfassen würde.

13.23 Durchführung

Insgesamt 167 Kinder aus Bonner Kindergärten wurden entsprechend diesem Plan untersucht. Es wurde darauf geachtet, daß sie nicht jünger als 4;6 Jahre und nicht älter als 6;6 Jahre waren, um die Gruppe altersmäßig mit der von GRUEN vergleichbar zu halten. Die Untersuchung selbst fand in einem Raum, meist dem Sprechzimmer, der Kindergärten statt und dauerte am 1. Tag etwas über eine Stunde, am 2. Tag knapp eine Dreiviertelstunde. Im allgemeinen folgte der 2. Testtag direkt auf den 1., in wenigen Fällen lagen beide Termine bis zu sieben Tage auseinander. Im Unterschied zur Durchführung bei GRUEN wurden den Kindern vor den Trainings keine Geschenke versprochen, weil sich dies bei einigen Voruntersuchungen als Ablenkungsfaktor erwiesen hatte; doch bekamen alle Kinder nach jedem Untersuchungstag ein rosa oder braunes Püppchen, wie sie bei der Anzahl-II-Aufgabe verwendet wurden. Als die Püppchen einmal zu Ende gingen, wurden auch kleine Plastikautos zur Wahl gestellt, die aber, nach einigem Zögern der Kinder, eher bei den Mädchen Absatz fanden, während - mit wenigen Ausnahmen - die Püppchen sich bei den Jungen besonderer Beliebtheit erfreuten.

Vortest, Training und Nachtest wurden im allgemeinen vom selben Versuchsleiter durchgeführt. Zunächst war versucht worden, die Kinder in der Reihenfolge ihrer Untersuchung dem 1. bis 5. Training zuzuordnen; es erwies sich aber als eine Überforderung der beiden mithelfenden Praktikantinnen, alle Tests und alle Trainings gleichzeitig gleich gut zu beherrschen. Zwei vollständige Trainingsgruppen (direktes Training und Konflikttraining) und Teile der drei anderen Gruppen wurden von der Projektleiterin selbst untersucht. Die Praktikantinnen wurden von ihr intensiv in die von ihnen durchzuführenden Trainings eingeführt. Diese Fehlerquellen, Person des Versuchsleiters und nicht im statistischen Sinne zufällige Zuordnung zu den Trainingsgruppen mußten aus Praktikabilitätsgründen in Kauf genommen werden.

Weiterhin erwies es sich als unmöglich, Kinder, die den Vortest nicht bestanden hatten oder bei der Kriteriumsaufgabe Konservierer waren, vom weiteren Untersuchungsverlauf auszuschalten; sie achteten genau darauf, daß sie zweimal kommen durften. Die Untersuchung wurde daher auch bei ihnen vollständig durchgezogen, ihre Daten aber bei der Analyse der Trainingswirkungen nicht berücksichtigt. Tab. 77 gibt die Gründe für die Schrumpfung der Ausgangsstichprobe auf die Experimentalstichprobe bei GRUEN und mir wieder.

Tabelle 77: Stichprobenschrumpfung bei GRUEN und RAUH

Gründe	Anzahl RAUH	Anzahl GRUEN
Untersuchte, gesamt	167	210
Untersuchung nicht durchführbar wegen zu großer Suggestibilität	3	-
zu jung, zu alt	2	-
Daten nur vom 1.Tag, da Kind innerhalb 7 Tagen nicht wieder erreichbar	15	-
anderes Training	6*	-(45)*
Konservierer	22	30
Auslesetest nicht bestanden	8	90
Untersuchungsfehler	31	-
Experimentalgruppe	80	90(45)*

* hatten das sprachliche Vortraining erhalten

Offensichtlich hatte GRUEN beim Auslesetest strengere Beurteilungsmaßstäbe angelegt als wir. Die unter GRUEN in Klammern gesetzte Zahl bezieht sich auf diejenigen Vpn, die statt des sprachfreien das sprachliche Vortraining (beschrieben bei GRUEN) erhalten hatten. Bezüglich der Anzahl der vorgefundenen Konservierer sind beide Untersuchungen gut vergleichbar.

Die hier gegebene Übersicht mag einen kleinen Eindruck von den Schwierigkeiten geben, denen man bei Kinderuntersuchungen begegnet.

13.24 Die Experimentalstichprobe

Die Experimentalstichprobe setzt sich also aus 80 Nicht-Konservierern (40 Jungen und 40 Mädchen) zusammen, die ausreichend sicher bis 9 zählen konnten und im Auslesetest ausreichendes Verständnis für das Prinzip von Verminderung der Anzahl durch Subtraktion, Vermehrung durch Addition und Kompensation beider Operationen gezeigt hatten. Sie waren im Durchschnitt 5;4 Jahre alt, wobei die Mittelwerte in den einzelnen Trainingsgruppen bis zu 7 Monate differieren, und zwar zuungunsten der Kontrollgruppe und zugunsten der Reversibilitätstrainingsgruppe, wie Tab.78 zeigt. Der Altersunterschied zwischen der Kontrolltrainingsgruppe und den anderen Trainingsgruppen ist signifikant.

Tabelle 78: Durchschnittsalter in den einzelnen Gruppen (in Monaten)

Gruppe	Mittelwert	Streuung
Gesamt	64,45	5,40
Jungen	64,88	5,52
Mädchen	64,23	5,53
1. direktes Training	65,16	4,95
2. Konflikttraining	64,23	6,01
3. modif.Konflikttraining	65,23	5,29
4. Reversibilitätstraining	67,66	4,99
5. Kontrolltraining	60,48	5,52

Außer drei Kindern konnten alle nach dem Beruf und Schulabschluß des Vaters (die Kategorien wurden ausführlich S. 195 dargestellt) in sechs soziale Gruppen eingeteilt werden (Tab. 79).

Jungen und Mädchen unterscheiden sich nicht bezüglich ihrer sozialen Herkunft (U-Test nach MANN und WHITNEY, z = 0,55, p = 58). In Umkehrung der Verhältnisse im Vergleich zum durchschnittlichen Lebensalter unterscheidet sich die Kontrollgruppe signifikant von der Reversibilitätsgruppe (U = 69, $p < 5$ %), diesmal jedoch zugunsten der Kontrollgruppe. Alle anderen Gruppenunterschiede lassen sich noch durch den Zufall erklären.

Tabelle 79: Verteilung auf die sozio-ökonomischen Gruppen

Gruppe	sös:	1	2	3	4	5	6	Median
Gesamt	n:	4	20	13	11	11	18	3,64
	%:	5,2	26,0	16,9	14,3	14,3	23,4	
Jungen	n:	2	9	8	7	5	7	3,50
Mädchen	n:	2	11	5	4	6	11	3,88
1. direktes Tr.	n:	2	4	0	2	2	5	4,25
2. Konflikttr.	n:	-	3	4	5	1	2	3,60
3. modif.Konflikttr.	n:	1	3	3	3	3	3	3,83
4. Reversibil.-Tr.	n:	-	8	3	-	2	3	2,50
5. Kontrolltr.	n:	1	2	3	1	3	5	4,67

(Polung sös: 1 = niedrig, 6 = hoch)

Außer vier Kindern konnten alle nach den Trainingsexperimenten (etwa 1 - 3 Wochen später) mit dem WPPSI untersucht werden. Tab. 80 gibt die Mittelwerte und Streuungen für den Gesamt-IQ und die beiden Teil-IQs wieder. Alle Gruppenunterschiede können noch als zufällig angesehen werden bis auf den zwischen der Konflikttrainingsgruppe und der Reversibilitätstrainingsgruppe im Handlungsteil und Gesamttest des WPPSI.

Tabelle 80: Durchschnitts-IQs (WPPSI) bei den einzelnen Gruppen

		Gesamt-IQ		Verbal-IQ		Handlungs-IQ	
Gruppe	N	M	s	M	s	M	s
Gesamt	76	107,13	11,05	106,55	10,88	106,29	12,47
Jungen	38	106,61	11,27	106,87	10,42	105,15	12,28
Mädchen	38	107,65	11,10	106,23	11,60	107,47	12,89
1. direktes Tr.	14	107,39	11,22	107,74	13,24	105,17	12,96
2. Konflikttr.	16	112,41	10,95	109,60	11,36	112,54	12,80
3. modif.Konfl.Tr.	16	108,79	9,28	108,48	10,43	107,29	9,78
4. Revers.Tr.	14	102,10	10,34	103,37	8,73	100,37	11,99
5. Kontrolltr.	16	104,66	13,01	103,54	11,61	105,60	14,42

Da das Intelligenzalter eine deutlichere Beziehung zum Konservieren der Anzahl zeigt als das Lebensalter einerseits oder der

IQ andererseits, wurde auch das Intelligenzleistungsniveau der Gruppen anhand der vereinheitlichten Wertpunkte (WPe, auf 6;3 Jahre bezogen) überprüft.

Tabelle 81: Intelligenzleistungsniveau (WPe) im Gesamt-WPPSI

Gruppe	Mittelwert	Streuung
Gesamt	87,15	16,32
Jungen	87,76	17,62
Mädchen	86,55	15,35
1. direktes Tr.	87,03	10,23
2. Konflikttr.	93,72	16,02
3. modif.Konflikttr.	91,10	16,46
4. Reversib.Tr.	87,24	12,36
5. Kontrolltr.	76,66	21,47

Mit Ausnahme der Kontrolltrainingsgruppe sind alle Gruppenunterschiede unbedeutend. Die Kontrolltrainingsgruppe unterscheidet sich deutlich in ihrer Varianz von der direkten und der Reversibilitätstrainingsgruppe und im Mittelwert von den beiden Konflikttrainingsgruppen. Sie vereinigt also eine recht heterogene Gruppe von Kindern, die eher jünger und eher weniger intelligent sind als die anderen, aber häufiger aus gehobenerem Milieu stammen. Die Reversibilitätstrainingsgruppe ist zwar im Durchschnitt älter als die übrigen Trainingsgruppen, entspricht ihnen aber im Entwicklungsstand der Intelligenz, gemessen am WPPSI. Alle anderen Trainingsgruppen und insbesondere die Geschlechtsgruppen sind hinsichtlich sozialer Herkunft, Alter und Intelligenz weitgehend vergleichbar.

13.25 Auswertung der Daten

Wie in den vorangegangenen Untersuchungen, aber im Unterschied zu GRUEN, wurden nur die Antworten auf die Invarianzfragen, nicht aber die Begründungen bei der Auswertung berücksichtigt, da nicht zu jeder Antwort eine Begründung erhalten oder erfragt werden konnte. Die Invarianzantworten zu jedem Item wurden in der vorn beschriebenen Weise zu scores für jede Aufgabengruppe und zu einem

Gesamtscore aufaddiert. Diese Daten wurden einer vierfaktoriellen Varianzanalyse mit wiederholten Messungen auf den Faktoren Vor/-Nachtest und Aufgabengruppen unterworfen, die eigens zu diesem Zweck aus WINERs dreifaktoriellen Designs Fall 1 und Fall 2 (1962, S. 319-351) weiterentwickelt wurde. Da weder die Auswahl der Trainings noch die Auswahl der Aufgabengruppen als repräsentativ für alle möglichen Trainings oder Aufgabengruppen angesehen wurde, wurde einer fixed-factor-Analyse der Vorzug gegeben.

Die Homogenität der Varianzen in den 10 Gruppen (Geschlecht x 5 Trainingsgruppen) wurde sowohl mit dem F_{max}-Test wie nach der Methode von COCHRAN (beide s. WINER, 1962, S. 92-96) überprüft. Dem F_{max}-Test liegt das Verhältnis der größten zur kleinsten Varianz zugrunde, dem COCHRAN-Wert (C) das Verhältnis der maximalen Varianz zur Summe der Varianzen. Der errechnete F_{max}-Wert beträgt 22,93 (df 10 und 7), der C-Wert 0,2701. Bei Anlegung des 1 %-Kriteriums können die Gruppen, überprüft nach beiden Methoden, noch als homogen angesehen werden.

Ein Poolen der Faktoren Geschlecht und Trainingsgruppen wäre im Prinzip möglich, würde aber die unaufgeklärte Fehlervarianz unnötig erhöhen und eventuelle Interaktionen mit der Wirkung der Trainings verwischen.

Zur Klärung der Frage, ob die Aufspaltung in die Faktoren Vortest/ Nachtest und Aufgabengruppen sinnvoll ist, wurde die Heterogenität der Fehlervarianzen überprüft. Bei der hohen Zahl von Freiheitsgraden (nach WINER über 30) wäre dies nicht unbedingt notwendig. In dem von WINER vorgeschlagenen groben Verfahren wird die größte Fehlervarianz zur kleinsten ins Verhältnis gesetzt; dies ist im vorliegenden Fall (vgl. Tab. 82)

$$F = \frac{MS_D \text{ x Ss within gr.}}{MS_{CD} \text{ x Ss within gr.}}$$

$$F = 4{,}665 \text{ (df: 420;420)}$$

Dieser Prüfwert weist so deutlich auf Heterogenität (d.h. die Fehleraufklärung durch die betreffenden Faktoren ist deutlich unterschiedlich), daß sich der sensiblere BARTLETT-Test erübrigt.

Tabelle 82: Zusammenfassung der Varianzanalyse 1 (p = 2, q = 5, 1 = 2, s = 7, n = 8)

Quelle	SS	df	MS	F	Signifikanz
Between Ss	607.2991	79	-	-	
A (Geschlecht)	3.7723	1	3.7723	0.4949	ns
B (Trainings)	41.1517	4	10.2879	1.3497	über 25 %
AB	28.8126	4	7.2032	0.9450	ns
Ss within groups	533.5625	70	7.6223	($error_{ab}$)	-
Within Ss	1705.9286	1040	-	-	
C (Vor-/Nachtest)	5.0223	1	5.0223	7.4426	1 %
AC	0.3224	1	0.3224	0.4778	ns
BC	2.7769	4	0.6942	1.0287	ns
ABC	2.8516	4	0.7129	1.0565	ns
C x Ss w. groups	47.2411	70	0.6749	($error_{c}$)	-
D (Aufgabengruppen)	188.3840	6	31.3973	13.4475	0.1 %
AD	7.2839	6	1.2139	0.5199	ns
BD	68.2858	24	2.8452	1.2186	ns
ABD	127.8509	24	5.3271	2.2816	1 % (bzw. 10-5 %)
D x Ss w. groups	980.6250	420	2.3348	($error_{d}$)	-
CD	15.4089	6	2.5682	5.1313	0.1 %
ACD	2.6589	6	0.4432	0.8855	ns
BCD	29.0106	24	1.2088	2.4152	1 % (bzw. eben 5 %)
ABCD	18.0109	24	0.7505	1.4995	10 % (bzw. 25 %)
CD x Ss w. groups	210.1962	420	0.5005	($error_{cd}$)	-
Gesamt	2313.2277	1119	2.0672		
error w. cells	1771.6248	980	1.8078	(exp. Fehler)	
between cells	541.6029	139	3.8964	(aufgeklärte Varianz)	

$Uz = eta^2 = 0.2343$

Weiterhin wurde die Homogenität der Fehlervarianzen jeder einzelnen Gruppe bezüglich ihrer Interaktionen mit den Faktoren Vortest/Nachtest und Aufgabengruppen überprüft. Der Prüfwert F_{max} setzt wiederum die größte zur kleinsten Fehlervarianz ins Verhältnis (sie bezieht sich in unserem Fall auf die Jungen in der Konflikttrainingsgruppe und der modifizierte Konflikttrainingsgruppe) (vgl. WINER, S. 321 - 322).

$$F_{max} = \frac{0,8967}{0,2657} = 3,3749 \text{ (df: 10;42).}$$

Dieser Wert erreicht die 1 %-Signifikanzgrenze und besagt, daß die Varianzaufklärung innerhalb der einzelnen Gruppen deutlich unterschiedlich ist. Zur Beurteilung der Signifikanz der Interaktionen werden daher auch die Konservativen F-Werte (WINER, S. 322) angegeben.

Anzumerken bleibt weiterhin, daß wegen der unterschiedlichen Itemzahl bei den Aufgabengruppen aus rein statistischen Gründen mit einer Signifikanz des Faktors Aufgabengruppen gerechnet werden muß; denn wenn mehr Items angeboten werden, können auch mehr richtig gelöst werden. Bei der Interpretation der Ergebnisse muß daher darauf geachtet werden, ob die Unterschiede zwischen den Aufgabengruppen mit der Länge der Aufgaben kongruent sind. Zur Kontrolle wurden daher auch Schwierigkeitsindizes nach der vorn bereits verwendeten Formel (Untersuchung II) berechnet.

13.26 Ergebnisse

Abb. 27 zeigt die Gesamtscores der gesamten Experimentalstichprobe beim Vortest und beim Nachtest. Die Verschiebungen scheinen gering zu sein, gehen aber in die erwartete Richtung. Tab. 82 gibt die Zusammenfassung der Varianzanalyse wieder. 23,43 % der Gesamtvarianz konnten durch sie aufgeklärt werden; gut drei Viertel verbleiben unaufgeklärt, können also nicht durch das Geschlecht der Kinder, die Art der Aufgabengruppen und die Trainings erklärt werden.

Als signifikante Hauptfaktoren treten besonders der Vortest/Nachtest-Unterschied und die Aufgabenarten hervor. Von besonderem

Interesse ist für unsere Fragestellung jedoch die Triple-Interaktion, da aus ihr hervorgeht, daß die Trainingswirkung nur dann bedeutsam wird, wenn man zugleich die Aufgabengruppen und das Geschlecht der Kinder berücksichtigt.

Wegen der Komplexität der Ergebnisse wurden die einfachen und einfachen, einfachen Effekte sowie t-Tests berechnet, die den Standardfehler der Varianzanalyse berücksichtigen (WINER, S. 323 - 324).

Summe richtiger Antworten beim Vor- und Nachtest

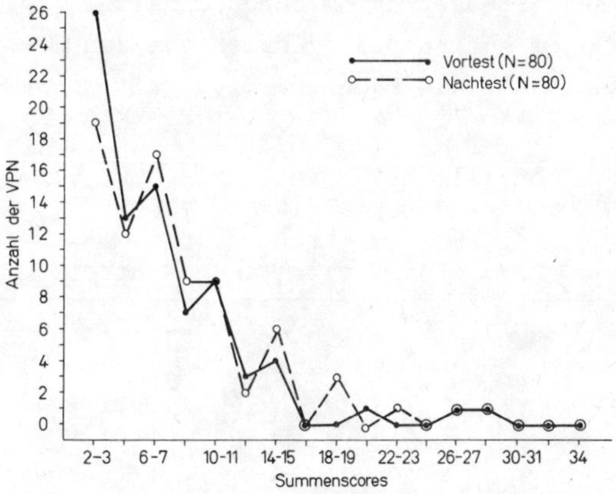

Abbildung 27

1. Vortest/Nachtest

Beim Vortest schnitten zwar die Knaben insgesamt etwas besser ab als die Mädchen, der Unterschied ist jedoch nicht signifikant. Auch innerhalb der Geschlechtsgruppen lassen sich die Trainingsgruppenunterschiede im Vortest noch durch den Zufall erklären, wenngleich die Gruppe der Mädchen insgesamt etwas homogenere Leistungen zeigte. Auch beim Vergleich der Knaben und Mädchen derselben Trainingsgruppen fielen die Leistungsunterschiede nicht signifikant aus. Vier von fünf signifikanten Leistungsunterschieden (von 70 möglichen) bei den Aufgabengruppen fielen auf die letzte Aufgabengruppe (Saftaufgabe): die beiden Konflikttrainingsgruppen zeigten hier deutlich geringere Ergebnisse als die übrigen Trainingsgruppen. Bei einer Schwierigkeitsanalyse der Aufgabengruppen erwies sich die MÜLLER-LYER-Längenaufgabe als die leichteste (p = 41,88 %), die Kriteriumsaufgabe (Anzahl III) als schwerste (p = 5,63 %), aber auch alle übrigen Aufgaben hatten einen hohen Schwierigkeitsgrad (p zwischen 8,75 % und 16,41 %). - Insgesamt zeigen diese Ergebnisse, daß die Trainings- und Geschlechtsgruppen beim Vortest eine weitgehend vergleichbare Ausgangsbasis ihrer Leistungen zeigten.

Tab. 83 gibt die Gesamtergebnisse der einzelnen Gruppen beim Vor- und Nachtest wieder. Danach zeigt die Gesamtgruppe eine sehr bedeutsame Leistungsverbesserung um durchschnittlich 0,935 richtige Antworten (!). Dabei schienen die Knaben von den Trainings mehr profitiert zu haben als die Mädchen. Dies gilt insbesondere für

Tabelle 83: Durchschnittliche Gesamtscores beim Vor- und Nachtest bei den einzelnen Gruppen

Gruppe	N	Vortest	Nachtest	t-Test (zweiseit.)
Gesamtgruppe	80	6,94	7.875	p 1 %
Jungen	40	7.225	8.4	0.1 %
Mädchen	40	6.65	7.35	5 %
direkt. Training	16	7.31	8.875	5 %
Jungen	8	7.75	10.125	5 %
Mädchen	8	6.875	7.625	ns
Konflikttraining	16	8.065	9.875	2 %
Jungen	8	9.625	12.00	5 %
Mädchen	8	6.50	7.75	ns
modif. Konflikt. Tr.	16	4.875	5.19	ns
Jungen	8	4.5	5.5	ns
Mädchen	8	5.25	4.875	ns
Reversibilitäts-training	16	7.44	8.44	ns
Jungen	8	8.875	8.75	ns
Mädchen	8	6.00	8.125	10-5 %
Kontrolltraining	16	7.00	7.00	-
Jungen	8	5.375	5.625	ns
Mädchen	8	8.625	8.275	ns

die beiden Trainings von GRUEN, während die Mädchen am ehesten durch das Reversibilitätstraining von WALLACH und SPROTT Verbesserungen erzielten. Das modifizierte Konflikttraining und insbesondere das Kontrolltraining waren ohne nennenswerte Wirkung, was den Gesamtscore betrifft. Kein Kind wurde durch die Trainings zum vollständige Konservierer, auch nicht die drei mit den höchsten Ausgangsscores.

In jeder Gruppe gab es Leistungsverbesserungen, aber auch Verschlechterungen. Die Verbesserungen konnten bis zu 11 Punkte, die Verschlechterungen bis zu 5 Punkte betragen. Was sind das für Kinder, die solche Veränderungen zeigen? Aus Tab. 84 läßt sich keine andere Systematik erkennen außer der, daß die beiden extremen Verbesserungen bei Jungen mit direktem Training (Reinforcement durch Zählen), die nächst hohen bei je zwei Jungen und Mädchen mit Konflikttraining vorkamen; beim Kontrolltraining gab es je eine deutliche Verbesserung und Verschlechterung.

Tabelle 84: Vpn mit großen Veränderungen vom Vor- zum Nachtest

Veränderung	Ausgangsscore	Geschlecht	Gruppe	LA	sös	VIQ	HIQ	Ges IQ	WPe
+ 11	2	Junge	direkt.Train.	64	6	116	97	108	92
+ 11	8	Junge	" "	62	6	117	122	122	101
+ 7	11	Junge	Konfl. "	73	2	107	110	109	105
+ 7	3	Mädchen	" "	69	5	100	101	105	99
++ 6	9	Junge	" "	72	4	99	104	101	96
6	8	Mädchen	" "	65	3	111	99	106	94
+ 5	10	Junge	Kontr. "	70	6	110	130	122	115
- 5	14	Mädchen	mod.Konfl.Tr.	69	3	124	122	125	120
- 5	15	Mädchen	Kontr.Train.	54	6	110	127	120	84

2. Ergebnisse bei den Aufgabengruppen

Da die Trainings auf die Förderung des Anzahlbegriffes ausgerichtet waren, müßte sich bei diesen das Üben am stärksten auswirken. Tab. 85 gibt die Veränderungen vom Vortest zum Nachtest bei den einzelnen Aufgaben wieder.

Tabelle 85: Vortest-/Nachtestergebnisse bei den einzelnen Aufgabengruppen (N = 80)

Aufgabe	n_{it}	Vortest M	Nachtest M	t	p	+K	-K
Anzahl I	3	1,15	1,25	0,98	ns	+6	-1
Anzahl II	3	1,15	1,30	1,31	ns	+7	-2
Anzahl III	6	0,34	0,80	4,04	0,1%	+5	-
Länge I	4	1,68	1,79	0,98	ns	+7	-4
Länge II	7	0,98	1,31	2,95	1 %	+3	-2
Menge I	3	0,35	0,46	0,98	ns	+3	-
Menge II	8	1,31	0,96	-3,06	1 %	-	-1

Was die Anzahl richtiger Antworten angeht, so trifft diese Hypothese nur für die Anzahlaufgabe von GRUEN zu, während die Leistungsverbesserungen bei den Anzahlaufgaben von WALLACH und SPROTT die Signifikanzgrenze nicht erreichen. Bei allen drei Aufgaben gibt es jedoch beim Nachtest fünf Konservierer mehr als beim Vortest - bei 80 Vpn ein bescheidenes Ergebnis. Auffallend ist jedoch, daß zwei Kinder aus den Trainingsgruppen nach GRUEN ihre Invarianzüberzeugung bei einer oder sogar beiden Aufgaben von WALLACH wieder aufgaben.

Eine ebenfalls signifikante Zunahme richtiger Antworten ist bei der Längenaufgabe nach PIAGET festzustellen - die ja auch mit den drei Anzahlaufgaben hoch korreliert. Bei genauerer Inspektion der Daten wurden jedoch nur 3 Kinder zu Konservierern (6 von 7 Antworten richtig), während zwei andere wieder unsicher wurden.

Rein quantitativ gesehen ist die Verbesserung vom Vor- zum Nachtest bei der Kneteaufgabe zwar nicht signifikant; jedoch wurden drei Kinder zu Konservierern (3 richtige Antworten), und es gab keine Regressionen.

Auffallend ist die starke Fluktuation bei der MÜLLER-LYER-Längenaufgabe: 7 Kinder wurden zu Konservierern (3 von 4 Antworten richtig), 4 weitere gaben ihre Invarianzüberzeugung jedoch beim Nachtest auf. Die Gesamtzunahme an richtigen Antworten ist unbedeutend.

Das vielleicht interessanteste Ergebnis liefert die Saftaufgabe, nämlich eine hochsignifikante Veränderung in umgekehrter Richtung: Kinder, die beim Vortest das eine oder andere Item richtig beantwortet haben, wurden zu reinen Nicht-Konservierern. Statt 40 Kindern im Vortest griffen 52 Kinder beim Nachtest ausschließlich zu den falschen Gläschen; sie richteten sich jetzt nur noch nach der Höhe des Saftspiegels, während sie vorher offensichtlich auch andere Hinweise verwertet hatten. Außerdem wurde auch ein ehemaliger Konservierer wieder unsicher.

Eine ähnliche Art von "Konsolidierung" im Sinne der einheitlicheren Berücksichtigung einer Dimension konnte auch bei der Anzahl-I-Aufgabe beobachtet werden: Während beim Vortest nur 28 Kinder bei beiden Items jeweils die längere Reihe für "mehr" hielten, waren es beim Nachtest 40; dagegen bezeichneten 35 Kinder im Vortest beim ersten Item die längere Reihe der Karten als "mehr", aber beim zweiten Item ebenfalls die Karten, obgleich jetzt die Reihe kürzer war (Ausrichtung an der belegten Fläche; der abseits liegende Floh wurde nicht mehr als zur Gesamtgestalt zugehörig anerkannt); beim Nachtest gaben nur noch 17 Kinder solch ein Antwortpattern. - Auch bei der Kneteaufgabe zeigt sich die Tendenz, daß die Kinder innerhalb der Aufgabengruppe beim Nachtest einheitlichere Beurteilungskriterien verwendeten.

Zur Beurteilung von Transfer-Effekten ist es wichtig festzustellen, ob bedeutsame Veränderungen bei einer Aufgabengruppe mit solchen bei einer anderen regelmäßig gekoppelt sind. Hierzu soll zunächst ein qualitativer Vergleich dienen: Ist das Erreichen des Konservierungskriteriums bei einer Aufgabe mit dem bei einer anderen verbunden? - 14 mal treten positive Veränderungen isoliert auf, viermal negative. Sechsmal treten Veränderungen bei den beiden WALLACH-Aufgaben gemeinsam auf (davon einmal in negativer Richtung); einmal wurde ein Kind gleichzeitig Konservierer bei Anzahl II und III, ein anderes aber Konservierer bei III und Nicht-Konservierer bei II; einmal tritt Konservieren bei Anzahl III zugleich mit Konservieren bei Menge I auf. Man kann also nur bei den beiden Anzahlaufgaben von WALLACH und SPROTT annehmen, daß sie auch für die Kinder so ähnlich sind, daß eine Übertragung von der einen auf die andere möglich ist (die 5 gleichzeitigen positiven Veränderungen traten beim Reversibilitätstraining auf).

3. Differentielle Wirkung der Trainings

1. <u>Das Kontrolltraining</u>: Weder bei der Gesamtgruppe (N = 16), noch bei getrennter Auswertung der Ergebnisse der Knaben und Mädchen, noch bei irgendeiner der Aufgabengruppen hatte das Kontrolltraining irgendeinen vom Zufall abweichenden Erfolg. Es hat damit voll seiner Funktion entsprochen. Gleichzeitig erlaubt dies Ergebnis, Vortest-Nachtest-Veränderungen bei den anderen Trainings auf diese Trainings selbst zurückzuführen. Anzumerken bleibt jedoch, daß nur 4 Kinder (ein Viertel) alle Hütchen richtig aufsteckten (Mittelwert: 28,44; Streuung: 4,36; Wertebereich: 15 - 32). Der häufigste Fehler war, daß das Kind sich nicht nur nach den Hütchen der Schere des VL richtete, sondern die schrägen Schenkel der Schere als Orientierungshilfen benutzte und so jeweils ein Hütchen zu viel aufsetzte.

2. <u>Direktes Training</u>: Dieses Training hatte sich im wesentlichen bei den Knaben, und zwar insbesondere bei der Anzahl-III-Aufgabe positiv ausgewirkt (Tab. 86). Auch bei den beiden Mengenaufgaben zeigten sich in dieser Trainingsgruppe signifikante Veränderungen: bei der Kneteaufgabe in positive, der Saftaufgabe in negative Richtung. Insgesamt wurden 7 Vpn bei einer der 7 Aufgabengruppen zu Konservierern (verteilt über alle 7 Aufgabengruppen!), zwei Vpn gaben bei einer bzw. zwei Aufgabengruppen ihre ursprüngliche Invarianzüberzeugung wieder auf. Beobachtungen während der Trainings zeigten, daß die Kinder zwar häufig die Trai-

<u>Tabelle 86:</u> Vortest- Nachtestergebnisse des direkten Trainings

Aufgabengr.	Gruppe	Vortest (M)	Nachtest (M)	t	p
Anzahl III	Gesamt	0,00	1,125	4,39	<0,01%
	Jungen	0,00	1,75	4,83	0,01%
	Mädchen	0,00	0,5	1,38	ns
Menge I	Gesamt	0,187	0,712	2,439	<5%
Menge II	Gesamt	1,06	0,44	-2,439	<5%

ningsaufgaben lösen lernten und mitunter sehr verduzt waren, als sie feststellten, daß sowohl die längere als auch die kürzere Schere 9 Hütchen hatten; sie waren aber nicht in der Lage, das Gelernte auf die Prüfaufgaben zu übertragen. Ein Kind sagte sogar am zweiten Trainingstag wörtlich, daß die Zahl nichts mit der Länge zu tun habe, war beim Nachtest aber trotz dieser abstrakt formulierten Regel Nicht-Konservierer. Daß die Kinder tatsächlich meistens glaubten, daß eine längere Reihe mehr Hütchen impliziere, zeigte ihr Erstaunen beim Nachzählen ebenso wie ihr "Pfuschen": bei der längeren Reihe zählten manche rasch noch eine 10 dazu oder blieben bei der kürzeren verwirrt bei 8 stehen. Auch der Vergleich des ersten mit dem zweiten Trainingstag zeigt, daß sie während des Trainings gelernt hatten - wie aufgabenspezifisch auch immer (Tab. 87).

Tabelle 87: Ergebnisse bei den Trainingsaufgaben (N = 16)

	1. Tag		2. Tag	
	M	s	M	s
richtige Antworten	16,62	6,08	19,44	6,51
richtig verbessert nach Zählen	5,19	4,00	2,75	3,73

Legt man wie GRUEN bei der Anzahl-III-Aufgabe als Konservierungskriterium 3 richtige Antworten (statt 5) an, dann werden die Ergebnisse eher vergleichbar: bei GRUEN waren im Nachtest dann 5 von 15 Vpn Konservierer, in unserer Untersuchung 4 (statt 2) von 16.

3. Konflikttraining: Das Konflikttraining war insgesamt, wie auch bei GRUEN, das erfolgreichste, und zwar wirkte es besonders auf die Längenaufgabe von PIAGET und die Anzahlaufgabe von GRUEN (Tab. 88). Wiederum scheint das Training bei den Jungen effektiver gewesen zu sein als bei den Mädchen. Insgesamt wurden 7 Kinder bei einer Aufgabengruppe und eines bei 2 Aufgabengruppen zu Konservierern; eines gab bei beiden WALLACH-Aufgaben seine ursprüngliche Invarianzüberzeugung auf. Der Invarianzerwerb bezieht sich dreimal auf die Anzahlaufgabe von GRUEN; zwei Mädchen

Tabelle 88: Vortest-/Nachtestergebnisse des Konflikttrainings

Aufgabengruppe	Gruppe	Vortest M	Nachtest M	t	p
Anzahl III	Gesamt	0,69	1,50	3,17	1 %
	Jungen	1,25	2,125	2,41	5 %
	Mädchen	0,125	0,875	2,07	10 %
Länge II	Gesamt	1,25	2,38	4,39	0,1 %
	Jungen	1,50	3,375	5,17	0,1 %
	Mädchen	1,00	1,375	-	ns

wurden bei der MÜLLER-LYER-Aufgabe, zwei Jungen bei der Länge-II-Aufgabe zu Konservierern; je ein Kind erkannte die Invarianz bei der Kneteaufgabe und bei der Anzahl-II-Aufgabe beim Nachtest. Nach GRUENs Kriterium könnte man 4 (statt 3) Kinder bei der Anzahl-III-Aufgabe als Konservierer bezeichnen; bei GRUEN selbst waren es 5. Die von ihm festgestellte Auswirkung auf die Kneteaufgabe konnte jedoch nicht repliziert werden.

Das Verhalten der Kinder während des Trainings gab zu einer Korrespondenz mit GRUEN Anlaß: ein Konflikt konnte bei ihnen nicht beobachtet werden (im Unterschied zur direkten Trainingsgruppe). Die meisten behaupteten zwar, wenn man die Schere verlängerte, diese habe nun mehr Hütchen; nahm man aber ein Hütchen von dieser Schere ab, dann kam ohne Zögern, daß jetzt auf der anderen Schere mehr Hütchen seien. Die Trainingsantworten zeigen deutlich, daß 5 Kinder von vornherein alle Trainingsitems richtig beantworteten, 2 machten nur am ersten Tag ein oder zwei Fehler; alle anderen gaben am zweiten Trainingstag bei der Längentransformation regelmäßig Nicht-Konservierungsantworten,auch diejenigen 2 Kinder, die am ersten Tag 3 bzw. 7 richtige Antworten gaben. Zwischen der richtigen Beantwortung der Trainingsaufgaben und der Anzahl-III-Aufgabe im Nachtest läßt sich keine systematische Beziehung herstellen.

4. Modifiziertes Konflikttraining: Um einen stärkeren Konflikt zu provozieren, war das modifizierte Konflikttraining entwikkelt worden. Es erwies sich aber insgesamt als recht wirkungslos. Zwei Jungen in dieser Trainingsgruppe wurden bei der MÜLLER-LYER-

Aufgabe zu Konservierern (auch quantitativ ist die Zunahme an richtigen Antworten hier sehr signifikant), ein Mädchen wurde bei der Länge-II-Aufgabe wieder unsicher.

13 Kinder gaben am ersten und am 2. Tag bei den Längentransformationen regelmäßig Nicht-Konservierungsantworten, nur zwei antworteten durchgehend richtig. Acht Kinder machten nach dem Abnehmen der Hütchen - auch wenn zwischendurch Zahlengleichheit auftrat - keinen Fehler drei beantworteten aber auch hier die Fragen weitgehend falsch. Von einem Lernen im Training oder von Konflikt kann kaum die Rede sein.

5. Reversibilitätstraining: Wenn auch die Wirkung dieses Trainings beim Gesamtscore nicht sehr zum Tragen kam, so zeigte es doch den klarsten Erfolg, und zwar bei den beiden Anzahlaufgaben, die ebenfalls von den Trainingsautoren stammen, nicht jedoch bei der Anzahlaufgabe von GRUEN (Tab. 89). Im Unterschied zu den Trainings von GRUEN scheinen hier die Mädchen begünstigt zu sein.

Tabelle 89: Vortest-/Nachtestergebnisse beim Reversibilitätstraining

Aufgabengruppe	Gruppe	Vortest M	Nachtest M	t	p (zweis.)
Anzahl I	Gesamt	1,19	1,95	2,93	1 %
	Jungen	1,25	1,875	2,07	10 %
	Mädchen	1,125	1,875	2,07	10 %
Anzahl II	Gesamt	1,13	1,95	3,17	1 %
	Jungen	1,25	1,875	1,72	ns
	Mädchen	1,00	2,00	2,76	2 %

Drei Mädchen und zwei Jungen wurden bei beiden Anzahlaufgaben (I und II) zu Konservierern, ein Junge bei der MÜLLER-LYER-Aufgabe wieder zum Nicht-Konservierer. Der Erfolg ist zwar nicht so augenfällig wie bei WALLACH und SPROTT; deren Vpn waren ja auch um einiges älter.

Auch während des Trainings ist hier ein Lernerfolg erkennbar. Nur zwei Kinder gaben am ersten Tag 11 bzw. 12 richtige Antworten (Mittel: 7,06; Streuung: 2,36), sie berichtigten aber häufig ihre erste Antwort nach dem Überprüfen durch das Zurücklegen der Püppchen. Am zweiten Tag waren es bereits 7 Kinder, die spontan mindestens 10 der 12 Fragen richtig beantworteten (Mittel: 8,87; Streuung: 2,31). Hier läßt sich auch eher eine Beziehung zwischen dem Verhalten im Training und dem Nachtestergebnis herstellen: in drei Fällen zeigt sich deutlich, daß die Kinder das Prinzip am zweiten Trainingstag erfaßt haben und dann auf die Testsituation übertrugen. Hier hat also echtes Lernen stattgefunden.

Vor- und Nachtestergebnisse jeder Trainingsgruppe (n = jew. 16) bei jeder der 7 Aufgabengruppen

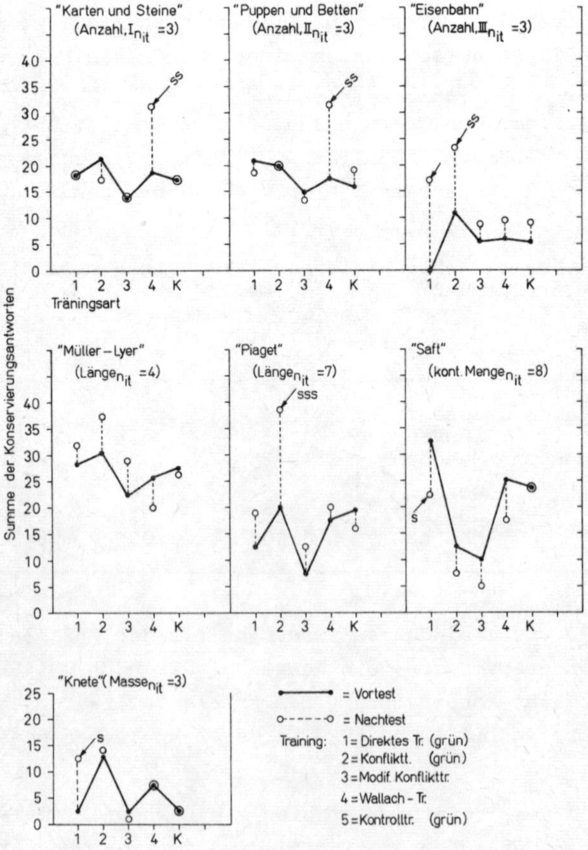

<u>Abbildung 28</u>

13.27 Zusammenfassung

Abb. 28 veranschaulicht noch einmal die Trainingswirkung auf die einzelnen Aufgabengruppen, quantitativ gesehen. Die Trainings von GRUEN wirkten danach am ehesten auf die Aufgaben von GRUEN und die Längeninvarianzaufgabe nach PIAGET, das Training von WALLACH und SPROTT auf die Aufgaben dieser Autoren, die restlichen Trainings so gut wie gar nicht. Demnach scheint sich das Erlernen der Kontrolle durch Korrespondenzüberprüfung nicht auf Aufgaben zu übertragen, die zunächst Kontrolle durch Zählen nahelegten und umgekehrt. Eine eindeutige Beziehung zwischen Trainings und Aufgaben, auch bei qualitativer Betrachtung, ließ sich nur für das Reversibilitätstraining feststellen; bei den anderen scheint die Auswirkung eher diffuser Art zu sein.

Auffallend ist die geringe Übertragung von Invarianzüberzeugung von einer Aufgabe zur anderen, selbst wenn diese normalerweise hoch korrelieren (Anzahl I, II, III und Länge II).

Insgesamt zeigt diese quantitative und qualitative Analyse, wie vorsichtig man mit der Interpreation signifikanter Ergebnisse bei Trainingsuntersuchungen dieser Art sein muß. Eine durchschnittliche Verbesserung um knapp eine richtige Antwort (von 34 möglichen) macht noch keinen Konservierer; bei sich eher U-verteilenden Merkmalen kann dies, je nach Konstruktion der Aufgaben, Verunsicherung der Kinder (und damit Annäherung an eine Zufallsverteilung) oder Einspielen eines bestimmten Beobachtungs- und Antwortsverhaltens bedeuten. Letzteres zeigte seine "negativen" Auswirkungen auf die Antwortzahl bei der Saftaufgabe.

Weiterhin lassen die Ergebnisse erkennen, was vorher schon hin und wieder vermutet wurde, daß das Denkverhalten der kleinen Kinder oft noch so ungefestigt ist, daß Invarianzüberzeugung bei einer Aufgabenart zwischendurch wieder verloren gehen kann, sie sich bei anderen in einem sehr kurzen Zeitraum dagegen bilden kann. Besonders anfällig in dieser Hinsicht zeigte sich in unserer Untersuchung die MÜLLER-LYER-Aufgabe. Von hier aus lassen sich auch die Schwierigkeiten bei einer Skalogrammanalyse der Invarianzaufgaben bei Kindergartenkindern im Unterschied zu Schulanfängern erklären. Zum anderen lassen solche Trainingsergebnisse die - schon von mehreren Autoren (z.B. L.WALLACH, 1969) geäußerte - Vermutung offen, daß nur Kinder, die einer allgemeinen operativen Struktur nahe sind, von den Trainingsübungen profitieren, während Kinder, die ihre Informationen zunächst ziemlich unsystematisch und bei jeder Aufgabe ad hoc aus verschiedensten zufälligen Hinweisen der jeweiligen Situation holen, einheitlicher und systematischer in ihrer Vorgehensweise werden und so u.U. durch Trainings zunächst zu konsistenteren Nicht-Konservierern werden.

Eine kleine Kontrolluntersuchung, die im folgenden Kapitel dargestellt wird, bestätigt diese Vermutungen weitgehend.

13.3 Trainingswirkungen bei Kindern unterschiedlichen Konservierungsniveaus - Bonner Untersuchung VII

13.31 Fragestellung

In dieser Zusatzuntersuchung geht es um die Frage, ob Training auf Kinder unterschiedlichen Ausgangsniveaus, d.h. solche, die schon bei mindestens einer Aufgabengruppe konservieren können, bzgl. des Lösens von Invarianzaufgaben unterschiedliche Wirkung hat; dabei bleibt die Art der spezifischen Trainings relativ unberücksichtigt.

13.32 Methode und Stichprobe

Von je 10 Knaben und Mädchen, die bei der Kriteriumsaufgabe Anzahl III von GRUEN als Konservierer klassifiziert worden waren, standen die vollständigen Untersuchungsdaten (Vortest, Training, Nachtest) zur Verfügung; bis auf einen Jungen hatten alle Kinder das nichtsprachliche Vortraining von GRUEN mitgemacht, der eine Junge jedoch das sprachliche (Differenzierung von Länge und Anzahl). Aus der Gesamtgruppe der im vorigen Kapitel beschriebenen Untersuchung wurde eine Teilstichprobe von 10 Jungen und 10 Mädchen ausgesucht, wobei zu jedem "Konservierer" ein "Nicht-Konservierer" gleichen Alters (max. 1 Monat Differenz), gleichen Trainings und gleichen Geschlechts gesucht wurde. Ein Vergleich dieser Teilstichprobe mit der Gesamtgruppe der Nicht-Konservierer ergab, über Chi^2 geprüft ($Chi^2 = 0{,}527$; df = 1), daß diese 10 Kinder hinsichtlich ihrer Konservierungsleistungen als eine Zufallsstichprobe aus der Gesamtgruppe angesehen werden können.

In den so erhaltenen Gruppen der Konservierer und Nicht-Konservierer haben je 5 Knaben und 2 Mädchen das Kontrolltraining mitgemacht, je 2 Knaben und 3 Mädchen das direkte Training, je 2 Jungen und 2 Mädchen das Konflikttraining, je 1 Mädchen das modifizierte Konflikttraining und je 1 Junge und 2 Mädchen das Reversibilitätstraining.

Keine der Gruppen oder Teilgruppen unterscheidet sich im Lebensalter, wie aus Tab. 90 hervorgeht. Entsprechend ist auch die Korrelation des Gesamtscores bei den Invarianzaufgaben mit dem Lebensalter unbedeutend (r = 0,15 ns).

Tabelle 90: Lebensalter der Gruppen (in Monaten)

Gruppe		Mittelwert	Streuung
K gesamt	20	64,65	6,23
NK gesamt	20	64,30	5,73
K Jungen	10	64,40	5,87
K Mädchen	10	64,90	6,89
NK Jungen	10	64,30	6,34
NK Mädchen	10	64,30	5,40

Die Datenanalyse geschah über eine vierfaktorielle Varianzanalyse mit wiederholten Messungen auf zwei Faktoren; die in die Analyse eingehenden Faktoren waren:

A: Geschlecht

B: Konservierer/Nicht-Konservierer

C: Vortest/Nachtest

D: Aufgabengruppen

Tabelle 91: Zusammenfassung der Varianzanalyse 2 (p = 2, q = 2, r = 2, s = 7, n = 10)

Quelle	SS	df	MS	F	Signifikanz
Between Ss	1255.6002	39	-	-	
A (Geschlecht	0.1143	1	0.1143	0.1143	ns
B (Konserv./N-Kons.)	1009.8286	1	1009.8286	148.4169	o.1 %
AB	0.7142	1	0.7142	0.1050	ns
Ss within groups	244.9429	36	6.8040	($error_{ab}$)	
Within Ss	1515.2857	520	-	-	
C (Vor-/Nachtest)	2.3143	1	2.3143	5.8560	5 %
AC	0.0285	1	0.0285	0.0721	ns
BC	2.8557	1	2.8557	7.2260	5 - 1 %
ABC	1.0001	1	1.0001	2.5306	ns
C x Ss w. groups	14.2286	36	0.3952	($error_c$)	
D (Aufgabengruppen)	230.5607	6	38.4267	10.7801	1 %
AD	2.8107	6	0.4685	0.1315	ns
BD	338.6964	6	56.4494	15.8361	1 %
ABD	16.7608	6	2.7935	0.7837	ns
D x Ss w.groups	769.9571	216	3.5646	($error_d$)	
CD	5.7107	6	0.9518	1.6570	ns
ACD	1.8465	6	0.3078	0.5339	ns
BCD	2.8179	6	0.4697	0.8177	ns
ABCD	1.6249	6	0.2708	0.4714	ns
CD x Ss w. groups	124.0714	216	0.5744	($error_{cd}$)	
Gesamt	2770.8857	560	4.9480		
error w. cells	1153.2000	504	2.2881		
aufgeklärte Varianz	1617.6857				

$Uz = eta^2 = 0.5838$

13.33 Ergebnisse

Tab. 91 gibt eine Zusammenfassung der Ergebnisse der Varianzanalyse. Die vier Faktoren klären 58,38 % der Gesamtvarianz auf, wobei der Hauptanteil auf die Gruppeneinteilung in Konservierer und Nicht-Konservierer anhand der Aufgabengruppe Anzahl III entfällt. Man kann also von der Lösung dieser Aufgabe sehr gut auf die Lösung der übrigen Aufgaben schließen, wie sehr anschaulich aus Abb. 29 hervorgeht, während Jungen und Mädchen sich nur geringfügig unterscheiden.

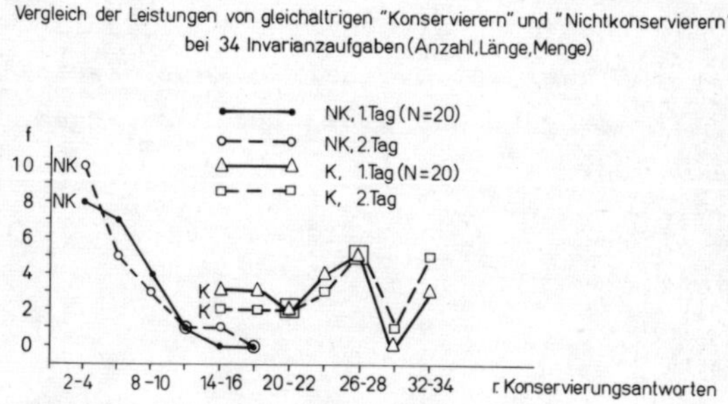

Abbildung 29

Obwohl 7 von 20 Kindern jeder Gruppe (K/NK) nur das Kontrolltraining mitgemacht haben, ist der Trainingserfolg insgesamt signifikant. Aus Tab. 92 geht hervor, daß dieser Erfolg ausschließlich bei den "Konservierern" auftritt.

Tabelle 92: Mittelwerte der Konservierer und Nicht-Konservierer beim Vor- und Nachtest

	Vortest	Nachtest
Konservierer	23,6	35,5
Nicht-Konservierer	5,8	5,7

Eine Inspektion der Gesamtscores ergibt, daß 13 Konservierer ihre Werte verbesserten und nur einer einen Rückgang um 3 Punkte aufweist; nur 4 Nicht-Konservierer verbesserten sich im Gesamtscore, 9 verschlechterten sich. Nur ein einziger Nicht-Konservierer wurde bei einer Aufgabengruppe (MÜLLER-LYER-Aufgabe) zum Konservierer, zwei andere gaben ihre Invarianzüberzeugung bei derselben Aufgabengruppe wieder auf; die negativen Veränderungen bei den anderen Aufgabengruppen gingen bei ihnen im allgemeinen in Richtung eines eindeutigeren Nicht-Konservierens. Bei den Konservierern dagegen wurden 8 Kinder auch bei mindestens einer weiteren Aufgabengruppe beim Nachtest zu Konservierern, und zwar 5 Kinder bei der Anzahl-I-, zwei davon auch bei der Anzahl-II-Aufgabe (die drei anderen waren es bereits beim Vortest), zwei bei der Aufgabengruppe Länge II, eines bei der Kneteaufgabe und zwei bei der Saftaufgabe. Zwei Kinder wurden bei der MÜLLER-LYER-Aufgabe und eines bei der Längenaufgabe nach PIAGET wieder unsicher.

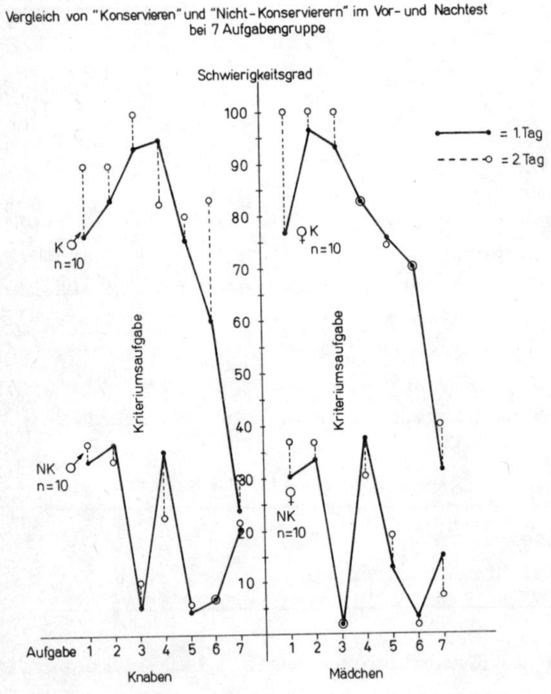

Abbildung 30

Die Interaktion zwischen der Einteilung in K und NK und den Aufgabengruppen kann nicht nur durch diese Einteilung selbst erklärt werden. So gehört die Kneteaufgabe bei den NK zu den schwierigsten Aufgaben, während sich auf die Saftaufgabe relativ mehr richtige Antworten vereinigen. Bei den K ist das Verhältnis in extremem Maße umgekehrt. Beachtenswert ist auch, daß sich bei den NK der Schwierigkeitsgrad der MÜLLER-LYER-Aufgabe und der Saftaufgabe erhöht (Länge I: von p = 36,25 % auf 26,25 % richtige Antworten; Saft: von p = 17,5 % auf p = 14,28 % richtige Antworten), dies bei den K aber nur bei den Jungen bei der MÜLLER-LYER-Aufgabe zutrifft (von p = 95 % auf 82,50 %), während bei allen anderen Aufgabengruppen, auch bei der zur Flüssigkeitsmenge, beim Nachtest mehr Invarianzantworten gegeben wurden als beim Vortest.

Es bestätigt sich also, daß die Kinder, die mindestens bei der Anzahl-III-Aufgabe bereits konservieren konnten, durch die Testsituation und evtl. die Trainings profitierten und ihre Invarianzüberzeugung besonders auf benachbarte Aufgabengruppen generalisierten. Bei den NK zeigen sich dagegen eher uneinheitliche Tendenzen.

Da Konservierer und Nicht-Konservierer in diesem Versuchsplan gleichaltrig sind, erhebt sich die Frage, wieweit sie sich außer in ihrem Konservierungsniveau unterscheiden.

Soziale Herkunft: 14 Kinder aus der Gruppe der NK stammen aus Familien, wo der Vater Hilfsarbeiter (2), Arbeiter (8) oder kleinerer Angestellter (4) ist; dagegen haben die Väter von Konservierern die "mittlere Reife" (5) oder das Abitur (4); ein Vater dieser Gruppe ist Hilfsarbeiter, keiner Arbeiter. Bei Kindern gleichen Alters aus der Altersgruppe 4;10 bis 6;0 Jahre kommen also signifikant häufiger Konservierer aus bildungsmäßig höheren Schichten ($z = 2.4337$, $p < 1$ %, einseitig; U-Test).

IQ: Kinder mit Invarianzbegriff der Anzahl haben im Durchschnitt einen sehr signifikant höheren Gesamt-IQ im WPPSI als Nicht-Konservierer (Tab. 93). Der Unterschied beträgt im Durchschnitt etwa 13 IQ-Punkte. Die Korrelation mit dem Summenscore der Invarianzaufgaben beträgt beim Vortest $r = 0,413$ ($p < 5$ %), beim

Nachtest r = 0,417 (p < 1 %, N = 35). Mit dem FST fallen sie sogar noch höher aus (r = 0,548 bzw.0,586, N = 37) (FST x WPPSI: r = 0,57).

Tabelle 93: Unterschiede im WPPSI und FST bei Konservierern und Nicht-Konservierern

	K		NK			
	M	s	M	s	t	p
WPPSI-IQ	118,88	14,19	106,00	13,64	2,73	1 %
FST-%	45,50	35,32	13,37	19,00*	2,46	5 %

* Varianzen ss heterogen

13.34 Zusammenfassung und Diskussion

Aus den obigen Ergebnissen geht hervor, daß Kinder, die bereits in Teilbereichen über einen Ivarianzbegriff verfügen, deutlicher als völlige Nicht-Konservierer aus jeder Art von Auseinandersetzung mit Invarianzaufgaben, und sei es nur bei einem "Kontrolltraining", profitieren. Diese Auseinandersetzung führt bei ihnen zu einer Festigung oder "Elaboration" (AEBLI) der bereits im Aufbau befindlichen Denkstruktur. Der Lernerfolg ist dabei so deutlich, quantitativ und qualitativ, daß von einer Art plötzlicher Einsicht im Sinne eines "Aha-Erlebenisses" gesprochen werden kann. Gleichaltrige Nicht-Konservierer weisen dagegen im allgemeinen nur zufällige Veränderungen in ihren Antworten auf oder sogar "Verschlechterungen", die, wie im vorigen Kapitel bereits erwähnt, positiv als Vereinheitlichung ihres Denkniveaus aufgefaßt werden kann (im Sinne der Bildung eines widerspruchsfreieren Systems). Nun könnte man einwenden, daß es vielmehr die höhere Intelligenz der Teilkonservierer gewesen sei oder ihre soziale Herkunft und weniger ihr Ausgangsniveau im Denken, das sie vom Training profitieren ließ. Diese Interpretation läßt sich aus den Daten dieser und der voraufgegangenen Untersuchung weder eindeutig belegen noch eindeutig widerlegen, zumal es sehr schwer ist, die Faktoren Lebensalter, Intelligenzniveau, Denkniveau und soziale Herkunft in einem experimentellen Plan klar zu isolieren, da sie nicht unabhängig zu sein scheinen. Aus der Höhe der Varianzaufklärung dieser und der vorangegangenen Untersuchung geht jedoch als einfachste Erklärung hervor, daß sich ein eindeutig nachweisbarer Lernerfolg durch Training - ganz gleich welcher Art - bei Kindern, die einer Altersgruppe angehören, in der Nicht-Konservieren noch weitgehend die Regel ist, sehr gut aufgrund einer groben Einteilung nach dem Niveau der Invarianzentwicklung vorhersagen läßt, während dies aufgrund gezielter Trainingsarten bei Nichtkonservierern derselben Altersgruppe kaum möglich ist. Anders ausgedrückt: die Art des Trainings scheint weniger wichtig zu sein als das Ausgangsniveau. Dabei ist zumindest anzumerken, daß die Kriteriumsaufgabe, nach der die Kinder aufgeteilt wurden, zu den leichtesten in der Hierarchie sämtlicher Aufgabengruppen zählt, mit diesen aber einen eindeutigen Zusammenhang aufweist und somit ein guter (valider) Repräsentant für den Beginn des "Konservierens" auf diesem Schwierigkeitsniveau zu sein scheint.

13.4 Entwicklungsfaktoren beim Erwerb des Invarianzbegriffs der Anzahl

Prüft man genau die Trainingsversuche zum Zahlbegriff, dann gibt es keinerlei Hinweise darauf, daß ein einzelner klar umschreibbarer und kurzzeitig erlernbarer Faktor allein für die Entwicklung zur Invarianzüberzeugung verantwortlich gemacht werden kann. Selbst bei einigermaßen "erfolgreichen" Experimenten lassen sich eine Reihe Zweifel anbringen:

(1) Die Diagnose der Ausgangssituation ist entscheidend, aber schwierig. Nach PIAGET ist die Invarianzüberzeugung nur das Endresultat einer Entwicklung; die meisten Untersucher verwendeten jedoch die Invarianzfrage als Kriterium für die Diagnose des Entwicklungsstandes der Kinder. Konservierer können so relativ eindeutig herausgefunden werden; es fehlt aber eine Differenzierung innerhalb der sog. Nicht-Konservierer. In vorigen Kapiteln konnte gezeigt werden, daß durch die Kriterien für das Instruktionsverständnis (Erfassen der Gleichheit, Korrespondenzbildung, Zählen, Verständnis der Additions-und Subtraktionsoperationen) bereits Kinder

in die Trainingsversuche hineinkamen, die schon wesentliche Schritte in Richtung auf den Erwerb des Zahlbegriffs hinter sich hatten. Bisher wurde auch m.W. nicht überprüft, ob die "erfolgreichen" Kinder nicht bereits vor dem Training z.B. zum Identitätskonservieren imstande waren.

Die meisten Trainingserfolge, einschließlich der eigenen, lassen nämlich die Vermutung zu, daß nur die Anwendung eines im wesentlichen schon verfügbaren Prinzips geübt und gefestigt wurde, also etwas, das WOHLWILL als "automaton" bezeichnen würde, wenn es nicht sogar nur eine Antwortsstereotypie im Sinne eines "performance" ohne kognitiv-strukturale Grundlage war.

(2) Die meisten Trainingsversuche gingen davon aus, daß man dem Kind das Invarianzprinzip entweder

(a) logisch verständlich machen kann oder

(b) durch einen gewissen sozialen Konformitätsdruck (reinforcement) nahebringen kann oder

(c) daß das Kind selbst an sich das Prinzip beherrscht, jedoch von unwesentlichen "cues" abgelenkt wird.

Bei einer Diskussion im FOLEB-Seminar (Sommer 1971) wurde noch einmal sehr deutlich, was weiter vorn schon diskutiert wurde, daß alle "logischen" Erklärungen, wie Reversibilität, Kompensation, äquivalente Transformation mit dem Standard, identische Transformationen mit S und V' bereits stillschweigend voraussetzen, was sie "beweisen" wollen, nämlich, daß V und V' bzgl. des fraglichen, quantitativen Merkmals identisch geblieben sind. Man sieht das leicht ein, wenn man diese "Beweise" sowohl für eine Invarianzoperation (z.B. Auseinanderziehen von einer Reihe mit Püppchen) und einer Additionsoperation durchspielt. Auch BEILINs verbale Regel nützt nur solchen Kindern als Beurteilungsrahmen, die V und V' aufeinander beziehen und als notwendig identisch anerkennen können; es waren in diesen Experimenten ja auch meist die älteren und/oder intelligenteren Kinder, die vom Training profitierten.

Auch BRUNERs These von der Unterscheidung von relevanten und irrelevanten cues scheitert daran, daß das Kind erst einmal erkennen muß, welcher "cue" relevant ist. Auch die lerntheoretische Vorstellung von der Begriffsbildung erklärt nicht, warum die Kinder die Invarianz plötzlich als logisch notwendig erleben.

Konflikttrainingsmethoden, sofern sie nicht auch sozialen Konformitätsdruck miteinbeziehen, gehen stets von der Annahme aus, daß das Kind bereits über ein kohärentes logisches System verfügt. Es ist jedoch wahrscheinlicher, daß das Erleben von logischem Konflikt erst möglich ist, wenn das Kind bereits zumindest in Teilbereichen ein konkret-logisches Denksystem aufgebaut hat. SMEDSLUND (FOLEB, 1971) berichtete, daß Kinder, die eine Hand in warmes, die andere in kaltes Wasser und anschließend beide in lauwarmes Wasser getaucht hatten und beim Beurteilen der letzten Wassertemperatur in Konflikt gerieten, im allgemeinen Konservierer waren.

(3) Die Diagnose der Veränderungen stößt auf ähnliche Schwierigkeiten wie die der Ausgangssituation. Es wird dabei auf die entsprechenden Kapitel vorn verwiesen. Die bisherigen Hinweise auf langanhaltende Stabilität der Trainingserfolge sowie der Generalisierung auf andere Aufgaben oder Invarianzbereiche sind vom methodischen Standpunkt her nicht sehr überzeugend. Dennoch läßt sich vermuten, daß der hauptsächliche Trainingseffekt in der Stabilisierung und Generalisierung des bereits verfügbaren Prinzips liegen dürfte.

Wie kommt es aber, daß ein Kind plötzlich zwei Situationen als auseinander hervorgehend und bzgl. eines Merkmals als identisch begreifen kann?

Ein Weg dürfte im Aufbau der vorn dargestellten Permanenzen und Identitäten liegen; jedoch auch hier liegen die Entwicklungsmechanismen noch im dunkeln. Möglicherweise leitet sich eine sehr komplizierte Entwicklungsreihe aus den ersten Differenzierungen von Ursache und Folge her.

Einen weiteren Gesichtspunkt brachte MONTADA in die Diskussion (FOLEB, 1971). Statt des Aufbaus des Invarianzbegriffes aus der Varianz stützte er seine Versuche auf den Analogie-Transfer; und zwar rekurrierte er auf einen Bereich, in dem für die untersuchten Kinder Zahlinvarianz bestand: die 5 Finger an der Hand der Kinder, und führte eine Identitätstransofrmation (Spreizen der 5 Finger) durch. Von dieser Vorübung (+ Invarianzfragen) her fiel es den

Kindern nicht schwer, das Prinzip auf andere Gegenstände zu übertragen, wenn man ihnen die Analogie verdeutlichte.

Dies bedeutet also, daß zumindest ein großer Anteil der Entwicklungsvorgänge Generalisierungen von sehr rudimentären (und oft körpernahen) Konzepten sein könnten.

Versuche, die Entwicklung vorzeitig vorantreiben, bevor eine ausreichende Breiten-Generalisation stattgefunden hat, wären entweder fruchtlos oder evtl. schädlich (vgl. WEINERT, FOLEB 1971). Diese Erkenntnis spricht sehr für das Prinzip der Kontinuität der Entwicklung, das PIAGET vertritt: eine Denkstruktur kann sich nicht aus dem Nichts bilden; es müssen jeweils gewisse Kerne vorhanden sein, auf die sich die Weiterentwicklung stützt. MONTADA nutzte sie aus, Le FRANÇAIS tat es ebenfalls, indem er sich auf GAGNÉs Vorschläge stützte. Die Versuche von SIGEL, ROEPER und HOOPER intendierten Ähnliches und nahmen hierbei die Sprache wesentlich zu Hilfe. Es ist denkbar, daß die Unterschiede im Entwicklungstempo bei Kindern aus unterschiedlichem sozialen Milieu, global gesehen, Resultate unterschiedlicher Trainingsbedingungen sind, wobei die besser geförderten Kinder möglicherweise häufiger als die anderen auf Beziehungen zwischen Situationen, auf analoge Situationen etc. aufmerksam gemacht werden (vgl. elaborierter Sprechstil nach BERNSTEIN).

Wie im speziellen die Entwicklungsmechanismen für die Denkentwicklung aussehen, das herauszufinden, bedarf noch weiterer Forschung.

14. Entwicklung des Zahlbegriffs – Zusammenfassung

In dieser Arbeit wurde versucht, zwei Zielen gerecht zu werden; das eine ist inhaltlich orientiert und bezieht sich auf die Untersuchung der Entwicklung des operatorischen Zahlbegriffs als eines wesentlichen Bereiches der Denkentwicklung; das andere ist eher formal und methodisch orientiert, nämlich anhand eines Beispiels eine mehrdimensionale entwicklungspsychologische Analyse zu demonstrieren.

Es ist unmöglich, alle im Laufe der Arbeit diskutierten Fragen hier erneut aufzugreifen, jedoch sollen die wesentlichen Gesichtspunkte noch einmal zusammengefaßt werden.

Ausgangspunkt dieser Arbeit war die Theorie und deskriptive Analyse der Entwicklung des Zahlbegriffs von Jean PIAGET. Er sieht in der Entwicklung des operatorischen Begriffs der Anzahl einen wesentlichen und charakteristischen Teilbereich der Denkentwicklung des Kindes, und zwar am Übergang vom anschaulichen zum konkret-logischen (operatorischen) Denken. Sie steht nach PIAGET in einem engen Zusammenhang mit der Entwicklung des Begriffs der logischen Klasse und von Klassenhierarchien einerseits, der Reihenbildung und der multiplen Seriation andererseits. Diese Bereiche entwickeln und differenzieren sich unter gegenseitiger Beeinflussung (Interaktion und Synchronizität), so daß nicht das völlige Verfügen über einen dieser Bereiche erst die Voraussetzung für den Beginn der Entwicklung im anderen Bereich ist. Innerhalb der Bereiche ist jedoch nach PIAGET die Aufeinanderfolge der Schritte - aus reinen Wahrscheinlichkeitsgründen - festgelegt. Wenn es auch für PIAGET keine einheitlichen, alle Bereiche umfassenden Gesamtentwicklungsstufen gibt, so zeigen sich doch in der Entwicklung der Teilbereiche immer wieder die gleichen formalen Charakteristika:

zunächst eine globale, stark anschauungs- und handlungsgebundene Art der Auffassung, Nicht-Differenzieren zwischen quantitativen und qualitativen Merkmalen, Zentrierung auf nur 1 Aspekt der Situation und Ausrichtung an statischen, räumlichen und konfigurativen Merkmalen ohne Berücksichtigung von Transformationen (Immobilität) und Unfähigkeit, eine Operation durch eine komplementäre auszugleichen (Irreversibilität).

In einem Übergangsstadium finden sich anschauungsgebundene Lösungsversuche, oft nach der Methode von Versuch und Irrtum; jedoch sind sowohl die Analyse von Ganzheiten, quantitative Verhältnisse und die Koordination von Merkmalen noch an genau korrespondierende anschaulich-optische Gegebenheiten gebunden, sie müssen also wahrnehmungsmäßig gestützt sein. Eine beginnende Dezentrierung zeigt sich im abwechselnden Beachten verschiedener Dimensionen, eine beginnende Quantifizierung in der Berücksichtigung von Intensitätsabstufungen.

Erst auf einer dritten Stufe löst sich das Denken von den wahrnehmungsmäßigen Gegebenheiten, wird beweglich, reversibel; Antizipationen und Rekonstruktionen von Zuständen werden möglich und logisch zwingend; verschiedene Aspekte können nun zugleich berücksichtigt werden. Echt logisches Denken wird im konkreten Bereich möglich, und damit auch der Zahlbegriff.

Dieser Ansatz bietet einen Zusammenhang mit der gesamten Denkstruktur an und legt Beziehungen zum affektiven Bereich und zum Verhalten in neuartigen Situationen nahe, etwa in einer Fortentwicklung der Intelligenzdefinition von W.STERN.

Die Kritik an PIAGET entzündete sich weitgehend an seiner Methode, z.T. auch an seiner Theorie, und führte zu einer Vielzahl von Nachuntersuchungen, die oft zu anscheinenden oder wirklichen Widersprüchen führten, von denen einige auf echte Mißverständnisse des PIAGETschen Ansatzes, andere auf Sprachverwirrungen zurückgeführt werden können.

In dieser Arbeit wurde nun versucht, die vielen einzelnen Bausteine aus den Nachuntersuchungen in eine mehrdimensionale Entwicklungsanalyse einzuordnen, einem Vorschlag WOHLWILLs (1970) folgend. Dazu war es zunächst nötig, den Gegenstand der Untersuchung - das Konservieren der Anzahl - eindeutig zu definieren und gegen ähnliche Varianten abzugrenzen. Daran schloß sich die Überprüfung der

Untersuchungsmethoden und Bewertungsmaßstäbe unter Beachtung der in allen psychologischen Disziplinen üblichen Kriterien der Objektivität, Reliabilität und Validität an. Eine Reihe weiterer Untersuchungen, einschließlich eigener, gaben Informationen zur der Frage, ob das Phänomen allgemeinmenschlich, kulturspezifisch oder gruppenspezifisch ist, ob es einen isolierten Teilbereich der Persönlichkeit ausmacht oder mit anderen Merkmalen in Beziehung steht etc. Erst nach Überprüfung all dieser Fragen stellt sich die eigentlich entwicklungspsychologische Frage nach einer mehr oder minder gesetzmäßigen Veränderung des Merkmals über ein Zeitkontinuum hinweg. In diesem Zusammenhang wurde nicht nur diskutiert, welches die günstigsten und ökonomischsten Methoden der Erfassung entwicklungspsychologischer Veränderungen sind (Querschnittsvergleiche, Längsschnittsuntersuchungen, Sequenzanalysen, Skalogrammanalysen etc.), sondern das relevante Zeitkontinuum, auf das hin projiziert wird, wurde in Frage gestellt. Anhand eigener und anderer Untersuchungsdaten wurde die Aussagekraft und die psychologischen Implikationen der physikalischen Zeit (chronologisches Alter), einer psychologischen Zeit (Intelligenzalter) und einer inhärenten Entwicklungsabfolge demonstriert. Weiterhin wurden innerhalb einer noch beschreibenden Entwicklungspsychologie versucht, nicht nur das Merkmal selbst und seinen Entwicklungswandel aufzuzeigen, sondern auch den Wandel seiner Beziehung zu anderen Merkmalen im kognitiven und nicht-kognitiven Bereich. Um dem letzten Ziel der Entwicklungspsychologie näher zu kommen, nämlich der Erklärung der Entwicklung durch die Aufdeckung der verantwortlichen Entwicklungsmechanismen, wurden eigene Trainingsuntersuchungen und die anderer aus der experimentellen Entwicklungspsychologie herangezogen.

Durch diese umfassende Analyse konnten viele anscheinend widersprüchliche Ergebnisse zu einem - wenn auch noch unvollständigen - Gesamtbild zusammengefügt werden, das die von PIAGET dargestellte Entwicklung im wesentlichen bestätigt und in vieler Hinsicht erweitert und differenziert. Die wesentlichen Ergebnisse sollen hier noch einmal zusammengestellt werden:

PIAGET selbst hält das Verfügen über die Invarianzbegriffe für das beste Indiz für eine operatorische Denkstruktur; bei allen Nachuntersuchungen rückte daher das "Konservieren" in den Mittelpunkt des Forschungsinteresses. Bei der Durchsicht der relevanten Veröffentlichungen zeigten sich eine Reihe von Divergenzen sowohl bzgl. der Definition von Invarianzbegriffen wie auch bzgl. ihrer Erfassung bei Kindern. Dabei wurde häufig dieselbe Bezeichnung für verschiedene Tatsachen oder verschiedene Bezeichnungen für dieselben Tatsachen verwendet (dies gilt insbesondere für die Begriffe "Identität" und "Konservieren"). Nach Diskussion dieser Mißverständnisse wurde für den weiteren Verlauf dieser Arbeit - in Übereinstimmung mit PIAGET, jedoch unter Differenzierung seiner Ansicht - der Begriff des Konservierens ausschließlich auf das Gleichbleiben quantitativer Merkmale oder Verhältnisse unter realen räumlichen, figurativen und Formveränderungen begrenzt. In Fortführung der von ELKIND eingeleiteten Diskussion wurde zwischen Identitätskonservieren (Vergleich einer Quantität mit sich selbst vor und nach einer Transformation) und Äquivalenzkonservieren (Vergleich der Relation zwischen zwei Quantitäten vor und nach der Transformation von einer von ihnen) einerseits, zwischen Äquivalenz- und Differenzkonservieren (letzteres bezieht sich auf Unterschieds-, ersteres auf Gleichheitsrelationen) unterschieden. "Echte" Konservierungsaufgaben bestehen danach aus folgenden drei Schritten: Ausgangssituation, tatsächlich vollzogene Transformation, Endsituation, und beziehen sich auf ein quantitatives Merkmal in der Ausgangs- und Endsituation,das von der Transformation selbst nicht betroffen wird, was jedoch nur erkannt werden kann, wenn man die drei Schritte in logische Beziehung setzt. Kürzt man, wie einige Autoren es taten, den Dreierschritt ab, indem man nur die Endsituation bietet (statische Anordnung) oder die Ausgangssituation abkürzt (z.B. paarweises Einfüllen von Perlen in zwei verschieden breite Gläser) oder die Transformation räumlicher Art mit solchen vermengt, die tatsächlich die Quantität ändern (MEHLER-BEVER), dann ist nicht immer gewährleistet, daß Kinder verschiedener Entwicklungsniveaus diese Aufgabe im Sinne einer Invarianzaufgabe auffassen. Widersprüchliche "Entwicklungsdaten" konnten weitgehend auf solche veränderten Paradigmen zurückgeführt werden (nämlich, daß jüngere Kinder relativ besser und ältere relativ schlechter bei solchen Aufgaben abschnitten).

Weiterhin wurde versucht, Konservierungsparadigmen logisch und entwicklungspsychologisch von anderen zu trennen, mit denen sie z.T. vermengt werden oder zu denen häufig eine Beziehung hergestellt wird. Dabei ergab sich folgende hypothetische entwicklungsmäßige Reihenfolge, die jeweils in überschneidenden Teilaspekten, noch nicht jedoch in ihrer Gesamtheit überprüft werden konnte:

motorisches Wiedererkennen (sensumotorische Periode)
Objektpermanenz (sensumotorische Periode)
individuelle Identität eines Objekts (anschauliches Denken)
Artidentität oder Artkonstanz (anschauliches Denken)
Identität qualitativer Eigenschaften (z.B.der Form; anschauliches Denken im Übergang zu konkreten Operationen)
Konservieren quantitativer Eigenschaften (konkrete Operationen)
  Identitätskonservieren
  Differenzkonservieren
  Äquivalenzkonservieren
Transitivität (konkrete Operationen)

Dabei konnte die Unterscheidung im Schwierigkeitsgrad zwischen Differenz- und Äquivalenzkonservieren nicht immer eindeutig getroffen werden; diejenige zwischen Identitäts- und Äquivalenzkonservieren konnte bei normalentwickelten Kindern nur im Kindergartenalter unterschieden werden, während in einer auch im weiteren Rahmen dieser Arbeit durchgeführten und soeben abgeschlossenen Untersuchung an sog. "asozialen" Kindern diese Unterscheidung weit deutlicher und um 1 bis 2 Jahre verschoben (bei 7- bis 8jährigen beim Zahlbegriff) aufzutreten scheint (Vordiplomarbeit HAHN, 1971).

Für den engeren Bereich des Äquivalenzkonservierens wurden die Auswirkungen der verschiedenen Arten der Herstellung der Ausgangssituation dargestellt und verglichen: globale visuelle Äquivalenz, paarweise und eineindeutige Korrespondenz, Herstellung einer korrespondierenden Reihe, Zählen. Dabei wurde auf die Schwierigkeit hingewiesen, daß diese Methoden zwar zur Herstellung der Ausgangssituation notwendig sind und einen Teil der Kommunikation zwischen Versuchsleiter und Kind darstellen, ihrerseits aber von der Entwicklung des Zahlbegriffs nicht unabhängig sind. Viele Hinweise sprechen aber dafür, daß sie etwas eher als die Konservierungsaufgaben "beherrscht" werden, ihren logisch zwingenden Charakter aber anscheinend erst erhalten, wenn auch der Invarianzbegriff selbst vorhanden ist. Man kann, wie PIAGET selbst es auch vorschlug, sie unter dem Gesichtspunkt untersuchen, ab wann sie für ein Kind eine zuverlässige Strategie zur Überprüfung von Quantitäten darstellen.

Eine ähnliche Schwierigkeit ergab sich für die Verwendung sprachlicher Begriffe beim Befragen des Kindes: kann das Kind die Invarianzaufgaben nicht lösen,weil es den VL mißversteht, oder mißversteht es den VL, weil es eben noch nicht über den Invarianzbegriff der Anzahl verfügt? Eine Durchsicht der verwendeten nichtsprachlichen Methoden ergab keine befriedigende Lösung für dieses Dilemma. Solche Methoden hatten zwar im allgemeinen den Vorteil, daß die Untersuchungssituation vom VL her gesehen "objektiver" wurde, wie das Kind aber diese nicht-verbalen Instruktionen auffaßte, wonach es sich bei seinen Reaktionen richtete, wurde so eher verdeckt als aufgedeckt. Dies zeigte sich auch in den meist besseren Ergebnissen bei nicht-verbalen Methoden, was von den Autoren zwar meist auf die "Erleichterung" der Situation und die damit bessere Aufdeckung der tatsächlichen kognitiven Struktur geschoben wurde, was aber ebensogut als eine Zunahme an Zufallsantworten gedeutet werden könnte. Als beste Methoden erwiesen sich einerseits Vortests zur Überprüfung der wesentlichen sprachlichen Begriffe, andererseits eine differenziertere und flexiblere Befragungsart, ohne gleich dem anderen Extrem, dem "klinischen Gespräch" nach PIAGET zu folgen (das sicher für Einzeluntersuchungen sehr geeignet ist, bei größeren Untersuchungen für Forschungszwecke jedoch die Vergleichbarkeit der Situationen beeinträchtigen kann). Als positiver Nebenerfolg bei der Untersuchung der sprachlichen Instruktionen und Befragungsarten ergaben sich wesentliche Hinweise für das Sprachverständnis (semantischer und syntaktischer Art) bei Kindern, die bei Untersuchungen mit jüngeren Kindern beachtet (und natürlich auch noch weiter untersucht) werden sollten.

Auch bzgl. der Bewertungen der Antworten waren in der Literatur Diskussionen entbrannt. Ein Vergleich der verschiedenen Bewertungsarten (im allgemeinen zwischen Antwort und Begründung der Antwort) führte zu dem ebenfalls entwicklungspsychologisch interessanten Ergebnis, daß Begründungen und Antworten einen sehr hohen Zusammenhang miteinander aufweisen, also im wesentlichen dasselbe erfassen, nur daß es für die Kinder leichter ist, nur die richtige Antwort zu geben, als sie auch noch sinnvoll zu begründen. Es scheint also nicht ein sprachlich formuliertes Denken der Antwort vorauszugehen, sondern die Begründung wird offenbar erst im nachhinein versucht (und muß also mit dem eigentlichen Denkvorgang nicht identisch sein). Überhaupt wundert einen mitunter, wieviel Introspektionsfähigkeit manche Entwicklungspsychologen bei ihren kleinen Probanden voraussetzen (zumal diese oft noch in egozentrischer Haltung befangen sein dürften), während sie sie ihren erwachsenen Kollegen absprechen.

Die bei den verschiedenen Autoren verwendeten Invarianzaufgaben - soweit sie dem oben definierten Paradigma entsprachen - erwiesen sich als sehr reliabel und über kürzere Zeiträume stabil; außerdem korrelieren sie hoch miteinander. Materialeffekte scheinen sich relativ gering auszuwirken und sind weniger durch ihren unterschiedlichen Aufforderungscharakter oder Vertrautheitsgrad zu erklären als durch ihre kognitiven Komponenten (z.B. Kohäsion, kontinuierliche oder diskontinuierliche Mengen etc.). Die größte Bedeutung für die Richtigkeit der Antworten scheinen die verwendeten Transformationen zu haben (Extension und Kollation einerseits, Aufteilung andererseits), wobei die "echten" Konservierungstransformationen für die Kinder regelmäßig schwieriger sind als solche, die die Quantität tatsächlich verändern (Addition und Subtraktion). Auffallend ist, daß bei vielen Kindern beide Transformationsarten als alternative Möglichkeiten zur Quantitätsänderung ohne Anzeichen von Widerspruch nebeneinander existieren können.

Weiterhin wurde häufig diskutiert, ob die Untersuchungssituation selbst nicht eine Lernsituation für das Kind sei (bes. AEBLI). Es gibt einige Hinweise, die dies bestätigen; doch scheint der Effekt sich in Grenzen zu halten; zumindest aber ist er abhängig sowohl von der Schwierigkeitsfolge der Aufgaben (ZIMILES) als auch besonders vom Ausgangsniveau der Kinder (s. voriges Kapitel), der Menge der Items, die gegeben werden und evtl. dem Geschlecht der Kinder.

Insgesamt also genügen die Invarianzaufgaben relativ gut den grundlegenden methodischen Kriterien.

Auch konnte, was für eine allgemeine Entwicklungspsychologie von Bedeutung ist, eine Entwicklung vom Leugnen der Zahlinvarianz zum Konservieren der Anzahl in den verschiedensten Kulturen der Welt nachgewiesen werden; es gibt zwar einige Vermutungen, aber bisher keinen Beweis dafür, daß ein Kind nicht diese Entwicklungssequenz mitmacht, ganz gleich, ob es je eine Schule besucht oder nicht, ob es einer gehobeneren oder niederen sozialen Schicht entstammt, ob es sensorisch, motorisch oder geistig beeinträchtigt ist etc. Dabei zeigte sich, daß gesunde Kinder, die in einer normalen Umgebung aufwachsen, den Zahlbegriff etwa im gleichen Lebensabschnitt (5 - 7 Jahre) erwerben, bei sozial deprivierten und einigen sensorisch behinderten Kindern (bes. Blinden) die Entwicklung eine deutliche Verzögerung oft um einige Jahre aufweist, Lernbehinderte ungefähr mit 13 bis 14 Jahren das Niveau der konkreten Operationen erreichen, geistig Behinderte im allgemeinen Nichtkonservierer bleiben (INHELDER, 1943). Geisteskranke und schwer Hirnverletzte sollen übrigens die Entwicklung wieder rückwärts durchlaufen (mündliche Mitteilungen von HOOPER). Dies ist nicht zu verwechseln mit den "Teilregressionen", die in Kap. 11 und 13 beschrieben wurden. Hieraus ergeben sich bereits Anhaltspunkte dafür, daß sowohl anatomisch-physiologische Bedingungen, aber vor allem auch Umweltbedingungen und soziale Interaktion für die Entwicklung der Invarianzbegriffe von Bedeutung sind. Eine Verallgemeinerung vom Zahlinvarianzbetriff auf andere Invarianzbegriffe scheint nach eigenen Untersuchungen und Ergebnissen anderer sogar noch stärker gerechtfertigt zu sein als die Verallgemeinerung von einem Intelligenzuntertest (WPPSI) auf die anderen, was diese Art von Intelligenz betrifft. Sowohl die formale Ähnlichkeit in der Entwicklung der verschiedenen Invarianzbegriffe als auch ihre hohe Interkorrelation (sofern sie einen ähnlichen Schwierigkeitsgrad besitzen) als auch einige gesetzmäßig erscheinende Aufeinanderfolgen im Erwerb verschiedener Invarianzbegriffe (diskontinuierliche - kontinuierliche Menge; Masse - Gewicht - Volumen) bestätigen PIAGETs Ansicht, daß hier eine übergreifendere kognitive Struktur aufgebaut wird. Dabei weisen verschiedenen faktorenanalytische Ergebnisse (FREYBERG in Australien; eigene Untersuchung und mündliche Mitteilungen von B.STEPHENS und L.KOHLBERG, SRCD-Meeting 1971 in Minneapolis) darauf hin, daß die Invarianzaufgaben etwas anderes erfassen, als die üblichen Intelligenztests, wenn auch intelligentere Kinder die Entwicklungssequenz im allgemeinen etwas rascher durchlaufen (auch im Längsschnittvergleich).

Sieht man dies Ergebnis im Zusammenhang mit Verhaltensbeschreibungen und Verhaltensratings, wie sie in den eigenen Untersuchungen verwendet wurden und mit Hinweisen anderer Autoren korrespondieren, dann scheint das Entwicklungstempo im Erwerb der konkreten Operation wesentlich mit der geistigen Aufgeschlossenheit der Umwelt gegenüber, mit der Art der Informationsaufnahme und -verarbeitung und der Auseinandersetzung in ungewohnten Situationen zusammenzuhängen. Dies bestätigen u.a. die extremen Unterschiede zwischen Konservierern und Nichtkonservierern im Gesamteindruck nach THOMAE am ersten Untersuchungstag; bei den Kindern, die am darauffolgenden Tag zum Nachtest kamen, schmolz dieser Unterschied völlig zusammen.

Welches sind nun aber die wesentlichen Entwicklungsmchanismen, die die Entwicklung vorantreiben, wenn man weder einen geheimnisvoll wirkenden Reifungsfaktor annehmen will (dagegen sprechen u.a. die unterschiedlichen Ergebnisse bei verschiedener sozialer Herkunft als auch einige spontane Lernerfolge in den Untersuchungssituationen und bei einigen Trainingsarten) noch allein Prägung und soziales Lernen (damit läßt sich kaum erklären, wieso die Kinder erst einmal Nicht-Konservierer sind), zumal Trainingsarten, die diesen Faktor betonten, auch nur mit mäßigem Erfolg beschieden waren (BELLIN; SULLIVAN). Überhaupt ergeben sich genügend Hinweise dafür, daß die Trainingsart u.U. von geringerer Bedeutung ist als das bereits erreichte Denkniveau des Kindes, das trainiert wird. Eine Reihe neurer Ansätze spricht dafür, daß es vielleicht wesentlicher ist, die aus der Entwicklungssequenz erkennbaren Vorbedingungen zu üben und zu festigen, um zu einem sicheren und dauerhaften Erfolg zu gelangen. Hierzu gehören eine Reihe von Verhaltensweisen, die PIAGET für die Übergangsstufe für charakteristisch hielt:

deutliche optische Hervorhebung der logischen Beziehungen, Kontrolle durch Herstellung des Ausgangszustandes (eigentlich nach PIAGET "renversabilité", was aber in der Literatur meist als "Reversibilitätstraining" bezeichnet wird), abwechselndes Beachten derjenigen Dimensionen, die miteinander kombiniert werden sollen (Mobilitätstraining), Breitentransfer, von bereits bestehenden, einfachen "Invarianzen" ausgehend etc. Jedenfalls scheint es bisher nahezu unmöglich, einen überzeugten Nicht-Konservierer (womöglich noch einen inkonsistenten) mit Methoden, die an den üblichen Lerngesetzen orientiert sind, in sehr kurzer Zeit zum Konservierer zu machen, es sei denn, man gibt sich mit einem sehr oberflächlichen Ergebnis zufrieden.

Was bedeutet dies nun im Rahmen der Entwicklungstheorie von Jean PIAGET?

Alle Bemühungen, den PIAGETschen Ansatz zu widerlegen, sind bisher fehlgeschlagen, vielleicht auch deswegen, weil seine Theorie einen ziemlich hohen Grad an Offenheit aufweist, der des öfteren auch als "Vagheit" kritisiert wurde. Immerhin lassen sich auch die in dieser Arbeit referierten Ergebnisse ohne Schwierigkeiten in seine Vorstellung vom Verlauf der kognitiven Entwicklung einpassen. Die hypothetische Reihenfolge von den Permanenzen bis hin zum Konservieren läßt sich als kontinuierliche Entwicklung ohne tiefere Einschnitte darstellen; anscheinende "Regressionen" in diesem Bereich lassen sich als Resultate von Umstrukturierungen verständlich machen, wobei eine Struktur durch eine neuerworbene Strategie des Kindes, sich die Welt begreifbar zu machen, gekennzeichnet ist. - Auch die horizontalen Verschiebungen, die insbesondere hinsichtlich der Invarianzbegriffe immer wieder nachgewiesen wurden, fügen sich auch in ihrer Unregelmäßigkeit und nicht völlig festlegbaren Aufeinanderfolge in das Konzept PIAGETs. Das Verfügen über die konkreten Denkoperationen, die Fähigkeit, zwei Situationen logisch aufeinander zu beziehen, ist keine allgemeine Fähigkeit, die plötzlich vorhanden ist und sich in allen Bereichen zeigt; sie wird erst in Teilbereichen erworben, die relativ einfach strukturiert sind und noch deutlich durch Hilfen aus der Anschauung unterstützt werden. Es ist offenbar nicht nötig, daß ein Inhaltsbereich voll beherrscht wird, bevor die Generalisierung auf einen weiteren Bereich fortschreiten kann (mit Ausnahme von wenigen Bereichen, die logisch auseinander hervorgehen); viel mehr reichen, wie PIAGET für die Zahlinvarianz und die Seriation aufzeigte und WOHLWILL für den Zahlbegriff und Meßoperationen nachwies, Teilerfolge aus, um einen Entwicklungsfortschritt in einem benachbarten Bereich auszulösen, der wiederum rückwirken kann. Ein solches Modell macht den einfachen Nachweis von Entwicklungssequenzen schwierig, ermöglicht aber, individuelle Erfahrungsunterschiede zu berücksichtigen, und ermöglicht innerhalb des generellen Entwicklungsmodells einen Freiraum für individuelle Unterschiede.

Was treibt nach PIAGETs Konzeption die Entwicklung an, läßt Stagnationen vermeiden? Es ist die stete Auseinandersetzung mit der Umwelt, wobei Assimilationsprozesse etwa in dem Experiment von MONTADA deutlich werden, wo die Kinder von der Invarianz der fünf Finger einer Hand auf die Invarianz der Anzahl von Gegenständen zu generalisieren lernten; eine übertriebene Assimilation wäre bei den Pseudokonservierern festzustellen, während die Nichtkonservierer eher durch eine übertriebene Akkomodation gekennzeichnet wären. Es ist das Üben und Anwenden der neuerworbenen Schemata und Operationen, das zur Profilierung der Schemata und zur Differenzierung der Operationen führt, letzteres wiederum zur Freude an ihrer Anwendung, zur Eigenmotivation, wie sie in den Verhaltensbeurteilungen der "Konservierer" in unseren Untersuchungen deutlich wurde. Nur zwischen profilierten Schemata kann überhaupt ein Konflikt entstehen, der eventuell zur Reorganisation der kognitiven Strukturen anregt. Es ist daher nicht so sehr der Besitz einer bestimmten Fähigkeit, der die Entwicklung vorantreibt, sondern die Übung der neuerworbenen und ihre Differenzierung in der Anwendung. Von hier aus läßt sich erklären, warum Trainingserfolge bei jüngeren Kindern entweder erfolglos waren oder isoliert blieben, während ältere Kinder (und intelligentere) eher davon profitierten: das Neuerlerte paßte bei den jüngeren Kindern viel zu wenig in ihre bisherige Denkweise, um entwicklungsanregend zu wirken.

Woran kann es liegen, daß einige Kinder sich langsamer entwickeln als andere? Denkt man den PIAGETschen Ansatz konsequent weiter, dann kann es nur an den Entwicklungsmechanismen oder Grundprozessen liegen, da bestimmte Einzelerfahrungen allein nicht entwicklungsauslösend sind. Es wäre zum einen eine Störung des Adaptationsmechanismus denkbar, ein Mangel an Auseinandersetzung mit der Umwelt. Ursache hierfür könnte in einer zu geringen Aktivität liegen, wie man sie bei einigen pathologischen Fällen beobachten kann. Diese geringe Aktivität ihrerseits kann jedoch auch die Folge mangelnder Eigenmotivation sein, da die vorhandenen Schemata zu vage, zu unprofiliert sind. Es ist nicht unmöglich, daß man zur Aufdekkung eines solchen Zirkels bis zur Geburt zurückgehen muß, um festzustellen, ob das Interesse am Üben der jeweils sich ausbildenden Schemata je ausreichend vorhanden war und wann bzw. unter welchen Umständen es erlahmte.

Andererseits wäre zu denken an individuelle Unterschiede in der Leichtigkeit, mit der Umstrukturierungen vollzogen werden. Streng genommen müßte dies aber wiederum an der Vagheit oder Konturiertheit der ausgebildeten Schemata liegen.

Bei stärkeren Graden der Beeinträchtigung solcher Grundprozesse läßt sich nicht nur eine Verlangsamung der kognitiven Entwicklung vermuten, sondern auch eine Fehlentwicklung, die mit der normalen Entwicklung nur in groben Zügen Ähnlichkeiten aufweist. Bei den zunehmenden und u.U. zu hohen Anforderungen der Umwelt können sich auf der Basis noch vager Schemata, Begriffe und Vorstellungen Abwehrmechanismen vergleichbare Arten der Auseinandersetzung entwickeln, die entlastend wirken (Unausgewogenheit zwischen Assimilation und Akkommodation, zu starke Umweltabhängigkeit oder übertriebene Assimilation), aber der Weiterentwicklung kaum dienlich sind. Eine Aufarbeitung bestünde hier weniger in einer intensivierten Vermittlung der altersgemäßen Lerninhalte, sondern in dem Versuch, die vorhandenen Schemata so zu profilieren, daß sie wieder selbstmotivierend wirken können.

Welche Bedeutung haben solche Gedankengänge für die Gestaltung des Entwicklungsmilieus von Kindern? Wichtiger als das Erlernen bestimmter Inhalte ist bei gesunden Kindern das Erhalten des aktiven Interesses an der Umwelterkundung: des Kennenlernens, wiederholten Ausprobierens, differenzierenden Experimentierens, wie PIA-

GET es mit dem Begriff der "Kreisreaktionen" für die sensumotorische Periode beschrieben hat, man sie aber auch auf kognitive Operationen übertragen kann. Gesunde Kinder, die weder getrieben noch eingeengt werden, zeigen solche Verhaltensweisen z.B. in den vielgestaltigen sog. "Funktionsspielen", aber auch später auf ihren Interessengebieten. Es ist danach weniger wichtig, was ein Kind zuerst lernt, sondern daß es Freude daran hat und genug Möglichkeiten, das Neuerworbene in den verschiedensten Situationen zu üben, zu differenzieren und zu wandeln. Überforderung, Unterforderung sowie erhöhte Angsterzeugung wirken zumindest entwicklungshemmend, wenn sie nicht im Extremfall sogar zu den oben beschriebenen Ausweichmechanismen und Fehlentwicklungen führen.
Bei Kindern, die aus medizinischen Gründen von vornherein in ihrer Entwicklung gefährdet sind, ist meist auch die Ausstattung an Schemata (PIAGET: "Reflexen") bereits bei der Geburt schlechter als bei normalen Kindern. Wenn PIAGET mit seiner Äquilibrationstheorie recht hat, müßte man einen Teil der weiteren Fehlentwicklungen dadurch vermeiden können, daß man gleich von Beginn an durch verstärkte Motivierung von außen (Aktivieren und Üben der Schemata) die Grundprozesse der Entwicklung aktiviert, das Interesse des Kindes an seiner Umwelt erhöht. Das Prinzip dabei ist nicht, das Kind in seiner Entwicklung stets zu führen, sondern es dahin zu bringen, daß die Eigenmotivation des Kindes, ähnlich wie bei gesunden Kindern, die Entwicklung selbsttätig vorantreibt.
Die Konsequenz für eine entwicklungspsychologisch fundierte Erziehung wäre danach nicht die Alternative des "Führens" oder des "Wachsenlassens", sondern Hilfe zur Selbsthilfe, stärkere Ausrichtung am Entwicklungsprozeß als an bestimmten Lerninhalten, Anregung zur interessierten geistigen Auseinandersetzung mit der Umwelt ohne Überforderung, Spielraum für individuelle Interessen sowie deren Förderung. "Fortschrittsmessungen" sind dann jedoch entweder nur in einem sehr engen Rahmen und bezogen auf ein Individuum möglich oder nur nach langen Zeitabschnitten an größeren, universelleren Merkmalen. Dies soll nicht besagen, daß der Erwerb bestimmter Kenntnisse für das sozial-kulturelle Zusammenleben nicht von großer Bedeutung ist; nur darf man nicht ohne weiteres annehmen, daß ihr Erlernen auch zugleich stets entwicklungsfördernd sein muß.

Die hier dargestellte Fortentwicklung PIAGETscher Gedankengänge bedarf jedoch noch weiterer Fundierung durch Forschungsergebnisse, wenn sie auch einige der bisherigen Fehlschläge bei Trainingsprogrammen plausibel macht. Insbesondere legt sie aber Wert darauf, sowohl die normale als auch die anomale geistige Entwicklung als auf denselben Prozessen beruhend anzusehen, wobei die Förderung in dem Erhalt der vollen Wirksamkeit dieser Prozesse bzw. in ihrer Stützung und Stärkung liegen sollte.

Literaturverzeichnis

Bemerkung: Bei Artikeln aus Sammelwerken wird das Sammelwerk nur dann ausführlich wiedergegeben, wenn da Sammelwerk selbst nicht separat im Literaturverzeichnis erscheint. Bei Zeitschriften werden die Abkürzungen entsprechend den Psychological Abstracts verwendet.

Achenbach, Thomas, M.: Conservation of illusion-distorted identity: its relation to MA and CA in normals and retardates. Child Developm., 1969, 40, 663 - 679.

Aebli, H.: Über die geistige Entwicklung des Kindes. Klett, Stuttgart, 1963.

- Psychologische Didaktik. Didaktische Auswertung der Psychologie von J.Piaget. Erziehungswiss. Bücherei, Klett, 1968[3].

-, Leo Montada, Ute Schneider: Über den Egozentrismus des Kindes. Klett, Stuttgart, 1968.

Ainsworth, Mary D. Slater und Bell, Sylvia M.: Attachment, exploration and separation: illustrated by the behavior of one-year-olds in a strange situation. Child Developm., 1970, 41, 69 - 67.

Almy, M., Chittenden, E., Miller, P.: Young Children's Thinking: Studies on Some Aspects of Piaget's Theory. Columbia Univ. Press, New York, 1966.

Appel, Kenneth, J. und Gratch, Gerald: The cue value of objects: Piaget's stages IV and V. Vortrag, gehalten auf dem Biennial Meeting der SRCD, Santa Monica/Cal., 1969.

Baker, Nancy E., und Sullivan, Edmund V.: The influence of some task variables and of socioeconomic class on the manifestation of conservation of number. J.genet.Psychol. 1970, 116, 21 - 30.

Baldwin, A.L.: Theories of Child Development. Wiley, New York, 1967.

Ball, Thomas S und Campbell, Mary L.: Effect of Montessory's cylinder block training on the acquisition of conservation. Developm. Psychol., 1970, 2, 156.

Baltes, Paul B.: Longitudinal and cross-sectional sequences in the study of age and generation effects. Human Developm., 1968, 11, 145 - 171.

Bartmann, Theodor: Zum Erwerb der Mengenkonstanz bei Kindern im Alter von 5 - 8 Jahren. Schule und Psychologie, 1969, 16, 85 - 92.

Bayley, Nancy: Consistency and variability in the growth of intelligence from birth to 18 years. J.genet.Psychol. 1949, 75, 165 - 196.

- On the growth of intelligence. American Psychologist, 1955, 10, 805 - 818.

Beard, R.M.: An investigation of concept formation among infant school children. Unpubl. Ph.D. Thesis, London U., 1957, zit. in Lunzer, 1961, S. 24.

Bearison, David J.: Role of measurement operations in the acquisition of conservation. Developm. Psychol., 1969, 1, 653-660.

Beilin, Harry: Learning and operational convergence in logical thought development. J.exp.Child Psychol., 1965, 2, 317-339, abgedr. in Sigel und Hooper, S. 360 - 382.

- Feedback and infralogical strategies in invariant area conceptualization. J.exp.Child Psychology, 1966, 3, 267 - 278.

- (a): Cognitive capacities of young children. Science, 1968, 162, 920 - 921.

- (b): Reply to Bever, Mehler & Epstein, Science, 1968, 162, 924.

- Stimulus and cognitive transformation in conservation. In: Elkind, D. und Flavell, J.H. (Ed.): Studies in Cognitive Development Oxford Univ.Press, New York, 1969, 409 - 437

-, Kagan, Jacob und Rabinowitz, Thea: Effects of verbal and perceptual training on water level representation. Child Developm., 1966, 37, 317 - 328. Abgedr. in Sigel und Hooper, 382 - 394.

- und SPONTAK,George: Active-passive transformation and operational convergence. Vortrag, gehalten auf dem Biennial Meeting der SRCD in Santa Monica/Cal., März 1969.

Bell, Sylvia M., The development of the concept of object as related to infant-mother attachment. Child Developm., 1970, 41, 291 - 311.

Berger, Ellen T., Prentice, Norman M., Kuhlmann-Hollenberg, Clementina, Kortvedt, Bessie: The development of causal thinking in children with severe psychogenic learning inhibitions. Child Developm., 1969, 40, 503 - 515.

Bergius, Rudolf: Entwicklung als Stufenfolge. In: Thomae, H. (Hg.): Entwicklungspsychologie, Handbuch der Psychologie, Bd. 3, Hogrefe, Göttingen, 1959, 104 - 195.

Berlyne, D.E.: Recent developments in Piaget's Work. British J. educ.Psychol., 1957, 27, 1- 12.

- Comments on relations between Piaget's theory and S-R-theory. In: W.Kessen und C.Kuhlmann (Eds.): Thought in the Young Child. SRCD-Mongraph, 1962, 27/2, Serial No. 83, 127 - 130.

- Structure and direction in thinking. Wiley, New York, 1965.

Berko, J. und Brown, R.: Psycholinguistic research methods. In: P.H.Mussen (Ed.): Handbook of Research Methods in Child Development, Wiley, 1960, 517 - 557.

Bernstein, Basil: Sozio-kulturelle Determinanten des Lernens. In: Soziologie der Schule. Sonderhefte der Kölner Z. Soziol. Sozialpsychol., 1959.

Bever, T.G., Mehler, J., Epstein, J.: What children do in spite of what they know. Science, 1968, 162, 921 - 924.

Bloom, Benjamin: Stability and Change in Human Characteristics, Wiley, New York, 1964.

Böttcher, H.F.: Trainingsverfahren zur Entwicklung des Zahlbegriffs im Vorschulalter. Probl.Ergebn.Psychol., 1966, 19, 7 - 13.

Braine, M.D.S.: The ontogeny of certain logical operations: Piaget's formulation examined by nonverbal methods. Psychol. Monogr., 1959, 73, No.5 (Whole number 475). Abgedr. in Siegel und Hooper, 1968, 164 - 206.

- Piaget on reasoning: a methodological critique and alternative proposals. In: W.Kessen und C.Kuhlman (Eds.): Thought in the Young Child. SRCD-Monograph, 1962, 27/2, Serial No. 83, 41-61.

- Development of a grasp of transitivity of length: A reply to Smedslund. Child Developm., 1964, 35, 799 - 810.

- und Shanks, Betty L.: The conservation of a shape property and a proposal about the origin of the conservations. Canad.J. Psychol./Rev.Canad.Psychol., 1965, 19, 197 - 207.

Bredenkamp, Jürgen: Über Maße der praktischen Signifikanz. Unveröff.Aufsatz, Heidelberg, 1969.

Bresson, F. und Montmollin, M.de: Psychologie et Epistémologie Génétiques: Thèmes Piagétiens Hommage à Jean Piaget, Dunod, Paris, 1966.

Brison, David W.: Acceleration of conservation of substance. J. genet.Psychology, 1966, 109, 311 - 322.

Brittain, Michael: The WPPSI: A Midland's study. Brit.J.educ. Psychol., 1969, 39, 14 - 17.

Bruner, Jerome S.: The Process of Education. Harvard Univ.Press, Cambridge, 1961.

- The course of cognitive growth. Amer.Psychologist, 1964, 19, 1 - 15.

- Bereitschaft zum Lernen. In: Weinert, F. (Hg.): Pädagogische Psychologie. Kiepenheuer und Witsch, Köln-Berlin, 1967, 105 - 117.

- und Kenney, Helen J.: On relational concepts. In: Bruner, J.S., Olver, R.R., Greenfield, P.M.: Studies in Cognitive Growth. Wiley, New York, 1966, 168 - 182.

-, Rose R. Olver und Patricia M.Greenfield et al.: Studies in Cognitive Growth. John Wiley, New York, 1966.

Bunt, L.N.H.: The development of the ideas of number and quantity according to Piaget. - A synthesis and a criticism. Reihe: Kohnstamm, Ph. und Langeveld, M.: Losse Paedagogische Studien, J.B.Wolters, Groningen, 1950.

Canning, M.: Exploring the Number Concepts of Blind Children. Unpubl. Diss., Birmingham U., 1957.

Carpenter, T.E.: A Pilot Study for a quantitative Inverstigation of Jean Piaget's original work on Concept formation. Educ. Review, 1955, 7, 142 - 149.

Cheng Tsu-hsin und Lee Mei - ke: An investigation into the scope of the conception of numbers among 6 - 7 year old children. Acta psychol. (Sinica) 1960, 1, 28 - 35

Churchill, E.M.: The Number Concepts of the young Child. Leeds Univ., Res. and Stud., 1958, 17, 34 - 49; 18, 28 - 46.

Clauss, Günter und Ebner, Heinz: Grundlagen der Statistik für Psychologen, Pädagogen und Soziologen. Volk und Wissen VEB, 1968.

Coon, Robert C. und Odom, Richard D.: Transitivity of length judgment as a function of age and social influence. Develpm.Psychol., 1968, 39, 1133 - 1144.

Cordt, W.K. und Walter, K.: Die Schulreifeuntersuchung. August Bagel Verlag, Düsseldorf, 1962.

Daehler, Marvin W.: Children's manipulation of illusory and ambiguous stimuli, discriminative performance, and implications for conceptual development. Child Developm., 1970, 40, 225-241.

Deal, Therry N.: Longitudinal case study analysis of the development of conservation of number and certain subskill. Vortrag, gehalten auf dem Biennial Meeting der SRCD. Santa Monica/Cal., März 1969.

Davol, S.H., Chittenden, E.A., Plante, M.L., Tuzik, J.A.: Conservation of continuous quantity investigated as a scaleable developmental concept. Merrill Palmer Quarterly, 1967, 13, 191 - 199.

DeLacy, Elizabeth A.: Some Problems associated with a paper-and pencil-test of conservation of length. Child Developm., 1967, 38, 869 - 875.

DeVries, Rheta: Constancy of Generic Identity in the Years Three to Six. SRCD Monogr., 1969, 34/3 Serial No. 127.

Dienes, Z.P: The growth of mathematical concepts in children through experience. Educ.Research, 1959, 2, 9 - 28.

D'Mello, Sydney, und Willemsen, Eleanor: The development of the number concept: a scalogram analysis. Child Developm., 1969, 40, 681 - 688.

Dodwell, P.C.: Children's understanding of number and related concepts. Canad.J.Psychol., 1960, 14, 191 - 203.

- Children's understanding of number concepts: characteristics of an individual and of a group test. Canad.J.Psychol., 1961, 15, 29 - 36.

- Relation between the understanding of the logic of classes and of cardinal number in children. Canad.J.Psychol., 1962, 16, 152 - 160. Abgedr. in Sigel und Hooper, 1968, 104 - 113.

- Children's understanding of spacial concepts. Canad.J.Psychol., 1963, 17, 141 - 161. Abgedr. in Sigel und Hooper, 1968, 118 - 140.

Donaldson, M. und Balfour, G.: Less is more: a study of language comprehension in children. Brit.J.Psychol., 1968, 59, 461 - 471.

Douglass, H.R.: The development of number concept in children of preschool and Kindergarten ages. J.exp.Psychol., 1925, 8, 443 - 470.

Dreger, R.M.: General temperament and personality factors related to intellectual performance. J.genet.Psychol., 1968, 113, 275 - 293.

Eifermann, R.R. und Etzion, D.: Anwareness of reversibility: its effects on performance of converse arithmetical operations. Brit.J.educ.Psychol., 1964, 34/2, 151 - 157.

Elkind,D.: The development of quantitative thinking: a systematic replication of Piaget's studies, I. J.genet.Psychol., 1961, 98, 37 - 46.

- The development of the additive composition of classes in the child: Piaget replication Study III. J.genet.Psychol., 1961, 99, 51 - 57.

- Children's discovery of the conservation of mass, weight, and volume: Piaget Replication Study II. J.genet.Psychol., 1961, 98, 219 - 227.

- Children's conception of right and left: Piaget Replication Study IV. J.genet.Psychol., 1961, 99, 269 - 276.

- Children's conceptions of brother and sister: Piaget Replication Study V. J.genet.Psychol., 1962, 100, 129 - 136.

- Discrimination, seriation, and numeration of size and dimensional differences in young children. Piaget Replication Study VI. J.genet.Psychol., 1964, 104, 275 - 296. Abgedr.in Sigel und Hooper, 1968, S. 56-75.

- Conservation across illusory transformations in young children. Acta Psychologica, 1966, 25, 389 - 400.

- Piaget's conservation problems. Child Developm., 1967, 38, 15 - 28. Abgedr. in Sigel und Hooper, 1968, 460 - 472.

- Piaget and Montessori. Harvard Educ. Review 1967 (Fall), 535 - 545.

- Conservation and concept formation. In: Elkind und Flavell, 1969, 171 - 189.

- Piagetian and psychometric conceptions of intelligence. In: Environment, Heredity and Intelligence. Harvard Educ.Review, 1969, 2, 171 - 189.

- and John H.Flavell (Eds.): Studies in Cognitive Development. Essays in Honor of Jean Piaget. Oxford Univ.Press, New York, 1969.

- und Sameroff, Arnold: Developmental Psychology. Annual Review, 1970, 21, 191 - 238.

Emmerich, Walter: Personality development and the concepts of structure. Child Developm., 1968, 39, 671 - 690.

Essing, Wilhelm: Untersuchungen zu einem Beurteilungssystem der Persönlichkeit. Arch.ges.psychol., 1966, 118, 73 - 85.

Estes, B.W.: Some mathematical and logical concepts in children. J.genet.Psychol., 1956, 88, 219 - 222.

- und Combs, Ann: Perception of quantity. J.genet.Psychol., 1966, 108, 333 - 336.

Fahmy, Mostafa: Initial exploring of the intelligence of Shilluk children. Studies in the southern Sudan. Vita Humana 1964, 7, 164 - 177.

Feigenbaum, Kenneth D.: Task complexity and IQ as variables in Piaget's problem of conservation. Child Developm. , 1963, 34, 423 - 432.

- und Sulkin, Howard: Piaget's problem of conservation of discontinuous quantities: a teaching experience. J.genet. Psychol., 1964, 105, 91 - 97.

Flavell, John H.: Historical and bibliographic note. In: Kessen W. und Kuhlman, C. (Eds.): Thought in the Young Child. SRCD Mongraph, 1962, 27/2, Serial no. 83, 5 - 18.

- The Developmental Psychology of Jean Piaget. D.van Nostrand, Princeton, N.Y. (1963[1]), 1964[3].

- und Wohlwill, J.: Formal and functional aspects of cognitive development. In: Elkind, D. und Flavell, J.H. (Eds.), 1969, 67 - 120.

Fleishman, Barbara; Gilmore, Silvia; Ginsburg, Herbert: The strength of non-conservation. J.exp.Child Psychol., 1966, 4, 353 - 368.

Flitner, Andreas: Der Streit um die Vorschulerziehung. In: Bittner, Günther und Schmidt-Cords, Edda: Erziehung in früher Kindheit. Piper, München 1968, 364 - 384.

Fowler, William: Cognitive learning in infancy and early childhood. Psychol.Bull., 1962, 59, 116 - 152.

Freyberg, P.S.: Concept development in Piagetian terms in relation to school attainment. J.Educ.Psychol. 1966, 57, 164 - 168.

Fricke, A.: Operatives Denken im Rechenunterricht als Anwendung der Psychologie von Piaget. Westermann päd.Beiträge, 1959, 11, 99 - 114.

Fuchs, Rainer: Formale Bildung im Lichte der Untersuchungen zum Transfer-Problem: Transfer von Fertigkeiten. Psychol. Beitr., 1957, 3, 265 - 280. Abgedr. in: F.Weinert (Hg): Pädagogische Psychologie, Kiepenheuer und Witsch, Köln - Berlin, 1967, 230 - 242.

Fürntratt, E.: Zur Bestimmung der Anzahl interpretierbarer gemeinsamer Faktoren in Faktorenanalysen psychologischer Daten. Diagnostika 1969, 15, 62 - 75.

Fujinaga, Tamotso (Tokyo Women's Christian Coll.)& Saiga, Hisataka & Hosoya, Jun: The developmental study of the number concept by the method of experimental education. Japanese Journal of Educational Psychology, 1964, 12, 44 - 55.

Furth, Hans G.: Conservation of weight in deaf and hearing children. Child Developm., 1964, 35, 143 -

- Research with the deaf: implications for language and cognition. Psychol.Bull., 1964, 62, 145 - 164.

- Thinking Without Language: Psychological Implications of Deafness. Free Press, New York, Collier-McMillan, London,1967.

- Concerning Piaget's view on thinking and symbol formation. Child Developm., 1967, 38, 819 - 826.

- Piaget and Knowledge - Theoretical Foundations. Prentice Hall, Englewood Cliffs, New York, London, 1969.

Gelman, Rachel S.: The development of number concepts. Vortrag, gehalten auf dem Biennial Meeting der SRCD in Santa Monica/ Cal., März 1969.

Giltay, M.: Sur l'apparition et le développement de la notion du nombre chez l'enfant de deux à zept ans. J.Psychol.norm.path., 1936, 33, 673 - 695.

Ginsburg, H. und Opper, Sylvia: Piaget's Theory of Intellectual Development. Prentice Hall Inc., Englewood Cliffs, New York, 1969.

Glick, Joseph und Wapner, Seymour: Development of transitivity, some findings and problems of analysis. Child Developm., 1968, 39, 621 - 638.

Görke, Lilly: Die Erfassung von Invarianzen durch das Kind und den Jugendlichen als Voraussetzung für den Mathematikunterricht. Wiss.Ztschr.d.Humboldt-Univ. Berlin, Gesellsch.-sprachwiss. R., 1955/56, 5, 357 - 366.

Goldschmid, Marcel L.: Different types of conservation and nonconservation and their relation to age, sex, IQ, MA, and vocabulary. Child Developm., 1967, 38, 1229 - 1246.

- The relation of conservation to emotional and environmental aspects of development. Child Developm., 1968, 39, 579 - 590.

- and Bentler, P.M.: The dimensions and measurement of conservation. Child Developm., 1968, 39, 787 - 802.

-- Concept Assessment Kit - Conservation - Manual. EITS, San Diego, 1968.

Goodnow, Jaqueline J.: A test of milieu differences with some of Piaget's tasks. Psychol.Monogr., 1962, 76, No. 36 (Whole No. 555).

- Problems in research on culture and thought. In: Elkind, D. und Flavell, J.H. (Eds.): Studies in Cognitive Development Oxford Univ.Press, New York, 1969, 439 - 462.

- und Bethon, Gloria: Piaget's tasks; the effects of schooling and intelligence. Child Developm., 1966, 37, 513 - 582.

Gottfried, Nathan W.: The relationship between concepts of conservation of length and number. J.genet.Psychol., 1969, 114, 85 - 91.

Gréco, Pierre: Recherches sur quelques formes d'inférences arithmétiques et sur la compréhension de l'itération numérique chez l'enfant. In: Piaget, J. (ed.): Etudes d'épistémologie génétique, 1960, XI, 149 - 213.

- Quantité et quotité. Nouvelles recherches sur la correspondence terme-à-terme et la conservation des ensembles. In: Piaget, J. (ed.): Etudes d'épistémologie génétique, 1962, XIII, 1 - 70.

Green, B.F.: A method of scalogram analysis using summary statistics. Psychometrika, 1956, 21, 79 - 88.

- and Laxon, V.J.: The conservation of number, mother, water and a fried egg chez l'enfant. Acta Psychologica, 1970, 32, 1 - 30.

Greenfield, Patricia M.: On culture and conservation. In: Bruner, J.S., Olver, R.R. and Greenfield, P.N.: Studies in Cognitive Growth. Wiley, New York, 1966, 225 - 256.

Griffith, J.A., Carolyn A.Shantz, Irving E. Siegel: A methodological problem in conservation studies: The use of relational terms. Child Developm., 1967, 38, 840 - 848.

Grize, J.B. and Matalon, B.: Introduction à une étude expérimentale et formelle du raisonnement naturel. In: Piaget, J. (ed.): Etudes d'épistémologie génétique, 1962, XVI, 9 - 67.

Gruen, Gerald E.: Experiences affecting the development of number conservation in children. Child Developm. 1965, 36, 963 - 979. Abgedr. in: Sigel und Hooper, 1968, 339 - 335.

- Note on conservation: methodological and definitional considerations. Child Developm., 1966, 37, 977 - 983. Abgedr. in: Sigel und Hooper, 1968, 495 - 501.

Guilford, J.P.: Fundamental Statistics in Psychology and Education. International Student Edition, 4. Aufl., McGraw-Hill, New York, 1965.

Guttman, L.: The basis for scalogram analysis. In: S.A.Stouffer et al.: Measurement and Prediction. Princeton Univ.Press, 1950, 60 - 90.

Halford, G.S.: An experimental test of Piaget's notions concerning the conservation of quantity in children. J.Experim.Child Psychol., 1968, 6, 33 - 43.

- and Fullerton, T.J.: A Discrimination task which Induces conservation fo number. Child Developm., 1970, 41, 205 - 213.

Hall, Vernon C., Kingsley, Richard: Conservation and Equilibrition Theory. J.genet.Psychol., 1968, 113, 195 - 213.

-, Salvi, Richard; Seggev, Lydia, Caldwell, Edward: Cognitive Synthesis, Conservation, and Task Analysis. Developm.Psychol., 1970, 2, 423 - 428.

Hamel, B.Remmo: On the conservation of liquids: a replication. Hum. Developm., 1970

Hays, William L.: Statistics for Psychologists. Holt, Rinehart & Winston. New York (1963), 1965.

Hiele, P.M. v.: Piagets Beitrag zu unserer Einsicht in die kindliche Zahlbegriffsbildung. Westermanns päd. Bei r., 1958, 10, 397 - 408.

Hood, B.: An experimental study of Piaget's theory of the development of number in children. Brit.J.Psychol., 1962, 53, 273 - 286.

Hooper, Frank H.: Piagetian Research and Education. In: Sigel und Hooper, 1968, 423 - 34.

- Piaget's conservation tasks: the logical and developmental priority of identity conservation. Unveröff.Manuskr.eines Vortrages, gehalten auf dem Biennial Meeting der SRCD, Santa Monica/Cal., 1969.

- and Marshall: zitiert in Hooper, 1969

Humphrey, James H.: An exploratory study of active games in learning of number concepts by first grade boys and girls. Perceptual and Motor Skill, 1966, 23, 341 - 342.

Hunt, J.McV.: The Impact and Limitations of the Giant of Developmental Psychology. In: Elkind und Flavell, 1969, 3 - 66.

- Intelligence and Experience. The Ronald Press Comp., New York, 1961.

Hyde, D.M.G.: Piaget and Conceptual Development, with a cross-cultural study of number and quantity. Holt, Rinehart und Winston, London, New York, 1970.

Ingenkamp, Karlheinz:Untersuchungen zur Übergangsauslese. Reihe: Theorie und Praxis der Schulpsychologie, Bd. VIII. Verlag Julius Beltz, Weinheim und Berlin, 1968.

Inhelder, B.: Le diagnostic du raisonnement chez les débiles mentaux. Delachaux et Niestlé, Neuchâtel, 1944.

- Stadientheorie des Genfer Arbeitskreises. Psychologie und Pädagogik, 1959, 2, 139 - 159.

- Some Aspects of Piaget's genetic approach to cognition. In: Kessen und Kuhlman, Thought in the young child. SRCD Monograph, 1962, 27/2, Serial No. 83, 19 - 34 + Diskussion: 34 - 40.

- Operational thought and symbolic imagery. In: P.H.Mussen (Ed.): European Research in cognitive development. SRCD Monograph, 1965, 30, 4 - 18.

- Développement, régulation et apprentissage. In: Bresson, F. und Montmollin, M.de: Psychologie et épistémologie génétiques, thèmes piagétiens. Dunod, Paris, 1966, 177 - 188.

- Criteria of the Stages of mental development. In: Inhelder, B. und Tanner, J.M. (eds.): Discussions on Child Development, Vol. I. Tavistock Publications, London, 1969, 75 - 107.

- Bovet, M., Sinclair, H., Smock, C.D.: Comment: On cognitive growth. Am.Psychologist, 1966, 21, 160 - 164.

- und Noelting, G.: Le passage d'un stade au suivant dans le développement des fontions cognitives. Proc. 15th Int.Congr. Psychol., Brussels, 1957, 435 - 438.

- and Piaget, Jean: The Early Growth of Logic in the Child. Harper & Row, New York, 1964.

- and Sinclair, Hermina: Learning cognitive structures. In: Mussen, P., Langer, J., Covington, M.: Trends and Issues in Developmental Psychology. Holt, Rinehart & Winston, New York, 1969, 2 - 21.

- ans Sinclair-de Zwart, Hermina: A propos des stades du développement: Notes sur le problème des transitions. Schw.Zt. Psychol. u. Anwendungen, - Festschr.f.Meili -, 1970, 29, 211 - 217.

- and Tanner, J.M. (Eds.): Discussions on Child Development. Tavistock Publications. London, Vol.I 1956[1], II 1956[1], III 1958[1], IV 1960[1], Social Science Paperbacks, 1969a,b,c,d

Isaacs, Susan: Intellectual growth in Young Children. Harcourt, Brace, New York 1930, bes. Kap. III, 49 - 110.

Ito,Y.,Hatano,G.: An experimental education of number conservation. Jap.Psychol.Res., 1963, 5, 161 - 170. zit. nach L.Wallach, 1969.

Kagan, Jerome, Moss, Howard A., Sigel, Irving E.: Psychological significance of styles of conceptualization. In: Wright, John C., Kagan, Jerome: Basic cognitive Processes in Children. SRCD Monograph, 1963, 28/2, Serial No. 86, 73 - 112.

Kemmler, Lilly: Erfolg und Versagen in der Grundschule. Verlag f.Psychologie, Hogrefe, Göttingen, 1967.

Kern, A.: Sitzenbleiberelend und Schulreife. Herder Verlag, Freiburg i.Br., 1951.

- Der Grundleistungstest zur Ermittlung der Schulreife. K.Krieger Verlag Koblenz, 1959.

- Die Rolle des Gestalthaften im Rechnen. Ganzheitsschule, 1959, 7, 1 - 9.

- Kurzer Überblick über die Phasen des Gestaltrechnens. Ganzheitsschule, 1960, 8, 25 - 28; 78 - 81.

- und Gieding, H.: Gestaltrechnen im ganzheitlichen Unterricht der Volksschulunterstufe. Freiburg i.Br., Herder, 1960. (Beiheft zur Ganzheitsschule 2).

Kessen, William: Research design in the study of developmental processes. In: Mussen, P.H.: Handbook of Research Methods in Child Development, Wiley, New York, 1960, 36 - 70.

- Stage and structure in the study of children. In: Kessen, W, Kuhlman, C. (Eds.): Thought in the Young Child. SRCD Monograph, 1962, 27/2, Serial No. 83, 65 - 82.

Kessen, William, Kuhlman, Clementina (Eds.): Thought in the Young Child, Report of a Conference on Intellective Development with particular attention to the work of Jean Piaget. SRCD Monograph, 1962, 27/2, Serial No. 83.

Kingsley, Richard C., Hall, Vernon C.: Training conservation through the use of learning sets. Child Developm., 1967, 38, 1111 - 1126.

Kleinschmidt, G.: Untersuchung zum Entwicklungsprozeß der Mengenauffassung bei Kindern zwischen 4;5 und 6;5 Jahren. Praxis der Kinderpsychol. u. Kinderpsychiatr., 1968, 17, 183 - 189.

- Die Auffassung der Invarianz einer Fläche bei Kindern zwischen 5;5 und 7;5 Jahren. Praxis der Kinderspychol. u. Kinderpsychiatr., 1968, 17, 234 - 238.

Kofsky, E.A.: A scalogram analysis of classificatory development. Child Developm., 1966, 37, 191 - 204. Abgedr. in: Sigel und Hooper, 1968, 210 - 224.

Kohlberg, L.: Conservation Experiments (Leitfäden) Liquid Quantity Conservation. Unveröff., Chicago, 1965.

- The cognitive-developmental approach to problems of early learning. unveröff.Aufsatz, Chicago, 1965.

- Early education: a cognitive-developmental view. Child Developm., 1968, 39, 1013 - 1062.

Kohnstamm, G.A.: An evaluation of part of Piaget's theory. Acta Psychologica, 1963, 21, 313 - 315. Abgedr. in: Sigel und Hooper, 1968, 394 - 422 (erweitert).

- Teaching Children to Solve a Piagetian Problem of Class Inclusion. Mouton & Co., s'Gravenshage, 1967.

Kroh, O.: Entwicklungspsychologie des Grundschulkindes. H.Beyer Verlag, Langensalza, 1944, 13.-19.Aufl.

L'Abate, L.: Frequency of citation in child development literature. Child Developm., 1969, 40, 87 - 92.

Langer, Jonas: Disequilibrium as a source of development. In: Mussen, P., Langer, J., Covington, M., 1969, 22 - 37.

Larsen, Gary Y.: The sequence of development of spatial concepts in children. Vortrag, gehalten auf dem Biennial Meeting der SRCD, Santa Monica/Cal., März 1969.

Laux, Josef: Die Bildung des Zahlbegriffs in den ersten drei Schuljahren - experimentelle Untersuchung an Kindern durchschnittlicher Intelligenz. Klett, Stuttgart, 1969.

Lee, C.Lee: The sequential nature of Piaget's theory of cognitive development. Vortrag, gehalten auf dem Biennial Meeting der SRCD, Santa Monica/Cal., 1969.

Lefrançois, Guy: A treatment hierarchy for the acceleration of conservation of substance. Canad.J.Psychol., 1968, 22, 277 - 284.

Léone, J.P. und Bovet, Magali: L'apprentissage de la quantification de l'inclusion et la théorie opératoire. Acta Psychol., 1966, 25, 334 - 356.

Lienert, G.A.: Verteilungsfreie Methoden in der Biostatistik. Verlag Anton Hain, Meisenheim, 1962.

Long, Louis and Welch, Livingston: The development of the ability to discriminate and match numbers. J.genet.Psychol., 1941, 59, 377 - 387.

Lovell, K.: A follow-up study of some aspects of the work of Piaget and Inhelder on the child's conception of space. Brit.J. Educ. Psychol., 1959, 29, 104 - 117.

Lovell, K.: The Growth of Basic Mathematical and Scientific concepts in Children. Univ. of London Press Ltd., London, 1961.

\- Concepts in mathematics. In: H.J.Klausmeier und C.W.Harris (Eds.): Analyses of Concept Learning. New York, Academic Press, 1966.

-, Healey, D., Rowland, A.D.: Growth of some geometrical concepts. Child Developm., 1962, 33, 751 - 767. Abgedr. in: Sigel und Hooper, 1968, 140 - 157.

-, Ogilvie, E.: A study of the conservation of substance in the junior school child. Brit. J.Educ.Psychol., 1960, 30, 109 - 118. Abgedr. in: Sigel und Hooper, 1968, 19 - 30.

-,- A study of the conservation of weight in the junior school child. Brit.J.Educ.Psychol., 1961, 31, 138 - 144.

-,- The growth of the concept of volume in junior school children. J.Child Psychol.Psychiatr., 1961, 2, 118 - 226.

-, Mitchell, B., Everett, I.R.: An experimental study of the growth of some logical structures. Brit.J.Psychol., 1962, 53, 175-188. Abgedr. in: Sigel und Hooper, 1968, S. 224 - 240.

Lückert, R.: Der zahlige Invarianzbegriff - Beitrag zur Elementardidaktik (Abdruck von Lauren B. Resnick: Design of early learning curriculum, Learning Research and Development Center, Univ. of Pittsburgh, Dec. 1967). Schule und Psychologie, 1970, 17, 223 - 224.

Lunzer, E.A.: A pilot study for a quantitative investigation of Piaget's original work on concept formation. Educ. Review, 1956, 8, 193 - 200.

\- Some points of piagetian theory in the light of experimental criticism. J.child Psychol.Psychiatr., 1960, 1, 191 - 202.

- Recent Studies in Britain Based on the Work of Jean Piaget. Occasional Publications, No. 4. Information Service of the National Foundation for Educational Research in England and Wales, 1961.

Mackay, C.K., Kilkenny, T.M.: A note on the stability of induced conservation. Brit.J.Educ.Psychol., 1968, 38, 313 - 315.

Mannix, J.B.: The Number Concepts of a group of E.S.N. Children. Unpubl. M. Ed. Thesis, Manchester U., 1959.

- The number concepts of a group of E.S.N. (educationally subnormal) children (Summary). Brit.J.Educ.Psychol., 1960, 30, 180 - 181.

McLaughlin, K.: A study of number ability in children of ages three to six. Unpubl. doctoral dissertation, Univ. of Chicago, 1932.

- Number ability of preschool children. Childh.Educ., 1935, 11, 348 - 353.

McManis, Donald L.: Comparaisons of gross, intensive, and extensive quantities by normals and retardates. Child Developm., 1969, 40, 237 - 244.

- Conservation and transitivity of weight and length by normals and retardates. Developm.Psychol. 1969, 1, 373 - 382.

- Conservation of identity and equivalence of quantity by retardates. J.genet.Psychol., 1969, 115, 63 - 69.

- Comparison of gross, intensive, and extensive quantities by retardates. J.genet.Psychol., 1969, 115, 229 - 236.

McNeill, D., Piaget, J.: Cognitions and conservations: Two views. Contemporary Psychol., 1967, 12, 530 - 533.

Mehler, J. und Bever, J.: Cognitive capacity of very young children. Science, 1967, 158, 141 - 142.

-,- Reply by J.Mehler and T.G.Bever (to Piaget: Quantification, Conservation and Nativism). Science, 1968, 162, 979 - 981.

Mermelstein, Egon und Meyer, Edwina: Conservation training techniques and their effects on different population. Child Developm., 1969, 40, 471 - 490.

-, Shulman, Lee S.: Lack of formal schooling and the acquisition of conservation. Child Developm., 1967, 38 - 52.

Miller, Dolores J., Cohen, Leslie B., Hill, Kennedy B.: A test of Piaget's notions on object concept development in the sensory-motor period. Vortrag, gehalten auf dem Biennial Meeting der SRCD, Santa Monica/Cal., März 1969.

Montada, Leo: Der Faktor der Mobilität in Piagets Theorie der kognitiven Entwicklung. In: Merz, F. (Hg.): Bericht über den 25. Kongreß der Deutschen Gesellschaft für Psychologie, Münster 1966, Hogrefe, Göttingen, 1967, 390 - 395.

Montada, Leo: Über die Funktion der Mobilität in der geistigen Entwicklung. Eine Untersuchung zu Piagets Äquilibrationshypothese der Entwicklung. Klett, Stuttgart, 1968.

Montada, L.: Die Lernpsychologie Jean Piagets, Klett, Stuttgart 1970

Murray, Frank B.: Conservation of illusion - distarted lengths and areas by primary school children. J.Educ.Psychol., 1965, 56, 62 - 66.

- Cognitive conflict and reversibility training in the acquisition of length conservation. J.Educ.Psychol., 1968, 59, 82 - 87.

Mussen, Paul H. (Ed.): Handbook of Research Methods in Child Development. Wiley, New York, 1960.

-, Langer, Jonas, Covington, Martin (Eds.): Trends and Issues in Developmental Psychology. Holt, Rinehart, Winston, New York, 1969.

Northman, John E., Gruen, Gerald E.: Relationship between identity and equivalence. Developm.Psychol., 1970, 2, 311

Oléron, Pierre, Piaget, Jean: Intelligence. Reihe: Fraisse, P. und Piaget, J.: Experimental Psychology, its Scope and Method, Vol. VII, Routledge & Kegan Paul, London, 1969 (französ. 1963).

Osterrieth, P. et al.: Le problème des stades en psychologie de l'enfant. Presses Univ.de France, Paris, 1956.

Peluffo, N.: Les notions de conservation et de causalité provenat de différents milieux physiques et socio-culturels. Arch. Psychol.Genève, 1962, 38, 75 - 90.

- La nozione di conservazione del volume e le operationi di combinazione come indici di sviluppo del pensiero operatorio in soggetti appartenenti ad ambienti fisici e socioculturali. Rivista di Psycol.sociale, 1964, 11, 99 - 132.

- Problemi cognitive, strategie, piani di soluzione. Rivista di Psycol. sociale, 1965, 12, 91 - 103.

Peters, Donald L.: Task variations and individual differences in Piaget's Conservation of number. Merrill Palmer Quarterly 1967, 13, 295 - 308.

- Verbal mediation and cue discrimination in the transition from non-conservation to conservation of number. Vortrag, gehalten auf dem Biennial Meeting der SRCD, Santa Monica/Cal. März 1969.

- Verbal mediators and cue discrimination in the transition from nonconservation to conservation of number. Child Developm., 1970, 41, 707 - 721.

Petter, Guido: Die geistige Entwicklung des Kindes im Werk von J.Piaget. Huber, Bern-Stuttgart, 1966.

Piaget, J.: The Language and Thought of the Child. Meridian books, The World Publishing Co., Cleveland & New York (1955), 1962[7].

- Judgement and Reasoning in the Child. Harcourt, Brace, New York, 1928.
- The Child's Conception of the World. Harcourt, Brace, New York, 1929.
- The Child's Conception of the World. ILP-Taschenbuch. Littefield, Adams & Co., Totowa, N.Y. (1929[1]), 1963b

Classes, relations et nombres; essai sur les "groupements" de la logistique et la réversibilité de la pensée. Paris, 1942. x

- Psychologie der Intelligenz. Rascher, Zürich, 1948.
- Psychology of Intelligence. ILP-Taschenbuch. Littlefield, Adams & Co., Paterson, N.Y., 1963a.
- The Child's Conception of Number. Humanities, New York, 1952.
- Relations between Intelligence and Affectivity in the Development of the Child. "Sorbonne Courses", Psychology, transcript of lectures given by Piaget in 1953 - 1954.
- The Construction of Reality in the Child. Basic New York, 1954.
- Les stades du développement intellectuel de l'enfant et de l'adolescent. In: P.Osterrieth et al.: Le Problème des Stades en psychologie de l'enfant. Paris, Presses Universitaires, 1956, 33 - 49.
- Die Genese der Zahl beim Kinde. Westermanns päd.Beitr., 1958, 10, 357 - 368.
- Introduction à: Problèmes de la construction du nombre. In: Piaget, J. (Ed.): Etudes d'épistémologie génétique, 1960, XI, 1 - 68.
- How children form mathematical concepts. Scientific American, 1960, 189, 74 - 79 (Sci. Amer.).
- Les mécanismes perceptifs: modèles probalistiques, analyse génétique, relations avec l'intelligence. Presses Univ. de France, Paris, 1961.
- Six études de psychologie, Gonthier, Genf, 1964.
- Cognitions and conservations: Two views. Contemporary Psychol., 1967a, 12, 532 - 533.
- On the Development of Memory and Identity. Clark Univ. Press, Worcester/Mass. 1967b.
- Quantification, conservation, and nativism. Science, 1968, 162, 976 - 979.
- Das Erwachen der Intelligenz beim Kinde. Klett, Stuttgart 1969.
- The general problems of the psychobiological development of the child. In: Inhelder, B. und Tanner, J.M. (Eds.): Discussions on Child Development, Vol. IV. Tavistock Publications, London, 1969, 3 - 27; 77 - 83.

Piaget, J.: Equilibration and the development of logical structures. Second discussion. In: Inhelder B. und Tanner, J.M. (Eds.): Discussions on Child Development, Vol. IV. Tavistock Publications, London, 1969, S. 98 - 115.

- The definition of stages of development. Third discussion. In: Inhelder, B. und Tanner, J.M. (Eds.): Discussions on Child Development, Vol. IV. Tavistock Publications, London, 1969, 116 - 135.

- (Ed.): Etudes d'épistomologie génétique. Vol.I 1957, II 1957, V 1958, VII 1959, IX 1959, X 1959, XI 1960, XII 1960, XIII 1962, XV 1963, XXIII 1968, XXIV 1968.

-, Albertini, Barbara v.: Recherches sur le développement des perceptions XI, L'illusion de Müller-Lyer. Archives des Psychologies, Vol. XXXIII, No. 129, Juillet 1950, 1 - 48. Neuchâtel, Suisse.

-, Inhelder, B.: L'image mentale chez l'enfant. Presses Universitaires de France, Paris, 1966.

-,- Mémoire et Intelligence. Presses Universitaires de France, Paris, 1968.

-,- Die Entwicklung der physikalischen Mengenbegriffe beim Kinde. Klett, Stuttgart, 1969.

-,- Operations and their development. In: Oléron, Pierre und Piaget, J. (Eds.): Intelligence. Experimental Psychology, Vol. VII. Routledge & Kegan Paul, London 1969 (französ. Original 1963), 144 - 205.

-,- Mental images. In: Olèron, P. und Piaget, J. (Eds.): Intelligence, Experimental Psychology, Vol. VII, Routledge & Kegan Paul, London, 1969, 85 - 143.

-,-, Alina Szeminska: The Child's Conception of Geometry. Harper Torchbook, Harper & Row, New York (1960), 1964.

-, Szeminska, Alina: La genèse du nombre chez l'enfant. Delachaux & Niestlé, Neuchâtel et Paris, 1941.

-,- Die Entwicklung des Zahlbegriffes beim Kinde. Klett Verlag, Stuttgart, 1965.

-, Voyat, G.: In: Piaget (Ed.): Etudes d'épistémologie génétique. Vol. XXIV, 1968.

Pinard, Adrien und Laurendeau, Monique: "Stage" in Piaget's cognitive-developmental theory: exegesis of a concept. In: Elkind und Flavell, 1969, 121 - 170.

Potter, Mary C. und Levy, Ellen J.: Spatial enumeration without counting. Child Developm., 1968, 39, 265 - 272.

Pratoomrai, Sawat und Johnston, Ronald, C.: Kinds of questions and types of conservation tasks as related to children's conservation responses. Child Developm., 1966, 37, 343 - 353.

Price-Williams, D.R.: A study concerning concepts of conservation of quantities among primitive children. Acta Psychol., 1961, 18, 297 - 305.

-, Gordon, William, Ramirez III, Manuel: Skill and conservation: A study of pottery-making children. Developm. Psychol., 1969, 1, 769.

Rank, Therese: Schulleistung und Persönlichkeit. Reihe: Wissenschaftlich Jugendkunde. Verlag Joh. Ambrosius Barth, Heft 4, München, 1962.

Rauh, Hellgard: Society for Research in Child Development. Biennial Meeting in Santa Monica, 1969 (Bericht). Human Developm., 1969, 12, 272 - 273.

-, Bille, E.: Der Invarianzbegriff der Länge bei 4;6- bis 7;0jährigen Kindern. Z.Entw.-psychol. u. Päd. Psychol., 1969, 1, 200 - 218.

Reinert, Günter: Entwicklungstests. In: Heiss, R., Psycholog. Diagnostik. Handbuch der Psychologie, Bd. 6 (hg. v. Gottschaldt-Lersch-Sander-Thomae). Hogrefe, Göttingen, 1963, Kap. 8, 280 - 351.

Resag, K.: Mathematisches Denken im Kindesalter und seine Forderung an die Erziehung in Kindergarten und Schule. Pädag.Blätter, 1954, 5, 42 - 49.

- Die Bildung des Zahlbegriffes beim Kind. Westermanns pädag. Beiträge, 1955, 7, 489 - 500.

- Kind und Zahl. Psycholog. Voraussetzungen des Rechenunterrichts in der Volksschule. Kösel, München 1965[2].

- Die Bildung des Zahlbegriffes beim Kind. In: Odenbach (Hg.): Rechenunterricht und Zahlbegriff. Westermanns Taschenbuch, Reihe: Theorie und Praxis der Schule, S/7, 1965, 2.Aufl., 23 - 49.

Riess, A.: Number Readiness in Research. Scott-Foresman, Chicago, 1947.

Robertson, Anne de Shazo & Jouniss, James: Anticipatory visual imagery in deaf and hearing children. Child Developm., 1969, 40, 123 - 135.

Roeper, Annemarie und Sigel, Irving E.: Finding the clue to childrens thought processes. In: W.W.Hartup und N.L.Smothergill: The Young Child, Reviews of Research. National Association for the Education of Young Children, Wash. D.C., 1967, 77 - 95.

Roll, Samuel: Reversibility training and stimulus desirability as factors in conservation of number. Child Developm., 1970, 41, 501 - 507.

Rothenberg, Barbara B.: Conservation of number among four- and five-year-old children: some methodological considerations. Child Developm., 1969, 40, 383 - 406.

- Preschool children's understanding of the coordinated concepts of distance, movement, number, and time. J.genet. Psychol., 1969, 115, 263 - 276.

-, Courtney, Rosalea G.: Conservation of number in very young children: A replication of and comparison with Mehler and Bever's study. J.Psychol., 1968, 70, 205 - 212.

-,- Conservation of number in very young children. Developm. Psychol., 1969, 1, 493 - 502.

-,- A Developmental study of Nonconservation choices in Young Children. Merill-Palmer Quarterly, 1969 (Manuskr.).

Rothenberg, Barbara B., Orost, Jean H.: The Training of conservation of number in young children. Child Developm., 1969, 40, 707 - 726.

Sauer, Karl: Leser kommen zur Schule. Z.Päd., 1970, 16/1, 51 - 64.

Seiler, Thomas Bernhard: Die Reversibilität in der Entwicklung des Denkens. Ein Beitrag zur Deutung der Theorie Piagets. Klett, Stuttgart, 1968[1].

Shantz, Carolyn Uhlinger.: A developmental study of Piaget's theory of logical multiplication. Merill-Palmer Quarterly, 1967, 13, 121 - 138. Abgedr. in: Sigel und Hooper, 1968, 240 - 256.

Siegel, Linda S. und Goldstein, Alvin G.: Conservation of number in young children: recency vs. relational response strategies. Developm. Psychol., 1969, 1, 128 - 130.

Siegelman, Ellen und Block, Jack: Two parallel scalable sets of Piagetian tasks. Child Developm., 1969, 40, 951 - 956.

Sigel, Irving E.: The attainment of concepts. In: Hoffman und Hoffman (Eds.): Review of Child Development Research. Russell Sage Foundation. New York 1964, 209 - 248.

- Reflections. In: I.E.Sigel and Frank H.Hooper (Eds.): Logical Thinking in Children. Holt, Rinehart & Winston, New York, 1968, Kap. 7, 503 - 528.

-, Frank H. Hooper (Eds.): Logical Thinking in Children. Research Based on Piaget's Theory. Holt, Rinehart & Winston, New York, 1968.

-, Roeper, A., Hooper, F.H.: A training procedure for acquisition of Piaget's conservation of quantity: a pilot study and its replication. Brit. J.Educ. Psychol., 1966, 36, 301 - 311. Abgedr. in:Sigel und Hooper, 1968, 295 - 308.

Silverman, Irwin und Schneider, Dale S.: A study of the development of conservation by a nonverbal method. J.genet.Psychol., 1968, 112, 287 - 291.

Sinclair-de-Zwart, Hermina: Developmental psycholingustics. In: Elkind, D. und Flavell, J.H.: Studies in Cognitive Development. Oxford Univ.Press, New York, 1969, 315 - 336.

-, Piaget, J., Maier, R.: Sondage sur l'identité, les formes d'équivalence et la conservation lors de la rotation d'un carré. In: Piaget, J. (Ed.): Etudes d'épistémologie génétique. Vol. XXIV, 1968, 123 - 144.

Skeels, Harold M.: Adult Status of Children with Contrasting Early Life Experiences. SRCD Monograph, 1966, 31/3, Serial No. 105.

Slater, C.W.: A Study of the Influence which Environment plays in Determining the Rate at which a Child attains Piaget's "Operational" Level in his Early Number Concepts. Unpubl.diss. Birmingham U. 1958.

Smedslund, Jan: Apprentissage des notions de la conservation et de la transitivité du poids. In: Etude d'épistémologie génétique, 1959, 9, 85 - 124.

- The acquisition of conservation of substance and weight in children: I. Introduction. Scand.J.Psychol., 1961, 2, 11 - 20. (a) Abgedr. in: Sigel und Hooper, 1968, 265-277.

- The acquisition of concervation of substance and weight in children: II. External reinforcement of conservation and weight and of the operations of addition and substraction. Scand. J.Psychol., 1961, 2, 71 - 84. (b)

- The acquisition of conservation of substance and weight in children: III. Extinction of conservation of weight acquired "normally" and by means of empirical controls on a balance. Scand.J.Psychol., 1961, 2, 85 - 87. Abgedr.i.Sigel..1968, 277-80.(c)

- The acquisition of conservation of substance and weight: IV. Attempt at extinction of the visual components of the weight concept. Scand.J.Psychol., 1961, 2, 153-155. (d)

- The acquisition of conservation of substance and weight in children: V. Practice in conflict situations without external reinforcement. Scand. J.Psychol., 1961, 2, 156 - 160. (e) Abgedr.in: Sigel und Hooper, 1968, 281 - 285.

- The acquisition of conservation of substance and weight in children: VI. Practice on continuous vs. discontinuous material in problem situations without external reinforcement. Scand.J.Psychol., 1961, 2, 203 - 210. (f) Abgedr. in Sigel und Hooper, 1968, 286 - 295.

- The acquisition of conservation of substance and weight in children: VII. Conservation of discontinuous quantity and the operation of adding and taking away. Scand. J. Psychol., 1962, 3, 69 - 77.

- Development of concrete transitivity of length in children. Child Developm., 1963, 34, 389 - 405.

- Patterns of experience and the acquisition of conservation of length. Scand.J.Psychol., 1963, 4, 257 - 264.

- Concrete Reasoning: a study of intellectual development. SRCD Monograph, 1964, 29/2, Serial No. 93.

- Performance on measurement and pseudomeasurement tasks by five- to seven-year-old children. Scand.J.Psychol., 1966, 7, 81 - 92.

- Microanalysis of concrete reasoning. I. The difficulty of some combinations of addition and subtraction of one unit. Scand.J.Psychol., 1966, 7, 145 - 156.

- Micronalysis of concrete reasoning. II. The effect of number of transformations and non-redundant elements and of some variations in procedure. Scand. J.Psychol., 1966, 7, 157-163.

- Microanalysis of concrete reasoning. III. Theoretical overview. Scand.J.Psychol., 1966, 7, 164 - 167.

Determinants of performance on double classification tasks. I. Effects of covered vs. uncovered materials, labelling vs. perceptual matching, and age. Scand.J.Psychol., 1967, 8, 88 - 96.

- Determinants of performance on double classification tasks. II. Effects of direct perception and words with specific, general, and no reference. Scand.J.Psychol., 1967, 8, 97-101.

Smith, Ian D.: The effects of training procedures upon the aquisition of conservation of weight. Child Developm., 1968, 39, 515 - 526.

Spence, Janet Taylor: The distracting effects of material reinforcers in the discrimination learning of lower- and middle-class children. Child Developm., 1970, 41, 103 - 111.

-, Dunton, Moira C.: The influence of verbal and nonverbal reinforcement combinations in the discrimination learning of middle- and lower-class preschool children. Child Developm., 1967, 38, 1177 - 1186.

Sullivan, Edmund V.: Transition problems in conservation research. J.genet.Psychol., 1969, 115, 41 - 54.

Syrdal, Ann K., Pufall, Peter B., Shaw, Robert E.: Development of the concept of number in very young children. Vortrag, gehalten auf dem Biennial Meeting der SRCD, Santa Monica/Cal., März 1969.

Schaffer, H.R.: Objective observations of Personality development in Early Infancy. Brit.J.medical Psychol., 1958, 31, 174 - 183.

Schaie, K.Warner: A general model for the study of developmental processes. Psychol.Bull., 1965, 64, 92 - 107.

Schmalohr, E., W. Winkelmann: Über den Einfluß der Übung auf die Entwicklung der Mengen- und Substanzerhaltung beim Kinde. Z.Entw.u.Päd.Psychol., 1969, 1, 93 - 102.

Schmidt, Hans Dieter: Über die Zuverlässigkeit von Verhaltensbeurteilungen durch Rating-Skalen. Arch.ges.Psychol., 1966, 118, 47 - 72.

Schmidt, Jürgen: Mengenlehre I. BI Hochschultaschenbücher, Bibl.Institut, AG, München 1966.

Schofield, Leon und Uzgiris, Ina: Examining behavior and the development of the concept of object. Vortrag, gehalten auf dem Biennial Meeting der SRCD, Santa Monica/Cal., März 1969.

Scholnick, Ellin Kofsky, Osler, Sonia F.: Effect of pretest experience on concept attainment in lower- and middle-class children. Developm. Psychol., 1969, 1, 440 - 443.

Schwartz, Marilyn Miller und Scholnick, Ellen Kofsky: Scalogram analysis of logical and perceptual components of conservation of discontinuous quantity. Child Developm., 1970, 41, 695 - 705.

Stahl, Roland: Besonderheiten der analytisch-synthetischen Denktätigkeit beim Lösen von mathematischen Sachaufgaben im 1. Schuljahr. Probleme und Ergebnisse der Psychologie, 1964, 11, 69 - 76.

Stevenson, Harold W.: Piaget, behavior theory, and intelligence. In: W.Kessen und C.Kuhlman (Eds.): Thought in the Young Child. SRCD Monograph, 1962, 27/2, Serial No. 83, 113 - 126.

- (Ed.): Child Psychology.62nd Yearbook of the NSSE. Univ.of Chicago Press, Chicago,1963.

- (Ed.): Concept of Development. SRCD Monograph, 1966, 31/5, Serial No. 107.

-, Hale, Gordon A., Klein, Robert E., Miller, Leon K.: Interrelations and Correlates in Children's Learning and Problem Solving. SRCD Monograph, 1968, 33/7, Serial No. 123.

Strauss, Sidney und Langer,Jonas: Operational thought inducement. Child Developm., 1970, 41, 163 - 175.

Tanner, J.M.: Education and Physical Growth. U.of London Press Ltd, 1965[4].

Thomae, H.: Der psychologische Gesamteindruck. In: C. Coerper, W.Hagen, H.Thomae (Hg.): Deutsche Nachkriegskinder. Thieme, Stuttgart, 1954, 199 - 216.

- Entwicklungsbegriff und Entwicklungstheorie. In: Thomae, H. (Hg.): Entwicklungspsychologie. Handbuch der Psychologie, Bd. 3, Hogrefe, Göttingen, 1959, 3 - 20.

- Beobachtung und Beurteilung von Kindern und Jugendlichen. Psychol.Praxis, Heft 15, S.Karger Verlag, Basel - New York, 1962[4].

- Das Individuum und seine Welt. Eine Persönlichkeitstheorie. Hogrefe, Göttingen, 1968.

- Die menschliche Entwicklung, Modelle, Theorien, Probleme. Athenäum Verlag, Frankfur/M. - Bonn, 1969, 104 - 118. orig.: Vorstellungsmodelle in der Entwicklungspsychologie. Z. Psychol., (J.A.Barth, Leipzig), 1961, 165, 41 - 58.

- Persönlichkeitsmerkmale und soziale Merkmale von guten und schlechten Schülern. orig.: Der öffentliche Gesundheitsdienst, 1963. Abgedr. in Vita Humana, Beiträge zu einer genetischen Anthropologie. Athenäum Verlag, Frankfurt/M.- Bonn, 1969, 175 - 188.

Überla, K.: Faktorenanalyse. Eine systematische Einführung. Springer Verlag, Berlin,1968.

Uzgiris, Ina C.: Situational generality of conservation. Child Developm., 1964, 35, 831 - 841. Abgedr. in: Sigel und Hooper, 1968, 40 - 52.

-, Hunt, Mc.Vicker: Ordinal Scales of Infant Development. 18th Intern.Congr.Psychol. Moscow, 1966.

-,- Schemata involved in Visual pursuit and the development of Permanence in objects. Film, vorgeführt auf dem Biennial Meeting der SRCD, New York, 29.3. - 1.4.1967.

Vernon, P.E.: Environmental handicaps and intellectual development. Brit.J.Educ.Psychol., 1965, 35, 1 - 22.

Vogelsang, Karin: Untersuchung zur Mengenauffassung bei Kindern. Ganzheitsschule, 1959, 7, 25 - 28.

Vygotsky, L.: The development of scientific concepts in childhood. Aus: L.Vygotsky: Thought and Language. Wiley, New York, 1962, 82 - 118. In: Stendler, Celia Burns (Ed.): Readings in Child Behavior and Development. Harcourt, Brace & World, New York, 1964^2, 372 - 391.

Wachs, Theodore D.: Free-recall learning in children as a function of chronological age, intelligence, and motivational orientation. Child Developm., 1969, 40, 577 - 589.

- Report on the utility of a Piaget-based infant scale with older retarded children. Developm. Psychol., 1970, 2, 449.

Waghorn, Leslie und Sullivan, Edmund V., (Ontario): The exploration of transition rules in conservation of quantity (substance) using film mediated modeling. Acta Psychologica, 1970, 32, 65 - 80.

Wallace, J.G.: Some issues raised by a non-verbal test of number concepts. Educ.Review., 1966, 18, 122- 135.

Wallach, Lise: On the bases of conservation. In: Elkind und Flavell, 1969, 191 - 219.

-, Sprott, Richard L.: Inducing number conservation in children. Child Developm., 1964, 35, 1057 - 1071.

-, Wall, A.Jack, Anderson, Lorna: Number conservation: the roles of reversibility, addition-substraction, and misleading perceptual cues. Child Developm., 1967, 38, 425 - 442. Abgedr. in: Sigel und Hooper, 1968, 308 - 324.

Wallach, M.A.: Research on children's thinking. In: Stevenson, H.W. (Ed.): Child Psychology. Yearb.nat.Soc.Stud.Educ., Univ.of Chicago Press, Chicago, 1963, 236 - 276.

Watson, John S.: Conservation: An S-R analysis. In: Sigel und Hooper, 1968, 447 - 460.

Wechsler, David: WPPSI Manual. Wechsler Preschool and Primary Scale of Intelligence. The Psychological Corporation, New York, 1967.

Weinert, Franz: Über den Einfluß kurzzeitiger Lernprozesse auf die Denkleistungen von Kindern. In: F.Merz (Hg.): Ber.25. Kongr.DGfPs, Münster 1966, Göttingen, 1967, 395 - 400.

- Ist Intelligenz lehrbar? Unveröff.Vortrag, gehalten am 2.2. 1970 a.d.Universität Bonn.

White, Benjamin W. und Saltz, Eli: Measurement of reproducability. Psychol.Bull., 1957, 54 (2), 81 - 99.

Whiteman, Martin, Peisach, Estelle: Perceptual and sensorimotor supports for conservation tasks. Developm.Psychol., 1970, 2, 247 - 256.

Williams, A.A.: Number readiness. Educ.Review, 1958, 11/1.

Winer, B.J.: Statistical Principles in Experimental Designs. McGraw Hill, New York, 1962.

Winer, Gerald A.: Induced set and acquisition of number conservation. Child Developm., 1968, 39, 195 - 205.

Winkelmann, Wolfgang H.: Persönlichkeit und Schulanpassung bei Grundschulkindern. Eine longitudinale Erkundungsstudie. Bouvier, Bonn, 1971.

Wittmann, J.: Einführung in die Praxis des ganzheitlichen Gesamtunterrichts, insbesondere des ganzheitlichen Rechenunterrichts im ersten Schuljahr. Cruwell, Dortmund, 1958.

Wohlwill, J.F.: Un essai d'apprentissage dans la domaine de la conservation du nombre. In: Piaget, J. (Ed.): Etudes d'épistémologie génétique, 1959, IX, 125 - 135.

\- A study of the development of the number concept by scalogram analysis. J.genet. Psychol., 1960, 97, 345 - 377.

\- Absolute vs. relational discrimination on the dimension of number. J.genet.Psychol., 1960, 96, 353 - 363.

\- From perception to inference: a dimension of cognitive development. In: Kessen, W., Kuhlman, C. (Eds.): Thought in the young child. SRCD Monograph, 1962, 27/2, Serial No. 83, 87 - 107. Abgedr. in: Sigel und Hooper, 1968, 472 - 494.

\- Piaget's System as a Source of empirical research. Merrill Palmer Quarterly, 1963, 4, 253 - 262. Abgedr. in: Sigel und Hooper, 1968, 438 - 447.

\- Responses to class-inclusion questions for verbally and pictorally presented items. Child Developm. 1968, 39, 449 - 466.

\- The age variable in psychological research. Psychol.Bull., 1970, 77, 49 - 64.

-, Fusaro, Louis, Devoe, Shannon: Measurement, seriation, and conservation: a longitudinal study of their interrelationship. Vortrag, gehalten auf dem Biennial Meeting der SRCD, Santa Monica/Cal., März 1969.

-, Lowe, R.C.: Experimental analysis of the development of the conservation of number. Child Developm., 1962, 33, 153 - 167.

Woodward, M.: The behavior of idiots interpreted by Piaget's theory of sensorimotor development. Brit.J.Educ.Psychol., 1959, 29, 60 - 71.

Wright, John C., Kagan, Jerome (Eds.): Cognitive Processes in Children. SRCD Monograph, 1963, 28/2, Serial No. 86.

Yule, W., Berger, M., Butler, S., Newham V., Tizard, J.: The WPPSI: An empirical evaluation with a British sample. Brit.J.Educ.Psychol., 1969, 39, 1 - 13.

Youniss, James und Furth, Hans G.: Prediction of causal events as a function of transitivity and perceptual congruency in hearing and deaf children. Child Developm., 1966, 37, 73-81.

-, Murray, John P.: Transitive inference with nontransitive solutions controlled. Developm. Psychol., 1970, 2, 169-175.

-, Robertson, Anne de Shazo: Projective visual imagery as a function of age and deafness. Child Developm., 1970, 41, 215 - 224.

Zern, David: Some trends in the development of concrete reasoning in children: a note to Jan Smedslund's "Concrete Reasoning: A Study of Intellectual Development". J.genet.Psychol., 1969, 115, 3 - 5.

Zigler, Edw. und Butterfield, Earl C. Motivational aspects of change in IQ test performance of culturally deprived nursery school children. Child Developm., 1968, 39, 1 - 14.

Ziler, H.: Der Mann-Zeichentest, Aschendorf, Münster, 1958.

Zimiles, H.: A note on Piaget's concept of conservation. Child Developm., 1963, 34, 691 - 695. Abgedr. in: Sigel und Hooper, 1968, 355 - 360.

\- The Development of Conservation and Differentiation of Number. SRCD Monograph, 1966, 31/6, Serial No. 108.

Vordiplomarbeiten, die im Rahmen dieser Arbeit angefertigt und in der Arbeit zitiert wurden.

Borberg, Hannelore: Die Invarianz der Zahl bei Kindern aus Montessori-Kindergärten. Untersuchung zur Bildung des Zahlbegriffes unter Berücksichtigung der Wirkung von Materialart und Aufgabenart. Unveröff.Vordiplomarbeit, Bonn, 1971.

Drüwa, Ingried: Die geistige Entwicklung von 3- bis 7jährigen Kindern anhand von zwei Bereichen des Kleinkindertests von Bühler-Hetzer, zwei Untertests des WPPSI und Konservierungsaufgaben nach Piaget. Unveröff.Vordiplomarbeit, Bonn, 1971.

Eichhorn, Barbara: Das Verhältnis von direkter Verhaltensbeobachtung und Verhaltensrating zu den Ergebnissen bei verschiedenen Invarianzaufgaben bei Kindern im Alter von 4;0 - 7;0 Jahren. Unveröff. Vordiplomarbeit, Bonn, 1969.

Hahn, Michael: Untersuchungen zur Invarianz kontinuierlicher Mengen bei 7;0- 9;11jährigen Obdachlosenkindern, Vordiplomarbeit, Bonn, Mai 1971

Kemmnitz, Wolfgang: Begründung bei 4;6- bis 6;6jährigen Kindern bzgl. Konservierungsaufgaben. Unveröff. Vordiplomarbeit, Bonn, 1971.

Locker, Heinrich: Invarianz von Länge, Anzahl, Masse und Flüssigkeitsmenge bei 7- bis 8jährigen Kindern. Eine Wiederaufnahmeuntersuchung nach 15 Mon ten. Unveröff.Vordiplomarbeit, Bonn, 1970.

Meixner, H.-Eberhard: Die Wirkung der Kohäsion korrespondierender Elemente in Abhängigkeit von der Vertrautheitdes Materials. Ein Zahlinvarianzversuch bei Kindergartenkindern. Unveröff. Vordiplomarbeit, Bonn, 1970.

Rauch, H.G.: Schulreife und Schulerfolg im ersten Schuljahr: Vorhersage des Schulerfolges aus Schulreifetests, Intelligenztest und Invarianzaufgaben. Unveröff. Vordiplomarbeit, Bonn, 1971.

Schuster, Martin: Zur Frage der Äquivalenz des WPPSI und des HAWIK im Querschnitts- und Längsschnittvergleich - Eine Untersuchung an Kindern vor Schulbeginn und nach dem 1. Schuljahr. Unveröff. Vordiplomarbeit, Bonn 1970.

Wenig, Susanne: Die Beziehung von Aufgaben der Konservierung von Anzahl, Länge, Masse und Volumen zu solchen Schulreifetestaufgaben, die die Voraussetzungen für den Rechenunterricht prüfen sollen. Unveröff. Vordiplomarbeit, Bonn, 1969.

Nachtrag:

FOLEB, Forschungsseminar für Lern- und Bildungsprozesse, Leoni/Starnberger See 24.7 - 15. 8. 1971

Personenregister

Sachregister